前言

休闲体育是："人类着力建造的美丽的精神家园。"是指在余暇时间里用各种方法、各种手段进行锻炼，开展多种形式，多样内容的身体娱乐，并把它作为一种现代文明社会的交往方式和交际手段，休闲体育的发展是伴随着现代社会发展而出现和开展的，它与竞技体育最显着的区别在于：竞技体育主要是同人类自身的极限挑战，所以时常会以参与者身体健康作为代价。而休闲体育活动则主要在于改善参与者的身心健康。

休闲体育教育是一种面向社会全体公民的多方向、自由的、个性化的生活发展教育，带有较为鲜明的城市生活的公共性。

健康是人类生存与发展永恒的主题，休闲体育作为人类积极维护自身健康的活动，运动中，强烈刺激着人的神经系统和感觉器官，增强了体质，促进人们身体健康，休闲体育是让人们在自由的时间里，自主选择某项体育运动，以满足自我充实、放松、愉悦的需要。

休闲体育文化把追求健康第一和人的全身心发展放在首位，表现更多的人性化，个性化特性，越来越符合现代人类价值观，满足人类自身需要，回归人的本质，促进人的全面发展，把体育的功能发挥到极致，也是体育运动必然走向休闲化的内在动因。

积极倡导和开展科学、文明、内容健康和积极向上的休闲体育活动，有利于人们独立自由地享受休闲乐趣，弱化消极的欲望，以愉悦的心态实现精神世界的平衡。

在现代社会中，休闲体育将成为人们主要锻炼身体的一种休闲的自由，是每个生命个体都能感受到的，与之融合在一起的具体的自由，是思想的自由，也是行动的自由，是人能自主决定，自我控制的自由，是人摆脱各种外在限制与约束后而获得的一种全身心地放松、随意、自在的生存体验与生活状态，休闲体育是提高我们自身的素质，促进人与自然的和谐，人与人的和谐，人与社会的和谐。在现代休闲体育运动中弘扬优秀的传统文化、民族精神和人类最后的终极意义上的追求。

编　者

2015 年 7 月

当代运动与艺术潮流

TIANJING YUNDONG ZHINAN

田径运动指南

上

夏　宇/编著

随着田径运动科学的不断发展
田径理论与方法均有所创新
提供最新最全的田径运动理论知识体系
是目前田径运动必读教材

吉林出版集团有限责任公司·全国百佳图书出版单位

目 录

田径运动指南(上)

TIAN JING YUN DONG ZHI NAN (SHANG)

第一章

跳高

一、跳高运动的历史发展

跳高是田径运动中的一个项目，跳高运动对运动员的身体条件要求相对较高。一套完整的跳高动作是由有节奏的助跑、单脚起跳、越过横杆、落地组成，因此，跳高运动员需有较高的身高、健壮的双腿以及强有力的弹跳肌群。当运动员越过当前横杆的高度之后，便可向更高的高度跳跃。所有的运动员都不愿将自己圈定在一个固定的数值上，也不愿接受自己无法突破自我的现实，为此，他们树立起了坚定的信念，从而实现了一次次的自我突破，从中我们也可以感受到人类顽强不屈的灵魂。但任何事情都遵循着事物的发展规律，有上升就会有下降，或是保持平衡，当横杆升到运动员无法超越的高度时，此时对于运动员来说就是一个死结。所以，有人将跳高称为一种追寻失败的运动。但热爱运动的人们不会因无法跨越阻碍而放弃追求运动带来的快乐与荣誉的权力，即使经历了无数次的失败，他们也愿意进行无数次的尝试，相信，在这份执着的追求下，人们可延伸出更多的精彩。而在现实角度，经常参加跳高运动可锻炼腿部的肌肉力量，提高弹跳能力，也能让人在运动中发掘内心中的坚持、奋起、拼搏以及支撑的力量，直面人生，直面未来。

其实最初的跳高并不属于田径项目比赛，在 1864 年前，它是作为体操项目比赛的一种比赛形式出现的,直到 1864 年才开始被正式归入田径比赛。

世界上最早被人们所熟悉的跳高纪录是英国的麦契尔采用跨越式跳出的 1.67 米的成绩，这个成绩曾轰动了当时整个英国运动界,随着世界第一个男子最佳跳高纪录的诞生,跳高运动也在人们的欢呼声中不断向前发展，跳高姿势也在其后发生了的数度革新。

跳高作为一种游戏活动可以追溯到远古时代。古代的日耳曼人喜欢做跳跃横排马匹的游戏，从高大的马匹上飞身越过,极大地助长了人们征服的欲望。我国的跳高运动在春秋的史料中也有着记载。虽然中国的跳高运动成为正式比赛的时间较晚,但我国跳高运动员取得的成绩却不容小觑。这些优秀的跳高运动员为我国的体育事业增添了许多荣耀，他们曾多次打破了世界纪录,成为了世界级优秀跳高运动员。

跳高作为比赛项目最早开始于爱尔兰和苏格兰。1800 年,苏格兰将跳高列为了正式的比赛项目,到 19 世纪中叶以后开始在欧、美两洲盛行。此后,随着人们平均身体素质的提高,跳高的比赛成绩不断突破翻新。到 1840 年时,现代跳高运动首先在英国兴起,并在接下来的日子里不断修改规则。变革后的跳高要求运动员在参赛时只能用单脚起跳，如果连续三次试跳失败,那么,该名运动员将失去参赛资格。1896 年的雅典奥运会将跳高列为了奥运比赛项目。在该届奥运会中,来自美国的跳高选手取得了冠军。也是这项运动在全世界受到了人们

的关注和青睐。

回顾百余年的跳高历史，它的成长反衬出了社会的发展进程。现代跳高的历史其实也是跳高方式的变革史，运动员不断寻求最佳的姿势以取得更为优异的成绩。在人们的不断探寻中，跳高姿势总计发生了五次重大的技术革命。由最初的跨越式、剪式、俯卧式，形成了最终的背越式跳法。起初，运动员们普遍接受并使用的是跨越式跳法，人们从跨越式跳高不断刷新的成绩中看到了此种姿势的优越性，使用人数因此而不断增加，到 1895 年，美国人斯维尼又对跨越式进行了改进。运动员在用跨越式跳跃横杆时，身体急速侧向转体，两腿交叉如剪刀，这种剪式跳高法使跳高成绩首次接近两米。

在采用剪式的同时，滚式、俯卧式也相继出现了。美国运动员霍恩将起跑点设定在横杆的左侧，并斜向横杆助跑，在杆上以身体左侧滚过横杆，成功跳跃了两米的高度。此后，人们运用此种姿势多次打破了世界纪录。而 1936 年可谓是滚式跳高姿势的一个黄金期，世界各国的运动员几乎都已采用此种姿势进行跳高比赛。但善于创新的人们又开辟出了一种新的跳高姿势，它就是俯卧式跳高。同其他的跳高姿势一样，这种姿势也成功地发挥出了人体的潜能。运动员运用此种姿势创出了 2.07 米的最佳成绩。伴着人们殷切的期盼，俯卧式取代了所有的跳高技术动作，成为了各国运动员统一采用的姿势。

背越式跳高姿势是美国运动福斯贝首先采用的。运动员通过助跑，选好起跳点，然后以背对横杆的姿势越过横杆并以背先着垫。福斯贝的背越式让他在比赛中多次取得骄人的成绩。这引起人们对背越式的关注。通过与以往跳高姿势比较来看,背越式有着明显的优势。它能减轻运动员上杆时受到的重力作用,同时减少运动员违规的发生。各国教练员和运动员均将这种方式作为比赛的首选,他们不断对其进行改进,使其得到了更快地发展。到 1983 年第 1 届世界田径锦标赛时,参赛的各国选手全部采用背越式参加比赛。进入 20 世纪 80 年代以后,跳高姿势已基本被背越式垄断。

二、跳高的比赛规则

跳高比赛需要专门的比赛场地和器械，同时运动员在比赛时也需按照规则进行比赛。大型跳高比赛场地一般都设在田径场两端的半圆弧内。提供给运动员的助跑道一般长度会在 20 米左右。运动员的起跳区必须是平坦的，同时在落地区应设有保护器械，一般会铺上厚厚的海绵垫。跳高用的横杆和跳高架都是按照固定比例并采用相应的材料设计的。

在跳高比赛中，运动员需单足起跳，不能将横杆碰掉。如果在越过横杆时有轻微的碰触，但是当运动员落到海绵上时横杆没有落下，而是在运动员站起来离开垫子之后掉落，那么这也属于试跳失败。如此判定是因为如果在比赛场地没有强风的情况下，横杆是不可能自动掉落的，只有当其受到运动员的碰触之后才能发生从支架上掉落的可能，所以，这种情况仍然可判运动员试跳失败。如果参赛者在试跳时，其脚部触及着地区，而裁判员认为并未因此而获得利益，则该跳仍算有效。每次比赛的起始高度都是由主裁判设定的，裁判员会在开赛前宣布横杆距离地面的起始高度以及每次向上提升的高度。每次横杆至少要向上提升 2 厘米的高度，直到剩下最后一位参赛者为止，本轮比赛也就此宣告结束了。

跳高运动员可自行选择起跳的高度，可以从主裁判设定的高度点起跳，也可以在此高度基础上加高起跳，往后也可以自由选择高度试跳，但要量力而行，因为运动员在所选高度上如果试跳三次不过，那么就将被淘汰。参赛选手如果在试跳高度上放弃一次试跳的机会，那么该选手就不得再次要求在同一高度上试跳，但当选手成绩相同时可进行额外增加试跳的机会。以成功越过横杆的最高高度视为他们的最终成绩。当然，在比赛进行到最后只有一名选手的情况下是不需要再进行比较的，最后的选手即为比赛的冠军。在只剩下冠军参赛者的情况下，横杆的升幅可按其意愿作出决定。

参加跳高比赛的运动员需通过初赛之后，才能进入到决赛。初赛一般分两组进行，最终排名在前12的选手才能进入到决赛。而比赛之前的自动资格测试成绩达到决赛标准的选手也可直接进入决赛。如果初赛决出参加决赛的人数没有达到12人，那么，在初赛中被淘汰的选手根据成绩排名，在前几位者可填补决赛人数的空缺，直接进入到决赛。在跳高比赛中，所有的尺度都以厘米为单位，从地面量起到横杆最低部分的顶平面为止。

如果在比赛中出现了两名选手成绩相同的情况，也就是平局的时候，打破此种局面的方法有两种。裁判会先看选手通过同一高度几率的大小，如果选手的实力相当，都是一次性通过同一高度横杆，那么，就要考察谁在整场比赛中失误的次数少，以此评判出优胜者。如果还是平局，比赛就产生并列冠军，但出现这种情况的几率很小。

每个平局中的竞争者只许跳一次,从最低高度开始淘汰。如果所有运动员全部通过横杆，那么就相应地提升横杆的高度,当然,所有运动员都没有通过当前横杆的高度时,横杆也会有所下降。当比赛进行到只有一名参赛选手时,选手可自行选择横杆提升的高度。

三、跳高的基本动作要领

跳高时,运动员需将直线跑动速度转化成垂直弹跳速度,从而越过横杆,完成整个跳高动作。那么,在这个过程中,运动员需完全掌握跳高动作并将其灵活地运用,才能实现越过垂直障碍的可能。跳高属田径项目中的一个典型技术性项目,运动员将水平速度转变成垂直力量的技术必须和各方面技巧结合后,才能将跳高动作圆满流畅地完成。若动作节奏不协调或动作做得不饱满,都可能会导致跳跃横杆失败。因此助跑□起跳□过杆□落下,这一连串的动作都需经过反复地练习,才能达到纯熟的境界。跳高可增强人体下肢力量,提升机体的协调性以及灵活性。一名优秀的跳高运动员,他的腹肌、腰肌、背肌的爆发力以及身体的柔韧性都较常人有明显的提升,因此才能实现完美的跳跃。

跳高是运动员借助一段距离的助跑,以单腿起跳,越过横杆后落到落地区域内的田径项目。运动员可选择跨越式、俯卧式和背越式等姿势越过横杆。由于技术类型不同,运动员完成的跳高动作方法也会有所差异,不过目前,主要得到应用的还是背跃式跳高。

背越式跳高动作行云流水,通过长距离的弧线助跑后,运动员可快速地侧身背部落到落地区完成比赛。而其他姿势的助跑一般都是直线的,距离较短,运动员起跳速度也相对比较慢,身体重心低,很难越过较高高度的横杆。

助跑之后,运动员开始起跳,迅速转变运动方向向上腾起,将动能化为势能。由于起跳姿势的不同,起跳腿的位置也会有所不同。背越式、跨越式、剪式跳高起跳时,起跳腿是从远离横杆的一侧开始做起跳动作的,而俯卧式和滚式则是从贴近横杆的一侧起跳的。

采用背越式上杆时,运动员需将身体由侧对横杆转向为背对横杆,随后身体的其他部位按手臂、头、肩的顺序依次过杆。柔韧的躯体伸展成反弓姿势,瞬间跃过横杆,并在过杆之后,收腹举腿,以背部着落到海绵包上。而俯卧式过杆是先将腿摆过杆,身体各部位进行相应的摆动,最后跃过横杆落地。因背越式、俯卧式姿势能充分借助腾空的高度,从而实现高度横杆跨越。

1.背越式技术

目前,普遍采用的跳高姿势是背越式,此种姿势需要有较高的技术。运动员需采用特定的弧线助跑,单腿起跳后转向身体背对横杆,以背部先接触到海绵包的一种现代跳高技术。背越式跳高的完整技术体系包括助跑、起跳、过杆及落地四个主要步骤。

跳高之前,运动员会经过一段距离的助跑。助跑的距离按运动员所选姿势的不同会有长短上的区别。当运动员经过一段距离的跑动之后,最后踏上起跳点,越过横杆后落到海绵包上,至此完成所有动作。运动员需对起动方式、助跑路线、助跑距离和节奏等几方面加以注意,以形成有效的助跑。

背越式的助跑开始时是沿直线运动的,跑法接近于普通的加速跑,助跑最后四步不降低重心,仍保持快速积极的跑动,之后运动员在起跳点快速起跳,身体侧向转体形成背对横杆的姿势,完成跳跃。此种助跑采用“J”字形的路线。

助跑可使运动员起跳获取向上的加速度,为跨越横杆提供有利条件。直线助跑以前掌着地,弧线助跑是由全掌过渡至前掌。助跑时,人体重心向前平移,跑动产生的助力增加了起跳的支撑反作用力,从而使动作转变更为流畅、自然。

运动员在助跑之后,用起跳脚踏上起跳点,在摆动腿的配合下,经过着地、缓冲、蹬伸和蹬离地面跳起,这一过程称为起跳。

经过助跑后进入到起跳阶段,人体由周期性运动变为非周期性运动,进入向前上方的运动轨迹,在转化的过程中需要有娴熟的技术作为动作流畅的保证。运动员借助起跳点上弹起姿势带动形成的向上力完成腾起越过横杆的动作。

直线助跑进入到倒数第二步的后蹬是十分有力的,踏跳腿向前伸着地,直腿制动可使水平动力随惯性转为上升动力。腿迅速前摆,以前脚掌保持着地状态,这样可使身体的重心不至于偏低,身体呈内倾斜姿势。腿在摆动时,膝盖呈弯曲状,并以加速的方式向前上方迅速摆起,同侧髋也要前送辅助带动

身体。作为起跳之用的一侧腿应迅速前摆，然后挺伸小腿，使脚顺弧线的切线方向放上起跳点。在摆腿、摆臂和伸展躯干的协调配合下，起跳腿蹬直，摆动腿的大腿部位与地面呈水平位置开始里转，快速调整身体重心，将身体由倾斜调整为垂直状态，以便最大限度地抬高身体。

起跳的最后一步助跑步伐要小，起跳脚快速着地，借助助跑的加速度起跳的同时脚尖指向落地位置，脚不要与落地区前沿平行。起跳腿的膝盖与非起跳腿的膝盖都是弯曲的，而且后者的弯曲幅度要比前者弯曲的幅度大。起跳腿着地起跳，非起跳腿腾空抬高，使身体动力方向转变为上升状态。快速顺势提拉摆动大腿，使之能保持与地面呈平行姿势。起跳时，右臂上拉，左臂自然下垂，使身体保持平衡，起跳动作流畅。身体一面旋转，一面伸直离地面。

过杆和落地是跳高最后的两个阶段。运动员在起跳腾空后，身体要充分伸直后仰，尽量带动腰臀向上，超过横杆高度。身体侧向旋转以背对横杆，随着头和肩过杆。身体在杆上时，尽量向上挺髋，自然降低身体已过杆的部位。当腰部悬浮在横杆上并位于最高点时，身体应呈背弓形，直到臀部越过横杆为止。身体在最高点时，要准备进行一系列的过杆动作，收腹屈膝、伸直小腿，同时将两小腿向后收起，两膝向外侧张开，两臂贴于身体两侧。当臀部过杆后，小腿迅速向上甩起，上体前屈，髋部保持上挺，头向胸侧屈，以使肩部的下垂速度加快。当臀部越过横杆，小腿快速向上踢动，使双腿顺利从杆上掠过，最后以背部先着落到海绵包上。落地时,两侧手臂支撑在海绵包上,两膝分开。身体的肩、背、腰等部位先受力,不能让头、颈部先落下。运动员在安全落到海绵包上之后,要等到裁判给出信号之后,方可离开海绵包。

背越式跳高的特点

采用背越式跳高可较大程度地借助助跑提供的向上加速度,从而有效地进行起跳。因背越式的开始助跑路线是直线型的,为此,要充分地发挥出助跑的水平速度,从而提供起跳足够的爆发力。起跳时,摆动腿屈腿向上向外摆,以便使身体向助跑开始方向做旋转动作。起跳后,摆动腿的膝关节放松,踏跳腿在离开地面之后自然垂下,两臂顺势继续向上伸展,头和臂先过杆,同时积极挺髋,使身体略成反弓姿势,待臀部越过横杆后可伸展身体。身体过杆继续下落,两臂支撑身体,背部着地,落到安全海绵包上。

背越式跳高的优点

对于初学者来说,容易掌握的背越式跳高可在短时间内帮助他们取得良好的成绩。背越式可充分借助起跑的加速度提高起跳效果。由于是弧线助跑,跑动时身体倾斜于圆心方向,加大了起跳时的加速距离。当人体腾空置于杆上时,身体各部位的依次运动使过杆看起来流畅、自然,而且反弓形的身体姿势充分地调动了身体各部位的协同能力。

弧线助跑的作用

当人体悬浮在横杆之上时,通过旋转身体,以背对撑杆,略成反弓的姿势,背越式跳过横杆。这是背越式最为显著的特点。背越式的助跑呈“J”字形,人在进行一段距离的直线助跑之后,再将路线改为弧形,使身体自然地转向背对横杆的姿势。另外,弧线助跑有利于运动员通过获取朝向横杆的离心力有效地进行起跳,从而越过横杆。

2.跨越式跳高

跨越式采用的是直线助跑以提供运动员加速上升的速度。助跑开始的三四步不要拘泥于动作,要轻松自然地进行起跑。身体前倾的幅度不可过大,随着跑动逐渐加大跑动的速度以及步长,并使躯体由前倾转为直立。起跳前的最后几步助跑,要保证身体重心的平稳或略微有所下降。加大两臂摆动的幅度,同时脚跟着地,并逐渐过渡到脚掌接触地面,使起跳脚能有力地进行蹬地动作。起跳倒数第二步要加大动作的幅度,而最后一步的速度则更快一些。要强调的是在跨越式进行到最后一步助跑时,要同步向上送髋,并且送髋的速度要明显超过胸部向前的速度,同时,两臂向后摆,以此加快跨跳的距离和速度,做好起跳的准备。起跳腾起后,身体各部位应紧密配合以越过横杆。摆动腿过杆时,上体稍前倾。过杆后,腿再内转下压,两臂向下稍作后摆动作,以使身体能够转向根杆方向。同时起跳腿积极上提,完成跨越过杆动作。身体越过横杆后,两臂向上伸展,上体抬起。用摆动腿落地并屈膝作为缓冲。

想要运用跨越式跳高，就需对两腿依次过杆的协调配合以及摆动腿内转下压的技巧有深入地了解，同时也需对起跳腿上提过杆、身体向横杆扭转等动作加以重视。练习整套技术动作关键在于选手有精益求精的精神以及执着的追求。在练习中尽量将每个技术动作做到足够饱满，尤其是对起跳技术的准确掌握,这直接关系到起跳之后能否成功越过横杆,完成比赛。

针对此种跳法的特点，练习时可在原地或行走时进行外摆腿和内摆腿练习。有意识地控制下肢动作，使身体更为协调,灵活性和柔韧度也可以随之得到了改善。在进行原地摆腿内转下压和起跳腿上提绕摆练习时,将双脚前后错位摆置,摆动腿要在后面。当摆动腿摆动幅度达到使大腿与小腿之间角度小于直角时,就应当立即内转下压,并落地支撑,然后起跳腿稍屈上提绕摆至胸前。练习时可以先将动作分解开来进行,待每个动作都熟练之后,再整合到一起做连贯动作,最后可结合起跳腿的蹬伸动作进行练习。原地过杆分解练习和原地进行外摆腿与内摆腿练习大致相同,在分解动作熟练掌握之后,结合转体和两臂上举动作进一步练习。

在进行原地跨越低横杆的模仿练习时，可先在地上放置一根横杆或简单地画一条直线以充当跳高支架上的横杆。身体侧对横杆,在距横杆约 30 ~ 40 厘米的距离点上选择起跳以越过横杆。待动作逐渐娴熟之后,可适当地提升过杆的高度,但过杆与地面不应高于 40 厘米，因为初学者容易把关注点放在能否越过横杆上，而忽略了动作上的配合。

上一步起跳跨越式过杆也是进行跨越式过杆的一个重要技术方面。练习者在练习时要将起跳腿放置于后侧，上步起跳，跨越式过杆。在上步起跳时，身体要略向前倾，起跳的速度要足够快，人体才能充分借助上升力越过横杆。对特定的步子要有针对性地练习，从而结合整套动作做连贯性练习。

3.剪式跳高

运动员在起跳腾空后，先越过横杆的腿做向下摆振，同时起跳腿的膝盖弯曲向胸前抬起，待过杆后迅速将腿收起。注意，过杆时，抬高的双臂要避免碰触到横杆，以免因犯规而遭到淘汰。

4.俯卧式跳高

俯卧式跳高的起跳脚是上跑道起跳点时位于横杆较近一侧的脚。在起跳脚起跳使人体腾空后，摆动腿摆至杆上时身体同侧的手臂要进行前伸，与摆动腿几乎呈平行状态，两者同时迅速内旋，同侧肩向内扣，头随着转动，同时起跳腿屈膝，小腿向后摆上收，在杆上越过的瞬间呈俯卧姿势。接着，摆动腿和同侧臂仍延续前伸内旋的动作，继续绕横杆转动，头部偏向下，待起跳腿的向外延伸动作带动髋部越过横杆之后，同侧的摆动腿和手臂开始向下，完成过杆动作。因同侧的摆动腿和手臂是先向下运动的，所以先着地，在此时应当屈肘、屈膝使身体侧卧继续滚动，以缓冲下降时向前的作用力。

背越式和俯卧式的区别：运用背越式进行跳高时，起跳与过杆动作的衔接给人以一种更加流畅、自然的视觉感受。身体在杆上腾空时，以横杆为轴线进行转动，呈“背桥”姿势从横杆上越过。着地时，能以肩背落在海绵垫上。而在进行俯卧式跳高时，起跳与过杆动作在衔接上也是一个连贯的过程，但随机变化的出现几率与前者相比更大。

5.跳高助跑技术动作易错处及改正方法

助跑的节奏衔接不紧凑，步点不准确在初学者身上是常出现的问题之一。由于助跑动作做得不规范，迈出的步伐时大时小，使动作无法紧密地衔接到一起。起动的方式不固定，助跑的距离不准，都可能导致无法达到越过横杆的高度或身体

撞倒横杆等事情的发生。

为了有效地完成跳高动作,减少此类事件的发生,可在练习中反复对助跑的距离进行查看并对比修正。为了更为明确助跑的距离,可以在助跑的路线上做标记。固定起动方式,在不断的练习中逐渐掌握跑动的节奏感,改进助跑技术。

同样,助跑减速,与起跳不能很好地衔接,也会导致跳高动作的失败。对于这个问题,助跑的落点不准,无法有节奏地进行助跑以及起跳的技术不娴熟等都是产生助跑错误的症结所在。

不断地练习助跑和助跑与起跳衔接的动作，可使助跑与起跳更自然地衔接在一起。助跑的步伐要有节奏感,而且步幅要平稳。在开始时要控制好起跑的速度,并在不断向前跑动的过程中加速。多进行短助跑起跳练习,并结合跳过障碍物或跳上跳箱等器械可帮助练习者有效地掌控助跑的节奏感以及速度。

6.跳高助跑练习

运动员进行助跑起跳练习时，在发力跳跃的过程中要将身体向后倾斜,往上方垂直跳起。前导脚向前上方摆动,大腿靠近胸部。向前上方摆动双臂以提升身体的重心位置,以转变行进方向来形成向上的提升速度。

由于助跑为起跳提供了重要的力量支持，因此前者是后者顺利完成不可或缺的前提。对于助跑起跳的技术要领,可在反复练习中探寻,也可请专业人士进行指导。在有专业人士辅导的情况下,可要求其一边讲解一边做动作示范。在练习的过程中,可在原地做起跳脚脚掌流动的训练。

在助跑起跳的过程中,有几项技术细节需要注意。迈步放脚起跳就是其中较为重要的一种。练习时,双脚交错呈先后站立的姿势,要将起跳脚放在后面。起步时,起跳腿向前迈步,经放脚、着地、滚动、缓冲后快速蹬伸。在开始练习时可将放脚、缓冲和蹬伸分三个阶段练习,在熟练掌握每个动作之后,再做连贯动作。从最初的不连贯、速度慢,再到可以快速、连贯地完成所有动作,需要一个过程,所以,初学者在没有掌握之前一定要有耐力和恒心,才能真正地掌握这一阶段的技术。在练习中,如果蹬伸不充分很容易形成错误动作,所以要多加留意这一环节。

原地的摆腿练习可帮助运动员在助跑跳起时充分运用肢体的力量达到身体重心上移的目的。练习者可借助起跳腿同侧手作用在物体上形成的支撑力,使摆动腿由后向前上方做快速摆动,在摆动腿向前摆动的同时,起跳腿顺势伸踝蹬伸。在原地进行摆腿练习时,要注意提肩拔腰,身体上部稳固,上摆时脚尖可以勾起。如果能在不借助物体支撑的情况下可进行摆腿时,要结合两臂的摆动动作,并随蹬伸逐渐使起跳腿离地。在原地进行另一项跳高技术练习——起跳摆臂的模仿练习时,也是保持两脚前后开立,摆动腿依然在后面,双臂向身体后方使力,然后再用力向前摆。当熟练掌握摆臂动作后,可与下肢动作结合在一起练习,从而逐渐完善整个起跳技术。

在起跳时,起跳腿、摆动腿和两臂动作要协调配合。可先进行原地起跳练习,再做上 1 步和上 3 步的起跳练习。做上 1 步起跳练习时,可在人的头顶或摆动腿的前方悬挂一个球。起跳后，以头或摆动腿的脚尖能触碰到空中悬挂的球为完成标准。这样可以做到让练习者更快形成肉体记忆。

跳高需要连续协调的动作，练习者在进行完分解的技术练习之后,要将所有的动作结合到一起再进行练习,只有经过不断练习、反复实践才能真正地掌控好跳高的节奏以及技术。

四、安全训练的注意事项

在练习跳高技术动作时,一定要有安全保障。练习跨越式和俯卧式跳高时,可选择在松软的深沙坑内进行,这样可有效地保证练习者落地后的安全。而进行背越式练习则需在落地区域铺上海棉包以承载跳高者的下落。

练习前要做好准备活动，伸展腿部关节，拉伸肌肉的韧带,尤其是脚跟和摆动腿的韧带拉伸动作不仅要幅度充分,而且还要达到一定的次数。躯干及腰、腹也要进行较大幅度的活动,并且反复练习助跑与起跳的结合。

起跳技术在整套跳高技术当中占有相当的地位。在练习者开始学习时,要明确每一个阶段所需要针对的技术,并有针对性地进行肌肉用力的练习。平时练习时,要侧重对摆动腿摆动动作和起跳腿快速有力的蹬伸动作的练习，以加强腿部肌肉力量以及韧带的柔韧性等。

当运动员进行正式比赛时保持,良好的心理状态,排出一切外在的干扰,对技术动作进行合理的布划等,都可让其获得优异的比赛成绩。

五、我国跳高选手在比赛中取得的成绩

随着改革开放后我国在体育方面的大力投入，在不断加大技术和人员投入的同时，我国的田径运动也在成绩表现上迎来了新的时期。我国运动员的身影不断出现在世界比赛的领奖台上，这也是我国体育事业不断前行的重要体现。比较早的时候在1984年德国举行的埃伯斯塔特国际跳高比赛中，我国选手朱建华跳出了2.39米的世界最好成绩。随后，我国的女子跳高选手在1989年国际跳高比赛中刷新了女子跳高比赛的世界纪录。这些辉煌的成绩，不断激励着一代代运动员勇敢

前行。

解放前，我国的跳高运动受体育文化普及程度的限制而发展缓慢，与世界一流水准的国家相距甚远。在新中国成立后，经过体育工作者和运动员们的努力，跳高运动上逐渐有了起色。1957 年，女子跳高选手郑凤荣采用剪式跳高法，成功越过了 1.77 米的横杆，创造了当时女子跳高的世界纪录。随后，我国男子跳高运动员也创下了 2.29 米的世界男子跳高纪录。仅朱建华在 1983 年 ~ 1984 年间就已经先后用背越式跳高技术创下了三次世界男子跳高纪录。

掀开女子跳高运动员郑凤荣的运动生涯篇章，可谓是光辉熠熠。在她热爱的体育事业中，她付出了艰辛与汗水，同时也收获了人们的尊敬与钦佩。从 1953 年获得华东区第 1 届田径运动会跳高第二名、跳远第一名并被选入国家田径队开始，她的世界纪录征程也随之启动。1957 年是对她来说意义重大的一年，在这一年她打破了由美国运动员保持的 1.76 米的女子跳高世界纪录，创下了属于自己的 1.77 米新的世界纪录。她先后多次荣获国家荣誉称号。1969 年当选为第 3 届全国人大代表，并担任第 5 届、第 6 届全国政协委员。并曾担任中国田径协会副主席，中华全国体育总会副秘书长等职务。

我国男子跳高运动员朱建华先后三次用背越式刷新世界男子跳高纪录，为我国的跳高运动带来了朝阳的能量。首次崭露锋芒的是在第 1 届世界田径锦标赛上，他跳出了 2.29 米的好成绩。此之后便一发不可收拾，在许多重大的国际比赛中，他都成为了跳高赛场上最抢眼的人物。尤其是在 1981 年第 4 届亚洲田径赛上,更是取得了他个人最好成绩,以 2.30 米的成绩创造了新的亚洲纪录。在随后的两年时间里,他不断刷新自己创下的跳高成绩，在用 2.37 米的高度打破了德国选手保持三年之久的 2.36 米的世界纪录后,他在同年 9 月又以 2.38 米的成绩打破了自己保持的世界纪录。而他个人的最好成绩是 1984 年创下的 2.39 米。

朱建华于 1983 年、1984 年获国家体委颁发的“体育运动荣誉奖章”。1984 年被评为“亚洲十佳”运动员之一。1983 年 12 月，在第 37 届国际体育通讯年最佳运动员评选活动中,朱建华被评为世界男子最佳运动员。

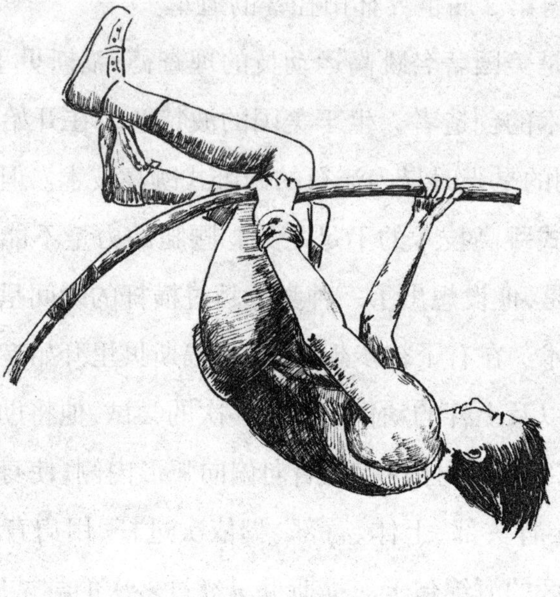

六、跳高的世界纪录及各国优秀运动员

美国著名跳高运动员富兰克林·雅各布斯,出生于美国的一个黑人家庭,有着惊人的弹跳力和卓越的反应能力。虽然他在跳高项目上没有取得像许多世界顶级选手那样辉煌的成绩,但是身材不高的他却凭借自己非凡的弹跳力以及出色的赛场表现赢得了人们的尊敬。1978 年,雅各布斯创下了跳高高度与自身身高差距最大的世界纪录,被收录在吉尼斯世界纪录当中的这一辉煌成绩至今无人打破。在他 22 岁的时候,以 2.26 米的成绩获得了泛美运动会的冠军。同年他又以 2.27 米的成绩获得第 2 届世界杯田径赛的冠军。

同样是美国著名跳高运动员的理查德·福斯贝里,是背越式跳过技术的创造者,生于美国的波特兰。在开始练习跳高时,他采用的是当时最为流行的俯卧式跳高技术。但很快他便发现俯卧式跳高技术的不足之处,腰腿的力量不能完全被利用上。于是,他设想出了一种身体越过横杆的瞬间呈放平姿势的跳高技术。在有了初步想法之后,福斯贝里开始专注研究起助跑路线以及上杆的动作。通过多次的尝试,他将助跑路线设定成为“J”字形,身体在起跳后向偏向弧形内侧,使身体能够背对横杆,接着头部、上体、臀部、脚依次过杆,用肩背部首先落入到落地区的海绵包上。福斯贝里经过多次的尝试后,将此种

技术运用到跳高比赛中。起初这种姿势并未引起人们的关注，甚至有人将其看成是一种滑稽的动作，但他很快便以自己骄人的成绩反击了人们的轻视。1965 年 18 岁的福斯贝里用这种独特的背越式技术跳出了 2 米以上的高度，这样人们的眼前一亮。接着，他又凭借背越式跳出了 2.13 米的高度，跻身于世界级水准跳高运动员的行列当中。1968 年，他迎来了自己体育生涯的荣耀时刻，赢得了墨西哥城举办的奥运会跳高比赛的金牌，并刷新了奥运会纪录。至此他的背越式姿势得到了全世界人的认可。

背越式之所以能在后来的发展变化中逐渐取代其他的跳高姿势，源于它的技术较易掌握，而且动作简单、自然，可将运动员本身的运动素质发挥到最大限度。自福斯贝里采用背越式技术取得令人瞩目的成绩之后，人们对这一技术倾注了更多的期望。各国许多优秀的运动员都将此种技术运用到平时的训练中，在比赛中同样获得了巨大的成功。

福斯贝里的创新和勇于尝试为跳高带来了一场技术革命。他的背越式跳高技术在 20 世纪 80 年代后几乎取代了流行一时的俯卧式技术。而他本人在 1968 年用全新的背越式跳高技术获得奥运会金牌的时刻，也被评为世界田坛 75 年来“100 个金色时刻”之一。

在背越式没有被人们了解并运用之前，俯卧式也曾处于跳高技术的垄断地位。俯卧式虽不能将运动员本身的运动素质完全发挥出来，但较于剪刀式、跨越式已经有了很大的改善。在俯卧式在体坛风行时期，同样涌现出了大批优秀的跳高运动员。而前苏联的跳高明星瓦列里·布鲁梅尔可谓是俯卧式跳高技术杰出的代表人物。被誉为“宇宙航行员”的他不仅将自己的跳高编著成书，同样也将其搬上了荧幕。

观看布鲁梅尔的跳高比赛，起跳迅速、有力，动作连贯，身体摆动幅度大等特点都为人们带来了视觉上的冲击。他在跳高上取得的成绩仅有辉煌两字难以妥帖地形容。从首次参加1960年奥运会获得男子跳高比赛的银牌开始，很快在接下来的重大比赛中得到了人们对自己跳高能力的认可。他先后六次打破男子跳高世界纪录，并以“世界最佳田径运动员”的称号驰骋体坛。在布鲁梅尔的运动生涯中，先后有23次跳过2.20米以上的高度，个人最好成绩为2.28米。

就在人们期盼布鲁梅尔能有更大的突破时，不幸却降临到他的身上。1965年，布鲁梅尔遭遇了一场极为严重的车祸，虽然他保住了生命，但却不得不提前结束了自己视为生命的体育运动，因车祸致残的他告别了自己热爱的田径赛场。

自古便有巾帼不让须眉之说，在许多地方男子都有着得天独厚的优势。体育运动从最初只允许男子参加比赛到后来有女性身影的出现经历了漫长的岁月。虽然女性接触体育较晚，但女性在体育上的表现并不亚于男性，发展到后来，甚至有些项目专属于女性运动。女子跳高运动也是如此。

罗马尼亚著名的跳高女运动员约兰达·巴拉斯，曾先后14次打破跳高世界纪录，是跳高史上打破世界纪录次数最多的

女运动员，而她也因此获得了“跳高女王”的美称。出生于罗马尼亚的蒂米什瓦拉的她，在十几岁的时候就表现出了惊人的运动天赋，经过系统训练之后，年仅 14 岁的她已经有了极高的水平。锋芒毕露的巴拉斯在 1955 年取得了跳高比赛的冠军，并刷新了世界纪录。此后的十几年时间里，她在跳高比赛中表现出了所向披靡的霸气，连续获得了 140 次比赛的胜利，是当之无愧的跳高女王。

首次参加 1956 年举行的第 16 届奥运会的巴拉斯，虽已经有了多次参加大型比赛的经验，但对于一场如此神圣的比赛她还是会紧张。面对世界级的跳高选手，她的内心充满了担忧，对自己产生了诸多的怀疑。此次比赛，她并未发挥出自己的最佳状态，取得了第五名的成绩。两年后，巴拉斯迎来了她跳高比赛光辉绚烂的一年，她跳出了个人最好成绩 1.83 米，自此，女子跳高进入到了“巴拉斯时代”。随着她不断刷新女子跳高世界纪录，横杆的高度也提升到了 1.91 米，而这一纪录保持了将近 10 年之久。1964 年 27 岁的巴拉斯参加了她的第三次奥运会，这一次她同样没有辜负人们的期望，以 1.90 米的成绩夺得了女子跳高冠军，成为了女子跳高史上连续蝉联三届奥运会冠军的女运动员。

罗泽玛丽·阿克曼是前民主德国的女子跳高明星，作为首位突破女子跳高比赛中两米高度的运动员，共七次打破女子跳高世界纪录，受到了人们的尊敬，赢得了广泛地赞誉。

在上小学的时候，阿克曼就开始接触跳高并进行专业的练习。小小年纪的她在教练的指导下,逐渐开始热爱起了这项运动,并为之不断地奋斗。15 岁时她便跳出了 1.65 米的成绩。后来她又受训于著名的教练门下,此时,她的俯卧式技术已经相当纯熟,可与当时世界优秀的男子跳高运动员相媲美。惊人的弹跳能力以及扎实的技术功底都为她在跳高上取得优异的成绩奠定了基础。1972 年,她首次参加了奥运会,这次她跳出了 1.85 米的成绩,位列比赛的第七名。两年之后,她再次对自己的极限实现了突破,先后两次打破世界纪录。在第 21 届奥运会上,她改写了自己的历史,以 1.93 米的成绩夺得了金牌。1977 年,对她而言可谓是最绚烂的一年,因为在这一年她采用俯卧式成功越过了两米的横杆, 成为了有史以来第一位突破两米的女运动员。

第一位利用背越式技术创造世界纪录的女运动员, 是来自前联邦德国的乌尔力克·迈法特。她的跳跃非常具有欣赏性,不仅动作步骤之间结合紧密流畅,而且姿态大气灵动而富有张力,结合了主观的力量释放和自然的空中运动轨迹,是一位很有个人特点的选手。

出生于前联邦德国韦赛林的迈法特从小就对田径运动有着浓厚的喜爱。后来,她加入了科隆体育俱乐部,并进行专业的背越式跳高训练。在第 20 届奥运会上,她以 1.92 米的成绩获得了女子跳高比赛的冠军,并刷新了世界纪录。此时,她仅有 16 岁,是如此的稚嫩,但在运动上取得的辉煌成就足以衬出她的强大。她的横空出世,使奥运会的冠军榜上迎来了一位年纪最小的女子田径单项冠军。后来,她又跟随在当时十分著名的一位教练,并在其门下开始接受新的训练方案。在教练的悉心指导下以及结合新的训练方法，她的跳高成绩提升得很快。在以后参加的重大比赛中，她不断创造新的跳高记录。1984 年,28 岁的迈法特第三次出现在奥运赛场上，在本届赛会上,她再次向人们展示了她非凡的天赋,以 2.02米的成绩赢得了本次比赛的冠军,并打破了奥运会女子跳高纪录。这次与迈法特首获奥运金牌相隔 12 年,12 年的坚持与努力成就了她今天的传奇。

被誉为世界跳高之王的古巴著名男子跳高运动员哈维尔·索托马约尔,有着颇为良好的基础。索托马约尔的腿很长,爆发力、灵敏性、速度等都很好,是难得的跳高天才。起初,他进行的是全能训练，由于跳高成绩的突出使他转而投入到专门的跳高训练中。1984 年,他以 2.33 米的跳高成绩成功晋身世界一流选手行列。1985 年的第 4 届世界杯田径赛,他以 2.28 米的成绩获得了比赛的第三名。

继 1960 年美国黑人运动员托马斯创造男子世界跳高纪录之后,时隔 28 年,索托马约尔再度出山,又一次以令人难以置信的发挥成功打破了世界纪录。在这一年他所参加的比赛中，仅有一次未越过两米的横杆，其余的 21 场都成功越过 2.30 米以上的高度。第 25 届奥运会上,他又以出色的表现获得了比赛的冠军。随着跳高比赛经验的丰富以及跳高技术的完善，他不断在世界级比赛中获得优异的成绩，人们给予他

“跳高之王”的美誉。

各国选手在跳高比赛上取得的优异成绩令世人瞩目,他们用智慧和坚韧一次次地刷新着跳高成绩。他们的付出和努力成就的不仅是个人体育事业的辉煌,同时也推动着世界体育事业向前发展。因为有了他们的勇于拼搏,后来者们才有了前进的方向;因为有了他们的执着,才为今天的竞技体育树立了这些光辉的标杆。相信,在未来体育事业发展的道路上,将会出现新的弄潮人。

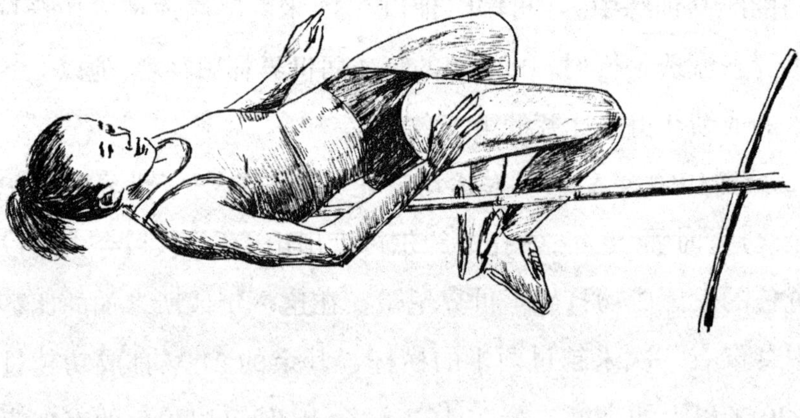

第二章

撑杆跳高

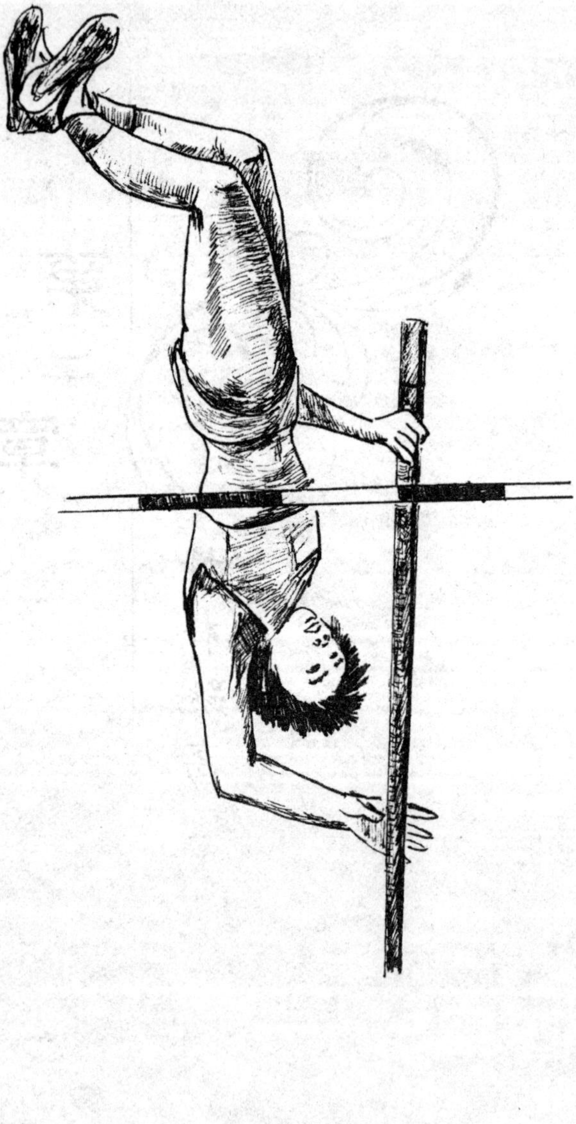

一、撑杆跳高的起源和发展

1.世界撑杆跳历史

原始的撑杆跳跃在经过一系列的演化之后，形成了今天的体育运动项目——撑杆跳高。生活在古代的人们，由于可利用的交通工具有限，当要跨越河沟或逾越不是很高的障碍物时，借用木棍或竹竿的支撑便可解决眼前的困难。对于撑杆跳高的起源可谓是众说纷纭，有人认为这是古希腊人用长杆撑着身体以越过暴怒的公牛，也有人说它是节日庆典上的娱乐活动，对于这些说法很难令人感到百分之百的信服。早在公元前 1892 年的古爱尔兰部落聚会上就出现了撑杆跳比赛，这比古代奥运会的历史还要久远。

最早撑杆跳高是作为体操项目训练的。世界上第一个有记载的撑杆跳高纪录是德国运动员在 1789 年创下的。其后不断发展直至 1817 年，撑杆跳高有了一定的规则和组织，并拥有了第一个撑杆跳高纪录。当时运动员使用的撑杆并不规范，也没有任何真正意义上的技巧被提出，与我们现在看到的撑杆有着本质的区别。随着欧洲人对撑杆跳高运动的喜爱，在 19 世纪末的时候，这项运动开始在欧洲许多国家流行开来。

撑杆跳高在没有规定正式的比赛规则之前，运动员在进行比赛时出现了很多的滑稽场面。有的时候甚至还出现了直

接将撑杆固定到地面上，并顺势攀爬直接越过横杆的滑稽事情。作为一种体育项目,如果没有比赛规定的限制和保证,那么,将无法充分体现出撑杆跳高运动的意义。为此,在 1889 年的时候,撑杆跳高比赛有了这样一条成文的规定,明确要求运动员在撑杆起跳后不能双手在撑杆上交换向上攀爬。随着比赛规则的不断完善,以及人们对撑杆跳高比赛的重视,在 1896 年举办的第 1 届奥运会上,撑杆跳高被正式列为比赛项目。由于当时的体育运动是严禁女性参加的,为此,撑杆跳高以及其他的田径项目的各种设计都是针对男性运动员而言的。运动员在第 1 届奥运会上使用的撑杆是笨重，没有弹性且容易折断的木棍,即使是这样,依然没有令人们参与和进行撑杆跳高的热情有所消退。1904 年在路易斯城举行的奥运会上,对撑杆跳高比赛规则做出了相应的系列合理化规定，此后，人们便以此规定进行撑杆比赛的评判以及训练。在人们不断进行撑杆跳高比赛的过程中，撑杆跳高技术也得到了改进。有人在助跑起跳离地后，采用摆体技术，创造出了木杆撑杆跳的最高记录。之后，人们又发现竹子这种材料对于撑杆跳来说更为适合，它比木棍更柔韧，而且重量也要轻，运动员可在找到撑杆点后利用竹子的弹性越过更高的横杆。在竹子撑杆被应用到跳高比赛之后，各国运动员不断提升自己跳跃横杆的高度。美国人大卫斯用玻璃纤维杆作为撑杆跳出了 4.83 米的高度。随后，又有人采用不同材料做的撑杆进行比赛。

由于撑杆跳借助的是撑杆弯曲时积聚的能量，从而使运动员在撑杆释放能量后能够被带动着越过横杆，因此撑杆的质地与跳跃的高度有着十分密切的关系。随着科技的发展，撑杆也经历了一场技术革命。从以木杆作为跳高的支撑杆开始，逐渐发展到竹杆、金属杆、玻璃纤维杆、碳纤维杆。

在 19 世纪时，人们用最为简单的木杆作为跳高的撑杆，但木杆的柔韧性低、质地坚硬、质量重，从而导致跳高成绩没有突破性的进展。19 世纪末 20 世纪初的时候，人们又开始使用竹杆。但是，竹杆中空的内部结构限制了它能够承载的重量，而且耐用性也较差。当时，重工业已经发展起来，金属材料的制品也已经被应用到人们的生活当中。有人试着将撑杆改成了金属材料，并将这种撑杆应用到跳高比赛当中，从运动员取得突破性的成绩中可以看出，人们运用科技的手段对撑杆所做的改进已经初见成效。随后，人们又用合成材料制作撑杆，铝合金撑杆的广泛应用预示着撑杆正在朝着预期的发展轨道前行。之后，又出现了用化学纤维制成的尼龙撑杆，这种器材也曾一度被人们广泛地应用。在化学纤维制成的尼龙杆的基础之上制造出了弹性更强的尼龙杆，不久又出现了重量更轻更加结实的玻璃纤维杆，而现在跳高运动员使用的普遍是坚固并有良好形态恢复性的碳纤维撑杆。碳纤维撑杆由三层结构组成，最外层的是高强力的碳纤维，它可以保证撑杆的柔韧度和结实度，处于中间层的是碳纤维质地的带状织物，而最里层是绷带状的玻璃纤维。由于玻璃纤维撑杆结构材料的特殊性，使得运动员在撑杆起跳后，可借助较大的弯曲力量，在快速反弹后能够有效地完成撑杆跳高。

在撑杆借助科技的力量不断向前发展的同时，一些其他的辅助设施也得到了改进。1960 年，人们将海绵坑代替了沙坑，同时，也不断改进插斗壁的角度和撑杆跳高架子。设备的进化也提高了运动员的跳高成绩，新的纪录不断地被创造，人们的跳高热情也随着纪录的刷新而高涨。

运动员在快速助跑之后，撑杆飞跃的过程，看似轻松、流畅，但其中蕴含的技术含量却是不容小觑的。在助跑的过程中，运动员需掌控好跑跳的节奏，速度逐渐加快，弹跳有力，腰部以及胯部的协同作用以使得身体其他部位全部过杆。在撑杆跳高的整套动作中，可有效地对练习者的速度、弹跳力、灵巧和协调性等进行训练。一些许多异国的地方民族为了增强体质或是作为节日娱乐项目而在专门的日子举行有趣的撑杆跳高比赛。使之在作为体育竞赛项目之余也成为了一种有着娱乐和强身双重意义的民间运动形式。

2.女子撑杆跳历史发展概述

女子撑杆跳高是在近几年才发展起来的运动，作为一个年轻的运动项目,它的活力感染了很多热爱运动的人们,发展速度较快。在不到10年的时间内,世界纪录提高了半米之多。由于女子体质的原因，她们撑杆跳高的起跳动作较男子的要慢些,为此,一些较高难度的动作在女子撑杆跳高比赛中不会被使用。而这些差异的存在却是发挥她们潜力的地方,所以女子撑杆跳现在仍然处于高速发展阶段。随着科技的进步,女子撑杆跳的技术水平也将有较大的突破，未来的发展空间必然十分广阔。

撑杆跳在上世纪早期一直以来是男子主导的比赛项目，随着社会的发展,女性在奥运赛场的地位日渐提升,她们的身影也出现在了撑杆跳高的赛场上。1995 年,女子撑杆跳的世界纪录被设立，这一举措意味着女子在该项运动项目上取得的成绩得到了世人的肯定。随后,女子撑杆跳高又被列为世界大赛的正式比赛项目。在 2000 年的时候,女子撑杆跳高首次以奥运会的参赛项目出现在赛场上。

随着人们对女子撑杆跳高赛事的重视，大批优秀的女子撑杆跳运动员也随之涌现出来。1919 年伊丽莎白·波和仁斯创造的 2.10 米的成绩，是世界上首个被承认的女子撑杆跳的成绩。1921 年,21 岁的海丽妮·海乃科取得了 2.35 米的成绩。

20 世纪 80 年代的中期,国际女子撑杆跳高成绩取得了很大发展。与此同时,中国女子撑杆跳高选手的成绩也同样颇有建树,处于世界前沿水平线上。过去,德国撑杆跳锦标赛曾一度被视为是世界女子撑杆跳高运动水平的标杆，在 1991 年，47 名女运动员参加了德国锦标赛;在 1996 年,参赛选手达 80 名女运动员,世界最佳选手常常在中德两国选手间交替出现。在这段时间内,国际上也涌现了许多优秀的运动员,其中杰出的选手有瓜芝拉和赞默然帝。1995 年,出现了巴特娃和乔治。

1995 年爱德华兹跳出 3.59 米,展示了世界级的千纸鹤能力。1996 年她又创下了 3.80 米的成绩,高于此成绩的其他运动员来自以下国家:来自德国的 7 名运动员,来自法国 6 名,来自匈牙利、俄国和美国各 3 名,来自英国 2 名,来自挪威、乌克兰、意大利、英国、罗马尼亚、捷克共和国和南非各 1 名。其中有 10 名运动员是青少年。1997 年的室内赛季取得了更大的进步。

3.中国女子撑杆跳的发展

女子撑杆跳运动虽然起步较晚,但发展速度较快。相对世界各国同类选手，我国女子撑杆跳运动员在国际比赛中的表现可谓成绩斐然,具有较强的竞争优势。在助跑速度方面,我国女子撑杆跳高运动员仍然存在着比较大的提升空间。在 1987 年，中国首次参加女子撑杆跳的比赛纪录为 3.60米。次年,我国女运动员邵静文跳出了 3.73 米,成为当时世界最好的成绩。

在上世纪 90 年代时,我国女子撑杆跳的技术水平处于世界前沿位置。一些运动员曾刷新世界纪录,成为世界一流的女子撑杆跳高选手。但这种优势地位并没有一直保持下去,随着该项运动被列为奥运会参赛项目，我国女子撑杆跳高的比赛成绩却有所下滑。目前，女子撑杆跳高的最好成绩在 5 米以上,而我国运动员的成绩还一直徘徊在 4.60 米左右。较其他国家进行女子撑杆跳的比赛人数，我国同样显得逊色得多,不过,在近年来已经有了不小的改观。

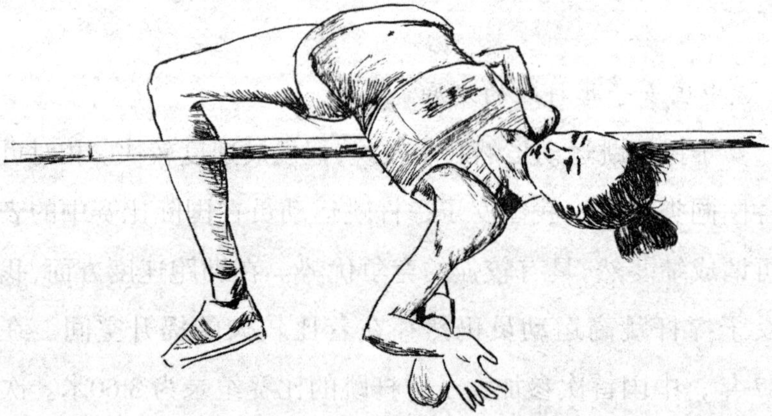

二、撑杆跳高的比赛规则

1.比赛用地及器械规定

撑杆跳高场地的落地区面积要不小于 5×5 米。选手所在的助跑道长度至少为 40 米,如果条件允许的话,应在 45 米以上。助跑道宽度最小为 1.22 米,最长不超过 1.25 米。用来抵放撑杆的插斗底部斜面规定的长度为 1 米,呈逐渐变窄状。

现在运动员所使用的撑杆一般是由复合材料制作的,使其能最大限度地发挥自身的弹性效果。撑杆的表面必须光滑,以保证运动员在握杆时不会因撑杆表面的不光滑而影响发挥。在撑杆的表面可缠绕上两层胶布,但要保证缠绕的顺序,以使其平整、光滑,一般缠绕两层即可。而撑杆下也需缠绕多层保护性胶布,这样可避免撞击插斗前壁对撑杆造成的损坏。缠绕在横杆两端的物质不能包有橡胶或任何能增大与横杆托之间摩擦力的物质存在。通常我们看见的横杆都是质地坚硬、表面平滑的,采用的制作材料一般是玻璃纤维、金属或其他适宜的材料。

运动员在助跑道上可放置不超过 3 个的标志物,通常标志物都是由组委会批准或提供使用的。同样,胶布也可以充当标志物被使用,但绝对禁止使用粉笔或其他无法抹掉的类似物质以帮助运动员助跑和起跳。

2.比赛中的规定

在开始比赛之前,组委会会安排运动员进行抽签,以决定每人试跳的次序。正式进行到比赛时间时,任何人不得在助跑道上再进行撑杆跳高一切技术性的练习。比赛时,运动员可要求前后移动撑杆跳高架的立柱或横杆托。

运动员需将第一次试跳所需的立柱或横杆托移动的距离在比赛之前准确地通知给有关裁判员，由裁判员将运动员移动距离的数据记录下来。如果运动员想要再次改变立柱的移动距离，需在未移动原要求立柱距离之前及时地通知有关裁判员。否则,会按原来要求移动立柱的时间开始计时,再次移动立柱不算为计时的起始点,这就减少了运动员的试跳时间。从插斗前壁顶端内沿延长线向助跑道方向的移动距离不得超过 40 厘米,向落地区方向的移动距离不得超过 80 厘米。

运动员在试跳结束后的成绩由该场地的裁判记录下来,依据试跳的成绩决定参赛的名次。运动员助跑时发生跑出助跑道标志线时,裁判不会判该名运动员犯规,而在运动员试跳时如果折断了撑杆,也不算其为试跳失败。

如果撑杆跳运动员在试跳时有意用手或手指把即将从横杆托上掉下的横杆放到原来位置上,裁判都会判其试跳失败。当运动员越过横杆时,横杆没有停留在原横杆托上时,也视为运动员试跳失败。在越过横杆之前,运动员身体的任何部位与所用撑杆及插斗前壁上沿垂直面以外的地面和落地区有接触时,都可能导致横杆从横杆托上滑落,致使试跳失败。

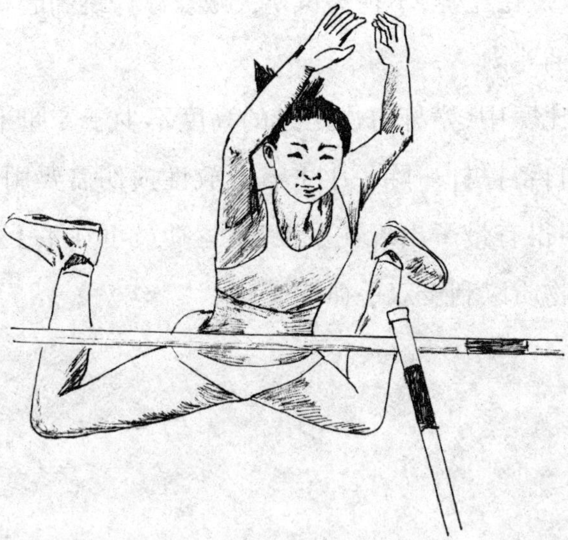

运动员在起跳点起跳后，如果双手交换了握杆的位置，这在比赛中是不允许的，如果运动员出现此种行为，裁判应判其违规，宣布其试跳失败。当横杆的朝向远离撑杆或向撑杆起跳架的方向倾倒时经发现并报告裁判后，允许有人对横杆的位置进行校正，否则在比赛开始之前，不允许任何人接触横杆。如果发现运动员接触横杆，而且裁判长在经过确认之后肯定他的举动存在稳定横杆、防止其从横杆托上滑落的可能时，那么，该名运动员也会收到试跳失败的宣判结果。

比赛时，运动员可自由决定试跳的高度，但试跳的选择高度应在规定高度之上。当运动员已作出试跳高度的选择后，如果连续在已选择的高度上试跳 3 次失败的话，那么，该名运动员将遭到淘汰，失去继续比赛的资格，但不包括参赛选手比赛成绩相同再次进行的决名次试跳。当运动员在试跳时撑杆折断,可再次进行比赛,不视为试跳失败。撑杆跳高起跳时,撑杆必须插在插斗内。

正式比赛中,横杆每次上升的高度不少于 5 厘米,允许运动员使用自备撑杆。除了手上有开放性损伤需要用医用纱布包扎外,不得有带子出现在手上,但运动员可在手上蘸比赛规定使用的物质以利于双手抓握横杆。

三、撑杆跳高的基本动作要领

对于撑杆运动员而言，需要不断在训练中强化起跳的速度，身体的柔韧性、协调性及专项力量这四个方面的素质。撑杆跳高的力量是提高技术水平、助跑速度和跳跃高度的关键因素。

摆体技术在近年来愈发引起人们的重视，它不仅可以增加弯杆力，同时也有助于形成良好的弹射前体位，从而使运动员有效地借助撑杆弯曲积聚的力量越过障碍杆。

运动员在起跳握杆时左手应将握点放前，右手在左手肩部正前方握住撑杆。运动员起跳后右手的握杆高度与跳高的技术水准以及身体条件有着密切的关系。从右手握杆的位置到横杆顶端的距离称为握杆高度。运动员握杆的高低，同样取决于助跑速度，这也是撑杆跳高的预备动作。

撑杆跳高的完整动作过程是由持杆助跑、准备起跳和起跳、悬垂摆体和后仰举腿、引体、转体和腾越过杆、落地等一系列密切联系的复杂动作组成的。

1.持杆助跑

现代短跑技术模式被视为基础性的助跑技术，并在此基础上不断改进与提高，以适应携杆助跑的要求。助跑的质量会影响插穴起跳组合的效果,而插穴起跳会影响杆上动作,对于过杆有着决定性的作用,所以要掌握好每一个动作要领。持杆时,可根据运动员平时的训练习惯来决定是体侧持杆还是体前持杆。

选手的助跑速度直接关系到助跑产生的距离。助跑时,运动员需快速、平稳、自然有力地向前跑动。为了减轻两臂持杆的负担,通常会将撑杆倾向于靠近身体的方向。跑动过程中,双臂要与下肢协同配合运动,以保持身体的平稳。男运动员的助跑步相较于女运动员的助跑步要多,这和男女的身体强度差异有关。运动员在助跑倒数第6~8步时,杆子降至65度,倒数第四步使撑杆处于水平状态或倾斜角约为45度,最后三步中完成降杆、举杆和插杆起跳等一系列动作。运动员在利用撑杆起跳后,借助撑杆的支撑以及反弹力,在撑杆上连续而快速地完成多个由多肌群合作形成的动作后,才能越过横杆。

运动员在撑杆助跑开始阶段会有一个起动和加速的过程,在保证跑动的节奏、步伐以及撑杆稳定的前提下,不断加快跑动的速度。当助跑达到中途跑阶段时,撑杆的重心会随之而降低,同时,左手会有明显负重感。当助跑达到一定速度并能插杆起跳时,平稳地降低撑杆,保持身体直立和高重心,准备插杆起跳。

2.插杆与起跳

在高速助跑之后,运动员会下降撑杆的重心,举杆、插杆

起跳,在杆上完成一系列复杂动作后越过横杆。那么,在整个过程中最为关键的一个步骤就是找准插杆的位置和时机。只有有效地举杆插穴起跳才能最大限度地转化奔跑的动能为竖杆和摆体的动量。撑杆高度在一定程度上决定着运动员利用撑杆反弹力的大小。所以,双臂在举杆时要尽量向前、上方伸展,身体也随之做出向高处伸展的姿势,在身体借助撑杆反弹力使身体各部位顺次越过横杆后,完成整套撑杆跳高的动作。

插穴起跳时,运动员左臂抬高举起,左手向前推送撑杆,同时右臂和右肩后撤。在左手向前推送撑杆时,右手将其向高处抬起,此过程需要两手和双肩的紧密配合。运动员在将撑杆在向上、向高抬起的同时,身体重心也要随之迅速前移,落地支撑腿积极后蹬。当起跳脚踏上起跳点时, 右臂尽量向上伸展,左臂弯曲以支撑撑杆的重量。撑杆在插穴中稳固后,迅速地将身体的肩、胸、髋向前上逼近,起跳脚积极蹬伸,同时摆动腿做屈膝上摆动作。身体起跳后悬垂与撑杆下,并使撑杆受悬垂的身体的重力作用而发生弯曲并反弹, 人体借助撑杆的反弹力做出一系列复杂动作,从而越过撑杆。

运动员在完成插穴起跳的过程中需要注意的有两方面的内容, 一是要将从助跑中获得的加速度从水平方向的力转化成为垂直方向的力,另外还要保持一定的水平方向的速度。起跳位需要进行有效地助跑后才能准确地掌握, 而起跳前最后一步的准备动作起着至关重要的作用。缩短最后一步助跑的步调, 以积极向前、向上的举杆形成起跳过程的有效组成部分。掌握好起跳点的位置,最适宜的起跳点应在握杆投影点前约 5 ~ 10 厘米处。为了获得最大的起跳高度,在撑杆插入插穴起跳之前,右手的手臂要尽量向上伸展,左手手臂呈弯曲状,以支撑撑杆的重量。起跳后,起跳脚用力蹬向起跳点后,起跳腿膝盖弯曲快速向上摆动。

3.悬垂摆体

悬垂是起跳后运动员在撑杆上的状态，悬垂的深度由起跳离地时的水平速度决定。当撑杆的反弹力达到一定限度时，会逐渐向外释放积蓄的能量，运动员也由团身悬垂逐渐伸展成直臂倒悬垂状态，此时运动员的跳跃高度能否达到横杆以上就需看直臂悬垂的高度了。

起跳后,摆动腿屈膝快速上摆,以使得身体获得向上的加速度。通过摆体使弯杆的作用力加大,身体适时地到达一个适当的位置。在摆体阶段,撑杆的弯曲幅度最大,积蓄了较强的反弹能量。人体的重心会随着摆体的运动做由握点之下向握点之上的转移运动。摆体阶段人杆系统包含了人杆转和人摆两个重要内容。缩短人杆转的转动半径可有效地增加撑杆的弯曲度,进而使撑杆的形变势能量增加,为后期能成功越过横杆创造了必要的条件。而人摆通过增大摆动半径和摆动速度,在增加撑杆的弯曲幅度之上，还为后期的身体伸展前准备了良好的相对位置。

运动员在起跳点起跳离地后，双腿结合腰力向前上方抬

起，使身体的重心随整个下半身向上提起，配合撑杆的弯曲和恢复态势向前方运动，同时要注意控制身体的角度和前送的时机，避免过早地越过“杆弦”。整个过程具体描述起来可以看作是以下步骤的连贯进行：首先以两肩之间的直线为轴，将肩以下的躯干和肢体尽力向内蜷，使重心转移到肩背部，同时下肢上扬，使整个身体在撑杆的支持下保持一个抛物线运动中上行的状态并让这个态势持续到越过横杆之后再行转入下落轨迹。但要注意当撑杆伸直反弹时，要将右臂伸直，以加强对撑杆的作用力，从而有效地利用撑杆的反弹力。

4.引体、转体(杆上运动)与过杆

杆上运动与过杆最基本的要求是盆骨的高度应达到与肩部所在位置同高，尽量靠拢上臂和躯干的夹角。通过臂部、肩部和躯干的肌肉用力（与身体质量个人身体组成特点有关），利用身体重心的控制来完成一整套杆上动作，从而获得最佳的腾越高度。过杆与杆上动作的完成密切相关。

世界上最佳选手的跳跃技术存在相当大的不同，这些不同主要体现在杆上动作和过杆方面。当人体推离撑杆以使得自身腾空时，身体的各部位要协同作用，以此完成一个绕纵轴转体的动作，使身体各部位依次过杆从而完成整个跳高运动。

在完成悬垂动作之后，撑杆的反弹速度即将达到最快，随着撑杆带来的巨大牵力做拉引动作，利用臂力向上引体，将身体沿撑杆向上推动，同时完成转体动作，双手离杆，将身体向空中抛起,当腿越过横杆时,两腿下压,含胸收腹,身体在此时呈弧形状态,当臀部越过横杆后,向上抬头甩臂,以利于整个身体依次越过横杆。之后,腾越过杆。

在技术正确的情况下,后仰举腿动作之后,选手仍要继续对撑杆施加作用力,这样对跨越横杆所需的引体和转体才有利,而且要求选手具有较强的躯干、肩部和臂部的力量。另外过杆过程中的扬臂、抬头不宜过早,否则会使臀部的位置由于相向运动而下降,很有可能在下落的时候将横杆带落,致使跳高失败。

5.着地动作

身体过杆后,保持身体平衡状态,以背部着地。在此过程中,如垂直落地或以其他姿势落地极易扭伤脚踝或伤及身体其他部位。

四、撑杆跳高训练

1.技术训练

高水平的基础力量是取得好成绩的重要前提。所以不仅在训练前要做大量的力量练习，还要在专项技术练习结束后，另外进行一些基础力量练习，利用器械的一些辅助练习也要进行。

随着大量的科学技术被运用到体育的训练中，人们已不再单纯地追求训练的结果，而是更加重视运动员对新技术的适应以及体能的提升上，训练正在朝着定量化和手段专项化的趋势发展着。

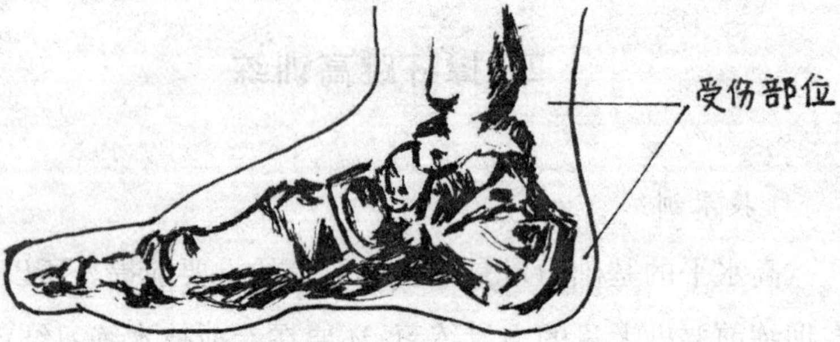

对于撑杆跳高来说，技术训练和基本的协调技能关乎该项目的发展命脉。同时,也要在训练中对助跑加以重视。

训练期间由于方法和技术问题容易造成挫伤或疲劳性骨折。因为在训练中运动员需克服自身不利于运动的因素,在此基础上还要投入大量的精力用于提升速度以及起跳能力而往往忽视了对身体的照顾。训练之前要对运动员的柔韧性及力量等做一个预测。体操训练可增强肌肉的伸展能力，如翻筋斗、引体向上、垂摆、蹦床,都有助于避免受伤。而且一些利用绳索、单杠、吊环、双杠的准备练习以加强自我保护和对撑杆的作用也是有帮助的。利用吊绳可以练习摆体翻转、展体和过杆,利用单杠练习举腿展体向前转体过杆和摆体向后过杆。

在助跑练习中，应该尝试一下在提升当前高度这个目标不变的情况下,同时设法加快最后的助跑速度,并保持技术水平不变,也许更有利于运动员成绩的提高。而助跑速度的提高只能通过增加训练量和训练强度来实现,如可以做 40 ~ 50 米的协调跑,80～120米的加速跑,以及变速跑、冲刺跑、牵引跑、耐力跑等。之后做持杆助跑练习,在练习中要加强持杆小步跑的节奏感,抬腿跑的抬腿高度以及扒蹬跑的蹬地力量等。

运动员在进行有力的助跑后,要找准举杆插穴的时机,以提供后续撑杆跳起足够的能量。纵观世界一流男子撑杆跳高运动员所选的插穴时机一般都在倒数第2步着地之前。由于运动员自身条件的不同,在训练中可进行针对性地指导,以便找到每个人绝佳的插穴时机。为了使运动员能够熟练地掌握此项技术,在训练之前,可先做原地降杆、举杆练习,之后再做助跑插穴起跳练习。

在训练初期,可进行分解动作练习,待每节动作熟练之后,再将其连贯地进行。要注意分解和完整技术动作衔接的紧

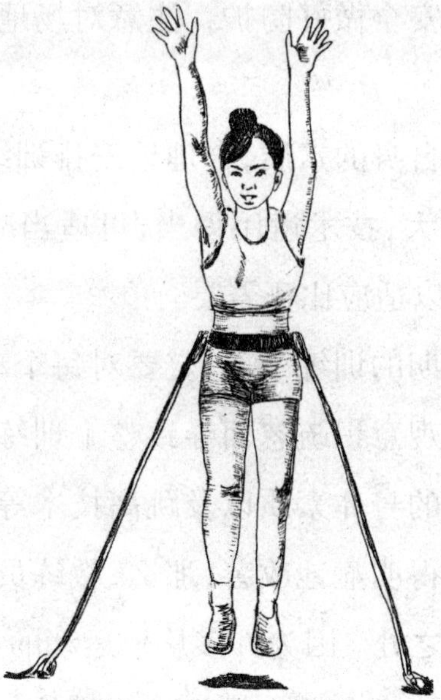

凑性。在加强身体素质能力的同时，也要对专项技能加以完善,注意把身体素质和专项技术训练结合起来使用。训练的同时也要对自身的安全做好防护，注意对场地和器材设备的检查和维护。

依据运动员自身的素质,合理地安排训练的内容,并随着训练运动量的加大,技术运用得当,可适当减少训练课程,采取小周期训练法以适应比赛需要。

在运动员早期的训练中,一定要对每个动作加以重视,切不可因自身的主观意识疏忽而导致整个训练产生技术方面的隐患。当运动员的身体素质以及跳高技术等在经过一段时间的训练后没有取得明显地改善,那么,教练员应分析每个训练细节存在的不足之处。因为许多从事运动的人都知道,在学习阶段形成的技术错误在后来是很难改正的，有时甚至是已经

无法完全改正的了。正因如此早期的训练绝对要按照标准进行,哪怕是最简单的一个技术动作也要落实到位。某一个独立和简单的技术改进方法只能代表短期的发展，要是每个动作之间都形成协调合理的组合。因此,在日常训练中,练习者不能只顾及自己习惯与否,要从长远的目标做打算。

2.心理训练

一场重大的比赛,一群热情的观众,繁忙的工作人员以及严格的裁判团,面对这些,又有几个运动员不是怀着激动、紧张的心情步入比赛现场的呢？我们不得不说这些肩负重大使命的运动员是勇敢的。因为每一个心态上的变化都有可能造成对发挥的严重影响。

面临着充满变幻的比赛,保持良好的心态是十分必要的。赛场上，运动员在良好心理状态的影响下可能创造意想不到的成绩,但也有可能因心理素质不佳而导致发挥不正常。

为了使运动员在比赛中有一个良好的心理状态，应有步骤地进行心理方面的训练。从知觉、表象、意志力以及自信心等几方面加以管理。

通过心理训练可保证运动员在良好的心态下出色地完成比赛,获得优异的成绩,而良好的心态也可以帮助运动员提升训练成绩,到达理想的比赛状态。

五、我国撑杆跳高选手在比赛中取得的成绩

客观来讲，我国在撑杆跳高项目上的民间普及率上与欧洲国家相比存在一定的差距，同时参与的人数比例也相对较少。但这些都不足以泯灭我国运动员曾在该项目上创下的优异成绩。由于我国开展该项目的时间较晚,而且在专业人才的培养上付出的精力有限，这都成为了制约该项运动发展的原因。为了弥补我国撑杆跳高民间基础上存在的不足,从上世纪末期开始，各地运动队挑选有优秀潜质的儿童从很小的年纪就开始进行训练，以增加我国在该项比赛中的实力和后备力量,从而缩小与其他欧洲国家的差距。

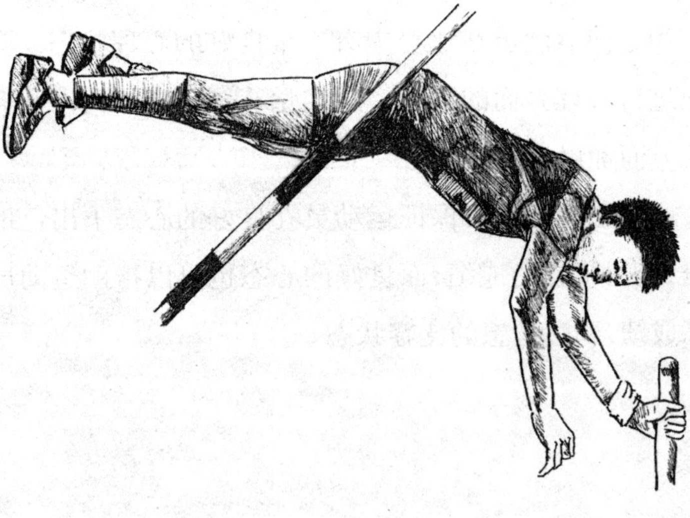

我国早期的撑杆跳高运动员胡祖荣，是一位来自上海的运动员。在1962年的时候，他以4.52米的成绩打破了男子撑杆跳高全国纪录。两年之后，他使用金属撑杆出色地完成了比赛，并刷新了有自己保持的记录。与此同时，他也获得了亚洲撑杆跳高史上跳得最高运动员的称号。他在撑杆跳高运动上的奋斗为他赢得了各种殊荣，如“体育运动荣誉奖章”等。正是有了胡祖荣的执着与坚持，才有了绚烂的中国撑杆跳高史。

当然，中国撑杆跳高史不单只出现过胡祖荣一人的身影，许多撑杆跳高的男运动员同样也创下了骄人的成绩，符保卢就是其中的一位。作为旧中国撑杆跳高史上跳得最高的运动员，13岁便开始接触撑杆跳高。小小年纪的他付出过泪水和汗水，但同时他也在艰苦的训练环境中找到了自我。他的撑杆跳技术以及各方面的素质得到了教练和队员的认可。此后，他不断出征各种重大比赛。在我国的第5届全运会上，他凭借3.75米的成绩赢得项目冠军。接着，他又以3.87米的成绩拿下了第10届远东运动会比赛的第二名。1936年，对于他来说意义重大，因为他创造了属于自己，属于中国的辉煌时刻，他以4.015米的成绩创下了全国撑杆跳的新纪录，更为重要的是，这一纪录直到20年之后才被人打破。

来自山东的撑杆跳高运动员刘飞亮在2005年的第31届普雷方丹田径精英赛上，当横杆提升到5.80米后，虽以三次试跳失败后获得比赛第四名而不得不退场，但他已经突破了我国男子撑杆跳保持的最好成绩，这不得不说是一个较大的进

步。但在世界田径锦标赛中，刘飞亮没有将这种优势保持下去,在 5.3 米的起始高度上就遭到了淘汰,这不能不说是我国田径界在 21 世纪的探索过程中的一大遗憾。

我国女子撑杆跳也曾有过辉煌的战绩,在上世纪 90 年代的时候她们曾称雄一时，但因为诸多因素影响的缘故始终未能在欧美选手面前确立可观的地位。虽然在亚洲地区,我国的撑杆跳高运动员还占有一席之地，但在国际赛事上却少见出彩的表现。现实虽然是残酷的,但我们应该直面困难,今天的停留并不代表以后的无法跨越。我国撑杆跳高技术还存在较大的提升空间,所以在未来,我国撑杆跳高运动的成绩仍有在大型国际赛事上占据一席之地的机会和可能。

蔡维艳和孙彩云是我国早期女子撑杆跳高的杰出代表人

物，她们所奠定的动作技术对以后的世界女子撑杆跳仍起着一定的影响作用。

从 1987 年开始接受撑杆跳高运动训练的蔡维艳，在国际重大赛事上取得的光辉成绩是有目共睹的。1995 年，她以 4.07 米的成绩打破了女子撑杆跳高的世界纪录。随后的一年里，她又创下了亚洲撑杆跳的新纪录，并且在同年 10 月份的国际女子撑杆跳高邀请赛中又一次创造了亚洲新纪录。

同样在撑杆跳高运动上取得过辉煌战绩的孙彩云，在 1992 年的全国田径锦标赛上就跳出了 4.05 米的成绩，而这一成绩再后来被国际业余田径联合会承认为第一个女子撑杆跳高世界纪录。在她为中国撑杆跳高征战的日子里，中国的撑杆跳高成绩以稳定递增的形式向上不断攀升着。她在 1995 年的全国田径锦标赛上以 4.08 米打破了自己创下的纪录，与世界最好成绩仅差 0.07 米的距离。在接下来的比赛中，她曾几次以微弱的差距与世界最高纪录失之交臂。

同为中国女子撑杆跳高的选手，比这两位前辈晚一个时期登上国际舞台的运动员高淑英，在第 16 届亚洲田径锦标赛中一战成名，拿下了自己人生中的第一块金牌。此次比赛中，她凭借着良好的心理素质和超水平的发挥，以 4.53 米的成绩荣获了女子撑杆跳高冠军，并创下了新的亚洲女子撑杆跳高纪录。

来自山东青岛的高淑英，拥有良好的身体条件，是我国比较有实力的撑杆跳运动员，曾两度刷新亚洲女子撑杆跳纪录。

在她的比赛生涯中，曾有过许多精彩的瞬间。2000 年的时候，她以 4.35 米的成绩打破了女子撑杆跳高亚洲纪录。一年之后，她又获得了第 9 届全国运动会该项目的冠军。随后的几年里，她不断征战女子撑杆跳的大小赛场，并以优异的成绩圆满完成比赛。伴着人们的期许，她夺得了第 14 届亚运会女子撑杆跳高的冠军。2005 年的仁川亚洲田径锦标赛，她以 4.53 米的成绩刷新了亚洲纪录。

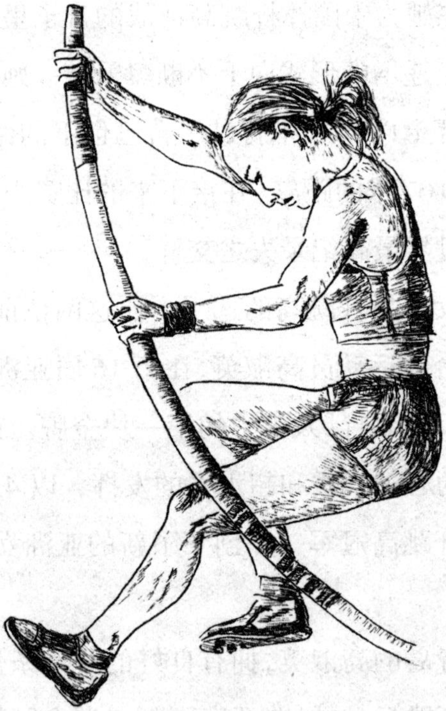

六、撑杆跳高的世界纪录及各国优秀运动员

在世界男子撑杆跳的历史上，我们不得不提及前苏联名将布勃卡。曾任国际田联理事会理事及国际奥委会委员的布勃卡是从1973年开始练习撑杆跳高的。他在1981年参加的世界少年撑杆比赛中以5.10米的成绩获得比赛的冠军，这给了他不小的动力。在其后，布勃卡一生都在为自己热爱的撑杆跳高事业和体育运动奋斗，在1983年赫尔辛基举行的世界田径锦标赛上，他以5.70米的成绩夺得了撑杆跳的冠军。次年，他又以5.85米的成绩打破了自己创下的世界纪录。三次室内世界纪录，四次室外世界纪录，他的辉煌战绩给他带来了值得骄傲的资本。1985年巴黎世锦赛上，布勃卡突破了6米高度的关口，再次巩固了自己在撑杆跳运动上的霸主地位。而在1988年的时候，布勃卡更是以势如破竹的态势收获了多项比赛的冠军，成为了名副其实的"全冠王"。最让他引以为傲的是在第24届的汉城奥运会上夺得的男子撑杆跳高的冠军，因为也是他唯一的一枚奥运金牌。

被称为"鸟人"撑杆跳好手的布勃卡一直在不断地刷新着自己创下的撑杆跳纪录。在他十几年的跳高生涯中，他选择逐步地提升自己，每次都是以1厘米的优进度突破自己保持的最高成绩。经过不断地累积，在自我突破的过程中他将自己的

跳高成绩总计提高了 30 厘米，并前后 35 次打破自己保持的世界纪录，迄今为止，他仍是超越自己和世界纪录次数最多的男性运动员。每次比赛，只要有布勒卡的参与，就会引起不小的轰动，各大媒体纷纷报道着他在比赛中的精彩瞬间，而观众也会不由自主地将目光聚焦到他身上。作为刷新世界撑杆纪录最多的运动员——布勃卡，他多次被评为“世界最佳运动员”。他在 1985 年突破 6 米大关的精彩瞬间也被视为“100 个金色时刻”之一。

在撑杆跳高项目上，世界女子撑杆跳高也同样拥有着类似成就的人物。她就是俄罗斯著名的美女撑杆跳运动员——伊辛巴耶娃。她曾多次创下女子撑杆跳高纪录，是俄罗斯女性

运动员中的翘楚。这位出生在贫寒家庭的女儿,用自己的毅力与不凡之处树立了自己光辉的形象,18 次创造该项目世界纪录的她足以让世界瞩目。

1998 年,她参加了莫斯科世青赛,并以优异的成绩获得了比赛的冠军。此后,她不断创造属于自己的神话。值得纪念的是她取得了 2004 年雅典奥运会的冠军。

同样,在 2004 奥运之年里,伊辛芭耶娃也相继创下了多次重大比赛的冠军。同年 2 月,在乌克兰的顿涅茨克举行的比赛中,她以 4.83 米的成绩创下了室内女子撑杆跳新纪录。一个月之后，她又在匈牙利的布达佩斯举行的比赛中突破了自己创下的 4.83 米的成绩,以 4.86 米的成绩刷新了世界纪录。在接下来的 6 至 9 月份里，她先后取得了女子室外撑杆跳的最好成绩。由于她在 2004 年的出色表现以及辉煌的战绩,人们送予了她“女布勃卡”的称号。

马德里欧洲室内田径锦标赛上，伊辛巴耶娃再次以 4.90 米的成绩打破了自己保持的世界纪录，这是她在这一年冬季第四次打破世界纪录。她将布勃卡所取得的成绩作为自己撑杆跳追求的目标。正处在运动员黄金期的她凭借着一股执着的追求，在 2005 年的国际田联超级大奖赛伦敦站的比赛中，成为了首位超越 5 米高度的女子撑杆跳选手。布勃卡对伊辛巴耶娃的撑杆跳跃能力充满信心，认为她有能力突破 5.15 米的高度,这无疑是对她运动生涯巨大的肯定。伊辛巴耶娃以无可争议的成绩获得了国际田联年度最佳女运动员的称号,她摘取这样的殊荣无可厚非。

同样是俄罗斯著名女子撑杆跳运动员的费奥法诺娃，曾在 2000 ~ 2002 年间三次获得欧洲室外锦标赛冠军。起初，费奥法诺娃进行的是体操训练，后来才改为撑杆跳。曾在 1996 年以替补队员的身份参加奥运会，是现今世界上女子撑杆跳项目上最具实力的选手之一。

在 2004 年举行的国际田联雅典娜室内田径赛上，费奥法诺娃实现了突破性的一跃。在此次比赛中，她以 4.85 米的高度成功打破了队友伊辛巴耶娃创下的 4.83 米女子室内撑杆跳的最好成绩，将世界纪录归属到自己名下，但此项纪录并没有保持太长时间便被再次刷新。

美国女子撑杆运动员在撑杆跳运动上也取得了较高的成就，而取得突出成绩的撑杆运动员也是世界上撑杆跳高最具实力的选手。史黛西·德拉吉拉就是这样一位运动员。德拉吉拉的身体素质很好，擅长短跑、跨栏和跳跃项目。1994 年，德拉吉拉并没有突出的表现，训练成绩平平。但在随后的比赛中，德拉吉拉却给人带来了不小的震撼。在 1997 年举行的室内世锦赛中，她以 4.48 米的成绩获得了比赛的冠军，并创下了当时的世界室内纪录。两年之后，她又在比赛中创下了美国新的全国纪录，这是她第 12 次改写美国全国纪录。

美国的著名选手迪芝娜，在 1997 年世界室内田径锦标赛和 1999 年的世界室外田径锦标赛均获得冠军。在 2000 年 7 月，美国奥运田径选拔赛中，以 4.63 米的成绩刷新了世界纪录。2000年,以4.60米的成绩夺得奥运会该项目女子组的金牌。在1997年、1999年、2000年女子撑杆跳均是首列项目,所以迪芝娜便成为了这三个赛会的第一个冠军。

澳洲撑杆跳好手埃玛·乔治在她个人田径运动生涯中,曾经创下17次世界纪录。在1998年一举拿下了澳洲联邦赛撑杆跳金牌,现在伤痕累累的她已经退出了世界撑杆跳的历史舞台。而同样来自澳大利亚的运动员马尔科夫更是世界上最优秀的撑杆跳高运动员之一。他在1998年举行的国际田联大奖赛总决赛中排名第四。而在高手如云的2000年悉尼奥运会上,他跻身到大赛的第五名。虽然他在该届奥运会中与奥运冠

军失之交臂,但从中也能看出他潜在的巨大能量,在之后的比赛中他不断突破自我,并取得了较为突出的成绩。在 2001 年的世界田径锦标赛中,他取得了撑杆跳高比赛的冠军。

除了这两位之外，还有另一个澳大利亚的优秀男子撑杆跳高选手博格斯值得一提,曾在 2001 年加拿大埃德蒙顿世界田径锦标赛上山获胜。在澳大利亚珀斯的一次俱乐部对抗赛中,突破了 6 米大关,成为了该项目上第 13 位征服 6 米高度的运动员。

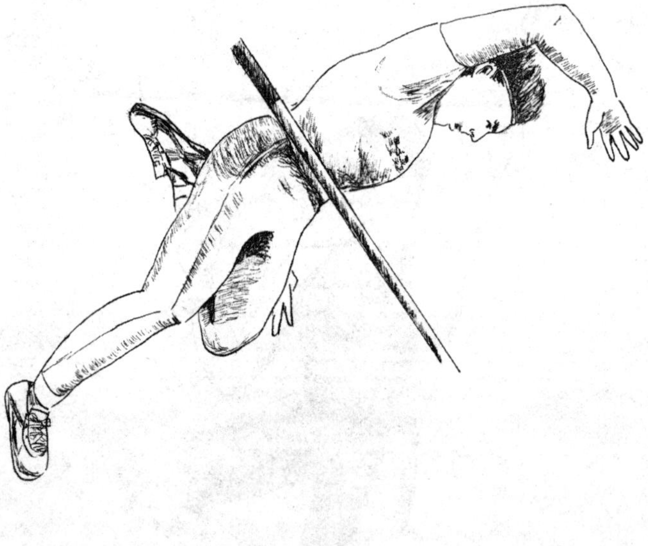

第三章

跳远

一、跳远运动的历史沿革

跳远是田径项目的一种，人体在助跑后取得向前的加速度后积极地起跳以越过更远的距离，同时在起跳后也要对身体姿势以及落地动作进行合理安排，以完成跳远运动。进行此项目的训练可有效提升身体素质，改善人体的心肺功能，调节神经系统的运转状态，起到改善体质的作用。

跳远有着悠久的发展历程，早期人类在进行狩猎行为或躲避自然灾害的时候，难免会在途中遇到沟渠以及凹凸不平的地表，而跳远也就在此种情况下应运而生了。但此时并没有人意识到它能在以后以一种运动的形式出现，随着时间的推移，这种运动的健身和竞赛意义也渐渐被人们发掘了出来，如今，跳远这种运动形式已被正式列入到了各国学生的体育训练课程当中。

在古希腊的民间竞赛及古代奥林匹克五项全能竞赛中都将跳远作为比赛项目。由于当时物质条件所限，进行赛事的场地设置得颇为简陋。基本上都是选择在一片松软的土地上放置一个像门槛的木条，选手需在助跑之后、踏在“门槛”上起跳。后来的起跳板便是由这条门槛衍生出来的。为了防止运动员在落地后受到伤害，在落地区域会挖一个一定深度的沙坑来缓冲下降时产生的冲击力。公元前 776 年，古代奥运会有了

跳远比赛。而在第18届古代奥运会上,又进行了一次开创性的尝试,将正式的竞技比赛项目增加到了六个,跳远也由此得以用奥运会正式参赛项目的面貌出现在奥林匹克的舞台上,同时,它仍然是“五项全能运动”当中的一项。

古希腊的跳远竞技分为行进间跳远和立定跳远两种。后来,又产生了其他形式的跳远比赛,如三级跳等。当时的跳远形式与现代跳远存在着很大的差别。当时进行跳远的运动员手里都会拿着类似于哑铃一样的石质或金属物品，然后通过距离不长的助跑,从稍高于地面的“门槛”上起跳。手臂顺势向前挥摆,在起跳后身体达到最高点后下落,同时将手中重物顺势向身体后水平方向抛出,随后人体落在松软的土地上。

竞技者之所以会以“持重”的方式进行跳远,主要是为了增加跳远的前冲力,保证下降时身体能维持在平衡的状态下。

但后来经过研究表明，只有在进行立定跳远时，才能得到以上两种效果，但如果是在行进中此种持重的方式进行跳远，取得的成效甚微。

由于当时社会发展并不先进，所以，跳远运动只能用线绳来测量距离。从近代出土的瓶画上，人们便能看到手执线绳进行跳远测量的场景。运动员在进行完跳远比赛后要在地上画一条线，同时在选手落点的边上用木桩作标记。比赛结果是以运动员试跳三次后的成绩中最高者为该位选手的最终成绩。当时，运动员跳跃时姿态的优美程度也是评定比赛名次重要的衡量标准。比赛的优胜者无不是具备了这两方面的优势才得以胜出。当时的跳远比赛没有明确的比赛规定，只有简单的比赛说明：当参赛者在下落进入到落地区域内时，没有维持好身体平衡，致使脚向后倒退时，那么，裁判会判其比赛失效，取消比赛成绩。

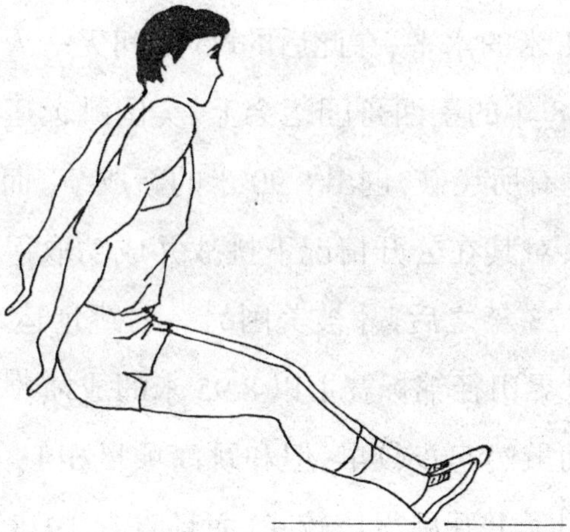

据说,古希腊运动员在进行跳远比赛时,旁边还会有长笛伴奏。之所以会进行这样有趣的安排是因为,人们认为演奏长笛有助于运动员掌握从助跑到起跳时的节奏, 同时也能减轻比赛紧张的氛围。虽然这样的安排并不一定能为运动员起到多大的帮助作用, 但却体现出了人们对运动与美学的追求以及重视程度。

起始于 19 世纪英国的现代跳远,在历经数个发展变革时期后以现在的面貌呈现在世人面前。在 1827 年英国一家俱乐部举行的一次田径比赛中, 出现了第一个有记载的世界跳远成绩,它的创造者是英国人古奇。随后,人们对跳远技术进行了各种创造性的尝试。1886 年,该项目首次采用了起跳板,使跳远成绩得到了大幅度的提高。在第一届现代奥运会上,跳远被列为了正式比赛项目。在跳远以蓬勃的姿态向前发展的同时,运动员的成绩也取得了突破性的进展。1935 年美国跳远运动员率先突破了 8 米的距离,1960 年的时候,这个成绩已经被刷新到了 8.21 米的水平,在此后的 25 年间无一人打破该项纪录。直到 1968 年的墨西哥□运会上,美国跳远运动员才成功地在此基础上有所突破,创出 8.90 米的新成绩。而这项纪录之后一直没有人对其在公开情况下挑战并成功取得受世界承认的成绩,直到 23 年之后,才被美国另一名跳远运动员在 1991 年的第 3 届世界田径锦标赛上以 8.95 米的成绩改写。

跳远运动虽然起步较早,但和跳高项目相似,跳远运动的女子比赛在国际上开展得比较晚,而且直到 1948 年举行的第

14 届奥运会上女子跳远才被列为正式比赛项目。最早的女子跳远世界纪录是 1926 年英国运动员创造的。1936 年英国运动员又再创佳绩,达到了 6 米以上。42 年之后,前苏联运动员创下了 7.07 米的成绩,实现了历史性的突破。此后,女子跳远运动员不断在该项目上刷新比赛成绩。

随着科技的进步,跳远技术得以快速地发展。我们有理由相信在不久之后,会有更多的运动员为我们带来奇迹。

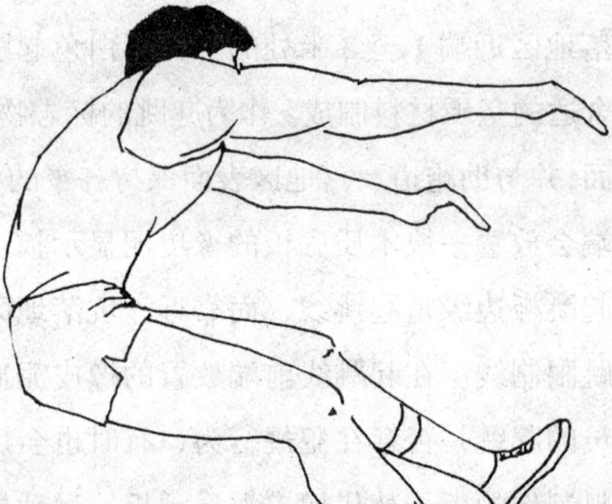

二、跳远运动的比赛规则

1.器械及比赛场地

正式比赛和专业练习的场地上，跳远的助跑道长度不得小于40米,如果条件允许,可增至45米以上,其阔度与径赛跑道相同,并用5厘米宽的白线标出助跑道的位置。尽量将助跑道放置到中间位置，让助跑道中线经延伸可与落地区的中线重合。

放置在落地区近端1至3米处的长方形白色起跳板可用木质或其他合适的坚硬材料制成。作为起跳的标志物,起跳板会被埋入地面,并与助跑道及落地区表面保持齐平的状态。在起跳板的前端会放置一块木质底板的橡皮泥显示板。靠近落地区一端的起跳板边缘是起跳线，而靠近沙坑落地区一端的边缘则是起跳限制线。在起跳线前端放置的橡皮泥显示板可记录下运动员的起跳是否存在犯规行为，有时也会用沙台或其他适当材料制作的板子替代橡皮泥显示板，运动员在助跑后需在起跳线后起跳,否则会被视为犯规。

运动员在起跳腾到制高点后会下落到落地区域当中,落地区是一个阔度大约应在2.75至3米之间,铺有松软、有适当湿度的沙粒的沙坑。沙坑填充的沙粒表平面高度应保持与起跳板齐平。

当助跑道没有位于中间位置时，即助跑线的中线与落地区中轴线不重合时,应在落地区中布置一条或两条带子,这样可使两条线能合成一条直线。

2.犯规动作

参赛者在进行跳远和三级跳远时，当身体某部位触及起跳线前的地面时,无论他是否起跳,都会被判为犯规。比赛时,运动员脚部在起跳中踩过起跳线时,成绩将被视为无效。在助跑和试跳中采用任何翻腾动作,那么,参赛者也会被判犯规。起跳腾空达到制高点后下落,运动员在着地时,由于重心不稳使身体部位碰触到落地区以外的地面时，运动员的比赛成绩将被取消。运动员在完成试跳后,在着地区向后走出落地区也会被判为犯规。

如果参赛者在未达到起跳板就开始起跳,则不视为犯规,所取得的成绩为有效成绩。试跳后的成绩测量是以参赛者在落地区身体任何部位留下的明显痕迹与起跳线或其延长线间形成的最短距离。测量精确到小数点后两位，如果不足 0.01 米按较低读数计算成绩。

3.国际跳远比赛规则

参赛者会在比赛之前进行抽签试跳。如果试跳人数超过 8 人时，在第一轮试跳结束后取成绩前八的进入到下一轮的试跳中，成绩较低者在第二轮比赛中要做好第一个进行试跳的准备。如果在试跳中,出现了两名运动员成绩相等时,那么,可安排成绩相等的运动员进行第三次的试跳，将比赛的最好成绩列入最终比赛成绩当中。

当比赛正式开始时，参赛者不得继续使用助跑道进行练习。每名参赛者在试跳结束后,以每次试跳的最好成绩作为比赛的最终成绩。比赛的最终名次也由参赛者最好的成绩判定。测量运动员最后在落地区最近的着地点与起跳线或起跳线延长线之间的距离,则为该次试跳的成绩。

三、跳远的基本动作要领

跳远的基本过程可以描述为：运动员沿着助跑道带有节奏地加速助跑，在起跳板前的起跳点上沿用单足起跳，使身体由直线速度转换为上身速度，以达到腾空的姿势。身体在腾空后下落到落地区域内，以双足在沙坑表面留下的印记以及到起跳线或起跳线延长线之间的距离为试跳的成绩。

1.跳远技术的发展

运动员在起跳腾空后，会在空中形成不同的姿势动作。从最初的蹲踞式跳远到后来的挺身式跳远、走步式跳远，在跳远

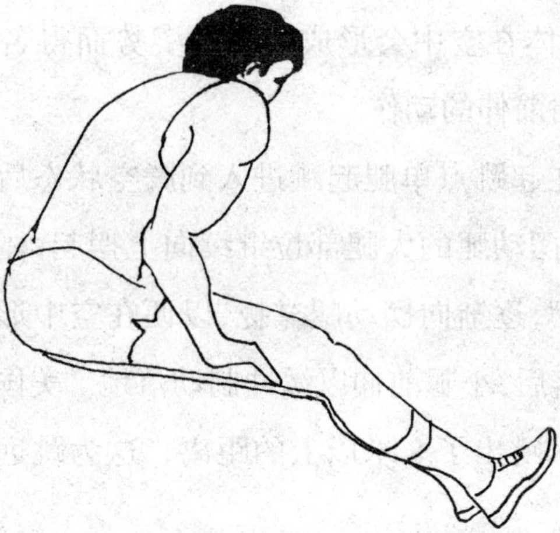

不断向前发展的同时,跳远技术也得到了改进。在1890年以前,人们普遍采用的是原始的蹲踞式跳远,随后人们又对现有的技术进行了改革,以蹲踞式和半蹲挺身式进行跳远。在不断地实践中,挺身式跳远日趋完善,并且还衍生出了一种新的跳远技巧——走步式跳远。后来,人们又进行各种尝试,但有的方法因其存在较大的危险性而被禁止使用。

目前,通用的几种跳远技术已趋向于成熟,人们普遍采用的是走步式跳远或挺身式跳远。尽管现代体育运动中已经添加了大量的科技成分,但运动员自身能力仍是决定性因素所在。除了不断地提升自我,保持良好的身体状态外,还需熟练而准确地掌握先进的技术,只有这样才能在比赛中取得优异的成绩。

跳远技术主要经历了三个发展时期,他们的接踵演变见证了跳远运动的探索历程。

蹲踞式跳远是最简单、最容易掌握的跳远方式。运动员起跳后,因其身体在空中会形成蹲踞的姿势而得名,下落后,小腿会有一个向前伸的动作。

运动员在起跳点单腿起跳进入到腾空状态后,保持上肢直立,同时使摆动腿的大腿部位继续向上摆起,体后的起跳腿开始屈膝前摆,逐渐向摆动腿靠拢,以便在空中形成蹲踞式动作。腾空下落后,小腿前伸以缓冲制动落地。美国运动员欧文斯曾用此技术跳出了8米以上的距离,这为跳远带来了新的起点。

在蹲踞式跳远的基础上，人们又进行了挺身式跳远和走步式跳远。

挺身式跳远是运动员在单腿起跳后，在空中形成挺身姿势，并在落地前进行收腹、屈髋等一系列动作，从而达到增加跳远距离的目的。

以挺身式进行跳远时，起跳腾空后伸展摆动腿的膝关节，小腿呈弧度前后摆动。此时，两腿靠拢，□胸展髋，身体呈挺身姿势，同时手臂向上伸展，然后，两腿快速向前摆，手臂与之配合上下摆动，收腹举腿，缓冲落地。

在挺身式跳远之后，人们又采用了走步式跳远，它是在手臂与双腿的协同配合下，在空中“走动”三步后下落，并在落地前进行收腹、前伸小腿等动作。

走步式跳远是急行跳远的一种“技术”。运动员起跳后，在腾空的瞬间，摆动腿的大腿带动小腿完成摆动动作，摆动方向为前方与下后方，与此同时，另一条腿的大腿向前方抬起，膝部前摆，小腿迅速前伸，与摆动腿完成交换动作。此时，双臂进行绕环摆动，动作幅度以大为宜。而后，已处于身体后方的摆动腿屈膝前摆，快速与起跳腿靠拢。此时，双臂经过身体前方，向下后方摆动，小腿向前方挺伸，触地，在空中形成两步半的走步式。

在三种跳远技术中，当从跳远空中与落地技术方面比较而言，挺身式跳远要好于蹲踞式，而走步式又优于挺身式。挺身式跳远在起跳腾空后，空中的挺髋和展体动作可在一定程

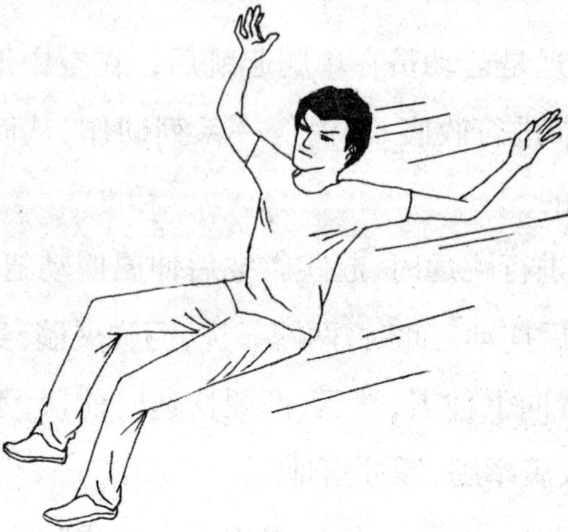

度上加长体前肌收缩前的初长度。虽然这样的动作对改变身体的重心没有太多的帮助,但却可以在进行大幅度的收腹、屈髋、前伸小腿后,滞后脚落在沙坑上的时间,以此达到延长下落点与起跳线或其延长线之间的距离。而走步式跳远在兼具挺身式跳远优势的同时,也能保证身体的平衡性,使肌肉在运动中也能保持一种舒展的状态。基于走步式技巧在跳远空中姿态下特有优势和作用,人们将走步式看成最为理想的跳远空中姿势。但也仅限于在助跑起跳后身体重心轨迹不会偏离正常轨道的情况下。

对于跳远而言,最为关键的是掌握好助跑的速度以及起跳点,然后才能利用各种跳远空中姿势和落地技巧。现代跳远是以速度为核心的竞技项目,适当地增长助跑的距离,提升助跑速度,掌控好助跑的节奏感,使起跳后能得到更大的向上推动力以拉长跨越距离。在起跳的过程中支撑腿进行有力地摆动,屈膝摆动的角度要适当,同时缩短腿用力蹬伸的时间,从而降低对水平速度的消耗,以提升助跑以及起跳上升速度的利用率,达到理想的腾起高度。尽可能伸开肢体,以尽量延缓落脚的时间,达到增加跳远距离的目的。

2.跳远的基本动作

跳远在起跑开始后进行加速地助跑,在起跳点上起跳腾空,并在空中进行一定的技术动作,最后下落到沙坑上其过程中涉及的具体动作细节较多,但在基本阶段上,是由助跑、起跳、腾空、落地,这四个连续动作构成了整个跳远过程。其中,最为关键的是助跑和起跳,它们是跳远过程中主要的可控阶段,如果有一方出现失误,那么,整个后续动作也就瘫痪了。在有力地助跑以及准确地起跳后,身体腾空后在空中进行的动

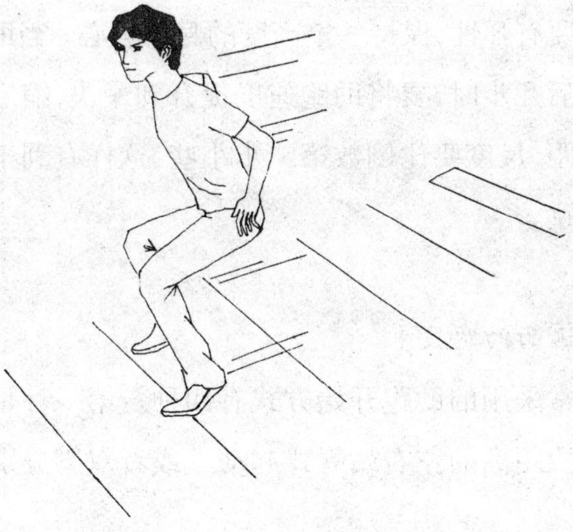

作以及落地动作是否适当同样对整个比赛能否取得优异成绩,有着一定的作用,但是相对较为微小。可以说,每个环节的技术动作都有着它的作用,彼此之间相互依存,是跳远中统一不可分割的部分,无论它们中的哪一个环节出现问题,都会对跳远成绩带来一定的影响。

助跑

助跑是一段有节奏的加速度跑,为起跳做准备,以使得人体在腾空后达到理想的高度。助跑的速度直接关系到跳远的距离。当运动员的助跑速度很快时,就可以降低助跑的长度,而如果助跑速度发挥较慢则需要长距离的助跑，这主要是有运动员自身的条件决定的。助跑速度的快慢直接关系到跳远的成绩,同时与踏跳时腾空速度有着紧密的关联。

在开始助跑时,双脚就要进行有力的后蹬,并逐渐加速。跑动时动作要自然,节奏紧凑,不断加快脚步交替的频率,同时步伐要有弹性,保持一定高度的身体重心。当助跑进入到起跳前最后几步时,要将助跑速度提升到最快,缩短最后一步的步伐间距,尺度要比倒数第二步小些,这样有利于进行快速有力地起跳。

跳远的助跑技术

通常采用的助跑开始方式有四种。第一种是双脚向左右分开一段距离的左右站立式起动，或者双脚分别置于身体前后方,以站立式起动的前后式起动。两种方式都是在身体静止的状态下，同时起动的位置是在确定好的助跑标志上开始助跑的。助跑时要保证第一步的步幅以及跑动速度的稳定性。在助跑的落脚点比较稳定的情况下,成功的几率很高,但这种方法使肌肉相对紧张和僵硬,不利于助跑的提速。

走步踩踏上助跑标志的起动和先走动后缓慢跑上助跑标志是第二种助跑开始方式。两种助跑开始方式是从行间开始的,从起初的慢跑或走动,然后踏上起点后开始进行加速向前助跑。由于加速助跑之前,肌肉是处于活动状态的,为此在跑动的过程中状态会相对比较自然,容易提升助跑速度,但采用这两种方式的不足之处是正确找到起动点的概率较低。

(1)助跑加速度的方式

助跑时的加速度主要以两种方式进行，一种是在开始助跑时就快速、有力地向前跑,同时不断加快跑动频率,增加跨步的长度以提升跑动速度。此种方法可有效帮助运动员获得较快的加速度,所需的助跑距离较短。另一种采取的是逐步加速的方法,在开始时速度提升较慢,随着跑动距离的加大,逐步加大步长，同时提高步频。这种方法所需的加速度时间较长,也拉长了助跑的距离。

决定采用何种助跑方法可根据自身身体素质而定。当助跑的步伐交换频率加快时,助跑的速度也会提高,在助跑过程中没有停留和减速的情况下，使得助跑在进入到最后两步时达到最大速度。当然,无论采用何种方式的助跑,只要能有效地提供起跳前所需的速度,同时可使运动员进行正确的踏板和起跳,那么,就是一种行之有效的方式。

(2)助跑的预备动作

助跑开始时,上体要向前倾,在助跑中逐渐直立,起跳时上体可基本恢复到与地面垂直的姿态。

运动员在进行助跑时,动作要舒展,且富有弹性,跑动中提升身体的重心,但要保持平稳地移动。

摆动腿在跑动的过程中膝盖弯曲,以使得大腿部位抬升至与地面平行的位置,此时,前脚掌要有力并积极地着地,同时双臂配合双腿进行摆动。

(3)助跑的准确性要求

为了能获得有节奏的助跑,从而进行有效地起跳,可在确定助跑的距离以及跑动的步数后,在助跑道上做以标记,这样可检测出助跑的落脚点是否准确。助跑的标记分别放置在两个重要的位置上,一个是助跑的起点,另一个是与起跳板之间约有 6~8 步的距离上。助跑的步伐一般采用双数步。

丈量步点一般采用从踏板开始反方向跑的方法,步与步之间的距离要均匀,在跑至一定步数时踏跳跃起,踏跳的位置可以标记为助跑起点,然后向沙坑方向再次助跑,以此来对照校正步点。

助跑之后的有效起跳直接关系着比赛成绩的好坏。在助跑道上设置标点可提示运动员关键点所在。因此，在丈量步点时，可在最后 6～8 步的地方设立第二个标志点，有利于踩踏起跳板起跳。有时，为了能够踏上起跳板起跳，有人会有意地将最后几步的助跑步长拉大或缩小，这样不仅破坏了助跑的节奏，同时也不利于发挥起跑的效果，速度的运用。在测试或比赛时，参赛者所选助跑距离的长短要根据跑道的性质、气候以及个人的身体状况、身心状况等进行具体调整。

(4)起跳前的助跑节奏

起跳前最后的几步助跑要与之前的助跑节奏稍有变化。助跑的最后两步与起跳紧密相连，关乎着是否能快速完成有力的起跳。因此，在助跑进入到起跳点倒数第二步的时候，应适当拉长步长，此时，身体重心略有下降，有利于快速起跳，而紧接着起跳点的最后一步助跑则要缩短步长。最后身体重心快速移过支点后，并最大限度地发挥水平速度完成起跳。

起跳

从助跑中获得速度，并在起跳时最大限度地减少水平速度的消耗，从而完成快速、有力地起跳动作，是跳远能否获得理想成绩的关键所在。

在起跳前最后一步的助跑，要用摆动腿做身体支撑，此时，身体的上肢是挺直的，起跳腿的大腿部位带动腿屈膝向前摆动。当摆动腿向地面施力以蹬离地面时，起跳脚快速地踏板,并将髋关节向前伸送。当身体重心恰好移动到起跳腿支撑点上方的瞬间,起跳腿的快速用力蹬直可使髋、膝、踝关节得以完全地伸展开来，以使得摆动腿在前摆的同时与双臂前摆动作积极地配合,当手臂的大臂摆动到与肩同高的时候,应停止摆动动作。

起跳是助跑后身体得以适当的角度腾空的过程。当起跳腿蹬离地面起跳后，身体的上肢与下肢要协同配合做摆动动作。在此过程中,身体的其他部位如头、腰、肩等都应当相应地做出摆动动作。

助跑提供的水平加速度，可转化成起跳后身体腾空的初速度,在身体重心随着腾空高度不断上移的同时,以达到尽可能的远度。

起跳过程可分着地、蹬伸和摆动三部分。高速助跑的最后

一步就是准备起跳，为了获得快速的起跳速度，在起跳时要将前摆的起跳腿的大腿抬得比短跑时低些，并进行下压，几乎是伸直腿快速着板。下落时后脚跟先着地，紧接着全脚掌着地支撑身体。起跳脚着地的刹那，受助跑水平速度的惯性以及身体重心的作用，会有很大的负重感，此时，应弯曲起跳腿的髋、膝、踝关节，连同脊柱也一同弯曲，以缓冲起跳腿的压力，但要注意在弯曲关节进行缓冲时，要合理地调试弯曲的幅度，太大或太小都会降低起跳效果。

当起跳后身体重心上移至起跳腿支撑点的垂直部位时，拉长的伸肌进行有力地伸缩后，带动髋、膝、踝三个关节进行蹬伸，同时保持上身的挺直，摆动腿的大腿部位向高抬起到水平的位置，小腿则在摆动的过程中呈自然下垂状，完成整个跑跳动作。

起跳过程中的摆动动作主要是指摆动腿和两臂的摆动动作。两者的协同摆动对整个起跳动作的速度、幅度以及蹬伸力量都有着至关重要的作用。摆动中两臂的摆动幅度根据各个环节技术要求的不同而有所区别，当双臂摆动至稍低于肩关节位置时，需立即停止摆臂动作，但摆动腿仍应当保持积极摆动的动作。摆动的刹那，会带来一个向下的力，它和起跳腿的蹬地力的大小对比也影响着起跳效果的好坏。

腾空

起跳后身体处于腾空状态，此时，在空中进行的一定技术动作可延长落地时间,进而增加起跳的远度。当起跳脚踏上跳板起跳后,身体便会在空中呈弧形运动。此时,维持上体的稳定性,不要做大幅度的前倾或后仰动作。如果没有其他外力作用,身体重心的运动轨迹不会产生太大偏差,基本会沿着抛物线进行运动。不同的跳远技术决定着腾空后运用技术动作的不同。

在起跳身体刚处于腾空状态,也就是腾空初期时,人体在空中进行的姿势可称“腾空步”。腾空后,起跳腿的自然滞后,以及摆动腿和双臂的姿势就形成了“腾空步”。

起跳腾空后身体会自然做出跨步姿势的“腾空步”,无论以何种技术开始的起跳,在起跳的瞬间腾空步动作都会自然产生。起跳后,摆动腿的大腿向上抬至水平位置,同时小腿保持自然下垂的状态,起跳腿在进行有力的蹬地运动后,会留在身体后面。在这个过程中,上体一直是挺直的,同时两臂延续

助跑摆臂的姿势。

当运动员采用蹲踞式跳远时，落地之前要将双腿尽量向高抬起至胸部位置后落地。此种方法的腾空步是在起跳后，摆动腿大腿继续高抬，双臂向前方摆动。当腾空步使身体达到腾空制高点时，起跳腿继续向前上方做摆动动作，同时向摆动腿靠拢，两腿在上提靠近胸部的同时，上体向前适当倾斜，两臂做下摆动作，身体可在空中通过身体部位的调整完成蹲踞姿势。准备落地时，小腿向前伸展，两臂向后摆动，在双腿前伸的时候，尽量用脚尖完成接地。

如果运动员采用的是挺身式跳远，起跳后下放摆动腿和双臂，充分地将髋、胸的肌肉伸展开来，进而完成收腹举腿落地的动作。

同样，挺身式跳远的空中动作是在“腾空步”后进行的，但相较于蹲踞式而言，它的“腾空步”保持的时间较短。起跳结束

“腾空步”姿势后，展髋并将摆动腿的大腿向下、向后摆动，同时向滞留在后面的起跳腿靠近。在下肢摆动的过程中，双臂也进行向侧后方挥摆再向上方振起的动作。此时，将臀部前送，带动胸、腰向前挺以形成挺身姿势。然后做收腹举腿动作，以两臂从后方向前摆起，再摆动到身后，两腿屈膝前收。在准备下落时，要将小腿前伸，同时上体向前倾斜，做好下落的接地准备动作。

腾空步动作结束后，摆动腿会顺势做下摆动作，并带动小腿进行向前、向后方的弧形摆动。摆动使髋关节得以伸展的同时也使起跳腿在髋下折叠，进行向下后方摆动动作，胸腰向前挺起，两臂自然垂下，在空中形成展体挺身姿势。在腾空后准备下落的过程中，双臂由后上方摆起，逐渐摆动至胸前，之后再向回摆动，双腿向前摆起，并做收腹举腿动作。在下落至沙坑之前，要将小腿前伸，上体向前倾，紧接着便准备落地动作。采用挺身式跳远进行空中挺身动作时，可使身体的体前肌拉长，更有利于进行后续的收腹举腿和伸腿落地动作，同时也能相应地延长落地时间，从而增加跳跃的远度。

对于目前跳远普遍采用的走步式跳远技术，在腾空时采用的动作技术是两步半和三步半，双腿在空中做大幅度的跨步和换腿动作，同时双臂做协调动作，以形成走步式姿势。

在走步式结束腾空步进入到空中技术动作时，摆动腿由垂直向下的方位逐渐转变成向后方运动，同时起跳腿在髋下方折叠并向前抬腿，在空中完成换步动作。摆动腿在向前屈腿

摆动的同时向起跳腿靠拢，以此完成空中两步半走步式跳远动作。在以上动作完成之后，摆动腿仍然要进行前摆动作，而且起跳腿的向前摆动可使其逐渐靠拢摆动腿，进而在空中完成了三步半走步式跳远动作。在身体腾空后，两臂做环绕摆动以配合双腿在空中的动作，可使身体重心保持平稳。在准备下落之前，上体前倾收腹，同时将小腿前伸抬起，两臂向下后方摆动，做好下落与落地技术动作的衔接。

落地

掌握好下落的落地动作，不仅能有效地减轻接地时的身体负担，避免身体受伤，同时也能延长落地点在沙坑中的位置，以增加跳跃距离。跳远的落地技术动作可分为“前倒缓冲法”、“侧倒缓冲法”、“坐臀缓冲法”三种。

我们可将跳远的落地动作分解为三部分进行。首先在着地前弯曲双腿并使大腿部位向上、向高抬起，以使得膝盖逐渐

向胸部位置靠拢,但要注意上体前倾的角度不要过大。在即将着地时,将双腿伸直以使小腿前伸,以脚跟先触及沙坑表面。在脚跟触及地面的刹那,迅速弯曲膝盖或向前挺起腰腹,以缓解下降时带来的冲击力。

落地前要将双腿尽量前伸,以延长落足点距离起跳点的距离,在双膝伸展的同时,上体要向前倾斜,但倾斜的角度不要过大,以免造成双腿过早落地影响比赛成绩。落地时,两脚平行靠拢,后脚跟先着地随后在以整个脚掌支撑,同时向下对膝盖施加压力以降低下落的冲击力,臀部向前移动,两臂弯曲进行前后摆动,从而形成全蹲姿势,以臀部近腰处落在支撑点上完成落地动作。

正确地运用落地动作技术,可有效地避免下落时带来的身体伤害,同时也有助于跳远成绩的提高。对于优秀的跳远选手,他们不仅能有效地掌控跳远的关键技术动作,同时对下落技术也能娴熟地运用。当然,这需要一定的积累。对于初学者而言,想要全方位地掌握还是有一定的难度,所以要逐步地进行,以达到技术的完善。初学者不妨先从前倒落地和侧倒落地技术开始学起。

所谓的前倒落地,是指当脚后跟触及到沙坑表面后,要向前脚掌施力,将其下压,此时后脚跟脱离沙坑表面,以膝盖着地,身体在惯性的作用下向前倾倒。而侧倒落地则是当脚后跟触及到沙坑后,以一侧的腿承载下落时的负重,而另一侧的腿则相对轻松,身体在移过支撑点后向放松腿的一侧侧倒落地。

坐落地又称作滑坐式落地，是前几年才开始使用的一种落地技术，由于它在比赛中有着比双脚落地更好的成绩表现，所以，应用的范围逐渐扩大。许多专业运动员都优先采用此种下落技术，它的动作要领在于落地前就通过送髋以前伸双腿，在脚后跟触及到沙坑面后，借助惯性又将双脚抬起，以使得身体能够继续向前运动，最后以臀部坐落于落地点的前面。

完整技术练习

分解联系之后，必然要进行的就是连贯的完整技术实践性练习。对于助跑之前要做到准确地丈量，这样可有效地在助跑道上做出标识，从而找准跳远的关键点所在位置。准确丈量后，要对关键的起跳点进行反复地练习，不防在每次助跑接近起跳板多做几次起跳动作，并在起跳后继续向前跑进。训练中正确地进行起跳练习，有助于在正式试跳时对起跳节奏的掌握，因此，要以比赛的标准进行每一次的训练。丈量的步点进行 3 ~ 4 次即可，不宜过多，否则会因体力的消耗过多而影响正式试跳结果。如果进行中距离助跑起跳，可进行完整的腾空与落地动作。这样不仅能检测出动作是否连贯，而且也能将关键动作紧密地衔接在一起。

练习注意事项

在进行正式跳远练习之前，可先进行短距离的加速跑。练习跳远需将助跑速度以及跳跃过程中动用的腿部力量结合起来,在两者都能达到良好的情况下,对提高跳远成绩有着极大的帮助。

进行有节奏、快速地助跑之后，能够准确地踩踏上起跳点,后面的腾空以及下落动作才具有实际意义。由此可见,保证踏跳的准确性关乎着整个跳远动作能否顺利进行。所以,要反复体会丈量后踩踏起跳板起跳的节奏。在此过程中,也要将快速助跑与有力踏跳紧密地衔接起来,让动作变得更为流畅。

起跳腾空在空中进行技术动作时，要先从最为容易掌握的蹲踞式开始练习。作为基础动作的蹲踞式动作也曾创下辉煌的战绩，此种技术帮助男子跳远运动员创下了 8 米以上跳远长度的世界纪录。

四、跳远易产生的错误及其纠正方法

1.助跑技术易产生的错误及纠正方法

助跑距离不当,或过长或过短,不能在起跳时充分利用助跑速度是助跑技术容易出错的一个地方。

造成此类现象最为主要的原因是缺乏练习,对自己的助跑速度提升的时间以及空间都没有做到准确地把握。

因此,在练习时要充分进行冲刺跑和助跑的练习,并结合自身身体条件选定合理的助跑距离,通过这种方式,上述问题才会得到改善。

同样,助跑的加速度节奏不和谐,初期助跑加速明显,到中间时降低跑动速度,待到起跳之前又开始加速助跑,这样断续的加速也是在助跑技术中常出现的问题之一。当然,在助跑中出现最后几步减慢助跑也会影响起跳速度。

产生断续助跑的原因主要是缺乏冲刺跑的练习,而且对均匀加速的节奏没有做到很好地掌握。反复进行一定距离的匀加速跑练习对改善断续助跑有着很好的帮助。

如果助跑的距离过长,或过早地进行起跳动作准备,对踏上起跳板顺利起跳的信心不足都会造成起跳之前助跑速度减慢。如何充分地利用助跑的加速度,从而达到快速、准确地起跳呢?这需要训练者在心理层面加强自信,同时要不断地对助跑中的各个环节进行练习,在比赛中克服犹豫不决的心理,排除顾虑,树立成功的信心。助跑的最后四至六步,加强后蹬,加快频率,在起跳时达到最大速度。

助跑步点不准确也是助跑过程中经常出现错误的地方。究其原因是跑助起动方式不固定,助跑技术没有动力定型,节奏不稳定,受场地、天气情况和生理、心理因素影响。在固定自己助跑的起动方式可有效地对此种技术问题进行提前预防。每次助跑都以同一条腿迈出第一步,在专业人士的指导下确定步点和设置助跑检查标记,及时分析助跑中的各种情况,如助跑的距离,第一步的位置,踩标记的状况,起跳时的偏差等,通过反复练习,巩固助跑技术的动力定型,使自己助跑的步幅、步频与节奏都能相对稳定,在助跑的最后六至八步处设置第二检查标记,在练习中能自然准确的踏上此标记,在各种较复杂的环境中进行助跑练习,以提高适应环境的能力。

由于概念不清，有些人以为踩上板起跳才能让成绩达到最好，由此导致的凑步上板会因降速而影响跳远的成绩，这种比较勉强的方法是不能在正式比赛和训练中使用的。

2.起跳技术易产生的错误及纠正方法

起跳时，由于缺乏对达到本人最大速度所需时间和步调的认识与感知能力，助跑最后阶段的节奏容易发生紊乱，使得助跑倒数第二步身体重心下降过大，髋和膝关节深度弯曲，形成“坐”的姿势。

为了纠正助跑姿势，可反复进行短距离快速助跑起跳练习，增加速度直到最后一步，仍保持助跑的姿势，在助跑最后四至六步的地方，每一步的步点处都划上白色检查线，按正确的节奏，准确地踏上各条检查线。

除以上原因之外，起跳腿蹬伸不充分也是造成助跑技术运用不当的原因之一。当摆动腿前摆无力，髋部没有积极前送,起跳腿力量差,蹬地不充分,助跑的加速度也就不能均匀地进行。为了保证助跑的加速度,要加强起跳动作中的摆动腿快速前摆的练习。做顶髋练习,在仰卧垫上,起跳腿放在30厘米的高处,顶髋带动摆动腿屈膝上摆,反复多次以体会顶髋摆腿动作。四至六步助跑起后,用头部触及前上方一定高度的悬挂物,要求起跳腿充分、迅速蹬伸,反复进行单足跳、跨步跳和适当的负重练习以增强腿部力量。

当助跑进行到最后几步时,过早地准备起跳动作,同时两腿蹬地用力不均匀导致助跑路线偏斜，很容易造成起跳方向不正。要想纠正这一助跑技术上的失误,不妨在助跑道上划一直线,练习者沿直线助跑,在起跳时起跳脚要放正,摆动腿自然前摆,目视正前方。

3.腾空技术易产生的错误及纠正方法

(1)蹲踞式跳远腾空技术易犯的错误

运动员在踏上起跳板进行起跳时将头下垂或助跑最后一步过小造成起跳不充分，都会使上体过于前倾腾空中身体运行不平稳,产生向前回旋。

在练习中反复做短、中程助跑跳远练习,要求起跳时上体正直,目视前上方。起跳腿起跳蹬伸要充分,保持腾空步姿势,可以通过设置并越过离起跳板约1.5~2米处的低障碍物后再向前收起跳腿,然后双腿并拢落入沙坑。

(2)挺身式跳远腾空技术易犯的错误

挺身过早是挺身式跳远腾空技术易犯的错误之一。造成此种现象的原因在于起跳不充分，腾空步幅小，保持时间过短，摆动腿下放过早。在练习中反复做短、中程助跑跳远练习，起跳后以腾空步姿势越过高起跳板约 1.5～2 米处的低障碍物后，再下放摆动腿并后摆，成挺身展体姿势，然后收举双腿落入沙坑。

另外，在挺身式跳远腾空技术中也会出现挺腹式挺身的技术错误。由于腾空步后，摆动腿下压后摆不积极，头部后仰，上体过于紧张而腹肌松弛无力是造成此种错误的主要原因。在练习中进行支撑在双杠上或悬挂在高单杠上，体会挺身动作各部位肌肉用力感觉；短程助跑起跳，腾空时头部要正直，下放摆动腿时注意应先向下伸展髋部然后向后摆，腹部肌肉紧张用力，在空中成挺胸展腹姿势都能避免此种技术错误的产生。

(3)走步式跳远腾空技术易犯的错误

由于换步时，不是以大腿带动小腿摆动，上下肢动作配合不协调，可造成空中两腿换步的幅度减小。

对于这种错误，同样可利用在双杠上支撑身体，或者悬挂在高单杠上的状态模仿空中走步动作，体会换步时应以大腿带动小腿做较大幅度的前后摆动动作。进而利用弹簧板做短、中程助跑跳远，在空中两腿大幅度摆动并与双肩的环绕摆动相配合就可减少此种技术动作出现错误的几率。

另外，肩关节和髋关节灵活性差，肌肉用力过于僵硬，也会造成腾空动作僵硬，不协调。在练习中做各种转肩、转髋的练习，提高关节的灵活性，坐在鞍马上做上、下肢协调配合的摆动练习可有效改善空中技术动作僵硬、不协调。

4.落地技术易产生的错误及纠正方法

当腾空后身体失去平衡，上体过于前倾或者运动员腰腹肌力量和柔韧素质差，落地时小腿有时不能积极地前伸，是落地过程中比较容易出错的地方之一。只要在练习中反复做立定跳远练习，落地时要求小腿积极前伸。短程助跑跳远练习，

在沙坑内落地点画出一条标志线，落地时要求小腿前伸越过标志线，做仰卧举腿等多种练习，发展腰肌力量和柔韧素质，对改正此种技术错误有着显著的效果。

落地时身体失控向后坐也是造成落地技术出错的一个原因。当脚跟着地后没有迅速屈膝使身体重心靠近支点，两臂配合摆动不够有力，是造成此种错误根本所在。在练习中做各种发展髋、膝、踝关节灵活性练习。落地缓冲时，两臂迅速有力的向前挥摆，牵拉身体重心快速移过支撑点可规避此种错误技术动作出现。

5.身体前倾

造成身体前倾的原因主要有三个方面。一是在起跳时身体过于前倾。当起跳脚着板后产生的制动使下肢向前的运动速度相对位于上体。如果腿和两臂的摆动不积极，就容易造成上体的前倾，形成前旋。

另外，起跳时低头含胸，在起跳蹬伸的同时必须要抬头挺胸。头部的运动对于整个身体的运动、平衡起到非常关键的作用。对于挺身式跳远而言，过早地向前收起跳腿，没有形成挺胸姿势，也是造成前旋的主要原因之一。

同时，急于做着地动作也会造成身体前倾。从人的自我保护意识来看，腾空后身体失去支撑后不是后仰，而往往是屈体前趴，急于做着地动作。尤其是初学者更是如此。这就很容易造成身体的前旋。

在练习中多做起跳腾空步练习可防止身体前倾。身体腾空后,头和上体的姿势要有意识地加以控制。

起跳可分为上一步起跳和助跑三至五步起跳,同时注意手臂的向上摆动。除此之外,多做立定跳远抛体练习也能纠正腾空后身体的前倾。做这一练习时应在沙坑上放一跳高海绵垫。脚蹬离坑沿做立定跳远向前抛体,两腿须伸直,两脚后跟尽量远伸,用身体的肩和臀同时落在海绵垫子上。

五、我国跳远选手在比赛中取得的成绩

旧中国跳远运动成就相对来说是很落后的，直到新中国成立后，跳远的发展大大加速，并取得了一定程度的进步，涌现出了相当一批优秀的运动员。

在上世纪末，比较有代表性的运动员中，以生于辽宁大连的关英楠最为驰名，她在 1996 年获得了全国室内田径锦标赛跳远冠军。在 1997 年的第 8 届全运会上，她再次击败所有的对手取得冠军。次年举行的第 12 届亚洲田径锦标赛上，关英楠力压各国选手摘金而归。随后，她又获得了全国田径冠军赛暨大奖赛总决赛跳远冠军、瑞士国际田径赛女子跳远第 2 名、全国田径锦标赛跳远冠军等。刘玉煌也是我国优秀的跳远选手。在 1980 年举行的第 10 届世界大学生运动会上，他以优异的成绩取得了比赛的第二名。1982 年东京第 4 届亚洲田径锦标赛上，他获得该项目比赛的冠军。1983 年，他又获得了科威特第 5 届亚洲田径锦标赛的第一名。在 1985 年和 1987 年，他同样获得了优异的成绩。

这些运动员们的辉煌成绩可以说在一定程度上奠定了我国跳远运动在世界上的地位。由于他们的奉献与付出，使得我国的跳远运动在近些年于国际运动界渐渐有了名气。

六、跳远世界纪录及各国优秀运动员

美国著名男子跳远运动员鲍勃·比蒙，在1968年的墨西哥城奥运会跳远比赛中，以8.90米的成绩创造了“神话般的世界纪录”。他是美国奥林匹克纪念堂的世界体育名人之一，并著有《卓越的一跳》一书。

出生于美国纽约的比蒙成长在纽约贫民窟里。在这里他沾染上了抽烟、酗酒等恶习，此时，他的父亲意识到环境对他带来的不良影响，决定将其送往少年管理学校学习。比蒙喜欢学校里的生活，因为在这里他能接触到许多免费的运动器材，在上面尽情地挥洒青春的汗水，把满腔的激情通过运动释放出来。由于他拥有良好的身体素质，并对体育运动有着不错的悟性，所以，他在运动上的天赋很快便展现出来了。经过一系列专业、系统的训练，在1968年墨西哥城举行的第19届奥运会上，比蒙在男子跳远决赛中以8.90米取得了人生中的第一个奥运冠军。这个成绩比原世界纪录提高了55厘米，这一提高幅度是世界田径史上罕见的，被人们誉为“进入21世纪的一跳”。比蒙的成功一跃奠定了他在体坛上的地位，而他个人也受到了外界广泛地关注。世界各地的报刊纷纷对其进行跟踪式报道，同时他的形象也出现在了体育邮票上。美国的《田径新闻》杂志将他评为了1968年度世界最佳运动员，并且作

为世界体育名人选入美国奥林匹克纪念馆。

同样作为美国优秀的男子跳远运动员迈克·鲍威尔也有着辉煌的跳远成绩。出生于美国的费拉德尔菲亚曾是一名校篮球运动员,之后改成跳远运动。鲍威尔发展极为全面,他的100米跑、跳高以及三级跳远都有着相当突出的成绩。1985年他的跳远成绩已排到了年度世界第10位的位置。1988年,首次参加奥运会的他以8.49米的成绩摘得银牌。1991年鲍威尔在东京举行的第3届世界田径锦标赛上，以8.95米的成绩打破了比蒙保持了近23年的8.90米的男子跳远世界纪录,并被国际田联评选为“世界最佳田径运动员”,同年他还获得美国“沙利文奖”,成为世界关注的焦点。1992年的第25届奥运会上,他以8.64米的成绩获得了该项目比赛的银牌。1993年又以8.59米的成绩蝉联世界田径锦标赛冠军。

与前两者相似的还有菲利普斯,在2000年悉尼举行的奥运会上,他取得了第8名的名次。2003年的世锦赛上,他荣获了跳远比赛的冠军,同时也是当年室内世锦赛的冠军,世界田径总决赛冠军。在2004年奥运会上,他以8.59米的成绩夺得跳远冠军。

西班牙男子选手拉梅拉是世界上优秀的选手之一。1999年的举行的世界田径锦标赛上，他以优异的成绩取得了男子跳远比赛的亚军,同时又是欧洲青年田径锦标赛的冠军。2002年的欧洲室内田径锦标赛上,他获得了比赛的第二名,世界杯田径赛第3名。在2003年的比赛中,他的各种赛季成绩都是相当优秀的。2004 年的时候,他取得了世界室内田径锦标赛资格赛小组的第 4 名。

在女子跳远项目上,前民主德国女子短跑和跳远运动员,被誉为“短跳女皇”的海克·德雷克斯勒,在青少年时期就表现出了自己的运动天赋,尤其是在跳远项目上,成绩要更为突出一些。在经过系统的训练之后,1981 年年仅 17 岁的她参加了欧洲青年田径锦标赛,最终以 7.02 米的成绩获得了跳远比赛的冠军。1983 年的首届世界田径锦标赛上,她以 7.27 米的成绩再次夺得了跳远比赛的冠军。在她于 1985 年拿到第 4 届世界杯田径赛女子跳远的冠军后,在同年被美国《田径新闻》评选为“世界最佳田径运动员”。1986 年,是她运动生涯最为璀璨的一年,因为在这一年她不断刷新世界女子跳高的世界纪录,在全部 12 次试跳中有 10 次试跳成绩在 7.10 米以上,这充分体现出了她的跳高水准,也是在这一年,她被《合众国际社》评为了“世界最佳运动员”。在 1988 年的第 24 届奥运会,她获得了银牌。1992 年的奥运会上,她以 7.14 米的成绩获得了女子跳远比赛的冠军。

第四章

三级跳远

一、三级跳远的历史沿革

1.三级跳远的历史发展

三级跳远是由传统跳远演变而来的，也是田径运动跳跃项目之一。虽然它成为正式项目的年代较晚,但它的历史却很久远。在公元前200多年前就有人试着用一只脚连续跳三次的三级跳远。中世纪欧洲的一些国家还曾出现过三级跳远的比赛。到18世纪时,此种跳跃游戏的方式开始在苏格兰、爱尔兰和英格兰等地流行开来,此时,人们依然采用单脚三级跳的方式。而出现交换腿的跳跃方式是由德国人首先应用的。

对于三级跳远而言,1896年的第1届奥运会是一个重要的突破点,因为,在该届奥运会上首次将男子三级跳远列为了正式比赛项目。此时,三级跳远运动员已经创下了13.71米的奥运纪录。不久之后,三级跳远比赛成绩又上升到了14米的距离。在1928年举行的第9届奥运会上,三级跳远运动员又跳出了15.21米的成绩。日本运动员在该项目取得了令人瞩目的成绩，首位跳出16米距离的是由来自日本的运动员创下的。此后,该项运动的成绩不断被来自各国的选手刷新。

女子三级跳远在20世纪80年代逐渐广泛开展，并开始成为国际比赛项目,90年代后被列为奥运会比赛项目,虽然较男子比赛晚了一个世纪还多，但女子三级跳远技术水平的发

展却是并不逊色于男选手的，其技术风格也越来越多地借鉴了男子三级跳运动员的技巧。20 世纪末期,女子三级跳远的成绩已经提升到了 15.50 米。考虑到体质的差别,这已经是非常不错的成绩了。

最初的三级跳远技术是比较低的，人们还没有完全掌握这项运动的技术特点,所以早期的该项成绩进步幅度不大。在三级跳远的历史上曾出现过爱尔兰式的单脚跳、跳跃和希腊式的跨步跳、跳跃。后来又出现了苏格兰式跳法,现代三级跳远技术就是在此基础上发展而来的。20 世纪 50 年代,前苏联运动员首先改进了“单脚跳”的技术,在重视第一跳的同时加大了第二跳的摆动幅度和力量,其特点是第一跳高而远,水平速度损耗较大,腾空抛物线高,交换腿的时间晚,用高摆腿的

落地方式。90 年代后,有很多人采用这种动作。

现代三级跳远技术已出现由过去的高跳型、平跳型向速度型方向发展的趋势,世界各国的优秀运动员不断总结经验,改进落地起跳的技术,使三跳远度的比例不断变得更加合理。

2.中国的三级跳远历史

中国的三级跳远运动有较长的历史历程。1923 年我国把三级跳远作为单项比赛项目。在 20 世纪 60 年代和 80 年代曾先后有两次在世界范围引起轰动。我国运动员邹振先在第 3 届罗马世界杯田径赛上创下的 17.34 米保持了 20 年之久。近些年我国男子三级跳远进入徘徊不前的阶段，但女子三级跳远成绩近年状态还是可圈可点的。

二、三级跳远的比赛规则

因为三级跳远是由跳远演变而来的，所以在比赛场地以及器械上与跳远有许多相同之处。

三级跳远所使用的跳板的大小与跳远相同，起跳板与着地区远端的距离正常情况下不得少于 21 米。

三级跳远所遵循的比赛规则与跳远相同。只是在技术要求上与跳远有所区别。三级跳远的三跳顺序是一次单足跳、一次跨步跳和一次正式跳跃。在进行单足跳时,先着地的腿是起跳腿，而跨步跳时则是用摆动腿落地，最后的一跳同样是单脚,但躯干姿态也要随之产生变化。运动员在跳跃中摆动腿触地不应视为试跳失败。在正式比赛中,三级跳远按单脚跳,起跳腿落地后再起跳的跨步跳,摆动腿落地起跳的跳跃,用双脚落于沙坑的顺序进行比赛。

三、三级跳远的基本动作要领

简单来说,在助跑之后,沿直线连续进行三次跳跃运动就是三级跳远。此项运动需要运动员有良好的下肢和腰部协调能力,因在跑动的过程中对下肢的力量要求较高,所以,进行此种运动的运动员比普通跳远项目运动员身体上要求更高。

三级跳远成绩主要取决于助跑时所获得的水平速度和各次起跳产生的垂直速度。在整个跳跃过程中,运动员要始终保持身体各部位的协调性。每次起跳的初速度,腾起的角度,空中身体姿势的平衡,三跳动作的衔接和合理的三跳远度比例、节奏等都对运动员成绩的提高有重要作用。所以三级跳远要求运动员有快速的助跑速度和良好的弹跳力, 以及强大的腿部力量和动作速度、跳跃速度等。

三级跳远的技术类型主要有三种:高跳型,也称力量型、单脚跳,这是时期较早的一种三级跳远技术。前苏联运动员运用此种技术取得过优异的成绩。此种技术特点是在第一跳过程中将身体重心快速提高,并且腾跳的空中距离较远,连续三条的距离结果相差较大。而速度型的平跳型主要是以速度取胜,起跳后身体向前速度快,运行的重心轨迹低而平,在第一、三跳距离变化不大。

目前使用的三级跳远技术是中间型,也称均衡型,它的特点是在保证第一跳能跳出较远距离的情况下，仍能使第三跳增长距离。

三级跳远同普通跳远一样,也需注意助跑、起跳以及落地技术。

三界跳远的助跑技术与急性急行跳远相似。对于选取助跑距离的长短没有明确的规定,但以长距离的助跑为宜。助跑的速度较快,跑跳动作连贯自然,与急行跳远相似。在助跑阶段,最后的几步助跑步幅要有所变化,比之前的步幅要小,同时要使倒数第二步助跑的步幅比最后一步助跑的步幅更长一些,在保证有力的最后几步助跑的同时,臂部也应向前上方快速摆动。

在助跑之后进行的是三级跳运动。在第一步起跳之后沿直线连续做三次的起跳动作,起跳的腾空动作包括了单脚跳、跨步跳和跳跃。通常起跳的第一步要较其他两步稍长。

起跳脚踏上跳板进行第一跳时,运用的是单足跳,这样可以获得起跳后的远度,之后做第二跳准备。在“高速”助跑之后快速平跳出去，在这一跳要有足够的腾起高度和一定的身体向前运动速度。起跳腿离地时,身体重心要随之前移,在空中保持跨步的姿势,并进行空中换步,此时,两臂与腿的协同配合可保持身体的平稳运行,落地时应有扒地动作,双臂做大幅度摆动,为第二跳的起跳做准备。

三级跳的第二跳运用的是跨步跳,起跳后重心前移,双臂向后摆动,在快落地时,两臂刚好位于身体的后侧方,用摆动

腿触地，而起跳腿向后伸展。在摆动腿以“刨地式”的落地形式为第三跳做好准备。

在结束前两跳之后，进入到第三跳的跳跃式起跳。起跳时以跨步跳的落地腿为起跳腿，双臂尽量上提，跳起后在空中做蹲踞式技术动作，或采用挺身式或走步式技术，摆动腿向起跳腿做合拢摆动，同时将双腿向高抬起，双臂后摆，双脚平行靠拢落入沙坑，落下时采用屈膝前倒的落地技术。

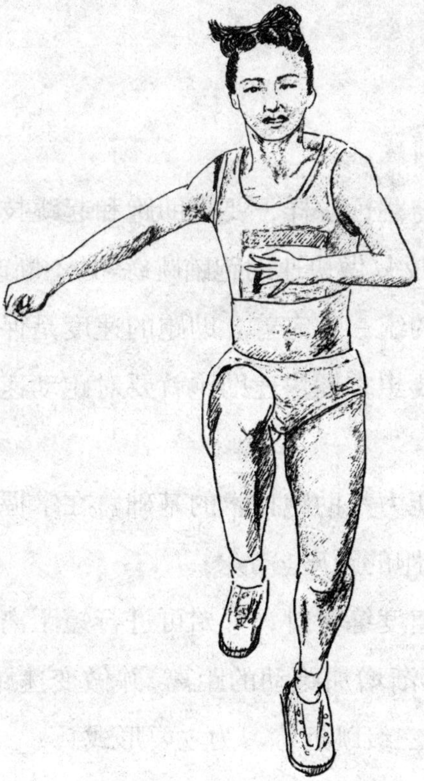

四、三级跳远的训练及注意事项

三级跳远兼具了短跑、跳远、跨栏等运动项目的技术特点,所以,在进行三级跳远的同时,也要对以上各阶段动作有所了解。身体条件良好的运动员,除了利用自身的优势之外,也同样需要进行有效的训练才能取得优异的成绩。

1.训练方法

助跑技术训练

三级跳远与跳远一样,要将助跑和起跳技术紧密地结合起来。为此,要反复做快速助跑踏跳练习,不断改进助跑技术,才能达到两者的统一和完善。助跑的速度是保证起跳后高度的前提,为此,要想掌握快速助跑就要对跑动速度进行足够的训练。

快速奔跑能力是助跑技术的基础。在掌握助跑步数和节奏后,可选择助跑的距离。

进行助跑速度练习时,开始可进行短距离的起跑和加速跑练习,随后逐渐增加跑动的距离,并做变速跑和反复跑,以短、中程助跑的三级跳远练习为主要形式。

跳跃练习

在跑道上连续做缓跑三步或五步结合起跳的练习。在分步进行各阶段动作之后，再将所有动作进行结合训练。练习完整动作的技术，以形成有意识地在全套动作中合理运用它们。

跳跃练习的手段方法很多，如助跑五级、十级单脚跳、单脚跳或两单一跨练习等。多做单足跳、跨步跳接跳远的练习，增强腿部力量。

在训练中，先进行水平跳跃练习，它是其他技术动作的基础动作，直接影响着三级跳技术动作。

为加强跳跃能力可以做一些辅助练习，如双腿跳栏架、双脚跳皮筋、屈膝跳等。简单的练习项目介绍：

双脚跳栏架

训练中设置的栏架个数依运动员的身体素质而定，并在训练中逐步增加栏架的高度和加长栏间的距离。运动员需双腿跨越平地上设置的障碍栏，依据训练水平和技术掌握情况决定训练强度。为了保证训练的安全性,可以将训练中栏架上的横栏换成皮筋。

屈膝跳

在原地上起跳,身体腾起后双腿屈膝上提身体高度,进行屈膝跳练习。当然,也可在行进中做屈腿跳练习。练习的次数依据身体素质的不同进行合理的安排。

跨步跳

进行跨步跳动作练习时,两腿的摆动与蹬伸要协调,起跳腿需完全伸展,身体腾起的高度要高,前摆抬腿积极,下落地做向后扒地动作，双臂配合腿部动作积极摆动为接下来的跳跃做准备。领先腿在弯曲状态下做向内回收动作,同时起跳腿略摆动至体下。

三级跳远主要的特点是双腿进行两次落地后再起跳,所以,在练习中要进行单足积极扒地训练。着地腿积极的扒地动作和双臂及摆动腿相对摆动动作有助于起跳能力的发挥。

单脚跳技术训练

初学者在进行单腿跳练习时，易将单腿跳做成跨步跳，在训练中采用一些辅助练习方法可以有效地改善这一现象。从原地单脚站立开始，进行单脚跳练习或原地单脚跳过橡皮筋练习等都可作为辅助的训练方法被使用。而单腿多级跳跃的辅助练习不仅适用于改进单腿跳技术，同时它也符合专项技术训练的基本要求，可以和各种不同的动作组合到一起应用。另外，在跳跃练习中也要对应进行双臂摆动技术训练。

完整的技术练习与辅助练习

要做完整的三级跳远技术动作练习，要依据技术掌握的熟练程度以及身体素质合理地安排训练强度。在进行助跑训练时，可先进行短距离三级跳练习，随后逐步过渡到中等距

离，最后进入到全程助跑练习中。在完整技术练习期间，除了注意助跑、起跳点以及速度训练外，还需对双臂与双腿协同摆动技术进行训练。

加强奔跑速度和专项弹跳力连续跳跃能力的练习，可使跳跃的空中动作以及起跳速度更为流畅、有力。针对力量进行的专项训练，可采用大强度爆发力来练习，在力量练习的同时结合大强度跳跃动作，对助跑速度起到良好影响效果。此种训练对于运动员的腹肌、背肌和腿部肌肉力量有较大的改善，同时也能保持良好的肌肉柔韧性。

除此之外，杠铃快挺、负重沙背心跳跳箱、负重沙背心双脚跳台阶等是快速力量训练中常使用的训练方法。训练要有计划，有步骤地进行，根据运动员对技术掌握的情况合理安排训练内容。在训练中，运动员所做的下肢负重练习需跳起来，这样做是为了使训练接近正式跳远时人体承受的力度。

2.技术注意事项

在训练初期，要对整个三级跳远技术需求有全面地了解，同时对于关键的技术动作要多加留意，形成良好的三跳节奏和步子比例。

助跑后踏上起跳板起跳时，运动员要将腿尽量伸直，掌握好起跳时机，腾空压身收脚不要过早。

三跳中，要缩小大步的距离，增加大步的速度，保持身体正面向前，双手和双腿要做好协调配合动作。在准备第二跳

时，要充分借助第一跳前的助跑速度，从而达到一定的腾空高度，但也不要过早地准备起跳动作，以免因动作不到位造成起跳不高或强行起跳。二跳的落地点距身体重心投影线过远，会影响下一跳动作。

掌握好第三跳的节奏。在第二跳结束之后，立即要准备好第三跳的起跳动作。但要注意在进行第三跳时，要注意强调两臂和摆动腿的大幅度摆臂动作以及用于第三跳相对比较薄弱的弱腿。在训练中要有针对性地对第三跳进行增强腿部力量的练习。

训练进入到休整时期时，要相应地减少训练量，此时可以做一些课外活动以放松腹部和腿部肌肉。例如进行球类等活动就是一项很不错的恢复训练手段。

在练习时要注意循序渐进，不要急于求成，以避免使局部负担过重，造成伤害事故的发生。运动员在做负重的各种跳跃练习时，要有安全防范措施，最后在运动时穿着有弹性的运动鞋，以起到缓冲、保护腰、膝、踝关节的作用。

无论进行何种跳跃练习，要注意动作摆动幅度，当运动员能够大幅度地正确完成动作时，要相应地要求动作速度。

五、我国三级跳远选手在比赛中取得的成绩

我国三级跳运动的正式开展年代基本始于新中国建国后,受各种因素影响,成绩在国际排名上曾经几起几落,可谓有辉煌也有趁机,近年来,随着田径运动在国内民间的再度兴起,三级跳运动员的成绩也随之进入了一个新的历史时期。

我国男子优秀运动员介绍

拥有“亚洲飞人”之称的邹振先,是我国优秀的男子三级跳远运动员。出生于山东省威海市的他接触三级跳远技术较早。1976 年被选入国家田径集训队。第二年创下了 17.81 米的全国纪录。

1978 年在中、日田径对抗赛中,以 16.90 米获得金牌并创造了亚洲三级跳远纪录。1979 年 6 月在日本东京举行的亚运会上,跳出了 17.02 米的成绩,赢得了此次比赛的冠军,同时也成为了亚洲首位突破“17 米大关”的选手,跻身世界排名前十当中。1981 年,26 岁的他在罗马举行的第 3 届世界杯田径赛上,以 17.34 米取得了该项目比赛的银牌,并刷新了当时的亚洲纪录。此时,他的三级跳远技术以跻身排在世界第三位,被当时的国外新闻界誉为“亚洲飞人”。在随后的比赛中,邹振先也取得了优异的比赛成绩。邹振先不仅是我国优秀的田径运

动员，还为我国的三级跳远事业做出了杰出的贡献。为了激发我国新锐运动员，他在1997年发起了首届“邹振先三级跳远纪录挑战赛”，这对我国在该项目上的发展召集和引导了相当规模的后备力量。

劳剑峰，广东顺德人。1995年南京第3届城市运动会三级跳远铜牌，次年，取得了中国田径冠军赛三级跳远的亚军。2001年举行的九运会上，在该项目上取得了男子跳远第3名，三级跳远亚军。在2002年和2003年分别获得了亚运会男子三级跳远银牌，全国田径锦标赛男子三级跳远冠军以及维也纳国际室内田径巡回赛跳远银牌。

我国女子三级跳优秀运动员所取得的成绩介绍

1965年出生的徐德妹是我国女子三级跳远优秀选手。在1981年的全国田径锦标赛上，获得了女子跳远冠军。1983年开始练习三级跳远技术。经过不断地努力，在1990年以14.54米的成绩创下女子三级跳远世界纪录。两年之后，她又以14.55米的成绩再创亚洲纪录。此时，她的三级跳远技术已处于世界一流水平。1992年第6届世界杯田径赛上，她以优异的成绩获得了女子三级跳远冠军，同时也荣幸地成为了该项目第一个世界冠军。

黄秋艳，出生于广西壮族右江地区一个偏僻农村。1997年的第8届全国运动会上，她以14.56米的成绩取得了该项目的冠军。2001年，她参加了第9届全国运运会，此时她的三级跳远技术已有了相当大的进步。在该届运动会上她以 14.72 米的成绩获得了冠军,同时也打破了亚洲纪录。2002 年 3 月再一次以 14.40 米打破了亚洲室内纪录。这一年对她来说,可谓是多产的一年,她先后取得了亚运会三级跳远冠军,全国田径大奖赛总决赛跳远冠军,全国田径锦标赛三级跳远冠军等。在 2004 年的雅典奥运会上,女子三级跳项目上又出现了她的身影。

六、三级跳远的世界纪录及各国优秀运动员

维克托·萨涅耶夫是前苏联三级跳远运动员，世界田径史和奥运史上最杰出的人物之一。他采用“高跳型”跳远技术。

萨涅耶夫因少年时代的一次意外，膝部受到了严重的伤害，使他不得不放弃跳高而改为练习跳远和三级跳远。在 1964 年参加的欧洲青年比赛中，获得了跳远和三级跳远两项比赛的亚军。1967 年他的三级跳远成绩为 16.67 米，已达到世界一流水平。此后，他开始专门进行三级跳远训练。1968 年的第 19 届奥运会上，萨涅耶夫与该项目上世界一流选手同台竞技，最终萨涅耶夫以 17.39 米的成绩摘得了比赛的冠军，同时刷新了世界纪录。在 1972 年的第 20 届奥运会上，他又创下了 17.35 米的成绩，蝉联了该项目上的冠军。1976 年他以 17.29 米的成绩第三次夺得了奥运冠军。萨涅耶夫在奥运史上是获得三级跳远金牌最多的运动员。

从 1968 ~ 1976 年，他三次创造三级跳远世界纪录，连续 9 年在这个项目上排名世界第一。他因此荣获了“70 年代世界最佳男子田径运动员”的称号。1983 年国际奥委会授予他银质奥林匹克勋章。

加琳娜·奇斯佳科娃是前苏联著名女子跳远运动员，世界上第一个突破女子跳远“7.50 米大关”的田径明星。

奇斯佳科娃在少年时代就显示出了卓越的运动才华。由于她超群出众的速度和弹跳力，她选择了跳远作为自己的专项,并开始了系统的训练。在训练中采用三级跳远使得她的腿部力量和爆发力有了显著的提高。奇斯佳科娃的三级跳远成绩非常突出，在1984年的时候，她先后三次试跳都跳出了7米以上的距离。1985年她以7.28米的成绩夺得欧洲杯女子跳远冠军。1986年她两次创造了女子三级跳远室内最好成绩,这一年她的最好成绩达到了7.34米,排名世界第二位。1988年奇斯佳科娃运动生涯达到顶峰，她在列宁格勒以7.52米的惊人成绩打破了女子跳远世界纪录，这是有史以来第一位突破“7.50米大关”的女性运动员。同年她又以7.11米的成绩夺得了第24届奥运会女子跳远的铜牌。

同样作为前苏联著名女子跳远、三级跳远运动员的伊尼莎·克拉韦茨,被誉为“三级跳远女皇”。

克拉韦茨出生于前苏联的第聂伯罗捷尔任斯克，天生具有运动天赋，擅长跳远。她的三级跳远技术特点是助跑速度快、起跳快速有力、动作幅度大、身体向前性好。1988年21岁的克拉韦茨参加了第24届奥运会,在该项目上排名第十。为了加强腿部力量和爆发力，克拉韦茨选择了三级跳远作为辅助练习,并取得了非常好的效果。1991年她以14.95米的成绩创造了该项目的世界纪录。次年的第25届巴塞罗那奥运会上,她以7.12米的成绩获得跳远银牌。1993年她以14.47米的成绩在第4届世界室内田径锦标赛上获得了金牌，并创造了

新的室内纪录。1995 年在第 5 届世界田径锦标赛上，她以 15.50 米的惊人成绩成功刷新了女子三级跳远的世界纪录，被人们誉为“三级跳远女皇”。1996 年第 26 届亚特兰大奥运会上，取得了女子三级跳远的银牌。

俄罗斯选手莱贝德娃是世界上最优秀的三级跳远运动员之一。2000 年的悉尼奥运会上，她取得了该项目的银牌。2001 年的世锦赛上，她以优异的成绩取得了比赛的冠军。2003 年的第 9 届世界田径锦标赛女子三级跳远决赛中，以 15.18 米的成绩夺得金牌。2004 年初在布达佩斯进行的室内田径世锦赛上，获得三级跳远金牌。更加让人感到神奇的是，她的三次试跳竟然三次刷新了世界纪录，成为了世锦赛的一个传奇。在雅典奥运会上，她又获得了女子跳远冠军，并以 15.14 米的成绩获得三级跳远第三名。

乔恩·爱德华兹是英国著名男子三级跳远运动员，属于“平跳型”技术选手。由于他辉煌的成就被人们誉为“跨世纪的飞鸟”。他的技术特点是助跑速度快，保持了跳跃的速度，最大限度的减少了速度的损失，三跳节奏合理。1992 年的世界杯田径赛上，他以 17.34 米的成绩夺得了比赛的冠军。1995 年他在西班牙的萨拉曼卡跳出了 17.98 米的成绩，仅差 0.01 米的距离便打破了美国运动员在该项目上保持 10 年之久的世界纪录。同年的 8 月，他在第 5 届世界田径锦标赛上，连续两次打破了男子三级跳远世界纪录，成为有史以来第一个闯过“18 米大关”的男子三级跳远运动员。在 2000 年的悉尼奥运会上，他获得了该项目的冠军。在此后的几年时间里,他先后创下了许多优异的成绩。2003 年的时候,他因伤选择退役。他曾三度当选为英国年度最佳男运动员。他在三级跳远项目中取得的成绩激励着一代又一代的运动员不断奋勇前行。

英国女子三级跳远名将阿希娅·汉森出生在美国,是英联邦和欧洲冠军，曾在伯明翰举行世界室内田径锦标赛上以 15.01 米的成绩赢得女子三级跳远冠军。在 1998 年的欧洲室内田径锦标赛上,她以 15.16 米的成绩打破女子三级跳远室内世界纪录,并获得该项目冠军。

若奥·卡洛斯·德·奥利维拉是巴西著名三级跳远运动员,享誉世界的田径明星。奥利维拉出生于巴西的圣保罗,拥有良好的身体素质,也是一位“平跳型”技术的使用者。1975 年,奥利维拉以 17.89 米的成绩刷新了男子三级跳远的世界纪录,并将世界纪录提高了 45 厘米，这是三级跳远中一次较大的提升。他曾三次获得“世界杯”田径赛三级跳远比赛的冠军。就在他的体育事业蒸蒸日上的时候,不幸的事情发生了,1981 年的一次车祸彻底粉碎了他的体育生涯，伤残后的他不得不离开热爱的体育运动。1983 年的第 1 届世界田径锦标赛上,国际田联特授予他一枚白金勋章，以表彰他为发展田径运动所做的贡献。

阿德玛·达西尔瓦是第 15、16 届奥运会的三级跳冠军,5 次打破世界纪录,被世人誉为“50 年代世界三级跳之王”。出生于巴西的圣保罗，在青少年时期并没有将自身的运动天赋完

全挖掘出来。在1948年的第14届奥运会上,他仅取得了比赛的第11名。对于在该届奥运会上的成绩,达西尔瓦感到很失望,为了使自己能够取得更为优异的成绩,他开始进行刻苦而系统的训练。1950年,达西尔瓦用实际行动证明了自己的实力,他以16米的成绩刷新了世界纪录。此后,他把自己的训练重点放在左腿起跳的第三跳上,通过跳高练习增强腿部力量。1952年的第15届奥运会上,他先后两次打破了自己创下的世界纪录,夺得了比赛的冠军。1955年他把世界纪录提高了33厘米之多。1956年29岁的达西尔瓦第三次走进奥运赛场,这次他仍然用自己扎实的跳跃技术取得了该项目比赛的冠军。在他退役之后,开始在业余时间进行青少年田径训练工作。他指导过的学员活跃在世界三级跳舞台上,并不断创造新的世界纪录。

约瑟夫·施密特是波兰著名三级跳运动员,第一个突破三级跳远17米瓶颈的选手。出生于波兰,天生对运动就极有天赋,专擅三级跳远,在其他项目上,他也有着较为突出的成绩。由于助跑速度快,他的三级跳远技术特点具有三跳腾空抛物线较平、身体向前性好的优势。1958年施密特以16.43米的成绩获得欧洲田径锦标赛的冠军。1960年在波兰的奥尔什丁,他以17.03米刷新了世界纪录,并成为世界上第一位突破"17米大关"的运动员。同年举行的第17届奥运会上,他以16.81米的成绩夺得的金牌,并打破奥运会纪录。1964年在第18届奥运会上,以16.85米再次打破奥运会纪录,第二次获得奥运会冠军。

瑞典运动员奥尔森在 2003 年以 17.77 米的成绩排名世界第一位,创造了国家纪录,因这一骄人成绩获得了欧洲最佳男运动员的称号。在巴黎世界田径锦标赛上,他以 17.72 米的成绩夺得了比赛的冠军。在之后的雅典奥运会赢得了男子三级跳远比赛的冠军。值得一提的是,在多数比赛中他的成绩均超过了 17 米，而且这位年轻的三级跳运动员曾在室内比赛中 6 次与世界纪录保持者爱德华兹同台献技，并以 5 胜的战绩占了上风,被看作是挑战世界纪录最热门的人选。

第五章

掷铁饼

一、掷铁饼运动的历史渊源

作为一项古老的体育项目,掷铁饼这项运动,在古希腊的荷马时期就已经在当地民间兴起了,并成为了古希腊奥运会的正式比赛项目。据相关文献记载,公元前12～8世纪的希腊人以投掷石片的形式进行竞比活动。在平常生活中,人们投掷石片除了作为运动进行娱乐之外,还能在生产活动中将其加以利用。这主要体现在古代人用石块作为武器狩猎飞禽走兽进行狩猎活动上。当时,人们有时也会以向高空抛石子或击打树干的方法来获取高大植物上的果实。这两者共同成为了原始掷铁饼运动兴起的推动因素。

古代人经过不断地尝试最终将这种技能搬到了比赛场地,并随着此种竞技项目的开展,以形成了初步的规则。古时候的比赛规则是要选手站在石头台子上投掷铁饼,投的既准又远的投掷者为获胜者。当时,人们注重的是选手在比赛时姿势的优美程度,相较于今天的以距离衡量胜负更像是一种娱乐。此后,人们将其列为了古代奥林匹克运动会的参赛项目。

最早运动员使用的“铁饼”是盘形的石块,重量和质地都无法与现在的铁饼相比较。随着科技的进步,人们又将铁饼用以铜、铁等金属制作。当时,制作者会在铁饼的表面刻上文字,装饰上图案、肖像等内容。与古代的“铁饼”相比,现代铁饼掺杂了更多的科学元素,使其更趋近于现代化。目前,铁饼项目上使用的铁饼为圆盘形,中间厚,周围薄,用金属、木料或其他的合成材料制成。

铁饼比赛为艺术家的创作带来了灵感,提供了创作素材。早在公元前 5 世纪,现实主义雕刻家米隆就根据铁饼比赛创作出了《掷铁饼者》的雕像,这也表明该项运动具有的悠久历史。从米隆《掷铁饼者》的雕像中可以看出当时比赛者比赛时所做的动作姿势,人们可以在观赏艺术品的同时体会运动员在掷出铁饼的瞬间姿态,富有韵律和节奏感的旋转姿态,也使人们领略到了这种运动的魅力所在。

古代奥运会采用四方形有边的投掷场地,因为方向不固定,所以在比赛现场经常会发生伤害事故。后来,人们为了防止伤亡事件的发生,研制出了推铅球的圆形投掷圈,并规定任何人不得在比赛开始时进入到投掷区域。为保证安全,投掷圈周围装有"U"字形铁丝护笼,铁饼使用的也是类似的场地。

在第 18 届古代奥运会上,掷铁饼就成为了奥运会的比赛项目。而在第一届现代奥运会上,男子铁饼同样被列为了正式的比赛项目,同时也创造了第一个男子掷铁饼成绩。1908 年国际田联制定了有关此项比赛的具体规定,从此掷铁饼比赛在统一规格、统一场地上进行,并一直沿用至今。在这个项目上,一直都是美国运动员的天下,他们取得了令世人瞩目的成绩,在 1912 年创下了 47.85 米的成绩,随后又在 1930 年突破了第一个 50 米大关。到 1998 年底,男子铁饼世界纪录为 74.08 米。

女子掷铁饼开始的时间相对较晚，在1928年举行的第9届现代奥运会上才被列为正式比赛项目。虽然女子掷铁饼运动起步较男子在该项目开始的时间较晚，但发展速度并不亚于男子，同时成绩提升的也很快。到上世纪末，女子铁饼已经拥有了距离76.80米的世界纪录。

掷铁饼技术的历史发展

随着社会的发展，铁饼技术以及相关的基础设施也得到了极大的改进，同时也促进了投掷技术的不断完善。最早，铁饼投掷不允许旋转，采用预摆数次后原地投掷。这种技术很快在伦敦奥运会后不久就被一种新的技术所取代。新技术要求运动员直面投掷区域，在左脚向前跨出一步的同时将铁饼摆至肩后方，身体重心倾向于左脚，并逐渐完全移动到左脚上，然后进行转体180度，右腿前摆，让身体随动作把铁饼掷出。人们在将掷铁饼设为比赛项目的同时，也在不断地对掷铁饼技术进行研究。在原有技术的基础之上，人们又先后进行了上步旋转的投掷技术以及背向投掷方向旋转两周的投掷技术，这些新型技术为运动员带来更好成绩的同时，也让当代铁饼投掷技术产生了发展路线上的分歧。1952年，美国运动员采用的背向旋转投掷方式，创下了57.04米的成绩，这一新的技术引起了世界各国掷铁饼运动员和教练员的关注，而今人们称这种方法为侧向旋转投。从此，掷铁饼技术由过去的正面站立、侧向站立和换步旋转投掷等方式，发展成为了背向旋转投掷的技术,现在又出现了侧站立、低姿势、背向大幅度旋转的投掷技术。通过铁饼技术的发展过程我们可以看出,铁饼技术正朝着实效、简单、快速的发展轨迹运行。

中国的掷铁饼运动

现代铁饼运动进入到我国的时间并不长,在 20 世纪初才开始传入我国。1914 年,我国举行的第 2 届全运上,男子掷铁饼成为了正式比赛项目，但成绩并不是很理想。新中国成立后,我国的女子铁饼项目以极快的速度向前发展着,并在 1953 年以 36.44 米制造了新中国第一个纪录,此后,又创下了 50.93 米的好成绩,已位于世界先进水平行列当中。一直以来,我国女子铁饼项目处于亚洲主导地位，并曾在世界大赛中名列第三,这也是世界女子铁饼有史以来的第三个好成绩。

进入到 20 世纪 80 年代，我国加大了对掷铁饼技术的研究,通过技术手段制出了我国铁饼运动员的技术数据模型。为进入 21 世纪的新时期铁饼运动技术和科技含量改革提供了最佳的参考对象。

二、掷铁饼的比赛规则

掷铁饼相关知识简介

掷铁饼需要运动员将铁饼进行预摆、旋转，最后从手中抛出，飞向指定区域的投掷项目。

目前在正式比赛中使用的铁饼有着明确的重量以及体积规定。同时，男子铁饼运动员与女子铁饼运动员所使用的铁饼在重量以及体积上会有所差异。

掷铁饼的护笼应用钢铁或其他合适材料制成带形投掷圈，圈的顶端与圈外地面齐平，用漆刷成白色。从金属圈顶两侧向外各画一条白线，也可以选择用木料或其他适宜材料制成白线。白线后沿的延长线应能通过投掷圈的圆心，并与落地区中心线垂直。

比赛规定

在投掷时，所使用的装置不能有帮助运动员投掷的作用。运动员的手上不能缠有绷带或胶布，但手上有开放性损伤除外。为了能够抓紧器械，运动员可使用某种物质增大手上与器材之间的摩擦，但不许使用手套，也仅限于涂抹在双手上。其他任何地方，如鞋底等都不能喷上此类作用的特殊物质。不过为防止脊柱受伤，运动员可系一条皮制或其他合适材料制成的带子。

每名参赛运动员需在裁判的监督下进行两次试掷。在试掷之前各参赛者进行抽签决定试掷的顺序。一旦比赛开始,运动员则不能再持器械进行试掷练习，而且也不得使用投掷圈或在落地区以内的地面练习。在每名参赛者结束有效试掷后，裁判员应立即对该名运动员的投掷距离进行丈量。从铁饼落地痕迹的最近点取直线通过投掷圈中心，量至投掷圈内沿为整个掷铁饼距离。丈量时,最小的单位数值精确到 0.02 米,不足时以较低的读数计算成绩。

运动员在进入到比赛区后,以单手投掷,如果身体的任何部位触及圈外地面或护笼和抵趾板的上面、铁圈上缘都会被记为犯规。当然,如果出现了违反比赛规定的行为也会以试投失败作为惩罚。完成整个试投动作需 1 分钟,运动员待器械落地后方可离开投掷圈。试投的有效成绩是铁饼落在 40 度的扇形投掷区内,落地后的器械应运回到投携圈,决不许扔回。每名参赛者的成绩以投掷最后的一次试投为最终的决赛成绩。

三、掷铁饼的基本动作要领

掷铁饼结合的动作内容较为复杂,包括了人体的转动、平动和抛物线动作。运动员在投掷圈内以单手旋转身体向扇形区域将铁饼掷出的田径运动投掷项目。

目前,运动员普遍采用的是背向旋转掷铁饼技术,它包含了几个技术要点,从握法、预备知识和预摆、旋转到最后的用力和维持身体平衡都是保证形成有效投掷的关键部分。

以右手投掷为例，分别介绍背向旋转掷铁饼的所有技术动作。

1.握法

右手自然摊开,将铁饼放于手心处,拇指和手掌平靠于铁饼,其余四指紧扣铁饼一侧的边缘部位。握铁饼的肩部自然垂于体侧,手腕微屈,使铁饼的上缘自然靠于小臂,保持铁饼的重心在食指和中指之间。

2.预备姿势和预摆

在投掷之前要摆好预备姿势，参赛者要将身体背对投掷方向,站立在投掷圈内的后沿处。站立后将两脚分别置于投掷圈中线的两侧,两者之间的距离要超过肩宽。双脚可处于同一

条直线上或将左脚略向后移动，身体重心最终会全部落在右腿上。两眼平视,持饼臂自然下垂于体侧。

预摆的目的是为了获得旋转前的预先速度，使身体形成扭紧状态,加长铁饼的运行距离,使投掷者获得最有利的投掷状态。

进行左上右后摆饼时,在预备姿势站好后,持饼臂可在体侧进行轻微摆动。在摆至体侧后时,右脚进行有力蹬地,身体重心逐渐过渡到左腿上,持饼臂要奋力向左上方摆起,将铁饼向上送至与肩同高的位置。在回摆铁饼时,身体的扭动带动持饼臂向身体右后方做最大限度的摆动。在摆动的过程中,身体的重心也由左腿过渡到右腿上了。右腿受力略微弯曲,上体稍向前倾，左臂向胸前靠拢，两眼平视前方。

在预备姿势做好后，想要进行体前左右摆饼动作时，持饼臂可在体侧进行小幅度的前后摆动。当铁饼摆到体后时，同样做右脚蹬地动作，以身体带动持饼臂向左上方摆起，将铁饼摆至与肩同等高度位置处。当回摆铁饼时，持饼臂向身体右后方摆动，铁饼的高度约与肩平。此时，身体的重心则完全过渡到右腿上。由于右腿承载了整个身体重量，腿部可做屈膝动作，这样可延长承载时间。上体向前微屈、前倾并向右扭转。左臂向胸前靠拢，两眼平视前方。

3.旋转和最后用力

预摆结束时，双腿进入屈膝状态，在身体重心降低的同时也将体重过渡到左腿上。左脚承载身体重量保持不动，以左脚前脚掌为轴，身体右侧向左侧弯曲、扭转。弯曲的右腿蹬地并快速向左侧转动，以右腿大腿发力带动整个腿绕左腿向投掷方向转动，此时应延后右脚的蹬地时间，右脚离地不应过高，保持自然弯曲状态。身体在左腿单支撑的情况下继续转动，同时以左脚向地面用力后蹬离地面，身体借助左脚的蹬地力量继续转动，直至进入到腾空状态。但此状态要尽可能在不破坏运动节奏的情况下缩短这段时间，可用右脚的前脚掌进行快速着地动作，并向投掷圈中心附近靠近，在惯性的作用下继续做旋转动作，同时以右脚作为身体重量的支撑点，左脚随身体旋转向外伸展做弧形运动，以脚掌内侧着地，这样可形成投掷最后用力预备的姿势。此时,由单腿支撑改为双腿支撑身体,右脚继续做蹬转动作,左臂顺势向投掷方向摆出。当身体的支撑点再次转到左腿上时,在左臂的牵引下,右腿、腰、肩等部位也要迅速扭转并自上而下用力,持饼臂在爆发力的作用下向投掷区投掷铁饼,最后使铁饼顺时针转动向前飞行。

身体的旋转和最后用力是整个技术动作的关键。身体由双腿支撑转换为左腿支撑,再到腾空之后又换成右脚单支撑,最终回到双腿支撑完成了整个身体旋转过程。而身体的最后用力则是先进行蹬地转髋动作，进而再将转髋与蹬地动作结合在一起进行,紧接着进行转体、左侧支撑、挺胸、挥臂掷饼一些列连续动作。

身体在投掷过程中进行的旋转动作是为了使铁饼在较长运行路径中获得更大的速度。这个过程为最后用力创造了有利条件，同时在保证最后用力爆发出足够的力量后能获得较好的投掷距离，因为最后用力的爆发力直接决定着铁饼投掷的距离。

最后用力是掷铁饼最重要的技术动作，同时也是整个投掷过程难度最高的步骤。在最后用力的作用下,铁饼能以投掷后的加速度沿投掷轨迹向前运动，铁饼在扇形投掷区的落地位置通过丈量之后即为参赛者的比赛成绩。在最后用力阶段,人体用力距离越长,铁饼从中获得的力量越大、速度也越快,从而增大了铁饼脱离执饼手后的初速度，在保证适宜的出手角度和飞行状态下,投掷后的铁饼会有一个较远的运动轨迹。

4.维持身体平衡

在最后用力后，铁饼脱离执饼手后，参赛者应马上做出双腿交换动作，同时身体随着旋转惯性左转，以降低身体重心，保持身体处于平衡状态，避免踩踏或跌入违规区域，确保比赛成绩的有效性。

四、掷铁饼训练

目前，在掷铁饼技术训练上教练员可通过观看运动员比赛录像对技术动作加以分析,同样,运动员也可以通过观看自己训练录像以看出自己技术上的不足之处。当然,除了通过分析录像记录查看对比找出问题之外，还可以在训练中运用面对镜子进行训练,也能起到很好的效果。无论利用何种方式进行的训练,其目的只有一个,那就是让运动员在训练中及时了解自己的情况，在技术训练中善于发现和培养适合运动员自身特点的风格,从而发挥出自身的运动潜能。

对于运动员的训练,要做到合理,有计划,有步骤地进行,依运动员身体素质的不同以及训练时间长短的不同，安排与各方面协调的强度练习。

同时，也要注意训练的安全性，严格制定并执行安全措施,以确保每个人的人身安全。在保证安全的同时,也要做到有序地进行训练,避免因同时训练引发不安全因素的产生。

在训练中，可以将技术练习与专项练习结合起来一起进行。专项练习主要与比赛中基本动作密切相关,但也与其中的一个或几个组成部分有关。通过两者结合训练的方式,运动员可以比较快地提升自身水平,但前提是要有足够的针对性。

如果只是进行单一的某一环节技术的练习，可能导致整个技术动作脱节和技术上的欠缺和不足。所以,在分解练习之后,就要将相关的两个技术动作进行充分的衔接性练习,这样才能使单独训练的成效发挥出来。

如果运动员的身体素质良好并且技术掌握的也较为扎实,这种情况下,就可以有针对性地专门进行大强度的力量训练,这样有利于集中提高成绩和姿态的可控性,并减少在投掷中受伤的几率。专项力量训练包括重器械练习,杠铃卧推、重力拉等普通的力量训练等。根据年龄段的不同,进行的专项力量训练也会有所不同。

在训练时,也要注意对转肩、转体等技术动作的练习,同时也要学习握饼、摆饼、滚饼、抛饼的技术动作。在所有分解技术动作熟练掌握之后,要将所有动作进行系统地训练。教练员需在训练中注重培养运动员的自信心以及灵活创新、随机应变的能力。只有身心全面发展,才是科学有效的训练方法。

铁饼运动项目虽然试投次数不多，但比赛的间隔时间却较长。随着比赛的进展试掷次数也在逐渐较少,这无形中也会增加运动员的心理压力,所以,及时地调整心理状态,控制好情绪,对接下来顺利地完成比赛起着至关重要的作用。

要想在紧张的比赛中进行快速地自我调整，就需在平常的练习进行这方面的训练，同时也要在比赛中进行了良好的心理暗示。在比赛之前,运动员需将自己整套动作要领在脑海中回顾一遍，以增加比赛时的自信心。

同时,身为参赛者,不要过于关注比赛的成绩,更不要将自己的比赛成绩与他人进行比较，这样可减轻参赛者在比赛中的压力。保持良好的心态，按照自己的技术水平赛出自己的成绩。

铁饼训练包括许多内容，除了身体素质、技术、心理等训练之外，恢复以及战术上的训练也是其中重要的环节。在训练中要根据实际情况对训练做出合理的安排，制定系统、有效的训练方案，对于运动员提高比赛成绩是很有帮助的。

五、我国掷铁饼选手在比赛中取得的成绩

1989 年，中国大学生代表团在前联邦德国杜伊斯堡举行的第 15 届世界大学生运动会，侯雪梅获得女子铁饼项目金牌。

侯雪梅是浙江省杭州市人。在 1986 年举行的第 10 届亚运会上，她以 59.28 米的成绩赢得了女子铁饼比赛的冠军。次年，她又以 65.18 米的成绩获得了第 6 届全运会铁饼的金牌。之后，她在 1989 年和 1990 年也分别赢得了金牌，由于这些出色表现，她曾四次被评为全国田径十佳运动员之一。

来自河北肃宁的肖艳玲在女子铁饼项目上也取得过不错的成绩，是我国优秀的女子铁饼运动员之一。在 1983 年举行的全国青少年田径运动会上，她以初出茅庐之身获得女子铅球亚军。1984 年，肖艳玲先后取得了全省运动会女子铁饼、铅球两个项目的冠军，同时也成为了首届全国青年锦标赛的冠军，她也因优异的成绩获得了“运动健将”的称号。1992 年，她创下了我国女子铁饼最好的记录，同时也创下了当年世界最高水平，这一年她的掷铁饼成绩为 71.68 米。在 1996 年举行的亚特兰大奥运会上，她跻身进入奥运会女子铁饼第五名的位置。

宋爱民生于河北衡水，从 1994 年开始练习投掷铁饼技术。在经过系统专业的训练之后，在 1997 年参加的全国青少年锦标赛和亚洲青少年锦标赛中，她以优秀的成绩获得了两个重大

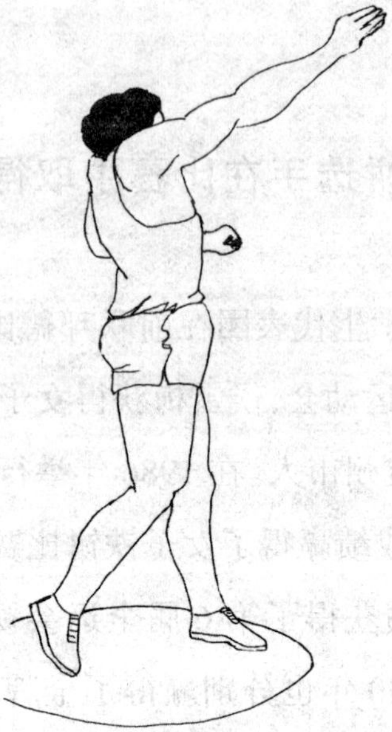

比赛的冠军。在 1999 年的全国锦标赛中,她首次在个人生涯中突破了 60 米大关。在随后的两年里,她在不断提升自己技术水平的同时,也迎来了事业上的大踏步前进。在此期间参加的重大比赛中,她的掷铁饼成绩直线上升。在 2003 年法国巴黎举行的第 9 届田径世锦赛中,她以 63.84 米的成绩跻身于世界级选手当中。

孙海涛,这是一位在我国残疾人男子掷铁饼项目中取得过骄人成绩的运动员。在 1996 年亚特兰大举行的第 10 届残奥会田径运动场上,他以 47.56 米的成绩夺得了该项目的金牌,同时也将世界纪录提升了 72 厘米,这是我国铁饼选手在奥运会上取得的最好成绩。在 2000 年的悉尼残疾人奥运会上,他又再次发力,在铁饼、铅球以及标枪比赛中都取得了优异的成绩。两年之后的另一次赛会上,铁饼赛场上又出现了他拼搏的身影,最终,他获得了该项目比赛的冠军。

吴涛,来自辽宁的男子掷铁饼选手。在 2001 年举行的亚洲田径青年锦标赛中,他获得了男子铁饼比赛的冠军。2002 年他收获颇丰，这一年他不仅夺得了我国代表队在第 9 届世界青年田径锦标赛的首枚金牌，同时也创下了世界青年在该项目上的新纪录。同年,他又获得了全国田径锦标赛男子铁饼冠军、全国田径冠军赛男子铁饼冠军、世界田径青年锦标赛男子铁饼冠军等。在 2004 年的全国田径锦标赛上,他夺得了男子铁饼比赛的金牌。

近几年,我国又在该项目上取得了突破性的进展,同样也出现了一批优秀的男、女掷铁饼运动员,他们的付出极大地促进了我国掷铁饼运动的发展。

六、世界纪录及各国优秀运动员

美国历史上著名男子掷铁饼运动员——阿尔弗雷德·厄特,出生于美国俄勒冈州的阿斯托里亚。他的臂力过人,是现代奥运史上第一位四次连续获得田径金牌的选手,从而被誉为“铁饼之神”、美国铁饼的“常青树”。

1968 年,第 19 届奥林匹克运动会在墨西哥城举行,这届奥运会上出现了不少优秀的选手,而阿尔弗雷德·厄特也在这届奥运会上迎来了他光辉的时刻。这已经是他第四次赢得铁饼项目比赛的冠军,而且四次比赛均打破了奥运会纪录,他也因此成为了奥运会田径史上在同一项目中四连冠的第一人,这注定了这个人的名字必将被留在世界田径的历史上。

他在掷铁饼项目上取得的成绩足以令世人瞩目。在 1955 年举行的美国青少年铁饼比赛中,他以 52.27 米的成绩创造了当时比赛纪录。1960 年第 17 届奥运会上,他以 59.18 米的成绩蝉联冠军。之后,在他参加的掷铁饼比赛中,几乎都取得了优异的成绩,他对铁饼运动的探索也促进了这项运动的发展。1964 年,他在第 18 届奥运上,他又获得了该项目的第三枚奥运会金牌。他在奥运会上共获得了四枚男子掷铁饼项目的金牌。1977 年,离开田径场 7 年的他选择重回训练场。但已经 43 岁的他在 1980 年的奥运会上因各种原因而无缘奥运奖牌。

由于他在铁饼运动上的杰出贡献，国际田联为他颁发了特别奖章,同时国际奥委会也授予他奥林匹克铜质勋章。

塔玛拉·普雷斯是前苏联著名投掷运动员，奥运会铅球、铁饼的双料冠军。在她一生的运动生涯中,共 12 次打破世界纪录,两次参加奥运会都取得了优异的成绩。因为,她在女子掷铁饼项目上的突出表现，曾获得前苏联功勋运动健将称号和“列宁勋章”,被誉为“投掷女王”

出生于前苏联的哈尔科夫的普雷斯,童年生活很是艰难,跑步上学的习惯增强了她的身体素质。1955 年,17 岁的普雷斯在全国中学生运动会上获得了铅球冠军。1959 年她以 17.25 米的成绩首次打破女子铅球世界纪录。年轻的普雷斯虽然已经参加过重大的比赛,但对于奥运会她还是生疏的。1960年,她第一次进入到了奥运会的比赛现场,娴熟的投掷技术以及良好的心理素质使她以17.32米的成绩夺得了女子铅球比赛的金牌,并获得了铁饼比赛项目的银牌。在这一年她以57.15米的成绩打破了女子铁饼的世界纪录。从1959年开始,普雷斯先后共有10次改写女子铁饼和铅球的世界纪录。1964年的东京奥运会上,她以“投掷女王”的姿态捍卫了自己在铁饼和铅球两个项目上的霸主地位。1965年她又以59.70米、18.59米的成绩分别创造了铁饼、铅球的世界纪录。

维尔吉留斯·阿列克纳是立陶宛运动队的优秀运动员,他从14岁开始接受铁饼训练,曾两次摘得奥运会金牌。在1999年举行的世锦赛中,他取得了比赛第四名。在2000年的悉尼奥运会上,他创下了个人最好成绩66.36米,并摘得了奥运会铁饼项目的冠军。在随后的几年中,他以优异的成绩证明了自己在铁饼项目上的竞争优势。尤其是在2004年,他不仅取得了雅典奥运会铁饼比赛的冠军,同时,在该项目的重大比赛中也取得了优异的成绩。

因他在铁饼比赛中取得的优异成绩,欧洲田径联合会宣布阿列克纳当选为2005年最佳男子田径运动员。2005年,在德国哈勒举行的国际比赛中,他以68.04米的成绩轻松夺冠。而他在同年进行的20场铁饼比赛中,只输掉了一场。

迪茨施,是德国优秀的女子铁饼运动员。在1999年的时候,以66.29米的成绩夺得了世界冠军的奖杯。2005年,37岁的她在赫尔辛基举行的世界田径锦标赛中掷出了 66.56 米的成绩,这一成绩让她赢得了比赛的冠军。

同为德国人的男子铁饼运动员里德尔，创下的个人最好成绩为 71.50 米,拥有世界一流的掷铁饼技术。他是 1996 年亚特兰大奥运会的冠军;1997 年国际田联大奖赛总决赛冠军。在此之后，他以娴熟的技术以及良好的心理素质多次赢得比赛的冠亚军。在 2000 年举行的悉尼奥运会上,他遭遇劲敌,力战之下遗憾地无缘金牌,获得了铁饼比赛的第二名。在 2001 年的世界田径锦标赛上,他以更加出色的表现夺回了冠军宝座。

希腊铁饼女子选手克莱西多,在1999年西班牙塞维利亚举行的女子铁饼世界锦标赛上,取得了比赛的银牌。2000年悉尼奥运会上,又获得了该项目的银牌。此后,她又获得了2003年巴黎女子铁饼世界锦标赛第二名;2004年雅典奥运会女子铁饼银牌。

波斯皮斯洛娃是捷克女子田径运动员，个人最好成绩是67.71米。在2001年举行的世界田径锦标赛上,她跻身到世界级铁饼比赛前十名的位置,位列第7名。在2003年她以优异的成绩获得了许多重大比赛的冠亚军，国际田联大奖赛总决赛冠军、特里卡拉田径赛亚军、捷克田径冠军赛冠军等都是她在该年比赛中取得的比赛头衔。2004年,她在欧洲杯田径赛中取得了铁饼比赛的冠军。

亚琴科,1965年出生于戈麦尔附近的科斯蒂乌科沃。她的丈夫是三次世界冠军和两次奥运会奖牌获得者前苏联链球运动员伊戈·阿斯塔普科维奇。

1988年她的成绩是67.44米。1991年世锦赛上名列第七;1992年她取得了自己的个人最好成绩,68.94米。在2003年的巴黎田径世锦赛女子铁饼决赛上,俄罗斯人亚琴科以67.32米将金牌揽入怀中。兹维列娃,俄罗斯人,是亚琴科的好友,在39岁时夺得了奥运会冠军，并在40岁时夺得2001年的田径世锦赛上的第2名。这样的成绩不仅让她自己赢得了荣耀,同样鼓舞了她身边的每一个人。

第六章

推铅球

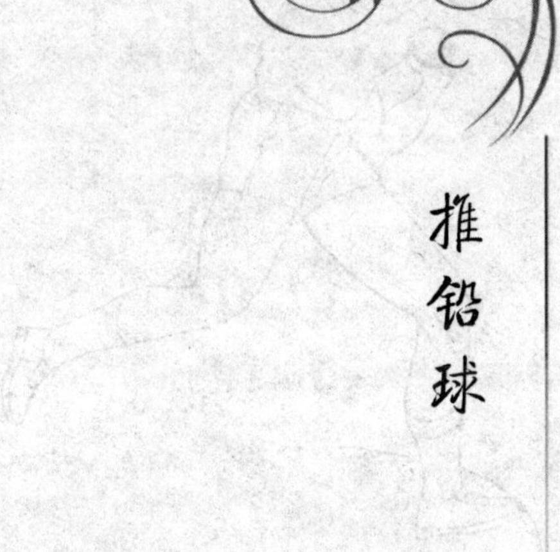

一、推铅球运动的发展历程

在田径项目中推铅球与铁饼和链球一样也是一个技术复杂的投掷运动项目,它与掷铁饼不同,属重器械投掷项目,需要运动员有强健的体魄。练习推铅球可以发展人体躯干和上下肢力量,对体质有着明显的改善作用。

在古代奥运会中,推铅球并没有被列为比赛项目,人们对其知之甚少。大约在公元1150年,有资料记载的一次雅典大规模的盛会中,曾进行过投掷重圆石的竞赛活动,这是最早的类似推铅球活动。现代铅球运动产生的渊源可以追溯到14世纪40年代,人们已经开始运用大炮于战争之中了。那时,士兵在战争之余也会做一些娱乐活动，一些士兵将与炮弹重量类似的石头作为比赛用品,进行投掷游戏和比赛。之后,人们将比赛所用的石头用金属材料制成的器物来代替，经过不断改进,最终形成了现在所用的表面光滑,呈圆球形的铅球,而推铅球运动也由此应运而生了。

在推铅球运动向前发展的同时，人们又相继制定了各种比赛的规则。最初,人们认为运动员的体重与比赛的成绩有着重要的关联。为此,将推铅球比赛按照运动员的体重进行了等级的划分。这类似于举重运动等级的划分。但实际上,推铅球距离的远近,并不完全取决于人的体重,技术与全面发展的身体素质更能拉开运动员的比赛成绩。由于规定的不科学性,人们便将其取消了。后来,英国人将推铅球作为了田径运动的一个项目,并规定了直径为 7 英尺的投掷圈和 90 度扇形的有效投掷区,之后又做了相应的改动。随后,各国的运动员也相继开展了这项运动。

在铅球的历史上,美国男子铅球运动员一直独占鳌头。推铅球在 1886 年的时候,有了第一个成绩纪录。1896 年的第 1 届现代奥运会将男子推铅球运动列为了比赛项目,美国男子运动员创下了第一个奥运会纪录。随后,美国运动员在该项目上不断创造新的纪录。20 世纪 50 年代中期,铅球成绩突破了 19 米。女子推铅球运动相较于男子铅球运动起步较晚,直到第 14 届奥运会才被列为正式比赛项目。法国运动员奥斯特迈尔创下了第一个奥运会女子铅球纪录。70 年代,男女世界铅球成绩都达到了 20 米以上。

随着体育事业的发展,对竞技比赛技术的提升与完善成为了人们又一新的攻克目标。在此过程中,推铅球技术也得到了改进和完善。20 世纪 50 年代初期,人们从速度因素的角度出发改进这项运动的技术,将推球技术由上步推球方法变成了侧向滑步推球的方法。实践证明,新的技术为推铅球运动带来了有效的水平增长,人们对新的技术给予了极大的肯定,并将其广泛地应用到运动员的训练中。之后,前苏联运动员又创造了背向旋转推铅球技术。这些大的技术改革使转体 90 度侧向改成了 180 度,使直线运动转变成为了直线与旋转相结合的运动，这使得推铅球的比赛成绩得到了大幅度的提升，到了60年代，这项运动的成绩开始出现20米以上的记录。在90年代的时候，人们又研究出了一种新的推铅球技术，即旋转推铅球技术，随着运动员采用此种技术不断创造优异的成绩而被广泛使用。推铅球技术历经近百年的发展，在人们不断的探索创新中达到了今天的比较完善的程度。

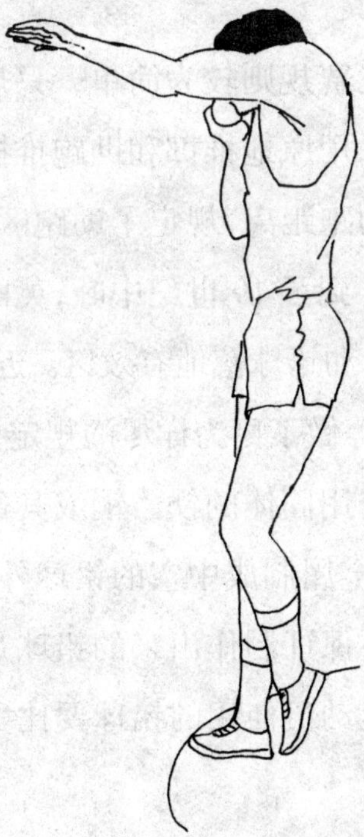

二、推铅球的比赛规则

早期,人们对推铅球制定的规则缺乏科学性,随着社会的进步和对该运动的研究了解逐步加深，推铅球比赛的规则也逐渐完善,变得更具科学性与合理性。

1.比赛器械及场地规定

初期进行的推铅球比赛规则较为简单，只规定一条直线作为限制线，运动员可采用原地推掷和助跑推掷两种方式进行比赛。后来为了限制助跑距离,规定了助跑区域,并要求铅球落在规定的投掷区内。到了 19 世纪中叶,英国人首先提出了更为规范的比赛投掷圈和铅球落地有效区。近代,对铅球规格、场地设施和比赛规则等做了更为详尽的规定。

制作铅球的材料应选用固体的铁、铜或其他硬度不低于铜的金属制成,或用此类金属制成中空的铅球外壳,在里面填充铅或其他金属,同时,要保证制作出来的铅球是一个表面光滑的圆形球。比赛中男运动员使用的铅球要比女性运动员的铅球重 3 公斤以上。

安装在两条落地区角度线之间正中位置的抵趾板，宽度为 11.2 ~ 30 厘米,内沿弧长 1.22 米,高出圈内地面 10 厘米。制作抵趾板的材料可为木料或其他适宜材料，制作后将其表

面漆成白色，固定在地面上。

用铁、钢板或其他适宜材料制成的投掷圈直径为2.135米，铁圈边沿厚度不少于厚6毫米。圈内地面应保持水平，低于铁圈上沿14～26毫米。

呈一定角度的扇形铅球落地区是用煤渣或草地以及其他适宜材料铺设而成。在铅球向前运行落入到落地区域后，会在其表面留下明显的痕迹，铅球静止下来以后，裁判会用宽5厘米的白线将其标出。

2.比赛规则

比赛时，运动员需在投掷圈内进行比赛。单手将球从肩上推出落入到有效的落地区内方为有效成绩。投掷时，运动员的投掷动作只能在投掷圈中进行，如身体部位触及到圈外的地面，那么，比赛成绩将被视为无效。投掷动作需在1分钟内结束，结束之后，运动员须从投掷圈半圆延长线的后面离开比赛场地。

在比赛没有正式开始之前，参赛运动员可以在比赛场地进行执球练习。并通过抽签决定练习顺序，练习时需有裁判全程监督。

除有开创性外伤外，运动员不得在比赛中将手上缠绕上绷带或胶布，更不能为了增大摩擦带上手套进行比赛。为了防止手腕受伤，运动员可在手腕处缠绕绷带。但不能影响或包裹到手掌部分。推掷时，参赛者仅能触碰推掷圈及抵趾板的内缘,如果跨踏其外,均应视作试推失败。参赛者可在推掷中途选择暂停推掷动作,甚至可以将铅球放在投掷圈内的地面上,以及离开推掷圈，然后再回到投掷圈内由静止位置开始进行比赛。

只有推出的铅球落在有效落地区域内时该次试推才算是成功的。每次有效试掷后,应立即测量成绩。铅球的落地成绩是从铅球有落地痕迹的地方算起，到推掷圈中心点之间的距离,也就是推掷圈内缘至铅球着地痕迹近缘的距离。测量的最小单位以 0.01 米为计算,不足时取最低值。

推掷后，参赛者待铅球落地后方可从投掷圈后半圆处离开比赛场地。

三、推铅球的基本动作要领

铅球的技术发展是伴随着铅球历史不断改进的，从最初的原地推球、侧向滑步推球，到后来的旋转推球以及现在普遍使用的背向滑步推球技术，每一次技术上的革新都为该项目注入了新的活力。

推铅球是将铅球以直线速度向前推送，而非以投掷的方式使铅球呈弧线运动轨迹向前运动。推的距离由出手的角度、速度、高度等因素构成。运动员肌肉的爆发力越大，铅球获得的初速度也越大，飞行距离也会更远。要想使铅球在推力的作用下运行的更远，单凭运动员的体力是不够的，球体的飞行路线还要符合抛物体运动的规律，这需要运动员运用全身各部位的力量才能实现。

铅球是以单手自肩向上推出的，身材高大的运动员可形成大的瞬间发力和更理想的推出角度，以较快的速度从高处将铅球推出。从这一点，我们可以了解到，拥有良好的身体素质可帮助运动员完成高难度的技术动作，而且在某些方面来说，技术是建立在一定力量基础之上的。

简单来说，推铅球时运动员站在推掷圈中，单手持球放在肩上锁骨窝处，经滑步或旋转动作将铅球向肩上举起、推出，落到有效落地区域内。在推掷过程中，由下肢发力，通过腰腹

用力与转动最后以臂及手的爆发用力将球推出。

在整个推铅球的过程中,运动员可采用的方法有侧向式、背向式、旋转式,同时也包含了握球、预备姿势、滑步、最后用力、维持身体平衡5个阶段。

握球

有三种推铅球的握球可供运动员使用,即三指式、四指式和五指式。我们通常所使用的方法是将铅球重心置于手的中心。手掌自然摊开,五指中拇指与小指作用在铅球的两侧,其他手指的指跟与铅球靠紧,手腕向外侧弯曲,持球臂向上将铅球抬举至肩甲窝处,肘关节略低于肩或与肩同高,投掷臂放松。运动员将身体背向落地有效区,双脚处前后位置站立在投掷圈后部,右脚站在投掷圈后缘。身体重量完全由右腿支撑,保持身体放松，两眼自然平视前方。

滑步

在最后用力之前进行的滑步动作是为了满足铅球在被推出之后能以一定的速度运行，为运动员在比赛中创造优异成绩提供了良好的条件。

滑步动作从预备姿势开始

在做滑步的预备动作时，依据选择技术的不同进行相应的准备。选用背向预备姿势分高姿势和低姿势两种。进行高姿势背向预备姿势准备时，背对铅球落地的有效区，双脚前后分开40厘米左右的距离，以右脚在前，右腿弯曲状站在圈内靠近后沿处。预摆时，右脚的脚尖或脚掌着地，左臂向身体内侧弯曲上举，并在大腿的带动下向后方摆起，上体前屈向右倾斜，将身体重量由双腿支撑转为右腿单腿支撑。身体向左侧扭转，左腿向后摆起到一定高度，上体前屈约与地面平行。高姿势对腿部、腰背肌力量以及控制身体平衡的能力有较高的要求，但此种姿势能自然放松协调地进入滑步，因此被多数人使用。低姿势与高姿势不同处在于运动员在圈内站好后，腰部弯曲，身体前倾，左臂自然垂于体侧并向身体内侧靠拢，两眼看前下方。采用低姿势可避免出现身体失衡，但身体肌肉在滑步处于紧绷状态，得不到放松，右腿负担的重量大。

在进行侧向滑步预备姿势时，身体侧向投掷区域，两脚分开站立，右腿屈膝，脚尖指向左侧偏上位置，身体重量由右腿支撑，左腿微屈并以前脚掌内侧着地，左臂肘部弯曲并向胸前靠拢，上体向右倾斜。

滑步基本可分为侧向滑步和背向滑步两种，以右手推球为例，下面分别介绍的就是这两种技术动作。

侧向滑步技术动作是从侧向预备姿势开始的。在身体处于平衡状态下，左腿进行1~2次的预摆动作。在腿回摆到靠近右腿时，紧接着向投掷方向摆出，以右脚蹬地，身体重心向左侧移动。右腿充分蹬直后迅速收小腿，沿地面向左滑进至圆圈中心附近，同时快速下落左脚，使其于右脚保持几乎同时落地的状态。在前脚掌内侧先着地的同时，并与右脚弓成一直线，身体重量由右腿支撑。

背向滑步技术动作是通常以高姿势开始，做1~2次预摆动作。在完成团身动作之后，将身体向后移动，左腿向抵趾板方向摆动，同时右腿用力蹬离地面，并将小腿收回。在此过程中，右脚做边收边向内转动作，最后落在投掷圈中心附近，此时，身体重量全部落在右腿上。左脚是以前脚掌内侧着地，落于中线左侧靠近抵趾板处，同时为最后发力最后准备。

进行滑步技术动作时，要注意掌握好滑步的速度和加速的过程。

积极将摆动腿带动髋部向投掷方向做摆动动作，做好非投掷臂和躯干配合下肢动作等都是滑步技术动作中的关键。

推球

通过最后发力，将持球手中的铅球推出，从而完成推铅球活动。那么，在最后发力以及推球的过程当中，要注重技术的操作。

滑步推铅球基本技术

滑步动作结束后，改变右腿与髋的朝向，右脚在选好角度后，向投掷方向蹬转。在进行推球动作的同时，右腿的蹬转动作要协同身体其他部位完成，这样可以使铅球获得右腿蹬地提供的力量，同时左腿用力向上蹬直，使铅球获得向前和向上的力量。推球需要在进行时动作的跟进力度要大，同时要维持身体的稳定。

在推铅球过程中，滑步的长短直接关系到最后用力动作所采用的技术动作。当滑步到最后一步时较先前滑行的步子长时，采用短长型最后用力技术，而滑行最后的步伐长度与先前步调一致时，则采用均匀型最后用力技术。

当执球手将铅球推出之后，身体的重心要马上做出调整，以两脚交换，左腿向后抬举来维持身体平衡，避免犯规动作的出现。

旋转推铅球完整技术动作

旋转前，上体带动左臂及左肩做向右转体动作，双腿屈膝，身体重心全部转移到右腿上，为左转做好准备。旋转时，头部随身体一同转动,以左前脚掌为轴,双腿逐渐呈现弯曲状,这样就降低了身体的重心, 并在转动的同时将重心转移到左腿上,右脚蹬离地面并围绕左腿向前转动,用于维持身体平衡的左臂自然抬起,以前脚掌着地,左髋做逆时针转动。左脚着地后,右脚的用力蹬转可带动右髋向前上方移动,以完成推铅球的最后动作。在旋转过程中,头部和左臂的动作对整个推球动作的完成起着至关重要的作用。

左腿到右髋的动作、身体左侧的配合动作等都是最后用力的要点所在。对于滑步之后的最后用力技术的掌握情况直接关系比赛的最终结果。

四、推铅球训练及注意事项

1.练习

在进行推掷训练之前要做一些热身运动，如扩胸等上肢活动，也可做压腿、跳跃、分节关节活动等，这样可避免在正式训练中造成肌肉拉伤等，以增强身体各部的柔韧性。身体的柔韧性可帮助运动员提升身体肌肉力量的利用率。

运动员可根据自身情况分别进行技术和力量上的练习，在专门的力量练习之后再进行技术上的练习可以让身体状态处于一个更灵敏舒畅的状态。要想将铅球推得更远，除了掌握娴熟的技术之外，力量的运用也是尤为关键的。

力量练习有很多的方式方法，根据运动员身体素质的不同进行合理的安排。对于非专业人士而言，可进行简单的俯卧撑臂屈伸、双杠臂屈伸、哑铃练习、实心球练习等，都可对力量进行强化。在练习实心球时可进行单手、双手抛球，这也是较容易的练习方法。并快速使人掌握铅球的重量和体感，经过这些力量练习增强了臂力，增加了运动员最后用力的爆发力，那么，就达到了训练的目的。在完成力量训练后，可用 10 ~ 15 分钟进行柔韧性练习，这样可以有效缓解疲劳。

技术练习包括姿势练习和完整技术练习。握球、持球、推球以及滑步姿势等都是推掷过程的必经步骤。在具备一定基础后,按规则进行完整的投掷练习,并做到自然、连贯。随着技术动作的娴熟,可加大训练的力度,提高训练节奏,针对不同运动员的技术细节配以不同的训练方法和手段。在以改进与提升为目的的训练中,可做一些徒手模仿和圈内外背向滑步推铅球练习。训练时,可采用不同重量的铅球进行练习。

进行旋转式训练可加强运动员的腿部、躯干和臂部肌肉的力量。运动员要注意自己的专项训练重点和技术掌握情况。

2.练习注意事项

由于铅球本身的重量大,所以,在练习中除了注意自身的安全外,还要避免对他人造成伤害。因为铅球在飞行过程中具有一定速度,如果砸向没有防护的人员,会造成严重的后果。因此,在练习推铅球过程中,要认真听从教练的指挥和要求,

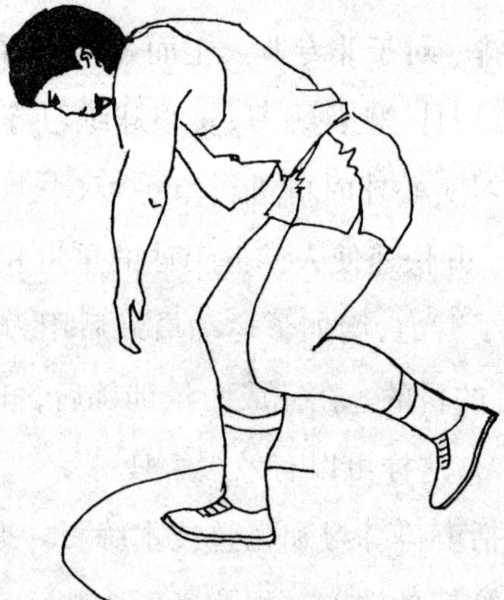

投掷时应当密切关注场地的情况,以免事故的发生。

运动员要对铅球的比赛规则做准确的了解。如果在比赛中有犯规动作的发生,那么,不管铅球推得多远都会被视为无效成绩。在练习中就应形成比赛意识,以规范的动作以及场地进行练习。

力量在整个推球过程中起着至关重要的作用,因此,在学习技术之余要同时保证力量上的锻炼。特别是初学者,学习推铅球前,必须先具备一定的力量基础。在推铅球练习中实行技术与力量并重的原则。

练习中可就每节技术动作的特点加以认真体会,因为一旦在练习中出现了技术错误,在以后是很难改正的,因此,两者是缺一不可的。技术练习的同时要有针对性地安排一定的力量练习。做滑步练习时,不要将动作分解的过于细致,以突出对摆蹬动作的配合以及躯干和非投掷臂的配合。

3.常见的技术错误动作及改正

练习中常出现几种错误姿势,肘下垂就是其中的一种。建立正确的持球技术概念才能避免这种错误姿势的产生。另外,在滑步过程中,将身体重心过早地抬起,蹬摆不能紧密地结合在一起进行也是其中的一种错误姿势。在滑步过程中,视线要随着头部的转动再转向投掷方向,不要将视线过早地投向投掷方向,这样可避免造成身体重心过早前移,同时重心不要太高,以免造成蹬、摆不积极。

同样,最后用力时身体重心借力积极前送,支撑点不能有效维持身体平衡,做推出动作时仅靠手臂力量将铅球平行前送。在训练中,注意肌肉发力顺序,同时反复地练习基础技术动作,体会从身体用力到手臂用力的过渡,以此来避免此类错误的发生。

技术与力量的有效结合可以帮助运动员有效地完成比赛,对于比赛规定的正确理解,以防止比赛因各种细节错误出现无效成绩。在赛场上任何微小的细节问题,都可能给选手带来严重影响。所以,在平时练习时要对各方面加以重视,只有不断完善自我,才能有所突破。

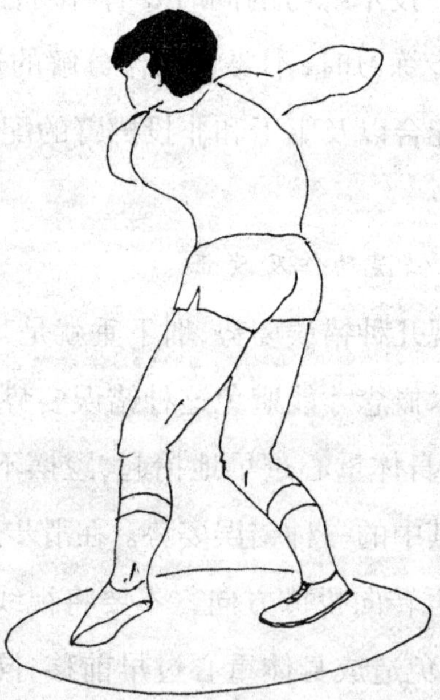

五、我国推铅球选手在比赛中取得的成绩

1.我国女子铅球成绩发展史

我国在世界铅球项目上有着一定的优势地位，尤其是女性运动员在该项目上拥有较高的水平，这在我国女运动员曾在国际大赛中取得的成绩就可以看出。

女子铅球运动员曾在国际重大比赛中屡屡夺冠。1983 年，肖艳玲在全国青少年田径运动会上获得女子铅球亚军。

1986 年第 10 届亚运会黄志红获女子铅球冠军。

1988 年 9 月 23 日 ~ 10 月 2 日，中国体育代表团参加在汉城举行的第 24 届奥运会,李梅素获女子铅球铜牌。

1989 年 3 月 3 ~ 5 日,在匈牙利布达佩斯举行第 2 届世界室内田径锦标赛,黄志红取得女子铅球冠军,成绩 20.25 米。

1989 年 8 月 22 日 ~ 30 日，中国大学生代表团在联邦德国杜伊斯堡举行的第 15 届世界大学生运动会,黄志红获女子铅球金牌。

1989 年 9 月 8 日 ~ 10 日,第 5 届世界杯田径赛在巴塞罗那举行,黄志红获女子铅球金牌。

1991 年 8 月 23 日 ~ 9 月 1 日,我国运动员黄志红在东京举行的第 3 届世界田径锦标赛中,获女子铅球冠军。

1994 年 9 月 9 ~ 11 日，在伦敦举行的第 7 届世界田径赛

中,黄志红再获女子铅球冠军。

1995 年 8 月 4～13 日，第 5 届世界田径锦标赛在瑞典哥德堡举行,黄志红获女子铅球亚军。

1996 年 7 月 26 日～8 月 4 日,第 26 届奥运会田径比赛,隋新梅获女子铅球亚军。8 月 20～25 日,第 6 届世界青年田径锦标赛在悉尼举行,我国年轻选手铅球冠军。

2.我国部分女子铅球运动员

李梅素是河北省新乐人,共 26 次打破全国纪录和亚洲纪录。在 1984 年的第 23 届奥运会上,她以 17.96 米的成绩位列比赛的第四名。1988 年的汉城奥运会，她获得了比赛的第三名。同年,她以 21.76 米打破了全国纪录,创造亚洲纪录。之后的几年,她的技术得到了很大的提升,在 1996 年的时候已经是排名世界第十位的选手。

黄志红是浙江人,个人最好成绩 21.52 米。在 1986 年举行的第 10 届亚运会上,她以优异的成绩击败了同场比赛的所有选手,获得了女子铅球比赛的冠军。两年内,她两次刷新亚洲纪录。在 1989 年的重大比赛中，她取得了令人瞩目的成绩。1990 年,她以个人最好成绩跻身世界排名第二位。同年 8 月，她被评选为了我国十大杰出青年之一。在此之后,她又获得了 1991 年和 1993 年第 3、4 届世界田径锦标赛冠军。在 1992 年的第 25 届巴塞罗那奥运会上,她在女子铅球的比赛中屈居了亚军。

隋新梅也是我国优秀的女子铅球运动员，她的个人最好成绩是 21.66 米。1990 年,她以 20.55 米的成绩击败了所有对手,赢得了第 11 届亚运会的冠军,并刷新了亚洲纪录。1991 年，她以 20.54 米的成绩获世界室内田径锦标赛冠军。1992 年,获得国家体委颁发的体育运动荣誉奖章。在此之后,她又以 20.45 米的成绩获得了第 12 届亚运会的金牌,并在第 26 届奥运会上凭借 19.88 米的成绩获得亚军。

李梅菊是我国优秀的女子铅球运动员,从 1995 年接受铅球训练。经过专业、系统的训练后,她的成绩提升的很快,在 2000 年举行的亚洲青年田径锦标赛中，她一举夺得了本场比赛的冠军。一年之后的“九运会”铅球项目上,她又一次摘得冠军的头衔。2002 年的亚运会以及全国田径锦标赛上,李梅菊再次延续了自己的胜利者身份,将金牌分别收入囊中。2003年,这位来自河北的姑娘以18.23米的成绩顺利进入到了在巴黎举行的第9届世界田径锦标赛女子铅球的决赛中。

来自北京的张小雨也是我国一位女子铅球运动员。在2001年举行的全国室内田径锦标赛上,她以顽强的毅力和高水平的发挥赢得了决赛的胜利。2002年的全国室内田径锦标赛,她的风采依旧,又一次证明了自己在铅球项目上的实力,以优异的成绩获得了比赛的最终胜利,之后,她又再接再厉,赢得了亚洲青年田径锦标赛女子铅球比赛的冠军。在2003年的全国田径大奖赛中,她是女子铅球运动的冠军,在当年举行的第5届"城运会"上,张小雨以实力续写了冠军的辉煌。

3.我国部分男子铅球运动员

阚福林出生于山东。在 1971～1975 年间，他以优异的成绩获得了全国男子铅球比赛的冠军，并在 1974 年以 17.39 米的成绩刷新了全国男子铅球纪录。1990 年先后给予他的“体育运动荣誉奖章”，亚洲田联“金鞋奖”和“国际田联奖状”是对他在铅球运动中取得的成就的极大肯定。

刘昊也是我国优秀的男子铅球运动员，在铅球项目上有着极佳的天赋。1991 年举行的全国冠军赛中，他以 18.56 米的成绩获得了比赛的冠军。一年之后，他又在全国大学生运动会上击败了参赛的竞争对手，以 18.13 米的成绩赢得了比赛的最终胜利。1993 年，他以绝对的优势击败了参赛选手，分别取得了第 10届亚洲田径锦标赛铅球和第 7 届全运会铅球比赛的胜利，摘得了比赛的金牌。到 1994 年的时候，积累了丰富实战经验的他以 19.26 米的成绩获得了第 12 届亚运会铅球比赛的冠军，同时也打破了亚运会纪录。

我国残疾人男子铅球运动员孙海涛是第 3 届 “中国青年五四杰出贡献奖章”获得者，同时也是蝉联两届残疾人奥运会 F12 级铅球比赛的冠军。在第 6 届全国残疾人运动会上，他以优异的成绩创下了男子 F12 级铅球比赛的新纪录，同时也是该届残运会上中国代表团取得的第一块金牌。在 1996 年举行的第 10 届残疾人奥运会上，他一举突破了男子在铅球项目上的比赛成绩，赢得了比赛的最终胜利，并刷新了男子铅球比赛的世界纪录。1997 年对于他来说，可谓是多产的一年，他不仅赢得了第 7 届远南运动会铅球组的冠军,同时在铁饼、标枪比赛中也表现出了不凡的实力,囊括了两项比赛的冠军。在 2000 年举行的悉尼残疾人奥运会上,他神采依旧,再次收获了一枚铅球项目的金牌。2003 年,他又刷新了自己在 F12 级男子铅球比赛中的成绩,赢得了第 6 届全国残运会该项目比赛的冠军。

六、世界纪录及各国优秀运动员

帕里·奥布莱恩是美国著名铅球运动员，同时也是背向滑步投掷技术的创造者。

1932 年出生于美国加利福尼亚洲的奥布莱恩，是一位短小精悍的运动员，个头不到 1.70 米的他却有着惊人的爆发力和出手速度。从小就喜爱体育的他在 17 岁的时候，铅球成绩就达到了 16.42 米，拥有世界级水准的技术。这和他在训练中不断探索以及执着的追求是分不开的。针对自己身高上的缺憾，奥布莱恩加强了自身力量以及速度上的训练，并开始摸索一种新的推铅球技术。经过不短的探索以及反复地实践，他选用了背对式投掷法，即身体背对投掷区，这种做法可延长推铅球时的工作距离，从而增大人体对铅球的作用力。此后，他运用背对式投掷法取得了优异的比赛成绩，而这项新的技术也引起了人们的广泛关注，而且一直保留至今。

1952 年首次参加奥运会的他就取得了比赛的胜利，并以 17.41 米的成绩刷新了奥运会纪录。1953 年，他采用背对式成功突破了“18 米大关”，摘得了比赛的金牌。一年之后，他又连续四次打破男子铅球世界纪录。在 1956 年举行的第 16 届奥运会上，他又以 18.57 米的成绩蝉联了两届奥运会冠军，并再次刷新了奥运会纪录。同年的 9 月，奥布莱恩又率先突破了 19

米的距离。1964 年,他第四次参加奥运会,但这次无缘奖牌,只取得了比赛的第四名。而在两年之后的比赛中,已经 34 岁的奥布莱恩创下了 19.69 米的个人最好成绩。

从某种意义上来说，奥布莱恩的背向滑步投铅球技术给铅球带来了一次技术上的革新，使铅球成绩走入了一个新的时代。奥布莱恩用此种技术先后 10 次破世界纪录。这充分体现了背对式技术的优越性，同时也影响着以后推铅球技术的革新。

乌多·拜尔是前民主德国世界级铅球运动员,曾先后三次打破世界纪录,三次获得世界杯田径赛冠军,被誉为世界“铅球王”。出生于前东德埃森乌斯塔特镇体育世家的拜尔从 14

岁开始练习铅球。经过专业、系统的训练之后，他在 1970 年举行的全国少年铅球中就展露出了自己的实力，赢得了本次比赛的冠军。1973 年，他的铅球成绩达到 19.65 米。1976 年首次参加第 21 届奥运会的他就以 21.05 米的惊人成绩夺得了奥运会铅球项目的冠军。1980 年，他第二次参加奥运会，这次拜尔赢得了铅球比赛的季军。1983 年，他以 22.22 米的成绩打破了自己保持近 5 年之久的世界纪录，之后又创下了 22.64 米的个人最好成绩。

伊伦娜·斯卢皮亚内克是前民主德国著名女子铅球运动员。在她的运动生涯中，曾创下过许多辉煌的成绩，她是两次世界纪录的刷新者，同时也是三次世界杯、一次获奥运会冠军得主，曾连续 6 年位居世界一流水平位置，被世人誉为“铅球女王”，和乌多·拜尔分据男女铅球界的两枪地位。

斯卢皮亚内克出生于前东德的德明，很小的时候就表现出了对体育运动的喜爱。在 1970 年的时候，她选择进入“迪那莫”体育俱乐部学习铅球技术。当年，她就创下了 12.50 米的成绩，在全国同年龄组中名列第一。1972 年，16 岁的斯卢皮亚内克在全国斯巴达克运动会上，以优异的成绩击败了对手，赢得了比赛的最终胜利。1974 年她已经取得了 19.23 米的成绩，跻身世界优秀运动员行列当中。1975 年，她的投掷第一次突破了 20 米。1976 年，首次参加奥运会的他以 20.54 米的成绩获得了比赛的第五名。奥运会后，斯卢皮亚内克进行了更为专业化的训练，以使得自己的技术、力量和速度有所突破。1977 年她的

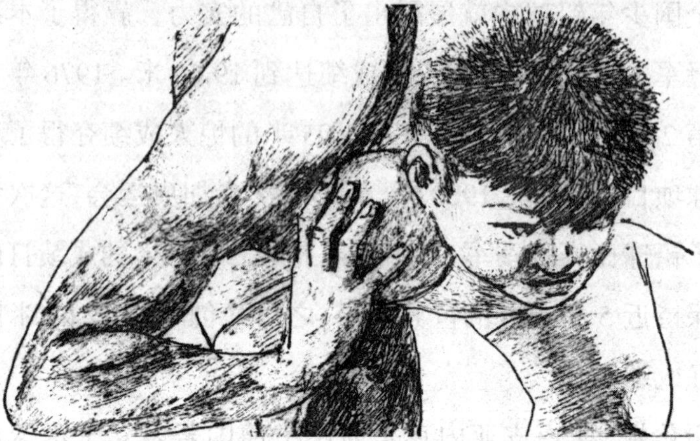

成绩达到了 21 米以上，并在第 1 届世界杯田径赛上以 20.93 米的成绩获得了比赛的冠军,这也是她首次取得世界冠军。随后,她又蝉联了 1979 年举行的第 2 届世界杯田径赛的铅球比赛的冠军。1980 年她先后两次破世界纪录,接着又以 22.41 米的成绩夺得奥运会金牌，这也是斯卢皮亚内克运动生涯最璀璨的一年。1981 年,她第三次夺得世界杯田径赛的冠军,成为了世界杯女子铅球运动唯一的三连冠选手。

德国女子选手克莱内特,在 1993 年的欧青赛女子铅球比赛中,她获得了铅球比赛的亚军。之后,她又取得了 1999 年世锦赛的第二名。在 2000 年悉尼奥运会上,她跻身进入了比赛的第八名。在随后的比赛中,她也有较为突出的成绩,尤其是在 2004 年举行的室内世锦赛以及雅典奥运会上,她分别获得了比赛的季军以及亚军,为体育生涯添上了恰当的收官一笔。

库姆巴是古巴女子铅球运动员。2000 年悉尼奥运会中,她排名第六名。在2001年的世锦赛中,取得了女子铅球比赛的第八名。在2004年雅典奥运会上,库姆巴历经鏖战,再次荣登铅球比赛冠军的宝座。

昆巴是古巴女子铅球选手。在2001年的葡萄牙里斯本室内世界锦标赛上,获得了女子铅球比赛的第五名。而在随后的英国伯明翰室内世界锦标赛以及匈牙利布达佩斯室内世界锦标赛中,她分别在比赛中取得了较好的成绩。

克里维约娃是俄罗斯女子铅球运动员。在1991年举行的世界锦标赛中,取得了女子铅球项目的季军。一年之后的巴塞罗那奥运会上,她击败了强劲的美德两国对手,赢得了铅球比赛的最终胜利。在1993年的世界锦标赛中,她又以优异的成绩获得了铅球比赛的亚军,同时也赢得了室内世界锦标赛的胜利。在2000年悉尼奥运会上,无缘奖牌,位居比赛的第四名。2003年,克里维约娃以20.63米的成绩一举夺得了第9届世界田径锦标赛女子铅球的冠军,并在同年获得了国际田联总决赛的亚军。在2004年的奥运之年里,她以优异的成绩取得了室内世锦赛的冠军,并在奥运会上获得了一枚铜牌。

俄罗斯女子铅球运动员科尔扎年科,也是俄国著名铅球选手,她创下的个人最好成绩是20.82米,是世界级的优秀运动员。在1999年举行的世界室内铅球比赛中,她成功击败了所有的参赛选手,赢得了比赛的最终胜利。2001年的世界田径锦标赛,她排名第五。一年之后,分别获得了世界杯田径赛以及欧锦赛的冠军。2003年,她参加了世界田径锦标赛、国际田联大奖赛总决赛、俄罗斯田径冠军赛以及世界室内田径锦标赛中,都取得了较为优异的成绩,尤其是在世界室内田径锦标赛中,更是以优异的成绩取得了比赛的最终胜利。

各国优秀选手在铅球项目上取得的优异成绩促进了铅球运动的发展,同时也为铅球带来了新的技术革新。在新技术的引领下,人们逐渐意识到铅球项目的优势所在,同时也为其他运动提供了改革方向。人们对铅球运动的理解和喜爱正随着它的不断发展而不断深化,相信,在不久之后,会有愈来愈多的人参与到铅球比赛项目中。

第七章

标枪

一、标枪运动的历史沿革

标枪是一项比较古老的投掷项目，起源于原始部落时代人类的生产生活工具。

在旧石器时期,人们为了从自然界中获取食物,开始狩猎野生动物以满足生活所需。因生产资料有限,人们只能利用石头或骨头制作狩猎工具,而梭镖与标枪也就在此期间诞生了。作为原始的类似标枪的捕猎工具随着社会的发展经历了多次的变革。随着冶炼技术的兴起,出现了青铜器,进而制造出了金属枪尖的标枪。后来由于战争的频繁,这种武器又成为了战争中强有力的工具。为了增强士兵的战斗力,在未出现枪炮的年代里,经常进行投掷训练对士兵来说是必不可少的。后来,人们又将其演变成为了一种竞技比赛项目,以掷得远,投得准作为衡量优胜和失败的标准。在古希腊标枪比赛中,人们也主要以投掷的准确性判定比赛的成绩,而非投掷的距离,这与标枪的历史作用有着很大关系。

公元前 708 年,在第 18 届古代奥运会中,标枪成为了正式的比赛项目，并在以后的发展中与其他竞技项目组合成为了一个新的比赛项目——五项全能，我们在这里只单纯地介绍标枪,不涉及五项全能中的标枪内容。

现代标枪运动最先是在北欧的一些国家发展起来的。

1792 年瑞典就举行了标枪比赛。1886 年,瑞典男子标枪运动员首先创下了该项目的世界纪录。1906 年雅典奥运会上,这项现代比赛项目首次以非正式比赛项目的身份出现在了奥运会比赛现场。1908 年,在第 4 届伦敦奥运会上,男子标枪被列为了正式比赛项目。自此,标枪迎来了它的新起点。1984 年,德国男子标枪运动员创下了 104.80 米的成绩。之后,人们将标枪进行了创新，使其重心前移，在此基础上，捷克运动员创下了 98.48 米新的标枪世界纪录。女子掷标枪运动发展较晚,在第 10 届奥运会上才被列为正式比赛项目，但发展速度很快。目前,很多重大的比赛中都将标枪列为了参赛项目,也极大地促进了标枪项目的发展。

古代标枪无论是从重量还是外形上，都与现代标枪存在很大的差异。最初人们使用的标枪是前后一样粗的木制标枪，到了 20 世纪 50 年代初的时候，美国标枪运动员研制出了一种中间细、两边粗的“滑翔标枪”,这大大地延长了标枪在空中运行的时间,从而提高了投掷距离。60 年代的时候,人们又制作出了铝合金标枪，随后又出现了金属标枪，此类标枪的问世，减少了标枪运行颤动幅度的同时，也提高了参赛者的成绩。1986 年,人们将男子标枪的重心向前移动了 4 厘米,以降低其飞行性能,缩短投掷距离,之所以进行此种举措主要是为了保证看台上观众以及其他场地同时进行比赛运动员的安全。而女子标枪在 1999 年的时候也进行了重心移动的变动，但是将其重心前移 3 厘米。在众多比赛项目中,唯有标枪比赛对比赛的器械进行了限制，以减小其投掷距离。

掷标枪技术有其独特的演变过程。古代，人们采用的是钳制的方法投掷标枪，投掷过程中可以在标枪上缠绕皮带，也可以用手指顶住标枪的尾部以帮助用力，进行投掷。而在现代标枪技术中，这些动作都是被禁止使用的。古代人是用腋下携带标枪进行投掷，而现代采用的是肩上持枪助跑的方法。人们结合科技的力量将标枪技术不断地完善，以更加合理、完善的形式出现。20 世纪 30 年代，人们又将“自由式”助跑技术转换为了直线向前加速助跑技术，由单跳步发展为后交叉到前交叉，不得不说这是一次全新的改革，为掷标枪技术的发展注入了新的活力。目前，掷标枪技术在使用上没有明确的限定，运动员采用的标枪技术也很不统一，但多数运动员都会选用投掷步技术。投掷标枪距离的远近与最后用力、助跑速度以及动作的连贯程度有着密切的关系。现代标枪技术以提高助跑速度、加大最后用力距离等方面为发展的方向。随着科技力量投入的加大，投掷标枪技术会更为合理以及完善。

二、标枪的比赛规则

1.标枪器械及场地规定

在标枪比赛中,对于器材规格有严格的规定,其上不能允许有可以移动的部分,也不能有影响其物理特点的装置,比如改变其重心或投掷性能的装置。标枪的组件包括枪头、枪身、握柄三部分。根据规定,男子标枪重800克,长度在260厘米至270厘米之间;女子标枪重600克,长度在220厘米到230厘米之间。

标枪头由金属制作,枪尖的张角应小于40度。枪头的直径最大可占整个枪身直径的百分之八十。根据实际情况,枪头前端可焊接一个起到加固作用的枪尖,但需要注意的是,枪头表面必须平滑。

握柄需将枪身的重心包住,直径可略大于枪身直径,但不能超过8毫米,在握柄上,不可留有绳头、结节等物。从把手处起,标枪向两端呈逐渐变细状。

对于枪身的材质,并不严格规定,可由金属制成,也可以是其他适宜的类似物质,但要求其表现要平滑,无凸起和沟槽。标枪任何一个部位的横断面都需保持规则的圆形,可以存有误差,但不得大于百分之二。

在标枪比赛中,运动员可自带标枪入场,但前提是已通过组委会批准。

2.助跑道

标枪比赛的助跑道长度在30米至36.5米之间,对于运动员来说,稍长的跑道对比赛成绩更为有利,所以,在条件允许的情况下,助跑道不应少于33.5米。助跑道宽4米,两侧分别由两条平行线标出。助跑道地面坡度左右倾斜最大为1:100,在投掷方向上的向下倾斜度不得超过1:1000。

运动员可根据自身的实际情况向组委会提出在助跑道旁放置特殊标志物,以帮助运动员起动。若组委会未同意,运动员可使用胶布等有明显的标志物辅助助跑。

3.落地区

标枪比赛的扇形落地区可由草皮或其他适宜的材料铺设,其圆心角为29度,当标枪落及此处时,必须留下痕迹,以便测出运动员的比赛成绩。投掷弧半径为8米,运动员应在投掷弧后面完成试掷。投掷弧的宽度为7厘米,白色,可以人工画出,也可以由特定材料制成。投掷弧两端向外各画出一条线,长75厘米,与助跑道标志线呈垂直关系。

4.比赛规则

比赛的规则要求与铅球基本相同,下面予以简单介绍:

标枪比赛时,运动员必须徒手掷枪,若借助手套等辅助投掷,将被视为犯规。但如果运动员为了避免受伤而使用适宜的材质制成的带子,是被允许的。

开赛前,运动员可先熟悉场地,其顺序由抽签决定,由裁判员监督。当比赛正式开始后,所有的运动员都不允许再持器械练习,与此同时,助跑道或落地区以内都不能再进行任何形式的练习。

运动员试掷时,若身体有触及投掷弧、助跑道标志线和助跑道以外地面,或者在试掷的过程中,出现违规动作等,均判为试掷失败。根据规定,每次试投的时间不超过 1 分钟。若在试掷时,标枪发生意外,比如折断等情况,运动员可重新进行一次试掷。运动员在这次意外中身体失去平衡,也将不被判为犯规。当运动员人数在 8 人以上时,每人可试掷 3 次,成绩排在前 8 名的运动员,可以再重新试掷 3 次,试掷顺序与排名相反。如果在第 3 次试掷结束后出现第 8 名成绩相等,按有关规则处理。当参加比赛的运动员人数只有 8 人或少于 8 人时,每人均可试掷 6 次。

运动员需握着标枪的握把处进行投掷, 自肩上或投掷手臂上方把枪掷出,在投掷的过程中,注意动作标准,不能将枪抛出或甩出。从动作开始直至标枪离手这段时间,运动员不能完全转身背向投掷弧方向。另外,运动员在做动作时,只要在不违规的前提下,可以随时中途停顿,甚至把标枪放下,并且离开助跑道,待调整过后,再重新回到助跑道继续投掷。

标枪在着地之前,运动不得随意在助跑道上移动。标枪着地时，最先触地的部分为枪尖，它必须完全落在落地区角度线内沿以内，成绩方被视为有效。当标枪落地后，运动员便可按着规定，离开助跑道，而后，将器械运回投掷区，不得掷回。

运动员在一次投掷完成后，工作人员需快速进行丈量，记录成绩。在丈量时，按枪尖着地之最近点为原则，通过投掷弧线的圆心，量度至投掷弧线的内缘作为投掷成绩。计算距离时，以 0.02 米为最小单位，达不到最小单位时，应以较低的读数计算成绩。

每个运动员最终的比赛成绩取试掷中最好的一次。工作人员用标志物标示其位置。标示物应用醒目的旗帜，根据组委会规定，新纪录的诞生要用特定色彩的标记标出。

三、标枪的基本动作要领

掷标枪具体说来是一整套的运动内容经过综合叠加之后达成的一次投掷,需要通过助跑、引枪和掷出等过程。其顺序是将标枪以肩上位姿态持拿并进行持续助跑，在进入投掷区前转入投掷步伐，利用身体动能的加速加上跨步和腰身以及单臂的力量共同将标枪投出。在掷出标枪的时候,要求运动员要以右腿蹬地,利用离心力的趋势将前甩的力量从腿部延股、胯、腰、腹、肩、臂一直传递到拿枪的手指上。这个用力顺序不仅可以使全身大部分肌肉参加工作，而且保证有较长的工作距离。

从技术结构上,投掷标枪可以分为以下五个部分:

握枪:在专业运动领域,握枪通常分为现代式和普通式两种。现代式的握枪方法主要是将标枪以一定的角度斜放在掌心上,大拇指和中指握标枪把手末端上沿,食指以较为自由的方式根据重心和出力的适宜角度放在枪身上，无名指和小指自然收紧握住把手。而普通式握法则是由拇指和食指延虎口握住枪握把的前沿处,其余手指按顺序握在把手上。

现代式握枪在当今世界比赛当中是一种被更加广泛使用的方式，这种方式在握法上更加有利于控制及掌握标枪出手角度和飞行的稳定性,使飞行的距离得以有效增加,但是由于每个人的手掌大小不同，因此具体的位置需要根据自己的习惯以及出力的角度与程度而进行仔细摸索才能够熟练掌握，而普通式握法相对来说是根据每个人在抓握一件事物的时候最为本能地反应所形成的一种抓握方式，但是这种方式虽然不需要精确了解位置和对应的效果，但却由于在握法上的不科学而使得手腕容易在投出标枪之前变得紧张，同时在出手角度上也会因为抓握的角度而受到影响，会直接影响投掷的质量。

持枪所指的是在助跑过程当中标枪相对于身体的位置，最为常见的类型主要有肩上持枪法、肩下持枪法和平肩持枪

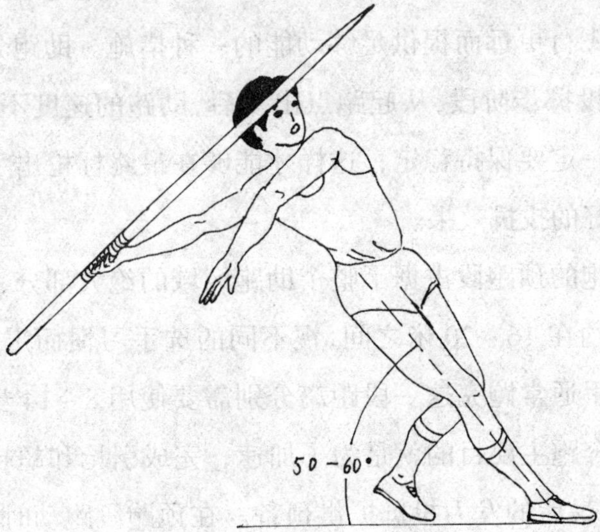

这三大种类。目前大多数运动员采用的是易于出手的肩上持枪法,这种方法具有一定的预备性,而且由于不用分心去操控在助跑过程当中枪身的角度以避免干扰到双腿的奔跑，这种持枪法比较有利于手腕的放松，且在出手时比较便于向后引枪，在出手角度的观测上同样也因为具有提前量而能够作出更准确的操作。

不过有一些在助跑方面比较具有优势的选手都选择了肩下持枪法,这样比较有助于放低和保持整个身体的重心平衡,助跑速度的发挥也因此而更加彻底,因此,具体采用什么样的角度和位置持枪,要根据运动员实际情况来决定。

助跑:助跑距离通常在 25 米到 35 米之间,其目的是为了让身体和标枪具备一个初始的速度，同时也是为了让其在空中能够飞行更远而提供足够动能的一种措施。助跑分为预跑阶段和投掷步阶段,从起跑点出发后,助跑的速度不仅要快,步伐也一定要保持稳定，这样才能够在最终标枪出手的时候保证更好的投掷效果。

助跑的预跑段占据了整个助跑区域的绝大部分，其运动范围大约在 16 ~ 20 米之间,视不同的选手习惯而定,比较熟练的选手通常跑完这一段距离分别需要使用 8 ~ 14 步。这段距离的奔跑主要目的就是为了加速，完成引枪和超越器械的工作,为最后的发力投掷提供预备。在预跑段跑动时,选手上体应当保持稍向前倾，使身体的正面空气阻力减少以便于加速,在奔跑时应当尽量用前脚掌着地,这样能够最大限度将双腿的运动行程增大且使后蹬的力量变强加强加速的效果，持枪臂和左臂配合跑的节奏摆动，保持身体动作协调一致，使速度满足进入投掷步的要求。

投掷步、预备、出手：投掷步的设置和持枪的方式一样，需要根据不同的运动员的情况来进行具体设置，以专业的运动员为例，通常在这个阶段需要跨越四至六步，速度要比预跑阶段更快。与紧随其后发生的投掷出手等动作加起来，在这个过程当中的具体操作可以被分为以下四个部分：

首先，从预备助跑到投掷步之间的转换界限应当以左脚踏上第二标志线为标志，右脚积极向前迈进，但同时落地位置要稍微开始向右偏落以使身体正面的朝向角度向右侧偏移，同时右手开始进行引枪的准备，左臂自然摆动，眼睛目视前方，髋部则要正对着投掷的方向。

当右脚落地、左脚离地前迈时，髋部以双腿中分线为轴向右扭转，右肩同步继续向右转动完成引枪。整个身体的朝向转变为侧对前方的投掷目标区，在此过程中应当同时将枪身的纵轴调整到正对前方目标区的角度。

然后，在左脚再次落地时，右腿自然弯屈，大腿带动小腿积极向前迈步，左腿动作稍微加快使右脚落地后双脚的踏步朝向形成交叉步，在此时由于身体的转动使左臂自然摆至胸前，投掷臂则应处于近似伸直的角度并得到充分后引，右脚尖与投掷方向成 45 度角左右，形成制动效果，在此时，身体应当向后仰与地面形成一定的夹角，为投掷进行蓄力。

最后,摆置胸前的左臂进行引导,使整个身体所有向右扭转的部分都开始进行反方向扭转，利用延脚至手指的连续反甩力量创造出离心力，加上刚才奔跑中形成的惯性力量将标枪向前投出,最后用力的顺序依次为腿、髋、躯干、肩、肘、腕和指。标枪出手的适宜角度约30度到35度之间,与此同时,左腿要负起调控身体平衡性并稳定出手状态、保持标枪出手速度的责任。

在完成了全部的投掷动作之后,要进行缓冲动作,将注意力从标枪转移到仍在惯性作用下向前奔走的身体上来。具体方法为降低身体重心，并继续利用方才整个身体向左拧转的余力将身体的面朝方向从正前方转向左侧来减弱前冲势头，并以大步距跨出一到两步来停止向前运动,避免越线犯规。

四、标枪训练安全及注意事项

竞技体育当中对于身体的锻炼角度各不相同，因此在每项体育运动当中容易形成的伤害也各有区别，加上不同的运动员训练的方式和侧重点五花八门。这直接导致了在进行体育锻炼、训练和比赛过程当中各种情况的产生,有些可能仅仅会影响到成绩和发挥，但是有些却有可能会对身体造成较为严重的伤害。因此,在进行运动的过程当中都要做到科学而合理地进行,避免出现意外情况或留下隐患,标枪也同样如此。

1.专项身体训练

专项身体训练是标枪运动员在日常训练当中最为基本的一项训练内容，针对标枪这种运动的特点以及可能运用到的身体部位,在前人总结的经验基础上,现在的我们可以在熟练掌握它之前就先针对这些情况进行对应的训练，这不仅能够加强和加快我们对标枪这种运动的适应性，同时也能够使我们在进行正式训练的时候身体的各个部位能够比较好地承受在训练过程中产生的压力和疲劳。

标枪运动的专项身体训练内容主要包括以下几个大类：首先是专项力量练习，即以双手和单手投掷重物来熟悉投掷的发力方式，其他还有如做仰卧拉举等利用器械来调整局部肌肉群的状态使之对这种用力方式保持记忆;专项速度练习,这主要是用于保证在比赛当中选手的助跑效果,其内容一般有短距离加速跑、持枪助跑练习以及完整投掷流程练习等;专项柔韧与灵活性练习,这是许多专项训练的基础,也是运动员基础能力当中比较重要的一项,具体操作表现为各种简单的体操动作和有针对性的柔韧性训练等,目的是增强整个身体的集中控制以及状态调整能力;专项耐力训练,这种训练一般是柔韧性训练和力量训练的结合品,其中力量练习相对来说是重点所在,而耐力的强化,能够保证运动员在赛场上快速助跑之后还能够保持足够的精神集中来完成准确、高效的投掷动作。

2.技术练习

在许多运动当中，技术动作的错误往往是造成人员受到伤害的主要原因所在,因此在训练过程当中,正确的技术动作把握不仅仅意味着在比赛场上能够更加接近胜利，也同样代表着运动当中身体的感受和状态是否能够一直保持正常和健康。因此在对标枪运动进行相关训练的时候,也应当注意技法和幅度等与身体状况密切相关的问题。

在前面我们已经提到过，标枪是一种由多种内容共同组成的一个运动项目,其内容包括了冲刺跑、急停、单手投掷等内容,所需要锻炼的除了基础的体能和身体操控能力之外,也要对器械的质地及其状态进行充分地掌握，所有的这些都需要在反复的练习中不断体会技术要领、并根据自身的条件和状态结合考量和实验之后才能够完好地在比赛当中达成完好的施展,因此,在力度适当的前提下,进行足量的练习其实是对在赛场上发挥最基本也最关键的保证。

基础技术训练在标枪项目上具体包括助跑训练、投掷训练等,这些将会伴随一个标枪运动员的整个运动历程,但是在其运动生涯的不同时期，也要根据具体的状态来确定各种内容的比例和强度情况,只有这样才能够达成最佳的训练效果。

一般来讲，较为专业的运动员进行的训练当中最主要的是原地上步和短距离助跑插枪练习,以及利用上步接满弓、上步掷标枪、上三步接满弓和掷标枪等练习,掌握助跑和最后用力衔接技术;持枪助跑和持枪交叉步跑练习;全程助跑掷枪练习等。

观察法技术训练，要求运动员在训练的过程中要时刻了解和注意自己的技术动作是否正确,是否存在某种技术问题,不过训练是由运动员自身完成的，因此这项任务往往需要由教练或同伴来帮助完成，从旁人和自身的双重角度进行观察也可以得到更加全面和综合的观点，帮助运动员确定技术动作完成的情况。同时,也要及时地分析和解决掉当前所存在的所有问题,不断完善自身在标枪投掷当中各个细节上的技术,形成最为正确的动力定型，为今后提高运动成绩打下一个良好的基础。

3.训练注意事项

在日常训练当中，有一些问题是各国和各地新近修习标枪项目的运动员经常可能出现的通病,在此,我们将这些问题逐一列出，可以供练习标枪的朋友进行参考并对照纠正和规避一些错误的认知。

持枪时,枪尖不要过于上斜,这不利于在助跑的过程当中保持枪身的稳定和平衡。

助跑要有节奏,对于助跑线路上各个点位要找准,速度上要学会进行自我调控,交叉步的动作要避免太过僵硬。同时,在完整的投掷流程当中一定要保持心态的平和，不要过分注意单一一个阶段的动作要领是否执行得足够正确，这会分散注意力,容易导致投掷出手时对于目标的判断产生失误。

投掷时,身体的各个部分动作要协调,挥臂投掷虽然是整个标枪投掷过程当中最为重要的一个步骤，但是在此刻所使用的力度却不能仅限于手臂。只有充分运用身体的力量才能够将投掷的效果提升到最佳状态。而且在此同时要尽量掌握好出手的速度和角度,出手时身体不能过分后仰,最后用力阶段右腿要充分蹬伸。

诸如“满弓”、挥臂投枪、引标和交叉步阶段由于对身体相关的肌肉组织要求较高，频繁进行单项训练或完整流程训练都很有可能会导致这些部位发生损伤，同时由于惯性回馈的缘故,人体的相关运动关节也会发生一定的磨损和受伤情况,可以采用在训练时佩戴柔性的护腕、护肘、护膝等保护措施来进行规避，在休息的时候也要注意为这些部位进行按摩和放松,使疲劳部位的状态得到有效缓解。

标枪运动的初学者的枪在出手之后的状态往往会发生很多非正常的意外情况,譬如滑翔距离短、落地不扎地等现象会频繁出现。这主要是出手角度在拿捏上出现了错误估计,要解决这种问题一般需要通过较多的练习，或者由有经验的教练员进行妥善引导传授,才能比较有效地克服。

在具体进行的改善练习方面，选手应当多做原地和上步引枪练习,并有意识地强化助跑和引枪的结合,只有这样,才能更好地了解身体操控的诀窍和精神集中的方向。

标枪是所有的运动器械当中相对非常容易造成人员伤害的一种,因此,在进行投掷训练时一定要注意自身和他人的安全。要在训练中让运动员形成自我保护的意识并学会自我保护的方法。教导和提醒都必不可少,应当让安全检查和谨慎操作形成一种固定的习惯，以此来杜绝在训练过程当中可能留下的任何安全隐患。

五、我国标枪选手在比赛中取得的成绩

标枪作为一种生产生活工具很早就在中国出现了，只不过一直以来，标枪很少被作为竞赛工具来看待。它在古代社会当中主要是被我国的各族人民当作一种作战和狩猎的武器，其形制也有多种规格，并无统一一说。在二十世纪初期，标枪竞技运动的国际标准才正式走入了中国，不过，虽然在亚洲范围内我国算是比较晚接触到这种运动的国家，却呈现出了明显的后起直追之势，到今天为止，我国在亚洲标枪运动界已经是地位极其稳固的领导者了。

标枪运动在亚洲推广以来，我国和国际上一样最先形成了男子标枪比赛，由于多种原因使然，在男子标枪的成绩上我国一直在亚洲居于首位，曾经创下过 89.40 米的亚洲记录，至今没有其他亚洲国家能够打破。

知名运动员：李荣祥。男，浙江长兴人，1972 年 1 月 18 日出生，体重 80 公斤。这位有着 1.85 米身高、形象颀长英伟的浙江汉子，是我国出色的标枪运动员之一，曾经以带着伤病仍就把标枪投出了 80 米开外而在亚洲和世界田径范围内具有极高知名度。

李荣祥在标枪运动界的征战史可谓辉煌云集，自 1997 年八运会上获得男子标枪项目第二名开始，他的征途就没有缺

少过荣耀:1998 年在曼谷举办的第十三届亚运会上,李荣祥以 78.57 米的成绩斩获铜牌;2001 年的九运会，他第一次拿到了标枪项目的冠军，并在接下来的东亚运动会男子标枪项目中再摘一金。之后,虽然在各国高手云集的世界田径锦标赛上因体能上的客观差距而名列第九,但在亚洲体坛,他仍然焕发着惊人的光彩，在 2002 年亚洲田径锦标赛和其后的第 14 届亚运会上,他以完美的表现两次成功夺金。2003 年,全国田径锦标赛男子标枪冠军，同年在法国巴黎举行的第 9 届世界田径锦标赛男子标枪决赛中，以 78.24 米的成绩居第十位。2004 年,全国田径大奖赛北京站男子标枪冠军。

我国女子标枪的水平相对于男子标枪来说承载了更多的荣耀，一直以来如果说男子标枪还只是在亚洲范围内称雄的话,我国的女子标枪项目则已经是世界顶级俱乐部中的一员。

从上世纪末开始,我国的女子标枪就爆发出了极强的战斗力,在国际大赛上不断创造名次,给人们留下了极其深刻的印象。

知名运动员:魏建华,1979年出生,河北承德人,身高1.66米,体重68公斤。是一位在国际体坛十分出名的河北“铁姑娘”。1995年,她的标枪成绩已经达到了60.96米,在1997年6月于成都举行的全国锦标赛上一举获得了亚军。同年10月,在上海举行的第8届全运会上,她再接再厉,击败了来自全国各地的优秀选手和上次锦标赛的冠军,将金牌收入囊中。在这两次大赛上展示出的异常出众的能力,似乎已经预示了她在今后运动生涯中那些即将接踵而来的精彩。

1998年,不到二十岁的魏建华相继在法国举办的第7届世界青年田径锦标赛和北京举行的全国田径锦标赛上获得季军。但这显然仅仅只是个开始,在经过一段时间的适应和休整之后,卷土重来的魏建华在1999年9月打响的第4届城运会田径大赛上拿到了女子标枪冠军,继而在2000年4月的石家庄全国田径大奖赛上一举创造了63.04米的亚洲纪录并稳获女子标枪的冠军。2000年6月8日锦州全国田径大奖赛总决赛上创造63.13米的亚洲纪录。全国田径达标赛以63.92米夺得冠军并打破全国、亚洲纪录。

我国女子标枪技术在不断地发展过程中已取得了较为瞩目的成绩,同时,随着科技的投入也预示着这项运动将会为我们带来更大的惊喜。1990年举行的全国田径冠军赛中,我国女子标枪运动员张丽以70.42米的成绩刷新了标枪亚洲纪录。在国际重大比赛中,我国选手也取得了可喜的成绩,这些成绩足以证明我国运动员在掷标枪项目上的实力。

来自河北承德的魏建华,在 1997 年举行的全国田径锦标赛中,获得了女子标枪项目的亚军。1997 年在上海举行的第 8 届全运会上,她以 66.64 米的成绩最终战胜了对手,获得了比赛的冠军。一年之后,在北京举行的全国田径锦标赛暨曼谷亚运会选拔赛上,她掷出了 59.97 米,获得了女子标枪的季军。1999 年举行的塞维利亚世锦赛上,她创下了 62.97 米新的标枪全国纪录和亚洲纪录。同年的 9 月,她参加了第 4 届城运会田径比赛,在比赛中她发挥平稳,以绝对的优势战胜了对手,赢得了比赛的最终胜利。2000 年在南京举行的全国田径冠军赛,她掷出了 60.86 米的成绩,获得了女子标枪项目的金牌。同年的 4 月,在石家庄举行的全国田径大奖赛上,她又再一次突破了自我,以 63.04 米的成绩刷新了女子标枪亚洲纪录,获得了比赛的冠军。6 月在锦州全国田径大奖赛总决赛上,以 63.13 米的成绩刷新了女子标枪亚洲纪录,获得了该项比赛的亚军。

马宁是一位有很大提升空间的女子标枪选手,从 10 岁就开始练标枪的她在 2002 年第 14 届亚洲田径锦标赛上,击败了所有的选手,赢得了比赛的最终胜利。次年,在全国田径大奖赛系列赛广州站标枪组中,她再次证明了自己的实力,以优异的成绩获得了比赛的胜利。在法国巴黎法兰西体育场举行的第 9 届世界田径锦标赛上,进入决赛的马宁以 57.43 米位列比赛第 11 名。2004 年,她获得了全国田径锦标赛女子标枪项目的亚军；2005年获得了十运会的冠军。由于马宁的突出表现，她被河北省评为2005年河北十佳运动员。

薛娟是江苏如皋人。在2000年举行的全国中学生标枪赛中，以48.50米的成绩摘得了比赛冠军的头衔。2003年，她在第3届世界少年田径锦标赛上，以优异的成绩获得了比赛的冠军，并打破了运动会的纪录。2004年，她分别在女子标枪世界青年赛以及第3届世界青少年田径锦标赛中，成功摘取了两枚金牌。

六、世界纪录及各国优秀运动员

马卡罗夫是俄罗斯男子标枪选手。出生于标枪名门深受父母的熏陶下,在他7岁时就开始学习投掷标枪,并在比赛中取得了优异的成绩，这也预示着他必将成为国内田径赛场上一颗耀眼的新星。马卡罗夫先后获得四届欧洲杯赛的冠军,但他在奥运会上并未取得突出的成就，最好成绩也只是位列比赛的第三名。

1999年举行的世界田径锦标赛中，马卡罗夫位列比赛的第9名。2001年举行的世界田径锦标赛中,他获得了男子标枪比赛的第7名。一年之后,他获得了世界杯田径赛标枪的冠军以及欧锦赛的亚军。在2003年举行的第9届世界田径锦标赛上,他以85.44米的成绩夺得标枪项目的冠军,这次的突破意义重大。同年,他又相继在一些重大的比赛中获得了优异的成绩,这为他的标枪生涯添上了浓墨重彩的一笔。在2004年的国际田联黄金联赛卑尔根站以及次年的黄金联赛奥斯陆站中,获得了男子标枪项目的亚军。

施科连科是俄罗斯女子田径运动员,个人最好成绩67.20米。在1999年世界田径锦标赛中,她以优异的成绩获得了女子标枪比赛的亚军。2000年悉尼奥运会上,她排名第七。2002年,对于她来说,可谓硕果累累,世界杯田径赛亚军、欧洲杯田径赛冠军、欧锦赛第4名、奥斯陆站亚军等，都是她在这一年中奋战的结果。2003年，她赢得了世界田径锦标赛女子标枪项目的亚军，同时，在之后的重大的比赛中，她又创下了优异的成绩。

乌威·霍恩是前民主德国世界著名男子标枪运动员，男子标枪“永久世界纪录”的创造者。

出生于前民主德国的霍恩在1977年的全国少年比赛中击败了所有的参赛选手，赢得了男子标枪项目的冠军。1980年，在全国青年标枪比赛中，又再次赢得了比赛的胜利。在1981年举行的欧洲青年比赛中，他以85.56米的成绩摘得桂冠。在1982欧洲田径锦标赛中，他以91.34米的成绩获得了比赛的胜利，视为世界男子标枪的“希望之星”。之后，他对自身的技术提出了更高的要求，进行了更为专业、系统的训练，在1984年举行的第22届奥林匹克日田径赛上，霍恩掷出了104.80米的惊人成绩，成为世界上第一个突破男子标枪“百米大关”的运动员，同时，他的成绩在男子标枪重心前移的基础上，成为了“永久的世界纪录”。

鲁特·富克斯是前民主德国著名女子标枪运动员，体育学博士，曾两度赢得了奥运会女子标枪项目的冠军。

于1946年出生的富克斯曾梦想着成为了一名体操运动员，而她却与标枪结下了不解之缘。1965年，18岁的富克斯就掷出了50米以上的距离。在1967年举行的全国女子标枪比赛中，她以56.08米的成绩赢得了比赛的最终胜利。1970年，她的投掷距离已经达到了 60.60 米,跻身进入了世界优秀运动员的行列当中。1972 年她以 65.06 米的成绩刷新了女子标枪比赛的世界纪录。两个月后,富克斯又以 63.38 米的成绩赢得了奥运会比赛的冠军。此后,富克斯又三次改写了女子标枪世界纪录。继第一次的奥运会冠军之后,她又在 1976 年的奥运会上卫冕成功, 这也是有史以来第一位连获两届奥运会女子标枪金牌的运动员。在 1977 年举行的第 1 届世界杯田径赛上,她以稳定的发挥以及良好的心理素质赢得了比赛的胜利。1980 年 33 岁的富克斯再次改写了自己保持的世界纪录。

泽列兹尼是捷克男子田径项目上的优秀选手, 拥有良好的身体素质,被誉为“标枪王”。1988 年的汉城奥运会上,他位列比赛的第二名。在 1992 年巴塞罗那奥运会上,他击败了参赛的所有选手,以优异的成绩赢得了男子标枪比赛的冠军。而在四年后的亚特兰大奥运会上,他再次卫冕冠军。在 2000 年的悉尼奥运会上,34 岁的他迎来了第三次奥运会冠军,创下了 90.17 米的奥运会新纪录。由于他在比赛中的优异表现,使他获得了年度最佳运动员的称号。在 2003 年法国巴黎举行的第 9 届世界田径锦标赛上,他位列比赛第四名。在德国哈雷举行的国际投掷田径精英赛上,他创下了男子标枪世界最好成绩。2000 年悉尼奥运会结束之后,宣布退役。

当代运动与艺术潮流

TIANJING YUNDONG ZHINAN

田径运动指南

中

夏　宇/编著

随着田径运动科学的不断发展
田径理论与方法均有所创新
提供最新最全的田径运动理论知识体系
是目前田径运动必读教材

吉林出版集团有限责任公司 · 全国百佳图书出版单位

前言

休闲体育是："人类着力建造的美丽的精神家园。"是指在余暇时间里用各种方法、各种手段进行锻炼，开展多种形式，多样内容的身体娱乐，并把它作为一种现代文明社会的交往方式和交际手段，休闲体育的发展是伴随着现代社会发展而出现和开展的，它与竞技体育最显着的区别在于：竞技体育主要是同人类自身的极限挑战，所以时常会以参与者身体健康作为代价。而休闲体育活动则主要在于改善参与者的身心健康。

休闲体育教育是一种面向社会全体公民的多方向、自由的、个性化的生活发展教育，带有较为鲜明的城市生活的公共性。

健康是人类生存与发展永恒的主题，休闲体育作为人类积极维护自身健康的活动，运动中，强烈刺激着人的神经系统和感觉器官，增强了体质，促进人们身体健康，休闲体育是让人们在自由的时间里，自主选择某项体育运动，以满足自我充实、放松、愉悦的需要。

休闲体育文化把追求健康第一和人的全身心发展放在首位，表现更多的人性化，个性化特性，越来越符合现代人类价值观，满足人类自身需要，回归人的本质，促进人的全面发展，把体育的功能发挥到极致，也是体育运动必然走向休闲化的内在动因。

积极倡导和开展科学、文明、内容健康和积极向上的休闲体育活动，有利于人们独立自由地享受休闲乐趣，弱化消极的欲望，以愉悦的心态实现精神世界的平衡。

在现代社会中，休闲体育将成为人们主要锻炼身体的一种休闲的自由，是每个生命个体都能感受到的，与之融合在一起的具体的自由，是思想的自由，也是行动的自由，是人能自主决定，自我控制的自由，是人摆脱各种外在限制与约束后而获得的一种全身心地放松、随意、自在的生存体验与生活状态，休闲体育是提高我们自身的素质，促进人与自然的和谐，人与人的和谐，人与社会的和谐。在现代休闲体育运动中弘扬优秀的传统文化、民族精神和人类最后的终极意义上的追求。

编　者

2015 年 7 月

目 录

田径运动指南(中)

TIAN JING YUN DONG ZHI NAN (ZHONG)

第一章

賽跑

第一节 赛跑运动的起源与发展

一、赛跑运动的起源

若想对赛跑运动追根溯源，就不得不提古希腊，早在公元前 776 年，古希腊就出现过赛跑比赛，一个名为科罗布斯的人成为古代奥林匹克运动会的第一个赛跑冠军。然而，那是一个特殊时期，据史料记载，在一次赛跑比赛中，古希腊的运动员甚至身着步兵盔甲、手持盾牌进行比赛。时光荏苒，历史不断发展，人们对体育精神的领悟也变得更为深刻，现代田径运动的诞生使赛跑运动焕发出勃勃生机，现代田径运动起源于英国，1864 年，英国的两所著名的大学，即牛津大学与剑桥大学举行了一次盛况空前的校际田径赛，这次比赛获得了巨大的成功，给参赛者和观众留下了深刻的印象。30 年后，又是两所高校，即英国牛津大学与美国耶鲁大学再次举行田径比赛，这一次，田径比赛的影响力进一步得以扩大，随后，在法国巴黎成立了现代奥运会组织。1896年,第一届现代奥林匹克运动会在希腊成功举办。在此国际体育盛会上,田径比赛成为吸引人们眼球的内容之一。

在第9届奥林匹克运动会上首次出现了女子田径比赛项目。上个世纪初,为了使田径运动能更好地发展下去,国际业余田径联合会诞生,该国际组织将田径运动中各项目的比赛规则进行了详细地制定,与此同时,它还负责组织各种国际比赛以及审批世界纪录等。实践证明,它的出现,使田径运动很快成为了国际社会活动之一,大大促进了国际间的交流。

田径运动发展之初,各项技术水平处于比较落后的状态,在比赛的过程中,设备存在诸多缺陷,甚至在很多项目中,比赛结果只能依靠裁判的眼睛进行裁定,这也就使比赛准确性和公平性降低。上个世纪50年代以后,由于体育科学技术和研究工作的发展,田径运动的技术、训练和场地器材等都有了长足的进步。特别是90年代以后,世界和平的大环境与谋求发展中的激烈竞争,使田径运动前景甚好。

奥林匹克运动会定期举办,田径运动人才辈出。科学的训练方法,以及运动员身体素质的不断提高,使很多田径项目的纪录一次次被刷新,先进的技术和训练方法通过国际体育盛会向全世界推广和普及。比如,曾在第15届奥运会上获得三项赛跑比赛冠军的捷克选手拉脱培克,他的变速跑方法得到了人们普遍的认可和赞许,此法很快推广于世界各地。再如,第17届奥运会上,来自新西兰的斯奈尔和马吉等选手,在多项赛跑比赛中获得惊人的成绩，随后，他们的马拉松训练法出现在世界各地。

对于普通民众来说，跑步是体育运动的基础，也是人们日常生活中的基本活动技能。跑步简便易行，且不受条件限制，男女老幼皆宜，掌握跑步技术和正确的练习方法，不仅能够强身健体，而且那些具有跑步天赋的人也可能会因此取得优异的成绩。

二、赛跑运动的分类及发展

赛跑的分类

短距离跑：100 米 、200 米、400 米；

中距离跑 ：800 米 、1500 米、3000 米；

长距离跑 ：5000 米 、10000 米；

跨栏跑 ：110 米栏(1.067 米）、400 米栏(0.94 米)、100 米栏(0.84 米)；

障碍跑 ：3000 米 ；

马拉松 ：42.195 公里 ；

接力跑 ：4 × 100 米 、4 × 400 米 、4 × 800 米

本书重点介绍：短距离跑、中距离跑 、长距离跑、障碍跑和接力跑。

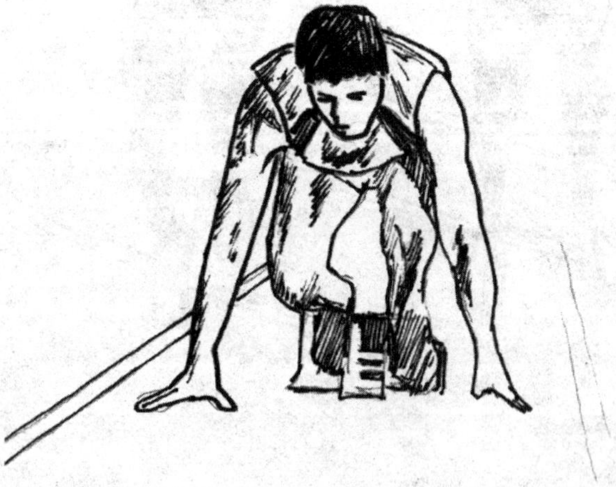

短跑运动的发展

短跑是历史上开展的最早的一项田径运动，公元前776年的第1届古奥会上，短跑是唯一的竞技项目，当时被称为场地跑。比赛距离为192.27米。1896年的第1届现代奥运会设有男子百米和400米项目。第2届奥运会上设有男子200米项目。女子百米最早出现于第9届奥运会。在之后的14届、18届奥运会相继增设了女子200米和400米项目。

短跑的跑动距离比较短，运动员在短距离的跑道上以最快的速度到达目的地。包括100米、200米、400米，少年还有60米。短跑的特点是它能迅速使人体处于缺氧状态，并且在这种状态下，人体需完成最大强度的运动，因此，它被归入极限强度运动。另外，短跑也被广泛应用于提高运动员速度素质的训练当中。

随着体育运动的不断发展，赛跑也与时俱进。1887年，“蹲踞式”起跑诞生，大大提高了运动员的短跑成绩。1927年，起跑器第一次出现在赛场上，引起了人们的广泛关注，它的运用取得了巨大的成功。但由于各种原因，起跑器的正式使用是从1936年开始。自此，短跑有了技术上的飞跃式进步，很快，“摆动式”跑法诞生，由脚跟先着地变为前脚掌先着地。短跑成绩也由此得到了较大提高。如百米短跑纪录由11秒2到后来的9秒9；200米短跑纪录由22秒2到后来的19秒83；400米成绩由54秒2到后来的43秒86。短跑运动的飞速发展带动了田径运动整体的发展。很多被人们视为已经无法超越的成绩，

都随着一个个新纪录的诞生而暗淡下去，人们对田径运动充满着无限的期待，相信随着人体自身素质的提高以及训练方法的进步,在未来的日子,还会有更多的惊喜出现。

中、长距离跑

与极限强度运动短跑相反,中、长跑是使运动员的肌肉长久处于活动状态的运动,它是体现耐力的项目,要求参赛人员根据自身情况将能量减少到最低,与此同时,还要维持一定的跑动速度,并在适当时机做加速跑。中、长跑的历史约有 100 多年,项目包括两方面内容,即中跑与长跑。中跑有:男子 800 米、1500 米、3000 米和女子 800 米、1500 米；长跑有：男子

5000 米、10000 米和女子 3000 米、5000 米、10000 米。针对青少年身体成长的特殊性，中长跑另作其他规定。

现代中距离跑兴起较晚，1896 年第 1 届奥运会上，中长跑第一次被列为比赛项目，直到 19 世纪末它才真正得以发展，美国最初举行的中距离跑项目为 804.67 米和 1609.3 米。第 1 届奥运会把中距离跑项目分别定为 800 米和 1500 米，现在欧美一些地区性比赛还保留着原来的距离。女子中距离跑比男子晚出现很多，直到第 9 届奥运会上它才被列为比赛项目，在这次女子中距离跑中，德国的优秀选手 L·拉德克获得冠军，成绩为 2 分 16 秒 80。但是，比赛中也出现了不和谐之音，

那就是当全部女选手到达终点后，竟有多达 6 人因体力不支而摔倒。这一现象引来了社会各界的质疑,有人认为 800 米跑并不适合女子,它已完全超过了女性体能所能承受的极限。方方面面的压力纷至沓来，国际奥运会和国际田径总会被迫取消了该项目,直到 1960 年,该项目才得以恢复。

到了 70 年代初，女子 1500 米跑被正式列为奥运会比赛项目,女运动员的优异表现,使从前认为女子不合适参加中长跑比赛的说法不攻自破。

近代长跑比赛始于英国的民间节目表演，那时人们把它当作是一种技艺并以此为谋生的手段,到了 19 世纪,欧洲开始出现了不少长跑运动爱好者。到了第 5 届奥运会,国际奥委会增设了男子 5000 米长跑,直到今天。

第二节 赛跑运动的技术及动作要领

一、短跑的技术特点

随着现代田径比赛的诞生,短跑越来越被人们喜爱,在很多学校,它都作为重要开展的体育运动项目;在军队中,它也是培养士兵身体素质的主要手段之一。特别是在欧美国家,短跑得到了空前的发展。1887 年,一种新的起跑技术出现了,即"蹲踞式"起跑,它的创造者是美国的教练员玛尔菲。在一次偶然的情况下,他看到了袋鼠的起跑动作,只见这只跑跳能手,后腿弯曲,猛地向前跳跃,一瞬间,玛尔菲的脑海里勾画出运动员起跑的姿态。在他的努力下,"蹲踞式"起跑技术很快出现在了第 1 届现代奥林匹克运动会上,百米短跑的比赛中,来自美国的运动员布克获得了冠军,他所采用的起跑方式就是蹲踞式,以同样的起跑方式,他又在 400 米比赛中获得了冠军。从此,"蹲踞式"被广泛应用。

在短跑的发展历史中，还有一个关键点，它的出现，使短跑技术得以更快的发展，那就是起跑器的诞生。1929 年，来自美国的运动员 G·辛普逊最先使用了可调节的起跑器，并在短跑中取得了惊人的成绩，但由于当时相关体育组织不允许运动员使用起跑器，所以，他的成绩未被记入世界纪录，直到 1938 年，起跑器才被正式运用于赛场。

女子百米比赛最早出现在第 9 届奥运会上，接着，在第十 14 届奥运会上又出现了 200 米，在第 18 届奥运会上又出现了 400 米。

美国拥有许多优秀的男、女短跑运动员，如史密斯、刘易斯、乔伊娜等。随着科技水平的不断进步，上世纪 60 年代末，全自动电子计时系统被广泛应用，它可以更加精确地计取每

一位运动员的赛跑成绩，其单位为 1/100 秒，比手动计时精确度提高 10 倍。它能在运动员撞线的瞬间将成绩和名次迅速显示出来，减少了从前用肉眼区分名次而发生的误判现象，大大提高了短跑比赛的公正性。电子计时系统的出现也给运动员提出了更高的要求，掌握终点撞线技术是每个参赛者的必修课，因为在激烈的竞争中，哪怕只占有 0.01 秒的优势，也足以力压群雄。

20 世纪初期，跑步技术主要以“踏步式”跑法为主，运动员在跑步的过程中，身体向前较大幅度倾斜，大腿高抬，落地时，脚跟先触地，触地点与身体重心的投影点较近，且迈步长度短。随着对短跑技术的进一步研究，芬兰人克里麦特提出了“摆动式”跑法，运动员在跑步的过程中，上半身处于直立或微微前倾的状态，大腿高抬，脚触地时，以脚跟先落地为原则，落地点距离身体重心投影点较踏步式稍远。进一步研究后，一个新的方法被瑞典体育学院的专家们提出，即短跑时脚跟先落地被改为前脚掌落地。塑胶跑道的出现，人们开始对短跑技术进行革新，开始采用摆动式“屈蹬型”跑法，它能大大增强蹬地的实效性。

短跑技术的分析逐步采用了模型化和电子模拟技术，另外，运动生物力学、系统工程学等学科的知识相互交叉，也使短跑教学训练手段变得多彩而富于创新。

短跑技术特点

运动员的跑动速度快,身体灵活,位移反应迅速,动作轻巧;肌肉运动活跃,弹性好、爆发力强且力量大;肢体配合协调,用力合理。

随着时间的推移,塑胶跑道慢慢普及。运动员更加注重手臂的摆动、幅度的增大,以及送髋动作。脚部触地时,前脚掌作用明显,后蹬时屈蹬,全身动作协调一致。跑步姿态较从前更加舒展、放松。向前性好是现代短跑技术的主要特征。此外,短跑的技术学习和训练也发生了变化, 教练员和运动员能够通过自身或他人,寻找技术和素质中存在的不足,继而寻求新的发展和新的平衡。

短跑的步频和步幅

短跑成绩的好与坏与运动员跑动时的步频和步幅有直接关系,通常情况下步频和步幅分为三种形式,即步频型、步幅型、步频和步幅结合型。步频型的特点是跑动时运动员两脚交替频率高。步幅型的特点是运动员跑动时动作幅度大, 步长长、步频与步幅结合型的特点是将两者有效地融合。这三种方式不分伯仲,在训练的过程中,教练员需从运动员实际情况出发,采用最佳的跑动方式。

短跑的发展趋势

突出最高速度持续能力的发展。人在进行一段时间的高

强度运动后，会出现疲劳感，继而运动效率下降。短跑是速度型运动，是高速度持续时间越长，越占据比赛的优势。目前，世界上已有很多出色的短跑运动员表现出了很好的高速度持续能力，这一能力也是未来主要的训练方向。

注意跑的经济性和实效性。运动员在短跑过程中注重现实效果和向前的实效性，它们是短跑技术未来的发展方向。短跑运动中，运动员的比赛成绩往往只有微小的差距，所以，对于每一个动作细节的研究都十分必要，包括对赛服的设计，也要大大提高减阻性。

结合人体生化反应特点合理安排训练。短跑是一项极限运动,激发人类最大的短跑潜能一直是短跑的发展趋势。根据人体运动中的生化反应以及供能特点,从自身情况出发,制定出科学而有效的训练方法。

重视突出运动员个人特点。世界上没有完全一样的两片叶子,同是短跑运动员,身体的各项指标也有很大的差别。现代短跑训练更注重突出个人身体特点和运动技术。在训练的过程中,强化个人特点的发挥,扬长避短。

注重辅助练习和专门练习的创新。将辅助练习与专门练习充分结合,使前者能够更好地服务于后者。

二、短跑的基本动作要领

短跑运动中的速度是各项体育运动的基础。无论是跑的项目还是跳跃类项目,都要求运动员具有一定的跑动速度。提高短跑能力对田径运动的整体水平以及未来发展十分重要。

短跑的动作要领包括起跑、加速跑、途中跑、冲刺跑。

起跑

运动员的起跑采用蹲踞式，此方式可使运动员快速获得向前的冲力。运动员若能在起步中占据优势,那么对接下来的加速跑将十分有利。

运动员采用蹲踞式方式就位后,注意力需高度集中,听从发令信号,即“各就位…预备”、鸣枪。当听到“各就位”的口令后,运动员的两只手需完成撑地动作,发力脚放置于前,另一只脚则放于后,后腿的膝部触地,两只手的拇指相对,其他手指紧紧并拢,虎口向前撑于起跑线后。两手的距离同肩宽,两臂呈挺直状态,肩部稍向前移,可越过起跑线,目光集中于前下方约 0.5 米处。当发出“预备”口令,运动员需抬起臀部,高度稍高于肩,处于前方的腿的膝角为 100 度左右,处于后方的腿的膝角约为 125 度。调整身体重心,使之前移。低头,稳定身体姿态,发令枪声响,两只手立刻推离地面,双臂发力,迅速摆动,双腿猛然蹬地。

影响短跑起跑的因素有很多，其中最重要的两点是身体的不平稳程度以及总重心的高低。对于起跑来说,能否快速摆脱静止状态是至关重要的。

在准备姿势中,身体重心要尽量向前移,在启动的瞬间,重心迅速提高,打破预备姿势的稳定状态。

直道与弯道的起跑器安装有区别,在弯道上起跑,为了便于起跑后有一段直线距离完成加速，起跑器需沿着切线方向安装在跑道外侧。根据具体情况，其安装位置与方向也有变化,以八跑道为例,靠近内侧的几个跑道,起跑器应安装于靠外侧对准切点处,靠近外侧的几个跑道,安装起跑器时需逐渐

靠内。运动员在起跑预备姿势中，左手放于起跑线后大约 8 厘米处，此位置便于起跑后加速。身体启动后，前几步须沿内侧分道线的切线运动，未进入直道之前，运动员的身体要向内倾斜，这样做的目的是摆脱弯道带给身体的阻力。

起跑后加速跑

成功的起跑可以为加速跑创造有利条件。加速跑是短跑的第二个环节，起到承前启后的重要作用。这一环节起自双脚蹬离起跑器，止于途中跑，加速跑的跑动距离不宜过短，通常情况下，可控制在 30 米左右。运动员在起跑后，快速将身体调整至最高速度，保持好身体的重心，继而进入途中跑。

运动员在蹬离起跑器后，继续保持身体前倾，为了不发生倾倒现象，运动员必须快速摆动双臂，与此同时，控制双腿蹬地的力量，上下肢协调配合。切忌不得出现停顿和跳跃，否则将对比赛成绩产生不利影响。

加速跑分为两种，即直道起跑后加速跑和弯道起跑后加速跑。在直道加速跑的第一步中，摆动腿向前摆并与支撑腿之间形成大于 90 度的夹角，注意摆动腿的抬腿高度适中。大腿呈向后压状态，加速跑中的前几步是技术关键，对每一步的幅长均有科学的计算，比如加速跑中的第一步长约四脚左右，接下来的每一步逐渐增加长度，直至进入途中跑环节。开始加速跑时，运动员的上半身应处于前倾状态，加速跑进行时，身体自然过渡到正直，速度迅速提高，脚步的落点也发生变化，由最初的自然分散到合并为一条直线。

弯道起跑后加速跑有一定的难度,为了使速度快速提高,最初的几步向着内侧分道线切点呈直线跑进，其加速跑的距离小于直道加速跑。运动员的上半身也比直线加速跑时抬起得要早,弯道跑时沿内侧分道,身体向内倾斜。

途中跑

在加速跑中，运动员将速度提升至自己的最佳水平,之后,顺利进入途中跑环节。途中跑的距离在短跑的四个环节中所占比例最大,对其技术的合理运用至关重要。途中跑要达到的目的是继续保持加速跑中达到的最佳状态,由后蹬、前摆等五部分组成。

后蹬和前摆:后蹬的目的是获得前进的力量,前摆的目的是配合大步幅。跑动中,前脚掌触地的瞬间也就是腾空力量的运作与发出的开始。此时,支撑腿需积极缓冲,膝关节部位要控制在140度角左右。当运动员的重心移过支撑垂直面时,支撑腿随即后蹬,力量从髋关节开始,再到达膝、踝关节和脚掌。与此同时,摆动腿配合,使髋、膝、踝关节依次进行伸展,后蹬动作就此完成。需特别指出的是,在这一过程中,踝关节的伸展尤为重要。蹬地动作发生后,摆动腿应从折叠状态向前上方摆出,与此同时,带动同侧的髋前移,大腿与地面形成适当的角度,通常情况下,角度被控制在20度左右。

摆腿的幅度以大为宜，摆腿从支撑点后方摆至身体重心的垂线下方,可有效配合支撑腿的积极缓冲。摆臂的主要作用是配合跑步者身体平衡以及调节步长与步频。摆臂时,运动员的肩带部要尽量放松,屈肘,上臂的运动带动前臂的运动,向前摆动时,肘关节微微向内,角度在60度以上,70度以下,手的摆动幅度控制在下颌附近。向后摆动时,肘关节微微向外,肘关节角度在130度以上,150度以下。

腾空是运动员蹬离地面后,身体短暂处于无支撑的一种状态。此时,原来的支撑腿离开地面,呈折叠状,而原摆动腿则向前下方摆出,做前脚掌“扒地”动作,支撑腿的折叠角度在这一刻也达到了最小程度。

腾空力量的发起是由着地和缓冲开始。运动员脚部触地时,切忌生硬,无缓冲,在触地的瞬间,重心下移,接近最低点,膝关节和踝关节呈大角度的弯曲,此时,支撑腿伸肌处于待发状态。需要注意的是,摆动腿发力切记使身体保持平稳,将折叠角度尽量控制在最小,从而降低摆动阻力,使其后蹬顺利的完成。

这一过程中,运动员的上半身须保持标准,唯有如此,才能使双腿保证蹬摆幅度。正确的上半身姿势是呈微微前倾或正直,目视前方,双臂摆动频率快,力量大。

弯道途中跑

运动员进入到弯道以后,整个身体需刻意向内进行倾斜,双侧腿和手臂的摆动力量与幅度形成差异,即右侧大于左侧。

右腿在向前进行摆动时,膝关节微微向内扣,脚部触地时,脚掌内侧的力量大于外侧。左腿的力量与幅度相对较弱,膝部微微向外,脚部触地时,前脚掌外侧的力量大于内侧。右臂在进行摆动时,关节需向外倾。左臂在前后摆动时,切忌碰触躯干。在进入直道最初的二到三步,运动员应利用惯性放松跑。身体逐渐减小内倾程度,身体快速变为正直,而后全力向前。

冲刺跑

冲刺跑是全程跑的最后一个环节，也是接近终点前的奋力一搏,运动员需在此时将大腿尽量高抬,加速摆动双臂,使身体处于较大幅度的前倾,距离到达终点 10 米左右,运动员的体力早已大幅度消耗，此时，唯有通过加速摆臂来保持速度。冲线的瞬间,上半身快速前倾,用胸部或肩部触线。冲过终点后,切忌立刻停止跑动,应随惯性继续向前跑行一段距离。

三、中长跑技术

中长跑与短跑相比，速度要求没有短跑高，它是一种耐力性较强的项目，运动员在进行中长跑时，既要保持一定的速度，又要具有体能的持久性。因此，对于中长跑技术的要求是：动作既轻松又自然，保持身体平稳，跑动时，掌握一定节奏，伸髋积极，蹬摆迅速有力，在尽量节省体能的前提下，注重跑动的实效性。中跑对运动员的速度和耐力是极大的考验，而长跑对速度的要求不如短跑和中跑突出，对耐力的要求明显提升。长跑与中跑的动作技术要点基本相同，但由于长跑的跑动距离长，所以在用力的程度、动作幅度等方面要与中跑有所区分，它更讲究动作的经济性和实效性，换言之，在未到达终点前，运动员既要考虑到当前排名，又要节省体力，以便在冲刺阶段有出色表现。与此同时，掌握好发力点，在关键技术动作上发力以获得最佳效果。

中长跑由三部分组成，包括起跑和起跑后的加速跑、途中跑和冲刺跑。

起跑和起跑后的加速跑

中长跑的起跑姿势为站立式。听到发令信号后，运动员迅速摆脱静止状态，并根据战术需要调整跑动速度以及占据有利位置。起跑前，运动员在起跑线后的集合线处等候裁判发令，放松身体，做赛前准备，可以深呼吸，也可以做简单的热身。当“各就位”的口令发出后，运动员来到起跑线，双脚呈开立状态，将起跑时的发力腿放于起跑线后沿，另一脚在距离前脚跟大约一脚长的位置，双脚的左右距离约为半脚。两腿微微弯曲，上半身向前倾斜，调整身体重心，使之前移。后脚的脚跟抬起。双臂自然垂于身体之前，或者与前脚相对的手臂在前，另一只手臂在后，集中精神，等待发令枪声。

途中跑

对于中长跑来说，途中跑是重要阶段。能否取得优异成绩，途中跑将起到决定性作用，在这一环节中，运动员不仅要发挥个人最大的潜能，而且还要进行战术调整。途中跑时，运动员的身体需保持一定的前倾角度，摆臂、摆腿等动作幅度适当缩小，后蹬动作积极、迅速，后蹬角度以大为宜，通常情况下，角度可控制在55度左右。跑动时保持节奏，节奏特点为均匀、实效、省力。调节呼吸，使其与跑动的步伐协助配合，如跑两步或三步一呼气，再跑两步或三步一吸气。随着跑动距离的增大，运动员的体力会出现不同程度的下降，呼吸频率逐渐变快，此时，可根据自身的情况进行相应的调整，比如一步一呼气、一步一吸气，尤其注意呼气方法，要尽量多的呼出二氧化碳，只有这样，才能更好地完成吸气。另外，还要考虑自然环境对人体的影响，比如，当处于逆风跑时，吸进的气流很容易使运动员的咽部受到刺激，这时，最好将舌尖向上翘，使之顶住上腭。

呼吸对于中长跑者是否能够顺利并成功跑完赛程非常重要。在跑动的过程中，运动员的体内脏器官处于比较紧张的状态，特别是比赛在接近尾声时，体内的氧气供应慢慢落后于肌肉活动的需要，具体表现为四肢出现无力感，呼吸变得越来越困难，胸部发闷等，对于普通人来说，此时可能会出现难以再继续跑下去的感觉，即身体进入“极点”状态。对于长跑运动员来说，极点的到来会比普通人晚，“极点”出现后，将是对运动员意志力的考验，唯有以顽强的毅力继续跑下去才能最终获得胜利。此时,呼吸应放松,根据自身的状态控制跑动速度,身体状况得到缓解后,再进行加速跑。在日常的训练中,运动员对“极点”的克服,一方面能够提高训练效果,另一方面还可以培养运动员的意志力。

冲刺跑

冲刺跑是中长跑的最后一个环节,在这一环节,运动员需快速摆动手臂,大腿的动作幅度加大,腿部蹬摆有力,将身体的全部能量释放出来,奋力跑向终点。冲刺的距离没有严格规定,可视不同的项目,或运动员自身的情况而定。通常情况下,在 800 米跑中,冲刺的距离控制在最后 300 米,1500 米以上长跑中,冲刺距离控制在最后 400 米。

第三节　赛跑运动的训练

一、短跑的训练

短跑是极限强度运动项目，运动员能在数秒内跑完全程，在这短短的距离中，身体的全部运动能量瞬间爆发，继而达到极限。现代运动训练是由四部分组成，即身体训练、技术训练、战术训练和心理训练。

身体训练

进行短跑训练的第一步是身体训练。每个运动员的身体素质都不尽相同，所谓身体素质就是指通过身体活动所表现出来的速度、力量、耐力、灵敏度等能力。身体素质的好与坏在很大程度上取决于后天的锻炼或训练，所以，无论从事何种运动的人员，对其身体素质的训练都是必修课。在短跑运动中，提高身体素质对提高运动技术水平有至关重要的作用，另外，它还可以促进运动员更好地掌握先进的技术、战术以及培养运动员良好的意志品质。

速度训练

短跑是体现速度的运动,身体瞬间启动后,很多内脏器官会迅速缺氧,在这种情况下,运动员要完成极限强度运动,对速度素质的要求就变得特别重要。速度训练由三部分组成,即动作速度训练、位移速度训练和反应速度训练。

动作速度训练

所谓动作速度就是指运动员在单位时间内完成动作的数量,它主要通过人体肌肉的收缩来完成。

原地快慢交替摆臂:短跑中,摆臂动作的作用十分重要,它不仅有利于保持身体平衡,还促进支撑腿后蹬,配合腿部的摆动频率。在日常的训练中,练习者可听口令进行摆臂训练,摆臂时,要进行慢与快的交替练习。练习者的肩关节需处于放松状态。

快慢交替小步跑:练习者在训练时,缩小动作幅度,由慢到快,做加速跑练习。在这一过程中,练习者的上下肢动作需协调放松,前脚掌扒地。

位移速度训练

所谓位移就是位置发生变化,位移速度训练就是在单位的时间内进行快速移动的能力。短跑的位移速度由三部分组成,即加速位移速度、最高位移速度和尽量保持最高位移速度。

加速位移速度训练方法

练习者选一个适当的坡度进行训练,坡度可控制在 4 度左右。对练习内容没有严格要求,比如做上坡加速跑 30 米 + 加速跑 30 米;高抬腿 10 米 + 加速跑 30 米等。

最高位移速度训练方法:练习者选择一个适合的坡度进行训练,坡度可控制在 3 度左右。练习内容没有严格要求,可做下坡跑 50 米、行进间跑 50 米等。练习者需注意,在训练的过程中,要始终保持一定的步频,步幅尽量放到最大。还可以进行牵引跑练习,比如下坡跑、顺风跑。距离可根据自身情况而定,通常情况下,练习距离约为20米。

保持最高位移速度训练:练习者在达到最高位移后,要继续保持这一高速位移,使之进入稳定阶段。这一训练具有一定的难度,需进行反复的、长时间的练习。

反应速度训练

反应速度是指人体对来自于外界刺激的应答速度。在短跑运动中,来自于外界的信号刺激并不多,运动员只要按既定的信号做出相应的反应即可。起跑时采用蹲踞式,发令枪响,迅速起跑。对短跑运动员反应速度训练的要求是注意力高度集中,在很短的时间内完成动作。

注意事项:速度训练经常要从静止状态转变到高速跑进的状态,由于在这过程中需要运动员做出很大的爆发力,所以运动员在进行速度训练时应充分将准备活动做开,以免肌肉拉伤。

力量训练

力量素质是指运动员在接收到来自于外界的阻力时,所表现出来的克服能力,这种能力是通过肌肉紧张或收缩来完成的。短跑运动员的速度是否能够提高与力量素质有直接的关系,而力量素质的发展也被用来衡量运动员身体的训练水平。在力量素质训练中,对练习者提出了一条非常重要的要求，那就是一定要拥有饱满的热情以及坚强的意志力。

既然力量素质的提高是通过肌肉的紧张或收缩来表现，那么，练习者就要针对肌肉进行训练，比如负重练习和抗阻力练习等。练习时，要循序渐进，逐渐增加负重和阻力。

上肢力量训练方法：轻负重或脚放置于高处进行俯卧撑；引体向上等。

腰腹力量训练方法：徒手或负重仰卧起坐，仰卧起坐左右转体，仰卧起坐向前抛实心球，仰卧反弓起坐，仰卧举腿，悬垂举腿，仰卧起坐举腿，负杠铃体前屈、转体等。

下肢力量训练方法：提踵，踝跳，半蹲跳，双摆跳绳，跳台阶等；负重杠铃弓步走，弓步交换腿跳，高抬腿跑，纵跳，直腿跳，分腿跳等；大腿侧外摆与侧内摆，小腿抗阻力后收。如后蹬

跑:发展腿部力量,分支撑练习和负重支撑练习。要求练习者的上半身微微向前倾,髋、膝、踝关节蹬伸,动作标准,根据自身情况,使腿间的夹角增大。高抬腿的动作主要是针对大腿的前群肌肉和髋关节进行训练,可作原地快速高抬腿或支撑高抬腿等练习。在高抬腿的训练中,练习者要以从易到难,从轻到重,从慢到快为原则。

注意事项:在做综上训练时,由于练习者需要完成一定的抗阻力动作,所以在开始训练之前,练习者必须进行适当的准备活动,以避免给肌肉造成不同程度损伤。

发展下肢爆发力方法有双足跳远,立定 3~5 级蛙跳,立定 3~5 级跨步跳,弓箭步交换跳,连续跳栏,多级跨步跳,跳深等练习。训练要求是注意用力,用力顺序,用力充分,动作速度快,整体动作配合协调。如杠铃练习,大重量深蹲起或中等重

量跨步走,要求练习过程中髋、膝、踝关节充分蹬伸。

注意事项:在做跳跃练习时要注意对脚踝的保护,单脚或双脚落第时都应有一个明显的缓冲过程。

耐力训练

耐力是人体不可或缺的身体素质之一，尤其对于从事体育运动的人员来说，提高耐力素质水平是必修课。一个运动员,若不具有良好的耐力素质,那么,无论他在体力上还是运动技艺以及战术发挥上,都不会表现出色,终将会被未来的激烈竞争所淘汰。什么是耐力素质呢?它是指人在一定时间里做某件事所表现出来的克服疲劳的能力。对于运动员来说,这种抗疲劳能力越强,说明他的耐力素质水平就越高。有人说,短跑的跑动距离较近，不需要出色的耐力素质。这是极为错误的。短跑要求运动员完成最高质量下的抗疲劳,所以短跑耐力的训练同时也是对于力量、速度、柔韧性等其他各方面素质的最高要求。尤其在400米跑中,对耐力素质的要求很高。

柔韧素质

柔韧素质是人体不可或缺的身体素质。特别是从事体育运动的人员,柔韧性尤为重要。柔韧素质大致包括两方面的内容，一是关节活动幅度，二是跨过关节的一些组织的伸展能力,这些组织包括韧带、肌腱等。活动幅度越大,弹性与伸展能力越强,表明运动员的柔韧性越好。通过科学的指导,运动员可以在柔韧素质训练中使肌肉力量得以充分发挥，为增加动作力量创造有利条件,同时,还能降低受伤的可能性。不仅如此，好的柔韧性还可以使运动员少走弯路，快速掌握动作要领,提高技术水平,包括协调性与准确性。

在短跑运动中尤其需要注意的是柔韧性训练与力量训练的结合，要求柔韧素质的储备足够使运动员的最高速度水平得以发挥,主要练习肩部关节、腿部关节和髋关节的灵活性。

肩关节柔韧性练习方法:手扶一定高度的物体,上体前屈压肩;两人互相以手搭肩,上体前倾,向下压肩。

腰腹部柔韧性练习方法：原地或行进间向左后与右后来回转腰,体前屈与体后屈。

下肢柔韧性练习方法:前后劈腿;前压腿、后压腿、侧压腿,前摆腿、后摆腿、侧摆腿。

注意事项:在柔韧性训练时由于要经常牵拉肌肉、肌腱、韧带等软组织,所以动作幅度与力度要由小到大,训练某部位时,各部位应协调放松。采用相互帮助或静力拉伸时,用力的节奏要合理。

灵敏素质

短跑运动中的灵敏素质和反应速度有一定的关系，它主要体现在运动员的判断力和起跑的瞬间反应上。在训练中注意发展灵敏素质，可提高运动员快速敏捷的反应速度与协调等能力。

提高反应判断能力的练习方法：练习者听从协助者发出的口令，迅速做出与口令相反的动作，如进行躲闪跑、各种变换方向的追逐性游戏等。

发展协调能力的练习方法：练习的双臂在身体前进行交叉摆动侧身跳，后退跑，做不习惯方向动作，其实大家最熟悉不过的踢毽子游戏同样也可以加强运动员的身体协调能力。

要求：注意力要集中，听到信号后动作要快，练习时动作要放松。

技术训练

运动技术由三个阶段组成,即粗略形成技术阶段、改进提高技术阶段和巩固运用技术阶段。这三个阶段呈渐进式,训练的方法不尽相同,各具特点。比如处于粗略形成技术阶段的练习者通常内抑制不强,具体表现为运动中的动作不协调,完成动作时吃力,自控力弱,同时会出现一些多余动作,无论是在动作完成的精确度上还是连贯性与稳定性上,都存在许多不足。所以,在训练的过程中,首先要让练习者对自己的身体有一个初步了解,在短跑中,掌握身体每个部位的动作情况,以及体会哪一个部位用力不到位或哪一个环节中没能充分发挥,从而有针对性地进行专项训练。技术训练方法如下。

小步跑:练习者在进行此项训练时,注意大腿需提高动作频率,膝部关节处于放松状态,掌握脚前掌“扒地”技术。

高抬腿跑:练习者在进行该动作时,摆动腿需提高频率,快速向前上摆。

后蹬跑:这项训练主要针对摆蹬技术。

原地摆臂:这项训练主要针对摆臂技术和频率。

高重心中速大步跑:主要训练小腿放松自然折叠、大腿向前上摆动技术,大腿积极下压和脚前掌积极扒地技术,以及上下肢协调配合和蹬摆结合技术。

直道进弯道与弯道进直道跑：主要训练弯道跑技术与直道进弯道、弯道进直道跑技术的衔接。

蹲踞式起跑 5 米:主要训练起跑快速蹬摆技术,上体前倾动作及第一步前摆落地技术。

半蹲式起跑加速跑 10 米:主要训练加速跑前几步快速前摆下压技术,上体前倾动作及两脚着地的位置。

半蹲式或蹲踞式起跑 30~50 米：主要训练加速跑技术环节动作,以及加速跑与途中跑技术动作的衔接。

全程跑:主要训练终点跑快速摆臂能力,以及各技术环节的衔接。

放松技术对短跑成绩的影响

短跑是一项极限强度运动，运动员无论心理还是生理都处于极紧张的状态，科学而有效的放松技术可以帮助运动员完成运动负荷的相互适应，使神经系统和肌肉系统能够精密配合，体能由此获得最大限度的发挥。通过长时间的实践证明，短跑成绩与运动员肌肉的放松能力息息相关，特别是在跑动距离增大的情况下，这种作用尤为明显。放松技术包括三方面内容，即心理、生理和运动学。

心理特征

注意力。注意力是指人在从事某件事情时，其心理活动对一定对象的指向和集中。人们都知道，田径赛场会有不计其数的观众，以及各种灯光，这些来自外界的干扰都对运动员的心理产生不同程度的影响。一个优秀运动员应将自己的注意力集中和指向自己所参加的比赛上，而不是其他。注意力集中可以使运动员处于最佳的竞技状态，从而更为顺利地完成技术动作，取得理想的成绩。

情绪。情绪对人的影响是巨大的，无论做任何事，拥有好心情，集聚正能量都能使事情完成得更加顺利。同理，运动员走进赛场，很多客观因素，如气候、场地、对手等都会对情绪产生影响。当来自于外界的因素对运动员产生正面、积极的作用时，他就很容易产生良好情绪，以饱满的热情准备接下来的竞技比赛。相反，当外界的因素对运动员产生负面、消极的作用，事物对其持否定态度时，他就很容易产生厌恶、害怕、紧张等情绪，这些不良情绪促使大脑皮层的神经系统受到刺激，从而破坏肌肉系统的协调配合，结果可想而知。因此，在日常的训练中，运动员应加强对心理承受力的锻炼，刻意制造一些干扰，提高抗压能力。

信心。有人说，自信的人最美丽，自信的人已经走向成功的一半。对于运动员来说，提高运动素质与掌握技能的目的是在比赛时将它们全部发挥出来，但若自信心不够，在赛场上夸大了对手的实力，使自己受到不良情绪的影响，那么，在比赛开始后，必然无法发挥出正常水平，从而影响成绩。由此可见，自信心于运动员的重要性。每一个运动员，都要能够以平和的心态，客观、准确地评价自己，人在充满自信时，神经系统处于最佳状态，肌肉系统也会随之积极放松协调工作，运动所需的各种身体素质均处于良好状态，技术能力必将正常发挥，甚至超常发挥。

生理特征

从生理特征上来讲，短跑放松技术主要通过肌肉来完成，肌肉有序地放松协调，从而达到最终目的。科学证明，跑动时为人体提供能量的系统为ATP，在短跑运动中，运动员的血乳酸比非训练时高35%左右，血乳酸属强酸，当它的含量增多时，就会使体内环境中酸碱度失去平衡，进而影响ATP再合成。换言之，此时人体已经无法获取更多的能量，同时神经中枢工作出现紊乱，不能与肌肉产生良好的配合，导致运动员失常发挥。相反，若运动员的肌肉得到适宜的放松，体内有充分的血液分配给肌肉，使肌肉能够及时排除代谢产物，神经中枢系统有序的工作，那么，运动员必然能发挥出应有的竞技水平。

运动学特征

短跑是以速度取胜的项目，而速度又取决于步长和步频的结合，高步频依赖于大脑皮质运动中枢兴奋与抑制的快速转换，身体的协调肌群有更多肌纤维参加运动，从而调动了肌肉的收缩速度，加快了步频。而肌肉的放松可以提高各运动关节灵活性和柔韧性，从而增大步幅。

短跑放松技术和训练

练习者在技术方面训练时要身体放松，进行大步跑训练。在跑动的过程中，大腿尽量抬高，打开髋关节，步伐的频率不宜过快，注意跑动时的姿势须协调。对跑动距离没有严格要求，建议控制在70米左右。

往返跑：练习者身体放松，掌握协调跑技术。建议跑动距离控制在50米，进行5组左右的练习。

惯性跑：练习者在跑出最佳的速度后，利用惯性做自然放松跑。

下坡跑：练习者选择适当坡度进行下坡跑，通常情况下，坡斜度在 3 度左右。下坡跑的目的是体会肌肉放松的感觉。

中速跑：练习者根据自身情况进行中速跑训练，跑动距离没有严格规定，以100米以上，500米以下为宜。

顺风跑：练习者借助风力跑动，肌肉放松，发展放松能力。

弹性跑：在弹性跑的训练中，练习者需充分体会踝关节的蹬伸用力节奏。

身体素质训练上常用训练手段包括:小步跑、车轮跑、直腿跳、踢腿以及负重练习等。

利用自我暗示等方法进行心理自我调节，达到身心的恢复与放松。

短跑技术动作纠错

前面已经讲过,短距离跑技术是由四部分组成,即起跑、加速跑、途中跑、终点冲刺。这四部分并不是独立存在,而是自然连贯,有效结合在一起的。运动员只有正确掌握它们,才能获得优异的成绩。虽然短距离跑在数秒钟就能完成,但在它背后,却凝结着运动员无数个日夜的辛苦付出,在日常训练中,针对不同的错误动作要有相应的纠错方法。

“蹲踞式”起跑。练习者在“预备”姿势中没有调整好重心的位置,导致臀部下压。纠错方法:做起跑动作的分解练习,控制好重心位置,也可以两个练习者互相纠正错误动作。

蹲踞式起跑时抢跑。抢跑是短跑比赛中常出现的错误之一,造成抢跑的原因很多,包括过度紧张,技术掌握熟练等。纠错方法:牢记起跑的动作要领,克服紧张情绪,适当开展心理教育;预备时,注意控制臀部动作,抬起切忌过猛,对正确动作进行反复练习;调整起步器,使之处于最合适的位置;对身体的各部位进行有针对性的训练,比如腿部、腰腹部等;重点训练听信号起跑能力。

做预备动作时,后腿过于直挺。纠错方法:正确掌握动作要领，两只脚之间的距离适中，并不断重复预备姿势练习。

起跑时，后蹬腿出现无力现象。纠错方法：不断重复预备姿势的练习，锻炼手臂和腿部力量，起跑的瞬间，脚必须压紧起跑器后壁。

起跑时第一步出现停顿现象，造成二次起跑。纠错方法：用线划出第一步的正确落点；掌握前脚掌扒地动作；背绳带负重做起跑练习。

蹬离起跑器时，上肢与下肢配合不协调，同时向后或向前摆动。纠错方法：正确掌握摆臂技术，反复进行起跑时的上下肢配合练习。

练习者在起跑以后，上半身抬起过早。纠错方法：调整起跑器角度；前移重心，注意起跑后的身体前倾；通过斜杆等辅

助物限制上半身在起跑时抬起过早。

起跑后步幅过大、步频过慢。纠错方法:在起跑后的前几步,设标志线限制步幅;强化摆动手臂的练习,比如进行下坡跑等。

急跑时前几步身体不稳。纠错方法:集中注意力,视线稳定;做上坡跑练习,注意强弱腿力量分配。

途中跑大腿动作不正确,出现前摆高度不标准或方向不准确现象。纠错方法:正确掌握大腿前摆的技术要点;上半身向前倾不超过 10 度。采用行进间上坡跑、蛙跳等练习。

后蹬跑不充分,出现坐跑姿势。纠错方法:正确掌握后蹬动作技术要点;强化腰背肌练习、腿部力量和髋关节灵活性练习;在动作的过程中,认真体会后蹬动作;反复做送髋练习。

踝关节紧张，脚落地制动。纠错方法：在原地进行大腿下压练习，注意脚掌动作，做小步跑练习，体会膝、踝关节放松技术；强化踝关节练习，特别要针对其柔韧性进行训练。

大腿抬起高度不够，腿部摆动时挺直。纠错方法：大腿应抬高，并积极下压；正确掌握蹬摆结合技术；练习者需反复做原地高抬腿练习。

向前踢小腿跑。纠错方法：多做针对膝、踝关节的放松跑，比如小步跑等；强化高抬腿跑练习，比如做上坡跑训练。

身体重心移动轨迹呈曲线或“外八字”。纠错方法：强化下肢对称练习；练习者跑动时注意视线固定；反复进行纠正“八字”脚训练。

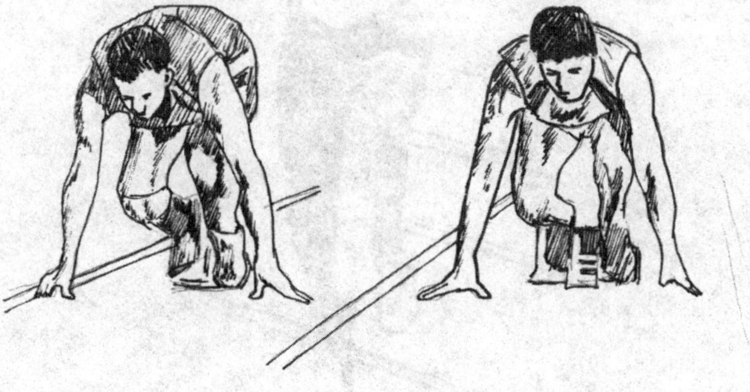

摆臂不放松,姿势不标准。纠错方法:反复进行摆臂练习,可徒手,也可持轻机械;正确掌握摆臂技术;放松跑,强化肩关节的灵活性和柔韧性。

终点冲刺时上半身向后仰。纠错方法:正确掌握跑姿,加大摆大臂特别是向后摆臂的力量和幅度;反复进行增强腰肌、腹肌的训练。

接近终点时,速度减慢。纠错方法:正确掌握终点冲刺跑的技术概念;训练注意力集中。

撞线时出现跳起和挺肚现象。纠错方法:正确掌握撞线技

术,反复进行撞线训练;结合各种速度练习撞线动作。

上半身过于前倾,后蹬不充分,造成屈髋后坐跑。纠错方法:保持上半身垂直状态;前摆摆腿带髋。

弯道起跑时,加速不明显。纠错方法:调整起跑器;起跑时注意左手置于起跑线后的正确位置,使身体正对弯道的切点;起跑后沿直线跑进;起跑后控制好身体抬起时间,以便快速进入弯道跑。

弯道跑时身体内倾不够或未内倾。纠错方法:正确掌握技术要领,动作尽量放松;反复进行下弯道跑训练。

二、中长跑训练

提高高速跑及冲刺跑能力训练手段

无论是短跑还是中长跑，速度素质对运动员提高综合素质非常重要。在中长跑中,高水平的高速跑能力和冲刺跑能力将直接影响运动员的最终成绩。因此,运动员必须高度重视速度能力训练。

重复跑练习

随着科技与运动素质的不断提高，运动员的中长跑成绩也较从前有了明显的进步,运动中肌肉的工作时间随之减少,但是,在单位时间内,肌肉的工作强度却增大许多,这种现象的出现意味着运动能量供应必须加大,以适应肌肉工作需要,运动员若想提高成绩,就必须减小有氧供能的比例,而发展无氧供能能力。

从运动生理学上分析，人在进行快速跑时，特别是跑至400 米的段落后,体内血乳酸含量将明显上升。加速跑时,大量乳酸堆积,导致机体内的碱贮备被严重破坏,随之而来的是人体兴奋性及各种生理机能紊乱,造成酸中毒。酸中毒的具体表现为呼吸急促,两腿酸沉。若在日常训练中不注重耐酸能力的训练,那么运动员在赛跑竞技中将无法取得优异的成绩。

针对上述情况，可以采用重复跑练习，跑动距离以短于专项距离为宜。如：800 米运动员可以做 600 米以内重复跑练习；1500 米运动员可以做 700 米以上，1200 米以内重复跑练习；3000 米运动员可以做 1000 米以上，2000 米以内重复跑练习；5000 米运动员可以做 1000 米以上，4000 米以内重复跑练习；10000 米运动员可以做 1000 米以上，6000 米以内重复跑练习。每组 5 次左右，速度要高于比赛速度，间歇时间要短。根据自身情况，也可以选择长于专项距离的训练，但超过的距离不能过长，如：800 米运动员可以做 1000 米以上，1200 米以内重复跑；1500 米运动员可以做 1600 米以上，2000 米以内重复跑；3000 米运动员可以做 3200 米以上，3600 米以内重复跑。大于 3000 米跑，通常情况下，不做长于专项距离的反复跑。

变速跑练习

练习者可以采用变速跑练习以增强身体的耐酸能力,通常情况下,快跑的段落要控制在400米以上,1000米以内。变速的次数可根据实际情况而定,比如个人的身体素质,完成任务等。训练次数控制在5次以上。快跑段落的总距离可以超过专项比赛,但不宜超过过多,如:800米运动员可做3400米以上,4000米以内变速跑;1500米运动员可以做4500米以上,6000米以内变速跑;3000米运动员可以做6000米以上,9000米以内变速跑。

短跑能力训练

练习者做60米大幅度快跑，做3组左右，每跑完一组慢跑返回；练习者做60米加速跑，做3组左右，跑至10米左右，将速度调整至最高，每跑完一组，慢跑返回；练习者做60米高抬腿跑练习，也可以从30米开始，慢慢增加至60米，做3组左右，每跑完一组慢跑返回；练习者做60米跳跃快速跑，做3组左右，每跑完一组慢跑返回；练习者做60米变速跑，这一过程中，前20米为跳跃，中间20米做慢跑，最后20米再跳跃，做3组左右，每跑完一组慢跑返回。练习者做60米起跑快速跑练习，做3组左右，每跑完一组慢跑返回。

提高速度力量训练手段

在中长跑中，速度决定一切，拥有超群的跑速必定会取得优异成绩。因此，运动员需进行大量的速度力量训练。

循环速度力量训练和超等长速度力量训练。这两种训练方法是当前中长跑运动员普遍运用的训练方法。其特点是多变性，它们能减轻运动员重复进行相同练习时出现的体力和精神消耗。

在循环速度力量训练中，练习者身体的各部位会按着一定的次序得到刺激，直至整个身体。与此同时，练习者的心率始终保持在高水平上，由于各部位依次受到刺激，所以延缓了疲惫感的出现。这样，练习者可以较长时间处于训练当中，获得最大限度的有氧训练效益。具体方法是：从俯卧撑开始，接着是仰卧起坐、纵向劈腿、双杠双臂屈伸、屈膝举腿、引体向上、直坐高抬腿、腿外展、腿内收、爬绳、直角坐撑、挂臂悬垂等。

在现代中长跑训练中,超等长速度力量训练被广泛使用,它可以使运动员获得适宜的肌肉力量发展。具体的训练方法是:从高抬腿跑开始,接着是踢臀跑、跨步跑、单足跳、单或双足足尖上跳、膝触胸双足跳、跳起转体 180 度、蛙跳、双足跳绳等等。

柔韧性练习

柔韧性对中长跑运动员来说是一项必备的运动素质,它对发挥速度、速度耐力和速度力量水平至关重要。一个具有柔韧性的中长跑运动员，可以有效控制动作幅度、提高移动速度、协调神经肌肉。实践证明,运动员关节部位的柔韧性越好,其周围骨肉弹性和力量能力就越强,从而使力量得到增长,提高力量储备。

曾经有人做过这样的实验,在参加 5000 米跑的运动员中抽出部分人进行静力性伸展训练,在此过程中,教练制定了科学的训练方案,并严格执行,训练时间两个月。而另一部分运动员则只进行一般性专项训练,不包括任何柔韧性练习。一段时间以后,接受训练的运动员柔韧性提高 30%左右,专项运动成绩平均提高约 1 分钟,而未进行训练的运动员柔韧性、快速杠铃半蹲和专项运动能力没有明显提高。这一结果证明更好

的柔韧性能够使肌肉充分利用速度力量的能量，使运动员的运动综合素质得到全面提高。

沙地跑训练

沙地跑是一个较为科学的速度力量的训练方法，世界上有许多优秀的中长跑运动员都曾进行大量的沙地跑训练，如原男子 1500 米跑冠军埃利奥特。事实证明，在沙地跑的训练中，运动员的心血管系统和肌肉系统会得到充分的锻炼，其特点是练习者会在一个低速环境中实现训练目的。沙地跑不需要通过大量的练习就能取得较明显的效果。另外，由于沙地跑的运动环境比较安全，所以能够大大降低练习者受伤的可能。

中长跑应具备的专项素质及其发展方法

一般耐力训练。千里之行，始于足下。若想在中长跑专项训练中成绩获得快速提升，就要从一般耐力训练开始，无论是对呼吸系统能力的锻炼，还是提高心血管系统的工作能力，一般耐力训练是最佳的选择。

在全年训练中，教练可根据练习者的自身情况以及不同的任务制订科学的训练计划，一般耐力训练的准备期需要占整个训练期较大的比重，比赛临近和比赛进行中时，也要有相应的训练安排。一般耐力的训练是一个循序渐进、日积月累的过程，它通过强度小、时间长的越野跑、骑自行车、游泳等练习来进行。在此过程中，可根据实际情况不断加大强度。

专项耐力训练。中长跑运动员的专项耐力就是速度耐力。发展中长跑运动员的专项耐力应根据任务的不同，在全年训练中，制订出科学的训练计划。通常情况下，做专项耐力训练时多采用间歇跑、重复跑、变速跑、专项检查跑、比赛等方式。

间歇跑时，练习者的心率需保持在一定的水平，通常情况下，将其控制在每分钟 120~180 次之间，此时，人体的心输出量处于最佳水平。练习者在间歇时间，机体肌肉得到充分休息的同时心脏仍处于较高的活动水平上，大大有利于心脏功能的增强。通常情况下，间歇跑的跑动距离在 200 米以上，600 米以内，这种方式，在专项耐力训练的准备期较常采用。重复跑时，练习者可反复跑几个固定段落，然后再进行较长时间的休息。对于跑动距离以及重复次数等没有严格要求，可根据具体训练任务而定。重复跑的参考距离有：100 米以上，300 米以下；400 米以上，600 米以下；1000 米以上，1600 米以下；2000 米以上，4000 米以上；8000 米。

当练习者在重复跑训练中跑动距离少于专项比赛距离时，应使速度得到相应的提高，与此同时，与专项比赛等距离的重复跑训练勿需继续进行。运动员在比赛期间，多采用重复跑训练，以此培养竞技状态和比赛能力。

速度训练。前面已经多次重申速度对于中长跑运动的重要性，在中长跑中，运动员可根据自身情况以及比赛项目的特点而制定速度训练方案。通常情况下，参加中跑比赛的运动员常以 100 米成绩衡量速度；参加长跑比赛的运动员常以 400 米成绩来衡量速度。特别是对于青少年中长跑运动员来说，发展速度尤为重要。

发展速度的训练内容包括：加速跑，短距离反复跑，行进间跑，下坡跑，顺风跑等。

中长跑的战术训练

对于中长跑运动员来说，掌握个人技能非常重要，它是运动员迈向成功的第一步，而比赛战术则是另一个需要掌握的内容。在水平接近或相同条件下，正确地运用战术是取胜的关键。比赛时，运动员需从实际情况出发，灵活运用战术方案，需要考虑的因素包括：对手实力与特点，场地、气候等。虽然对战术的运用灵活多变，但是在日常的训练中，运动员需针对各种情况进行有计划的战术练习，与此同时，还要经过多次实践检验，只有如此，才能在关键时刻做出正确的战术选择。

匀速跑。在现代中长跑训练中，匀速跑被广泛的应用于中长跑体力分配上。练习者在进行匀速跑时，跑动和呼吸的节奏都处于较稳定状态，这样一来，机体对氧量的需求与供应就达到了一个平衡点，使练习者能够处于良好的运动状态之中。

跟随跑。跟随跑是较常出现的战术之一，它是运动员跟在领跑者的后面跑，跟随跑的好处是可以节省能量，保存实力，以便在最后的冲刺跑中做出出色的表现。需注意的是，采用这种战术的前提是自己具有超过对手的速度和快速冲刺的能力。

领先跑。领先跑战术适用于实力较弱的中长跑运动员。比赛时，运动员可根据自身情况，将比赛全程做一个分段式的系统的划分，按自己的计划控制跑的速度和节奏。在跑的过程中，将计时显示的时间与自己设定的时间进行比较，从而调整速度，争取在中途超越对手。

变速跑。采用变速跑的运动员，对各方面的综合能力要求较高，这种战术是对运动员的速度和耐力的考验，能量消耗大，比赛难度大。运用变速跑战术时，运动员用改变跑动的速度以及随时随地的加速破坏对手跑的节奏和心理状态，打乱对方的战术计划，为其制造紧张，选用此战术的风险性比较大，可能对自己的成绩也造成一定的影响。

在实际应用中，无论运动员采用哪一种战术进行比赛，其首要条件就是保持清醒的头脑的准确的判断，掌握主动权。与此同时，还要根据个人的实际情况，灵活运用战术。运动员在日常战术训练中，尽量选择在较困难的条件下进行，因为战术运用本身就是对意志力的一种考验，运动员需清楚地认识到这一点。与此同时，加强速度感和跑的节奏的培养，以便在比赛中掌握速度和节奏。另外，运动员通过反复练习和实践检验后，总结经验教训，以提高战术水平。

中长跑的长期训练

基础训练阶段：年龄在 13~16 岁之间。

训练任务：在这一阶段，首先要培养初学者对该项目的兴趣，了解在中长跑中可以学到哪些知识以及培养怎样的意志品质。由于青少年正处于身心发展的关键时期，所以全面发展身体素质应放在第一位，根据各自的特点，教练评价潜在能力，初步确定每个人的专项。

训练内容应包括一定的趣味性，比如体育游戏或进行其他一些体育项目等。

初级训练阶段：年龄在 17~19 岁之间。

训练任务：在这一阶段，依然要培养青少年的事业心和意志品质，此时的青少年处于身体成长关键期，所以提高身体素质水平还需放在首位，着重发展一般耐力，逐步提高速度耐力水平；开始进行专项训练，根据个人的实际情况，教练确定每个学员的专项。

训练内容：由提高身体综合素质慢慢变为以专项训练为主；强化保持接近临界速度的能力；特别是对动作速率和“高频跑”技术进行全面的了解和掌握，在保证速率的同时，逐渐加大步幅。

专项提高训练阶段：年龄在 20~23 岁之间。

训练任务：继续培养事业心和坚强的意志品质，着重培养勇攀高峰的精神；不断提高专项能力，保持身体素质训练水平；逐步完善技术、战术，进一步加强心理训练；培养独立训练和独立参加比赛的能力。

训练内容：要在强化专项训练课过程中，仍注意全面身体素质训练的安排，采取必要的心理训练。

高级专项训练阶段：年龄在 24 岁以上。

训练任务：确定实际目标，大强度、大密度的训练；熟练地运用战术，经济实效地进行技术训练，力争达到高水平；形成自己的技术风格及良好的竞技状态，在重大比赛中获得较高名次的成绩。

训练内容：要以专项训练为主，在技术上，通过自身努力，形成独特的技术风格，在针对个人特点采用不同的心理训练。

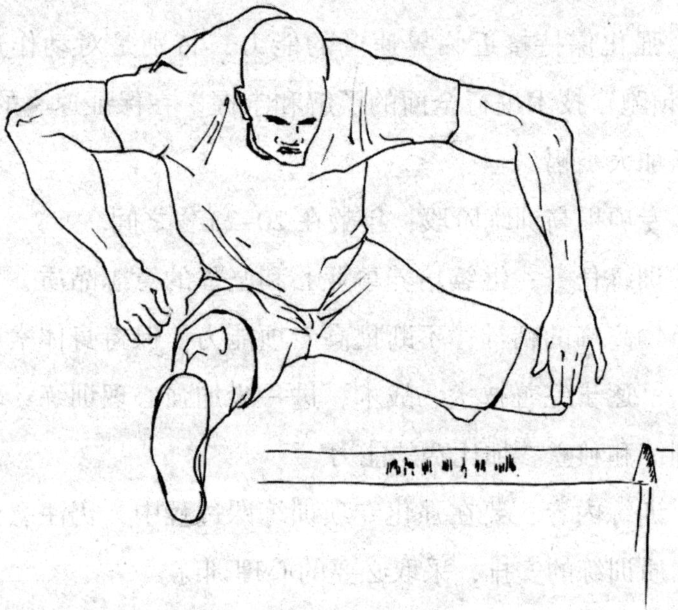

第四节 提高中小学生中长跑能力

中长跑体育项目一直是中小学体育课的重要学习内容，中长跑不仅能够全面提高青少年的身体素质，还有利于培养其吃苦耐劳、敢于拼搏的优秀品质，对青少年身心的健康发展有着十分重要的意义。由于中长跑对人的身体素质以及运动素质要求比较高，所以很多中小学生的中长跑考试成绩都不理想。那么，怎样解决这一问题呢？其关键人物就是中小学体育教师，唯有运用科学的方法和正确的教学手段，将运动中的趣味性糅合其中，激发中小学生的训练热情，使之由被动的学习到主动地喜爱上这项体育运动，这才是能真正解决这一问题。

一、中长跑项目

中小学较常见的中长跑项目为男子 1000 米和女子 800 米。这两个项目的特点是,跑程介于短跑与长跑之间,所以针对这一跑程,应有不同于短跑和长跑的训练方法。

二、中长跑项目的训练原则

全面发展原则

中小学生的身体正处于生长关键期,同时,对于中长跑知识是从零基础开始,所以这一时期,教师应把教学重点放在培养青少年身心全面发展上。切忌只进行单调重复的耐久跑训练,训练内容应以提高青少年身体各器官承受负荷为主形式特点为多样化。经过一段时间的训练后,再根据学生的具体情况进行专项中长跑训练。

循序渐进原则

中小学生学习中长跑技术的过程是一个日积月累的过程,无论是教师还是练习者,切忌抱着急于求成的心态。在训练的过程中,要从最简单的技术开始,随着训练时间的延长,根据自身的实际情况,逐渐加大运动动作的难度,秉承从简到繁的原则。初学中长跑的青少年需重点强化跑步姿态、呼吸等基础技术要点,对于不合规范以及多余的运动动作,必须给予及时的纠正。初学阶段,在身体的各部分器官还没有完全进行运动状态的情况下,可能会出现训练成绩不理想、效果不明显的现象。作为教师,要对学生充满耐心,给予及时的心理疏导和正确的技术指导,避免对中小学生造成伤害。

区别对待原则

中小学生的中长跑训练要根据不同年龄、性别、体质以及不同训练水平进行区别对待，同一年龄段的男女体质具有差异性,不同年龄段的同性别体质差异等。如女生生长发育开始年龄比男生早两年,在11~12岁这一时期,女生的身高以及体重均超过男生;到了14岁以后,女生的各项形态机能指标慢慢低于男生。凡此种种,决定了同一班级的学生,虽然接受了相同的运动强度训练和运动刺激,但效果却是不尽相同的。所以,在中小学中长跑训练中,应根据青少年的学习情况,以分组教学为宜。

三、中长跑的速度和耐力训练

从生理学上讲，中长跑中速度耐力的供应主要来源于磷酸原系统以及肌糖元进行无氧酵解供能，而无氧供能系统能力的提高,对中长跑运动来说是重中之重。这种训练称为无氧训练，它包括重复训练法和间歇训练法。重复训练法是指反复多次进行同一练习，在各次重复练习之间安排一些间歇时间。间歇训练法是对每次练习的指标做出明确的规定,并对间歇时间有严格的要求，其特点是不等各器官功能完全恢复就开始下一次练习,此方法可有效提高抗疲劳能力。

四、发展耐力素质方法分析

在中小学中长跑教学中发展耐力素质的重点应放在发展有氧耐力的专门训练上。上课时可安排长距离的持续匀速跑和长段落的间歇训练。在耐力训练中，要根据学生自身的特点,选择合适的强度。另外,在此训练中,要严格控制心率的水平,可采用使心率升高到本人最高心率的85%以上,90%以下。

由于中长跑训练需要经过一个比较长的学习和训练过程,所以心脏容积会慢慢增大。长期参加中长跑训练的中小学生,心搏迟缓,脉搏输出量大。肺功能、肺容积也大于未进行中长跑的同龄人。中小学生通过长时间的中长跑训练,可以使最大吸氧量、最大吸氧量的百分利用率也有明显的提高。

中长跑运动的特点是持续时间长,运动强度适中,在单位的时间内,能量消耗量不太大,所需能量在很大程度上来自于有氧代谢。人体有氧代谢能力高,耐久跑的能力就越强。所以,在日常的训练中,教师应使学生清楚地认识到这一点。前人的实验已经证明,随着训练时间的增长,练习者动用脂肪供能的能力也会随之慢慢提高。

中长跑训练有利于改善神经系统调节功能，可以使肌肉活动节律化,节省神经劳动。与此同时,还可提高各功能中枢间的协调关系，具体表现在各运动中枢的兴奋和抑制更为集中。各肌肉之间的协调配合更趋于完善,肌肉收缩与放松的节奏更为明显，练习者在跑动的过程中，基本没有多余动作出现,更为节省能量。另外,中长跑还可以使吸氧与需氧量能达到相对平衡,使人能够长时间处于运动状态,而不至于使人过早地达到机体承受负荷。

五、中长跑技术动作

中长跑技术动作由三部分组成,即起跑、途中跑和冲刺。对于800米以上,含800米的项目中,起跑采用站立式。运动员听到“各就位”后,鸣枪出发。起跑动作中,两只脚向后用力蹬地,后腿积极前摆,两臂配合两腿的运动向前冲出。在日常的教学中,教师要将起跑动作要领讲解清楚,让中小学生听得清楚明白,并结合做示范给中小学生看,然后再让中小学生练习,通过实践,找出动作规范的学生进行示范,从而强化技术动作的概念。

途中跑技术是中长跑技术的重点部分,正确的途中跑技术不仅能够节省体力,还能更好地发挥出人体最大的潜能。它的动作要点是:身体的前倾角度、摆臂摆腿的幅度和后蹬的力量都较短跑的小,但是后蹬的角度要求较大,约为55度。

跑动的过程中,动作以轻快、均匀为主,与此同时,根据自身的具体情况,调整呼吸,比如“三步一呼气、三步一吸气”等。中小学在中长跑时,呼气时,要求张开嘴,以增大呼吸量,深呼吸,更多更快地进行气体交换。在跑弯道时,身体需向左倾,右臂摆幅应大于左臂,左脚用外侧、右脚用内侧落地。

六、如何克服“极点”现象和争取“第二次呼吸”

在接受中长跑训练时，中小学生可能会不同程度的出现身体不适现象，比如胸闷、呼吸困难、心率急增、肌肉酸软无力、动作迟缓不协调、精神低落、眼睛出现“星星”，这种状态被称为“极点”。出现“极点”以后，让中小学生们知道，只要依靠意志坚持下去，稍减缓跑速，这种难受的感觉不久就会减轻或消失。

教师必须具有一定的耐心，给学生以正确的引导和辅导，告诉学生，极点过后，动作将逐渐变得轻松有力、呼吸均匀自如、心率较慢，这时候就出现了“第二次呼吸”。“极点”和“第二次呼吸”，可以当作衡量中长跑耐久能力的一个技术指标。实践证明“极点”现象出现得越早的同学，中长跑水平的能力就越低，相反则中长跑能力就越强。经过一段时间的训练后，学生的“极点”现象会变得越来越晚，运动素质也随之得到了明显的提高。

第五节　赛跑运动的比赛及欣赏

一、比赛规则

跑道规则

径赛包括在体育场内跑道上进行的比赛与公路赛，短跑、中长跑都属于跑道赛。在径赛的各项比赛中，如果参加人数较多，可先举行预赛、复赛、次赛和最后只有 8 人参加的决赛，以决赛的成绩作为最后判定名次的成绩。预赛采用交叉排序法排定分组的结果，这种方法规定按成绩排名将排名靠前的运动员平均分配到不同的小组中去。每组比赛的前两名运动员可以直接进入下一轮比赛，小组第三也有可能进入下一轮，成绩的最终排名要根据运动员在整个赛季的总体表现而排出。在其后的各轮比赛中，分组依据运动员在前一轮的比赛成绩。通常情况下，来自同一个国家或地区的运动员应该被分在不同组。跑进的方向应为左手靠内场，分道编号应以左手最内侧分道为第一分道。跑道规则规定所有的短跑比赛必须从起跑以后自始至终都在同一跑道上，不得跃道跑。所有的径赛必须沿逆时针方向跑进，第一轮比赛中，道次是由计算机随机选出。而后的比赛，道次依据运动员在上一轮的成绩，比如前四名占据第3、4、5、6号跑道，每个人的具体位置采用抽签方式。

参加短跑比赛的运动员要正确掌握起跑器的应用，运动员的双脚充分接触起跑器，与此同时，双手不能离开地面。采用“各就位”、“预备”和鸣枪3个发令信号，如果运动员抢跑，那么，发令员宣布抢跑犯规，所有人都要回到起跑位置，重新进行起跑。比赛规定，抢跑两次将被视为取消比赛资格。在200米和400米的短跑比赛中，运动员要进行弯道跑，弯道跑时，

内侧道跑距较外侧道小，为保证运动员都跑相等的200米或400米,出发时,除第一道运动员在原起跑线上起跑外,其他几道运动员都要相应地向前延伸一段距离，用来减去因外道半径大,而比第一道运动员相应多跑的距离。所以,人们在观看比赛时,这两个项目的运动员在起跑时,越在外侧的运动员,起跑位置向前延伸距离越长。

在整个跑程中,运动员都必须依线道跑,在跑进中挤撞或阻挡别人跑进，将被取消资格。运动员严格按自己的跑道前行,应在分道内跑进的运动员,如果没有任何原因接受他人援助,视情节严重程度,可受到警告或被取消资格。

第一个以躯干规定的部位触及终点线的运动员被视为获胜者,各项竞赛名次以时间计取成绩。短跑比赛的成绩都十分接近,若运动员最终获得的时间差无法测量出高低,那么就由抽签决定谁进入下一轮。若在决赛中出现这种情况,可根据实际情况重新进行比赛,或者并列冠军。另外,若在比赛中顺风跑,且风速超过每秒两米,那么,比赛成绩将不被视为新的世界纪录。

径赛项目的运动员排序、抽签和录取。

赛次和分组

比赛的规模不同,参赛人员的数量也有差别,当参赛运动员较多时,应举行若干赛次的分组赛。举行决赛前各赛次比赛时,全部运动员都要按规定参赛,并通过各个赛次取得决赛的

资格。

应由专门的人员对比赛的预、次、复赛等进行安排，若无专门人员，应由组委会安排。

根据实际情况，来自同一国家的运动员通常不应安排在同一组里。安排预赛分组时，一定要考虑运动员的成绩资料。

场地及器材

运动员跑进场地的方向是有明确规定的，即左手靠内场。分道的编号应以左手最内侧分道为第一分道。

运动员若有意犯规，比如故意挤撞或阻挡其他运动员走或跑进时，可视具体情况，给予相应的处罚，如取消其比赛资格等。在比赛中如发生此类情况，有关裁判长有权命令除被取消资格以外的运动员重赛。若这种情况发生在预赛，那么，受到影响的运动员可参加下一赛次的比赛。不管是否存在取消比赛资格的情况，裁判长都有权利根据实际情况做重新比赛的决定。

运动员在比赛的过程中，必须自始至终在自己的分道内跑进。

这一原则适合部分分道跑项目,若运动员毫无原因的,自主地跑离了自己的跑道,那么应取消该运动员的比赛资格。当然,若运动员受到他人的推、挤等犯规动作,而不得不离开自己的分道,并且,从中获得实际利益,则不应取消其比赛资格。

如果出现下列情况,则不应取消运动员的比赛资格:运动员在跑直道时发生分道,并且没有获得实际利益;在进入弯道后,跑入外侧分道线,并且没有获得实际利益,与此同时,也没有影响到其他运动员。

运动员在进行 800 米跑时，应该在第一个弯道末端的抢道线之前进行分跑道,运动员越过抢道线后方可切入里道。运动员在抢道时,形成的线必须是一条弧线,横跨跑道,在抢道线两端的跑道外侧各插一面标志旗,需要注意的是:为了帮助运动员确认抢道线，可在各分道线与抢道线的交界处放置锥形物或棱柱体,颜色必须与抢道线保持一致。另外,在国际对抗赛中,参赛国可商定采用不分道跑。

运动员自愿离开跑道后将不得继续参加该项目比赛。

除了分道接力赛以外，运动员不得在跑道上留下任何标志性的记号，也不得在跑道上或沿跑道放置对其有帮助的标志物。

在短跑中，风向与风速对运动员的影响是巨大的，测量风速时，风速仪应放在靠近直道的一侧，与第一分道接近，距终点线的距离大约控制在50米左右，风速仪的高度约1米，离跑道边沿的距离不超过2米。

终点

终点线为白色线，应标志明显。

为了便于测出准确的比赛成绩，分道线与终点线的交叉点应以适当方式涂成黑色。

运动员在冲线时，除头部、颈和四肢外，其他任何部位抵达终点线后沿垂直面将被视为最终的比赛成绩。

在计程比赛中，对时间有明确的规定，发令员在比赛结束前1分钟鸣枪，以此对运动员给予预告，发令员应在主计时员的指挥下，在规定的比赛结束时间再次鸣枪结束比赛。鸣枪瞬间为比赛结束的信号，相关人员应在鸣枪后，对运动员触及跑道的确切地点进行记录。

相关人员应严格按着规定测量出所跑距离，即运动员最后足迹的后沿，以米为最小单位，不到1米的，可以不计。每名运动员都应配至少一名终点裁判员。

二、赛跑运动的欣赏

在短跑项目中,动作结构的难度并不大,学习者容易学,也容易练习。短跑项目对学习者的年龄、性别等没有特殊规定,经常练习短跑可以提高神经、肌肉、关节的灵活性;增强肌体负氧债的能力;提高神经和肌肉系统的能量储备和抗乳酸能力;使人始终保持充沛的精力和快速反应的能力。短跑运动的历史非常久远,早在几百年前,人们就从生活劳动中接触到了短距离跑,而后,休闲健身发展中也出现了它的身影,随着短跑运动的不断发展,它最终成为了人类极限能力的竞技项目,百米的顶尖级人物都被冠以“飞人”的美誉。目前,短跑运动技术的发展趋势是向着更加协调和更为科学的方向前进,是以挖掘最快速度为基础,保持高速度跑能力为目的的激发人体潜能的极限强度运动。

短跑除具有极强的竞技性外,还拥有非常高的观赏性,正确的短跑技术给人以美的享受。虽说在竞技场上只是短短的几秒钟的运动过程,但它的技术发展经历了“踏步式”、“迈步式”和现在普遍采用的“趴地式”的阶段,技术的不断改进使整个短跑动作显得自然放松,也促进了短跑成绩的明显提高。现代短跑技术的发展更加成熟,更具效率化和节省化,即经济性和实效性。技术结构的形式表现为高步频、大步幅、自然平稳,

身体重心上下起伏小，上下肢动作配合协调，有明显的节奏感。在短跑运动中，节奏占有非常重要的地位，完美的节奏是在竞争中取得胜利的重要武器，节奏是步长、步频、力量和协调能力的有机结合，是实效性的具体体现。在短跑比赛过程中，人在最短的时间内，可以将自己的能量快速激发出来，在很大的程度上讲，速度的快慢取决于节奏。

在短跑比赛中，运动员需正确掌握起跑器的应用。听到发令枪响后迅速起动跑向终点，就像刚刚出弩的弓箭一样迅速射出。运动员一般跑到30米以后，才能发挥出最高速度，即达到了飞驰的效果，继而从运动员原来的视线处急驰而过，眨眼间就到达了终点，也只让观者在瞬间感觉到短跑节奏的激情。短跑的跑动距离短，且速度快，所以运动员的成绩非常接近，很多时候，人们依靠视觉很难辨认出名次。目前，借助于电子自动计时来判断成绩，有时仅仅是百分之一秒，才能分出谁是真正的金牌获得者。200米和400米比赛，运动员要跑过一个或两个弯道，这就为观众提供了较长的一段感受速度的时间。其实它们同百米跑一样都像是某个电影的精彩部分的剪切片断，不能使观者尽兴。所以除个人比赛项目外，短跑中还有十分精彩的4×100米和4×400米接力比赛项目，可以让运动员一饱快速飞驰的眼福。而接力赛除了有速度感外还有它特别吸引人的一面，就是集体性的竞争：四个人在不同的阶段为着一个相同的目标努力着。接力比赛中体现的不仅仅是个人的实力，更是整个团体的强大实力的象征。这就更加增添了接力赛的观赏性，观众直观地欣赏每一组运动员在传接棒过程中的完美配合，在短短的 20 米交接区域内没有中断和定格，让运动员感受更多的是有一股强大的冲击力从这一刹那迸发，紧接着又是一次凶猛的运动员你争我夺。在不断的起起伏伏中，人们也会跟着运动员的节奏时而紧张，时而惊喜，以至于情不自禁的发出欢呼和喊叫声。

第六节 赛跑运动的注意事项

短跑的速度训练应注意的问题

速度训练是一项具有爆发力的训练内容，要求运动员从静止状态快速转向高速跑状态，所以运动员在进行速度训练时应充分将准备活动做开。准备活动部分可以先进行慢跑的训练，然后进行跑的专门性练习训练，例如：小步跑、跨步跳等。在做完这些练习以后，运动员还要强化踢腿练习，例如：正踢腿和外摆腿等。此练习需做3组左右。

每个人的身体素质和运动素质不尽相同，所以安装起跑器时，也要根据个人的身高和特点来调整起跑器的位置和抵足板的角度。做“预备”动作时，运动员的肩部要向前移动，其速度不能大于臀部向上抬起的速度。

在进行速度跑时，运动员切忌唯唯诺诺，因为怕摔倒而不敢放开脚步。也不要过分强调前倾幅度，下肢迅速摆动，手臂及时配合。如果前倾幅度过大，起跑以后容易身体重心失控甚至出现摔倒的情况。做摆腿动作时,要有主动意识,切忌出现坐跑现象。练习者在做弧线弯道跑时,应加强身体向圆心方向倾斜的力度,需要注意的是,以躯干的内倾撞终点线时不能双脚跳起,冲过线后,不能马上停止脚步。

练习者在进行力量训练时，由于肌肉所承担的负荷比较大,所以在训练开始之前,练习者需进行充分的准备活动,以免肌肉拉伤或被杠铃砸伤。例如:做完准备活动以后可以做腰部的练习,手腕的绕环练习等。

练习者在进行柔韧性训练时，由于肌肉等软组织会受到不同程度的牵拉，所以动作幅度与力度要由小到大，由浅入深,不要急于求成。在练习柔韧性练习之前应做一些踢腿的练习,以便把腿部的肌肉和韧带充分拉开,当有针对性地对某部位进行训练时,应使其处于放松状态。在采用相互帮助或静力拉伸时,练习时要注意控制力量的分配以及用力的节奏。

短跑的各运动技术皆在快节奏中完成,因此,各部位的放松调节都是十分重要的,只有做好这一点,才能体现出动作的经济性。

青少年在进行短跑速度训练时,使用的方法不可单一。最高速度训练要严格控制跑的距离、组数及间歇时间,近距离速度训练的同时在注意掌握短跑的基本技术。

青少年在进行短跑训练时,要注意力量训练,特别是针对小肌肉群的练习。深蹲和静力性练习尽量少做或不做,尤其是对女队员更应注意。对于训练方法要进行科学的制定,体现出

有序性。

青少年在进行柔韧素质训练时,应着重静力拉练习。在长期的训练后,使柔韧素质训练与技术动作结合起来。

青少年在进行灵敏素质训练时,方法切忌单一,并随着时间的推移,渐渐加强技术动作各环节的相互配合。

中长跑起跑抢跑和起跑后应注意的问题

起跑抢跑和起跑后速度过快。产生原因是运动员过于紧张，强行抢位，心理素质差，身体重心过分前移，不善于分配体力。

纠正方法：正确掌握起跑技术；与水平较高的运动员一起练习，尤其在“各就位”姿势时，注意掌握重心的位置；遵守规则，合理分配体力。

后蹬效果差，起跑身体左偏。产生原因是运动员对技术配合要领掌握得不够清晰，各运动之间运用得不够协调。蹬地时腿离地过早，过分注意抬腿和向前；忽视后蹬的力量以及脚与地面形成的角度。

纠正方法：教练需进行反复地讲解与示范，使练习者形成正确的技术概念；加强后蹬跑、上坡跑、跨步跑、支撑送髋、原地多级跳练习；练习要强化对髋、膝、踝三个关节的训练，增强其灵活性。

上体前倾的角度过大，影响大腿前抬。产生原因是练习者腰腹肌、髂腰肌、股四头肌力量薄弱；跑的技术不完善。

纠正方法：练习者需强化在中长跑中身体向前倾斜的角度；发展腰腹肌，髂腰肌和股四头肌力量，多进行负重半蹲、下破跑、高抬腿跑等练习。

动作紧张，呼吸与步频节奏不一致。产生原因是练习者的肩部不放松，肩带紧张；上半身的姿势错误，有意呼吸反而不自然，造成呼吸与步频节奏不协调。

纠正方法：练习者需在原地进行慢跑和中速跑放松肩部，轻轻摆动两只手臂，并认真感受肩带肌肉的变化；用自然的呼吸进行的慢跑练习，体育频率和呼吸的自然协调配合，同时适当地发展肩带及各关节柔韧性和灵活性。

身体左右摇摆。产生原因是运动员摆臂的轴心不是肩部，而是以身体垂直轴为轴或以肩用力带动两臂左右摆动，两脚落点不是切在一条直线上。

纠正方法：在进行慢跑或以中速跑时强化正确的摆臂技术，要加强以肩为轴、以肘用力两臂前后摆臂练习和手持重物练习，沿直线去跑，两脚落点的内缘切在一条直线上。

赛跑训练的疲劳与机能恢复

人在长时间进行某种活动时，会出现疲劳感，疲劳是一种生理性现象，只要不是因为疾病所造成的或者是过度疲劳，一般不影响身体健康。人体生理学认为疲劳对人来说是一种保护性的机制。对参加体育锻炼的人来说，没有疲劳就没有超量恢复。当然，做任何事都要有一个度，前一次疲劳产生还没有消除，新的疲劳又至，积累起来就会造成过度疲劳，不利于身体锻炼，也不利于身体健康。因而，及时有效地消除运动性疲劳变得格外重要。常用的方法有下面几点。

休息。休息可以有效的消除疲劳。可以主动休息，也有被动休息。休息的方式包括睡眠、静坐、卧坐、娱乐、变换运动内容等。一定量的睡眠对消除疲劳来说是不可缺少的。弗斯卡心理测验表明，睡眠如能达到 6~7 小时以上，身体状况就可以恢复到与前一天相同的水平。当然，睡眠的时间因年龄、性别有异。通常情况下，男子比女子睡眠时间长，年轻人比老年人睡眠时间长。而娱乐是消除疲劳的积极性措施，实

践证明，人在疲劳时换一种方式进行体力活动对身体恢复更为有益。

入浴。洗浴可以有效地消除疲劳，温度刺激非常重要，而刺激的强度又取决于水温和皮肤的温差。入浴的效果 = 温度差 × 时间来判断。高温浴指水温 42℃~45℃，微温浴指水温 36℃~39℃，冷水浴指水温 15℃~20℃。不同的水温对消除疲劳的作用与效果不尽相同。由于高温浴和冷水浴对人体的交感神经有刺激作用，所以，血压会有所升高，同时人体的血糖和白血球也会增加。而微温浴却能起到镇静作用。从入浴时的耗氧量来看，36℃时的水温最低。水温每升高 1 度，脉搏则增加 10 次 / 分。所以，洗浴的时间不宜过长，否则，就会造成身体的疲劳。理想而有效的入浴方法是在 40℃左右的温水中浴盆中泡一会，而后离开温水再进行搓洗，一天进行两次，每次时间最好控制在15分钟左右，洗浴后及时休息。

体育娱乐活动。防止和消除疲劳的另一种方式是参加体育娱乐活动。每个人可根据自己的体力和身体实际情况选择适当的休闲措施。总之，以使身心疲劳尽快消除为目的的任何一种健康的休闲方式都值得提倡。

国外的实验证明对健康人来说，运动量应当在不引起疲劳积累的范围内，越大越好，如此，更加有利于恢复。

运动员竞技状态与运动心理的调整

人们都知道，比赛的最终结果，冠军通常都只有一个，但最终的胜利者不一定是实力最强的人，但一定是发挥得最好的人。之所以冠军的悬念在当今的竞赛中越来越多，就是因为临场竞技状态的发挥成为运动员夺取胜利的最重要的表现，而竞技状态往往体现在比赛那一瞬间，运动员如何控制自己大脑的活动。因为高水平竞技运动发展到今天，运动员之间的个人技术与体能的差距并不会相差很悬殊，而谁最终能够取得胜利，往往取决于心理能力的高低。

据相关资料统计，约有半数以上的运动员都会受到比赛压力的影响，并产生不利于夺取好成绩的心理活动，那么如何才能在赛前以及赛终进行有效的心理调整，以确保技术、战术和身体潜力的充分发挥，达到最好的竞技状态呢？为此，运动心理专家研究不同运动员的个性性格和认知方式，探讨不同的人，特别在重大比赛中获胜和失败的运动员在不同时间段的生理所处的状态。

实践证明，任何一个运动员在参加比赛时，都会出现不同程度的心理紧张。但总的来说让情绪轻松并对自己将要做的动作保持适度的兴奋，将促进和激活相关的内分泌，使肌肉和神经系统达到最高的效能。当然比赛中运动员的心理经常会表现得脆弱，有时教练员的影响就显得至关重要。在洛杉矶奥运会上，当受伤的跳水王子洛加尼斯同样面临着冲击金牌的最后一跳时，教练员对他说的是：亲爱的，加油，妈妈在等你回家吃小馅饼呢，洛加尼斯成功了。当然，也不能夸大教练的作用，教练的话不一定就是成功或失败的必然，但这种例子至少是在某种意义上表现出在比赛关键的时刻，谈论较轻松的话题往往会取得更好的效果。

运动员心理专家可以帮助运动员形成良好的比赛心态，树立合理的应付对策，消除赛前心中杂念，保证睡眠与有效的心理预演，争取赛时将兴奋水平控制在适宜的程度，做到全神贯注，精神饱满。在心理技能上加强运动员的放松训练，提高放松能力，让运动员通过自己的主观意识，努力控制使自己快速处于放松状态。同时，学会运用目标设立、注意力控制、心理能量调整等方法，对自身心理变化施加影响，提高面对各种情况时的心理素质。

为了使运动员能够在比赛时完全，甚至超常发挥自己的竞技能力，运动心理专家制作了一套运动心理训练与调节系统的多媒体软件，以帮助运动员及时调整好参赛的心理状态使他们发挥出最佳的运动水平。

提高速度素质应注意事项。速度素质的发展并不是独立存在的，很多因素都与它有密不可分的关系，为了有效地提高人体的快速运动能力，在日常训练中应注意：

发展速度素质应注意其年龄特征。实践证明，速度素质的发展水平与人体生长发育水平有密不可分的关系。在速度练习中考虑到这个特征，加上合理的措施，速度素质才能快速地、稳定地得到发展。如 7~13 岁的少年儿童处在速度素质的快速增长期，其原因和神经系统、协调能力在这期间快速发展有关。抓住这一阶段的速度练习，对促进动作频率非常有帮助。单个动作速度及反应速度的快速发展，一般的做法是，13 岁之前，练习的关键是单个动作速度和跑的频率上，在练习中充分利用一切能提高单个动作速度和跑的频率的方法与手段，针对少年儿童的生理和心理特点，激发对体育锻炼的浓厚兴趣，关注在训练时由疲劳引起的各种生理反应。13 岁以后，在保持已经获得单个动作速度和跑的频率基础上，采用各种有效的方法增大步幅，最终使移动速度得到提高。

注意合理安排速度素质练习的顺序与时间。运动员的各种身体素质及运动能力都会产生比较密切的联系，它们之间既相互促进，也会相互制约，在发展某一素质的同时，都会或多或少、直接或间接地引起其他素质的变化。因此，发展

速度素质时应从系统论的角度出发，处理好同其他素质的关系，合理安排练习的顺序，使得素质之间互相促进和良性转移。速度练习中，强化发展力量的重要性，以此促进速度发展。但力量素质要求神经过程度强大，肌肉收缩用力也大，尤其是静力性力量练习，由于动作缓慢，会降低神经过程和肌肉活动的灵活性。而速度素质对神经过程的灵活性要求非常高，兴奋与抑制能够迅速转换，肌肉收缩轻松协调。因此，速度练习可以先于力量练习进行，力量练习也应以动力性力量为主。在力量练习过程中，应交替安排一些轻松、快速地跑跳练习或一些协调性和柔韧性练习，它们均对发展速度素质起到积极的推动作用。

进行速度素质练习时，要将主要精力放在准备期的后半部分和比赛期的前半部分；在一周中最好安排在小强度训练或调整训练后的第一天进行；在一天或一次训练课中，一般放在上午或课的前半部分，安排在运动员身体各部分器官处于良好的状态时进行。因为人体疲劳后神经过程灵活性降低，兴奋与抑制的快速转换不可能建立，在这时发展速度素质效果不一定会取得好的效果。

注意以发展力量和柔韧等来促进速度素质。训练的过程中，很多因素都将影响到速度素质，其中尤其是快速力量和柔韧性的影响力更为突出。所以在发展速度素质中，首先要注意发展快速力量。如采用 40%～60%的强度多次重复快速负重练习，使肌肉横断面和肌肉力量增大，并提高肌肉活动的灵活性。适当采用75%以上的大强度练习，使肌肉用力时可以最大限度地动员更多的肌纤维同时进行收缩，提高肌肉的收缩功效。其次，运用各种方式提高柔韧素质。柔韧性提高后可以增加力的作用范围和时间，同时能使肌肉内协调性得到更好的发展，从而减少肌肉的阻力和增大肌肉的合力，大大提高运动速度。

注意速度练习时人体处在适宜的工作状态。人体要处在一种非常良好的工作状态，才能更好地发展速度素质，其中包括神经系统的适宜状态、内脏系统的适宜状态和肌肉系统的适宜状态。这种适宜状态可以通过集中注意力和速度练习前用强度较小并保持一段时间的活动得到满足。运动员注意

力集中，可使神经系统处于适宜的兴奋状态，并使肌肉保持一定的紧张度。而强度较小并保持一段时间的活动能力提高运动性和植物性功能活动，使内脏系统与肌肉系统间形成适宜的相互关系，对改善肌肉内协调性有非常好的促进作用。

发展速度素质应重视肌肉放松。提高速度素质还要进行肌肉放松训练。肌肉尽量放松，张弛需要有度，能够减少肌肉本身的内阻力，增大肌肉合力，使血液循环通畅。如肌肉紧张度达到 60% ~ 80%，血液流动就会严重受阻，时间稍长，动作就会失去协调性，已有的快速能力也无从发挥。肌肉放松时，肌肉中血液流动情况非常良好，比紧张时提高 15 倍左右。血液循环良好，能给参加活动的肌肉输送大量氧气，使能量物质得到节省和合理利用，还可增加肌肉收缩前的初长度，有利于运动素质的提高。

正确预防和消除“速度障碍” 。当运动员的速度素质达到一定高度以后，再进一步提高就变得比较缓慢了，甚至出现停滞不前的现象，人们称之为“速度障碍”。这是由于神经——肌肉系统发展到了一个高峰，练习中常用且不变化的一些手段使训练量与训练强度对人体没有新的刺激作用，使频率节奏、技术等都达到一个相对稳定的状态所致。为了使这种现象得到控制，就应做到以下几点：

提高基础训练，特别是对基本技术的掌握，提高全面身体素质水平，扩大机体能力，为提高专项能力打下扎实的基础，它可以大大延迟速度障碍的到来。

运动员采取的训练方式切忌单一，建立中枢神经系统灵活多样的条件反射，可以防止与缓解速度障碍。

如果在训练的过程中出现“速度障碍”情况，需重新制订训练计划，有针对性地发展身体素质，改进技术，加大训练量和训练强度，加大刺激，利用自然条件或人工器械等手段与“速度障碍”作斗争。比如进行投掷轻、重器械；在斜坡跑道上进行短助跑起跳等，改变已习惯的动力定型，改变中枢神经系统的反射联系，使新的条件反射形成。

速度素质训练应结合运动员的专项进行。比如，对于短跑运动员来说，提高反应速度的关键在于提高听觉的反应能力，再如对于体操运动员来说，提高反应速度的关键在于提高皮肤触觉的反应能力。一般人视、听、触觉之比，触觉反应最快，听觉反应次之，视觉反应较慢。动作速度训练应与各专项的技术相结合，让运动员在速度训练中能感觉到躯干等各部位的协调配合及在空间、时间方面的速度节奏，发展专项技术所需要的动作速度的能力。为此目的，一定要选择与自己的专项技术相似的训练方式。

提高力量素质的注意事项

力量素质的发展对身体训练水平至关重要。在实施发展力量素质过程中为达到优化控制，取得显著效果，必须注意如下几点：

力量素质的发展要全面且有重点。运动员一方面应使四肢、腰、臀等部位在大肌肉群和主要肌肉群得到锻炼和提高，另一方面也要注意发展一些薄弱的小肌肉群的力量。因为体育运动中的很多动作是复杂的，需要身体各部位许多大小不同的肌群合作来完成工作，发展不同类型的力量素质并不是要求运动员必须面面俱到，而是要求在一定基础上有所侧重。

练习时要使肌肉充分拉长和收缩，练习后要使肌肉充分放松。

运动员在进行练习时，应先对身体的肌肉进行伸展拉长、收缩等活动，其动作的幅度要大。因为肌纤维被拉长后可以增大收缩力量，同时又可保持肌肉良好的弹性和收缩速度。力量练习以后，肌肉常会因充血而胀得很硬，这时应做一些与力量练习动作相反的拉长动作，或者做一些按摩，使肌肉不再处于紧张状态。这样既可加快疲劳的消除，促进恢复，又可防止关节柔韧性因力量训练而下降，与此同时，也可以使肌肉处在一个更好的状态。

科学表明，肌肉越是工作到接近疲劳时其放电量越大。这说明，此时人体的肌肉已经得到了更深的刺激，它能使机体发生良好的生理以及生化反应，有助于超量恢复而使力量得到增长。所以在进行力量练习时越是最困难的最后一、二次动作，运动员越要以顽强的毅力坚持下来。

进行力量练习时，要全神贯注，念动一致，注意安全。中枢神经系统对肌肉的调节作用非常明显，在练习的过程中，练习者必须全神贯注，专注于自己的每个动作，使意念活动与练习动作紧密配合、保持一致，这样有助于肌肉力量得到更好的发展。特别是进行大负荷练习时不能说说笑笑，注意力应高度集中，否则容易受伤。因为笑的时候肌肉不会处于紧张状态，而在力量练习时，负荷又比较大，不当心就易造成损伤。此外，为了平安练习，达到期望的效果，在练习的过程中，必须加强自我保护和互相保护，特别是个别动作，比如是举或肩负极限重量时，注意加强保护措施。

紧密结合专项特点安排力量训练，注意正确的技术动作规格。对于不一样的专项动作其技术结构也不尽相同，要求参加工作的肌肉群力量也不同。如跑要求竭尽全力连续快速蹬地向前推进的力量；投掷时，要求运动员用尽全力使运动器械获得最大加速度；体操项目要求运动员不仅要有慢起动作，也要有爆发力动作，比如踏跳等。因此，在做力量训练时首先要根据专项技术的动作结构来选择恰当的练习，以发展有关的肌肉群力量，其次要通过肌电研究了解主要肌群用力特点、用力方向等，以此对力量训练的方法进行确定。训练时，必须结合专项特点进行，唯有如此，才能达到最终的目的。

在训练的过程中，每个力量动作都有不同的技术规格，练习者必须按着正确的技术规格要求去操作，才能够真正发展肌肉群的力量。否则，技术动作变了样，参与活动的肌群也就有所改变，就势必影响力量训练的效果。例如，完成臂弯举动作时，身体必须呈直立状态，双臂紧贴体侧，肘关节充分屈伸，以此保证屈肘肌群力量。但是，一些练习者在做弯举动作时，为了省力，仅依靠身体的前后摆动来完成动作。这样可谓是自欺其人的做法，对发展肱二头肌非常不利。因为身体摆动时腰背肌肉、臀部和大腿后面的伸髋肌群也参与了工作。更重要的是掌握正确技术动作，还可以防止伤害事故。比如做深蹲练习，正确的动作要求挺胸直腰，腰背肌收紧以固定脊柱，主要依靠膝关节的屈伸，同时也伴随着髋关节的一定屈伸来完成动作。即使站不起来，腰背肌也要保持身体正确的姿态，等待协助人员的保护和帮助。这样既安全可靠，又能保证伸膝肌群力量得到很好发展。但事实上，有许多练习者总是弓腰练习深蹲，尤其是当站不起来时，腰弓得更加厉害，这样做的后果就是非常容易造成腰部不同程度的损伤。

进行力量训练时，要掌握正确的呼吸方法

在进行力量训练的过程中，憋气是必不可少的环节，它有利于固定胸廓，提高腰背肌紧张程度，因此可提高练习时的力量，所以当人进行极限用力时，通常都是在憋气的状态下。有人进行过这样一个试验，测量憋气与呼气时的背力差，得出的最终结论是前者大于后者约 4 公斤，而在吸气时

力量则最小。虽然憋气可提高练习时的力量，但用力憋气会引起胸廓内压力的提高，使动脉的血液循环受到严重的阻碍，最终可能引发脑贫血，严重时甚至会出现休克现象。

为避免产生不良后果，力量练习时必须注意以下几点：

练习者在使用最大用力时的时间不长，但有条件不憋气就不要憋气，尤其在重复做用力不是很大的练习时，应尽自己的能力不憋气。

刚开始进行训练时，为避免经常憋气，给予练习者的极限和次极限用力的练习切忌过多，并让其学会在练习过程中完成呼吸。

在进行力量练习前，不可以深吸气，因为力量练习时间短暂，吸的气并不会立即在练习中产生作用。相反，深度吸气增加了胸廓内的压力，这时憋气，就很有可能出现不好的效果。

运动员在用狭窄的声带完成呼气动作时，几乎也可达到与憋气类似同样大的力量指标。因此，在进行最大用力时，可运用慢呼气，对最大用力练习进行协调。

训练中要采用大负荷与循序递增负荷

通常情况下，专项训练要让运动员所能承受的最大负荷或接近最大负荷来进行训练。因为采用大负荷能迫使肌肉进行最大收缩，刺激人体出现一系列的生理适应性变化，从而使肌肉力量有所增加。为了达到大负荷，训练时就必须要保

持较大的强度和数量。

运动员在力量训练过程中，当所使用的力量增长后，原来所承受的负荷就会慢慢变小，为了继续保持大负荷，就必须循序渐进递增负荷。比如训练开始时，某人用 15 公斤做臂弯举，反复举 8 次出现疲劳，而他能用 15 公斤连续举起 12次，这就上升了一个新的负荷，使有关的肌肉群始终在大负荷状态下工作。

对于一个优秀的运动员来说，进行“超负荷训练”是必要的。这种训练要求肌肉完成超出平时的负荷，“超负荷训练”通常会引起肌肉成分特别是肌蛋白的分解，会导致超量恢复的产生。在超量恢复的整个过程中，肌肉的成分会进行新的组合，肌蛋白含量得到提高，从而使肌肉变得非常粗壮有力。因此，应不断地有目的、有计划地安排该训练，以引起超量恢复，达到练习的最终目的。

力量素质训练要系统科学地安排时间

对于运动员来说，力量素质训练应进行全年系统安排，不可能没有原因地就出现中断。科学证明，力量有所增长，就一定会有所消退。如果停止了力量训练，已获得的力量将会按增长速度的三分之一消退。通过训练获得的力量，停止训练后虽然能够出现慢慢消退的现象，但一部分力量会保持很久，也许还会一直保持下来。然而，发展力量素质练习不宜在疲劳的状态下进行，这是对发展力量极为不利的。

力量素质练习需根据自身的具体情况以及所从事的专项进行，负荷的安排应是周期性、波浪式的变化。力量训练课的次数取决于一系列因素：训练课的主要任务，训练课处于的阶段和周期，各力量素质的发展水平及训练特点，运动员的年龄、性别、身体素质能力等，其中最为重要的因素就是训练水平。实践证明，对刚开始训练的人，每周最适宜上 3 次课。而对训练有素的运动员来讲，训练课的次数可相应的多安排一些。这是因为刚参加训练的人，无论是身体素质还是运动素质都与训练有素的运动员不同。根据优秀运动员的训练经验，每周进行 1 次或 2 次力量训练，可保持已获得的力量，若增加两到三次力量训练，那力量就能够明显增长。

由于运动员的大肌肉群的工作能力并不是短时间内就能恢复的，恢复期一般情况下为 8 天左右，训练中不适合安排用极限负荷完成较大部位肌肉群的训练。

运动员在每个小周期中，训练不可单一化，要尽量使用各种方法。在同一堂课中，可先安排发展最大力量练习，而后再进行力量耐力的训练。

在发展力量素质的训练课中，练习者必须要让各肌肉群都得到锻炼。比如，可按一定次序对下肢肌肉群、躯干肌肉群等进行训练，然后进行上肢和肩带肌肉群的练习。在一堂课上安排发展某些肌肉群练习时，应先促进肌肉群工作，再调动部分或局部肌肉群。

要偏重摆动的动力性练习

发展力量素质练习的时候，应将重要集中于摆动的动力性练习，特别是注意动作的振幅。这样做可使练习者获得用力感和速度感，增加技术动力力量，使动作能够快速完成，与此同时，还能使关节变得更为灵活。为了保证动作的振幅足够大，要强化肌肉的放松练习和伸展练习，以使肌肉处于良好的工作状态。

力量素质的种类及特点

体育运动项目不同，所表现出的力量也不尽相同。球类运动员要有改变方向、急停急起、滞空及控制身体随意运动的力；处于跑动状态的运动员必须极快向前推进力；跳跃运动员在踏跳的瞬间要爆发出所有的力量；投掷运动员在器械出手时，需激发出所有潜能；摔跤、柔道运动员要有一定的耐力和僵持力，学会借力发力；游泳运动员要有手的快速划水和腿脚的快速打水等动作。体育项目不同，对力量素质的要求也不尽相同，所以力量素质可分为多种类型。例如根据肌肉收缩的形式，可将力量划分为静力性力量和动力性力量；根据力量和体重的关系，它可分为绝对力量和相对力量两种；根据力量的表现，又可分为三种，即最大力量、速度力量和力量耐力；从力量的训练特征来划分又可分为四种，即最大力量、相对力量、速度力量和力量耐力。

最大力量的概念及特点

最大力量是指人体的肌肉根据实际情况克服最大内外阻力的能力。其特点是它是一个变量。与肌肉收缩的内协调能力和关节角度的变化有密不可分的关系。

运动员可以通过科学的训练达到目的，可以分为两方面进行，一方面使参与工作的那些肌纤维内部结构、机能发生变化，一方面又可动员较多的肌纤维参与工作，从而使最大力量能够大幅度增加。但在最大力量增长的训练中，需因人而异，根据个人的实际情况合理安排训练进度。个人实际情况包括遗传、年龄以及训练水平等，同一个人由于各部分肌肉功能不同，其最大力量也千差万别。

人体在处于各种姿势时，如站立、坐、卧等，整个身体或其中的某一部位克服的最大阻力可用测力计等测定。

相对力量的概念及特点

相对力量是指人体每公斤体重表现出的最大力量值，它主要反映运动员的最大力量与体重之间的关系，其特点是采用力量体重指数来衡量相对力量。

若一个人的最大力量比较稳定或变化非常小，但体重却在不断地增加，这种情况下，他的相对力量就会减少；反之相对力量就会增加，而体重一直没有变化，其相对力量就会出现增大现象。

相对力量对于很多运动项目都具有非常重要的意义，比如竞技体操、举重等。特别是对于举重比赛来说，相对力量的大小决定了最终的成败。为此对有重量级别要求和内在关系的运动项目，在发展力量素质的同时，还要密切地关注自己的体重。

速度力量的概念及特点

速度力量也被称为快速力量，它是指人在运动时，瞬间发挥出肌肉力量的能力，也可指运动员在特定的负荷条件下，所爆发出的最大动作速度。其特点是：取决于人体肌肉的收缩速度和最大力量水平。提高速度力量时，一方面要有速度保证，另一方面还要有最大力量的要求，只有两方面紧密地结合起来，才能达到目的。

不同的运动项目对速度力量的要求各有不同，速度力量包括很多种，比如起动力、制动力等。通常情况下，起动力是指在 0.15 秒以内，瞬间发挥出的肌肉力量。爆发力是指在 0.15秒以内，通过最大的加速度克服阻力的能力，另外，还有制动力，它是指以较高的加速度朝反方向运动的能力。

力量耐力的概念及特点

力量耐力是指人在长时间处于某一状态时克服外部阻力的能力，换言之，也就是运动员无论在静力还是动力性工作中，能长时间保持肌肉紧张用力的能力。其特点是有许多因

素决定了力量耐力的好坏，比如神经过程的强度、灵活性和延续性等。

力量耐力可分为动力性力量耐力和静力性力量耐力。动力性力量耐力又分两种，即最大力量耐力和快速力量耐力。静力性力量耐力有比较专门的项目，比如射击、速度滑冰等。

常见的运动损伤和预防

从事体育的人员常会遇到不同的问题，比如运动损伤等。从事体育教学工作的人或是运动员一旦发生运动损伤情况，必将影响正常的训练，影响运动水平的提高，严重的还会影响健康。造成运动损伤的主要原因有很多，下面简单介绍几种。

在训练中急于求成，运动员完成力所不能及的练习，在动作中出现失控现象，造成不同程度的扭伤或摔伤。

在运动训练和比赛中技术动作不标准，造成不同部位的损伤。

做动作时，局部肌肉力量不够，特别是小肌肉群缺乏训练，使身体受到损伤。

身体柔韧性不好，在大强度的运动训练和比赛中，由于动作幅度过大，造成肌肉和韧带的伸展性不好，导致身体受到不同程度的伤害。

在训练和比赛中注意力不集中也容易造成受伤。

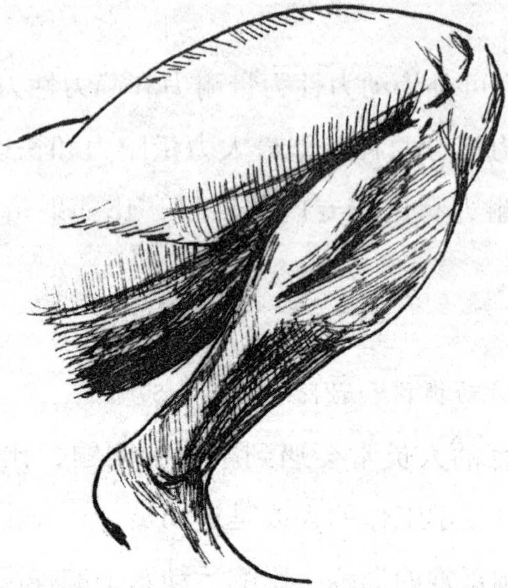

身体处于疲劳状态，仍继续从事难度较大的练习，也容易造成伤害事故。

肌肉超负荷训练后，继续从事大强度、快速剧烈的活动，导致肌肉受伤。

训练的过程中，没有依照科学的训练方法，或训练内容安排不合理，导致局部超限度负荷而受伤。

场地不平整也是产生某些运动损伤的原因。

在训练的过程中，关节部位的周围没有进行有效的保护会造成不同程度的损伤，比如膝关节，半蹲部位时，关节韧带松弛，减弱了保护关节的能力，一旦动作发生技术错误，容易受伤；如颈椎关节活动幅度过大，在做背跃式跳高落地

时，非常容易造成扭伤和脱位;如肩关节活动范围比较大,其稳定性要靠肩关节周围肌肉维持，所以在日常训练中应加强力量练习、柔韧性练习等。因此，动作前做好准备活动，才能避免运动损伤。

组织纪律性不好，训练秩序差，容易造成运动损伤。

除做好自我保护外，运动员还要避免由于自己的失误而为他人造成身体伤害。这种情况在运动场上屡屡发生，如跑鞋扎伤人等。

教练员有责任提高运动员的安全意识，针对运动损伤产生的原因，注意训练计划的安排并向运动员提出防止运动损伤的注意事项。针对不同的专项练习，对关键部位要有效保护，如在短跑中容易产生损伤的部位是大腿后群肌肉拉伤、跟腱拉伤、踝、膝关节的扭伤等。中长跑练习时如场地硬、跑的量大或技术不正确，就会产生胫、腓骨的疲劳性骨膜炎，疲劳性骨折，膝外侧的滑囊背炎及足部腱鞘炎；而在跨栏跑中，比较容易受到伤害的部件是大腿后群肌肉、膝、踝关节等。

跳跃项目常见是踝关节、足跟和膝关节的扭伤和挫伤。投掷项目则容易造成肩、肘的肌肉和韧带的拉伤，特别是标枪运动员的肩部和肘部是重点保护对象；推铅球时，手指也很容易受到伤害。

教练员和运动员对运动损伤都要高度重视，并采取有效的措施。若在训练中出现某些轻度损伤即应适当改变训练内容，不可不顾伤病，继续加重负荷，从而加大损伤程度，造成比较严重的后果。

产生运动损伤后要及时请医生诊断，根据具体的伤情，重新制订训练计划。教练和运动员也要掌握相关的急救知识和具有基本的损伤临时处理能力。特别是对于扭伤和挫伤，如处理不当就会使伤情严重。对于开放性软组织损伤中擦伤和小撕裂伤，应学会自行处置；对于刺伤和切伤要立即根据出血部位等，利用指压止血等方法急救，并立刻就医。

闭合性软组织损伤在比较容易出现的运动损伤。它包括关节、韧带的扭伤和肌肉、肌腱的拉伤等。这些伤口无裂口与外界相通。处理这类损伤应及时冷敷，限制活动，24 小时后可热疗，肿胀消除可轻微活动，保护伤处以防重复损伤。对肌肉的细微损伤或有少量纤维撕裂，遇到这种情况，需快速进行冷敷，局部加压包扎，并提高患肢，疼痛重者可服止痛药。肌肉若出现较为严重的撕裂，急救后，要快速就医。

在学习的过程中，教练员必须对少年儿童的生理、解剖、心理等特点要有所掌握，使我们的训练工作更符合少年儿童的实际，把握训练规律，防治运动损伤，使孩子们能够在安全的环境中，身体素质得到全面提高，并实现专项技术和运动成绩的目标。

一般的跑步训练应注意的事项

跑步锻炼有非常多的益处，且不需要复杂的运动环境，

为人们乐于接受，成为一种群众体育锻炼的主要形式。然而，跑步运动必须注意一些事项，遵守跑步锻炼中的基本要求，只有这样才能真正达到强身健体的目的，避免出现运动伤害。跑步锻炼，不能急于求成，最好是循序渐进和持之以恒。青少年进行中长跑锻炼，尤其要掌握适当的运动量，注意锻炼结束后，进行一定的恢复运动，运动量以第二天不感到疲劳为原则。另外，还要注意如下事项：

跑步姿势要标准，上半身应挺直并略向前微倾，双肩呈放松状态，双肘自然弯曲，双臂有力的在身体两侧前后摆动。跑步过程中，双足有弹性的全足着地的跑动，步幅不要过大，步频与步幅保持协调。注意身体重心平稳。

控制呼吸，保持节律，当鼻和嘴同时呼吸时，嘴不要过大地张开。可将舌卷起，延长空气在口腔里的时间，以避免冷空气对呼吸道过多的刺激。每一次呼吸要注意尽可能将气体从肺中呼尽，以增大有效的换气量。

鞋对于赛跑运动员至关重要，鞋中要清洁，不要有沙粒。运动服装尽量宽松，但要注意保暖，尤其是冬季进行长跑，根据天气情况，运动可以适当添加帽子和手套。

跑步场地要求不高，建议地面平整，无异物。如果是在公路上进行运动，要选择车辆少的跑段，注意安全。

锻炼时间可根据实际情况自行安排，可以在清晨进行，但一般晨起时间较紧张，冬季更是如此。也可以在下午5点左右进行，因此时气温和光线较适宜户外运动。

儿童在长跑训练时应注意什么

很多优秀品质是通过长跑培养出来的，如吃苦耐劳和战胜困难的意志，长跑还可以增强体质，提高抗疲劳的耐力。由于长跑需在户外和野外进行，所以人体能广泛地接触阳光和空气，增强心肺功能，提高抵抗力，防止疾病的发生。另外，冬季练习长跑对预防伤风感冒有其特殊的意义。长跑应注意事项如下：

青少年在练习长跑时，要注意控制长跑距离，速度不要太快，更不要过多地参加比赛，以免使身体负担过重。少年儿童正处于生长发育期，全身各器官、系统的结构和机能还没有发育成熟和完善，尤其是大脑正处于快速成长期，心肺功能也不如成人好，因此容易出现疲劳症状。实践证明，长跑距离太长可造成负担过重；速度太快，肌肉容易紧张，心肺负担大；参加比赛的次数过多，会使精神经常处于紧张状态，这些对儿童的健康都是有害的。

专家指出，青少年的长跑距离应根据实际情况而定。通常刚开始练习长跑 7 岁以上，10 岁以下的儿童以 800 米左右为宜；11 岁以上，14 岁以下的儿童以跑 1500 米左右为宜，15 岁以上，17 岁以下的少年以跑 3000 米左右为宜。

练习长跑是一个漫长的过程，距离由短到长，跑速由慢到快，还要根据少年儿童的体质强弱决定长跑的距离，严格控制和掌握运动量的大小，体质好的就多跑，相反就可以少跑一些。

此外，少年儿童练习长跑时，要加强医务监督工作，以防止身体过度疲劳。

第七节 中国运动员在国际比赛中取得的成绩

1.慧娜

性别:女

籍贯:山东

生日:1984.2.25

身高:1.66 米

项目:田径中长跑

1996 年进入潍坊市体校，教练是迟玉斋;1999 年进入山东体育运动技术学院,教练是尹延勤;2003 年 1 月入选国家集训队,教练是王德显。

2.王军霞

王军霞,1976 年出生,辽宁省大连市人,身高 1.62 米。

1993 年 8 月,在德国的斯图加特举行的世界锦标赛,王军霞获得了女子 10000 米的冠军。

1993 年七运会中，虽然在六天中出场五次的大强度比赛环境下,她仍然改写了 3000 米和 10000 米的世界纪录,新的纪录分别为 8 分 6 秒 11、29 分 31 秒 78。在 1500 米的比赛中,她又创造了世界第二的好成绩，成绩为 3 分 51 秒 92。10 月份，她获得了世界杯马拉松比赛的冠军。11 月份，又取得了 10000 米亚洲冠军的头衔,被权威的体育月刊《Track and field News》评选为“年度最佳女运动员”。

1994 年，她成为第一个获得国际权威的田径大奖——杰西·欧文斯奖项的中国人、亚洲人。

从师于资深个人教练毛德镇后,王军霞在 1996 年亚特兰大奥运会上获得了女子 5000 米冠军和女子 10000 米亚军。

第八节 赛跑运动的世界最好成绩及运动员简介

一、国际赛事及组织机构

奥运会短跑项目、世界杯田径赛短跑项目、世界田径锦标赛短跑项目。

国际机构:世界短跑运动由国际业余田径联合会(IAAF)负责管理。国际田联1912年成立于瑞典斯德哥尔摩,现有会员国200余个,总部设在英国伦敦。联合会的宗旨是:开展世界田径运动;在所有会员之间建立友好关系;采取必要措施反对种族、政治和宗教信仰歧视,为不同种族、不同政治态度和不同宗教信仰的运动员参加国际比赛消除障碍;制定国际比赛的章程和规则,保证会员之间的比赛按田联制定的章程和规则进行;与新的国家田协联系,解决在田径运动中出现的有争议的问题;与奥运会组委会合作举办田径比赛;制定世界纪

录登记规章。

中国于1928年加入该组织，后由于政治原因于1958年退出，1978年国际田联恢复了中国在该组织的合法地位。

二、运动员简介

刘易斯

1981年以来，每年被许多国际组织和体育报刊评为世界十名最佳运动员之一的卡尔·刘易斯，成为在同一届奥运会上夺得4枚金牌的备受瞩目的人物，被人们称为“神奇小子”。1961年7月1日，他出生于美国一个体育世家，父亲比尔是一位有天赋的田径和橄榄球运动员，母亲艾英琳曾是跨栏和跳远运动员，曾入选美国队参加过泛美运动会。1984年，第24届奥林匹克运动会上，刘易斯不负众望，夺得了包括100米以内的4块田径项目的金牌，成为继杰西·欧文斯以后第二个在同一届奥运会上一人夺得4枚金牌的非凡人物。90年代，刘易斯创造了他的第三个运动高峰。1991年6月在美国参加世界锦标赛预选赛上，30岁的刘易斯在跳远比赛中夺得冠军，这是他第36次跳出8.60米以上。1991年8月，他在第3届世界田径锦标赛上，创造了100米跑的世界纪录。国际业余田径联合会在1992年在意大利都灵市向国际奥委会主席、田径名将刘易斯、摩洛哥王子阿尔伯特授予该组织的最高荣誉奖——金质勋章。

德弗斯

德弗斯,女,1966 年生于美国,身高 1.60 米,项目为短跑、100 米栏。

上个世纪 90 年代,德弗斯在 100 米短跑和 100 米跨栏项目上取得了惊世的成绩。她在 1992 年奥运会和 1996 年奥运会上连续赢得 100 米短跑金牌。在 1993 世界锦标赛上,德弗斯包揽了 100 米短跑和 100 米跨栏两枚金牌,1995 年世界锦标赛上她再次卫冕跨栏冠军。

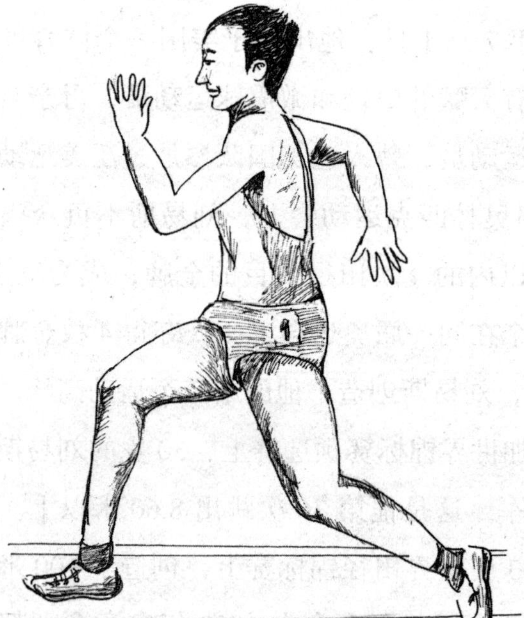

奎罗伊

奎罗伊，男，1974 年生于摩洛哥，身高 1.75 米，项目为中长跑。

1998 年以来，阿尔及利亚中跑王莫塞利保持的三项世界纪录 1500 米、1 英里、2000 米全部易主，全改写在摩洛哥选手奎罗伊名下，莫塞利统治世界中跑的时代被奎罗伊所取代。

帕弗·纳米

帕弗·纳米，芬兰长跑运动员。帕弗·纳米被誉为“长跑之王”。1920 年、1924 年、1928 年的三届奥运会上，纳米在男子中长跑，越野跑个人以及团体项目上共夺得 12 枚奖牌，其中包括 9 枚金牌，创造了奥运会夺金纪录。

杰西·欧文斯

杰西·欧文斯 ，男，生于美国。

杰西·欧文斯是美国黑人田径明星，现代奥运史上最伟大的运动员。

1913 年出生的他是黑奴后裔。他天生热爱运动，但直到 9 岁迁居克利夫兰后才有机会从事体育运动。

被誉为“黑色闪电”、“褐色炮弹”。

1935 年 5 月 25 日，他连破 5 项、平 1 项世界纪录；在柏林奥运会上独获 4 块田径赛金牌。他创造的百米纪录保持 19 年，跳远纪录保持了 25 年之久，成为一名广为人们传颂的英雄人物。

在19岁时,他就平了100米世界纪录。后来,师从于著名教练L·斯尼特尔,获得了专业的训练。欧文斯的赛跑被人们称为完美,无论是力量还是姿态美,都给人留下深刻的印象。

1935年,他的名声大噪,在中小学生运动会上,他破、平6项世界纪录,其中8.13米的跳远记录保持达25年之久。

第二年,在第11届奥运会上,欧文斯获4枚金牌,并在这四个项目的预、次、复、决赛中,平、破奥运会记录12次。在这届奥运会上,欧文斯震惊世界体坛。

柏林奥运会后,欧文斯为了生计,不得不做些自己不愿做的事,生活一度陷入窘迫。上世纪50年代后,他多次作为奥林

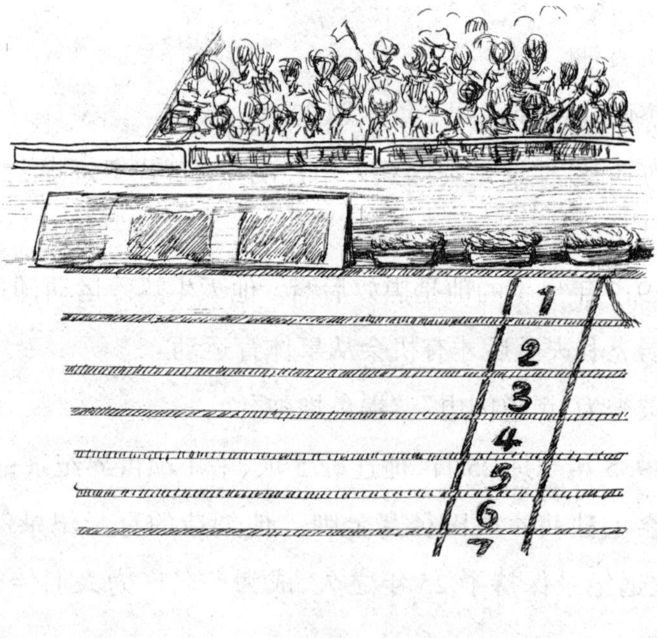

匹克运动的使者活跃在国际体坛上，为发展奥林匹克运动做出了杰出的贡献。

1976 年国际奥委会授予他银质奥林匹克勋章。五大洲 20 家著名报刊也评选他为“本世纪世界最佳运动员”。

1980 年美国设立了“杰西·欧文斯奖”，一方面以此怀念他，一方面用它表彰、嘉奖为当代体育事业做出杰出贡献的优秀运动员。

卡尔·刘易斯

卡尔·刘易斯，美国运动员。

参加了从 1984 年开始的四届奥运会，在男子短跑以及跳远项目上总共夺得 10 枚奖牌，其包括 9 枚金牌，平奥运会夺金纪录。

帕沃·鲁米

帕沃·鲁米，1897 年出生于芬兰，是一位了不起的长跑运动员。

9 岁开始，他练习长跑，由于家境贫寒，4 年后，他不得不外出谋生，在一家商店里当搬运工。繁重的体力劳动锻炼了他吃苦耐劳的精神，他热爱体育，工作之余坚持训练，并大胆地改革过去速度慢，跑量小的落后训练方法，将速度糅合于耐力跑之中，使运动成绩有了大幅度提高。1920 年，鲁米参加了第 7 届奥运会，并获得三个径赛项目金牌。1924 年第 8 届奥运会上，他又奇迹般地夺得1500米、5000米、3000米团体、10000米越野跑个人和团体5枚金牌,本届奥运会也被人们称为“鲁米奥运会”。

1928年，鲁米第三次参加奥运会，并夺得了一金两银。1921~1931年期间,鲁米共创造29次世界纪录。1950年鲁米被美联社评为世界最佳田径运动员。芬兰天文学家将他们发现的一颗行星命名为“帕沃·鲁米”，用运动员姓名命名的行星,这是世界体育史上唯一的一次。

弗拉基米尔·库茨

弗拉基米尔·库茨,1927年生于前苏联,从小热爱体育。

他是前苏联著名的长跑运动员，第16届奥运会5000米和10000米两项冠军获得者。

罗纳德·克拉克

罗纳德·克拉克,1937年出生于澳大利亚,是一名长跑家。

克拉克从小就显示出了非凡的长跑天赋。很早就接受了专业训练,曾经一年之中从事专门耐力训练达6个月之久。教练尤其注重他的耐力训练。这种训练方法使他受益匪浅,1964在第18届奥运会上，他获得了10000米跑的铜牌,1965年在挪威的奥斯陆，他成为第一个突破男子10000米跑“28分大关”的运动员。

他18次刷新从2英里到20000米各种距离的长跑世界

纪录。

克拉克多次打破世界纪录，但在重大国际比赛中却很少获胜。田径界将这种现象称之为“克拉克现象”。

卡洛斯·洛佩斯

卡洛斯·洛佩斯，1947年出生于葡萄牙，他取得优异成绩时，年龄已比较大，所以被人们称为大器晚成的长跑家。

他的父亲是个农民，他很小时候就赶着羊群在田野中来回奔跑，这也使他的运动能力得到了提高。中学时得到了体育教师的培养，加入了体育俱乐部，开始与长跑运动结下了不解之缘。经过艰苦系统的训练，洛佩斯的耐力素质提高很快，在国内比赛中多次获奖。但他出现在国际田坛时，却没有太多的幸运。1976年29岁的洛佩斯还未取得令世人惊赞的成绩，直到在威尔士举行的世界越野赛上，他第一次成了世界冠军。接着他参加了第21届奥运会，获得一枚银牌。后因特殊原因，休整一段时间，1982年35岁的洛佩斯在一系列国际大赛中获胜。1984年37岁的他第2次获得世界越野跑冠军。接着在第23届奥运会上，他夺得了马拉松金牌。

1985年38岁的洛佩斯达到了运动生涯的顶峰，他第3次夺得世界越野跑冠军，1984年他被评选成为了“世界最佳运动员”。

塔季扬娜·卡赞金娜

塔季扬娜·卡赞金娜,1951 年生于前苏联，是一位出色的长跑家。

由于从小家境贫寒,她很早就在菜园干农活,养成了吃苦耐劳的品质。后来师从于著名教练地马雷舍夫,在他的指导和关怀下,开始进行系统的训练。卡赞金娜训练非常努力,运动成绩很快提高。1976 年,她刷新了女子 1500 米跑的世界纪录,随后在第 21 届奥运会上,她获得了两块径赛金牌,并有一项打破了世界纪录。1978 年卡赞金娜喜得千金,退出了赛场。然而她并没有就此永别田径场,在家人的支持下,她又开始了艰苦的训练。1980 年她再次来到奥运赛场,获得一枚金牌。1984 年, 32 岁的卡赞金娜创造了女子 3000 米第一个正式世界纪录。在 1976 ~ 1984 年期间,她共创造了 7 次世界纪录。

亨利·罗诺

亨利·罗诺 1952 年出生于肯尼亚,是著名的长跑运动员,1978 年被评为“世界最佳男子田径运动员”。

他 1972 年开始进行专业训练,4 年后进入世界先进水平的行列,1977 年赴美国华盛顿州立大学,师从于著名教练 J·查普林。罗诺训练非常刻苦,再加上他先天的运动天赋,很快就取得了优异的成绩。1978 年,他奇迹般地创造了 4 项径赛项目的世界纪录。这一年的 3~9 月,获得 28 场比赛的胜利。

1979 年和 1980 年上半年,罗诺尚由于种种原因,成绩急

剧下降。1981 年 5 月他曾宣布结束运动生涯,但是不久又复出参赛。9 月 13 日,他在挪威打破 5000 米世界纪录。

英格丽特·克里斯蒂安森

英格丽特·克里斯蒂安森,1956 年出生于挪威,是女子长跑家。

她从小热爱长跑运动,其最大的特点是耐力素质强。在教练的指导下,她进行了长期系统的训练,运动成绩不断提高。1981 年 7 月她在奥斯陆创造了女子 5000 米世界纪录。1984 年获得第 23 届奥运会女子马拉松第 4 名,同年再创 5000 米

世界纪录。1985 年她又改写了 10000 米世界纪录,并创造了女子马拉松世界最好成绩。1986 年是克里斯蒂安森运动生涯最辉煌的一年,她先后打破了女子 5000 米和 10000 米跑两项世界纪录。在她的运动生涯中,她 5 次创造世界纪录,8 次赢得世界著名国际马拉松赛冠军,扬名世界体坛。

塞巴斯蒂安·科

塞巴斯蒂安·科,1956 年生于英国,是伟大的男子中跑运动员,在第 22、23 届奥运会上,获两枚径赛项目的银牌。他创造了中跑所有项目的世界纪录,被誉为“中跑之王”、“冠军中的冠军”。

塞巴斯蒂安·科的父亲是一名工程师,他从小热爱体育,父亲去俱乐部练习自行车,他就跟在后面跑步,父亲渐渐发现了儿子的运动天赋,决定亲自培养儿子。在训练中,科的父亲循序渐进,为他制定了科学的训练方案,为儿子成为一名世界级运动员打下了坚实的基础。经过几年艰苦系统的训练,他的速度及速度耐力水平提高很快,运动成绩突飞猛进。1979 年,他三创世界纪录。1980 年第 22 届奥运会上,他勇夺 1500 米金牌和 800 米银牌。1981 年,国际田联批准的 9 个男子世界纪录中,他一人就占了 4 个。在 1979 ~ 1981 年期间,他先后 11 次打破男子中跑项目的世界纪录。 1982 ~ 1983 年由于种种原因,他隐退了。1984 年洛杉矶奥运会上,28 岁的科蝉联了 1500 米冠军和 800 米亚军。

玛丽塔·科赫

玛丽塔·科赫，1957年生于前民主德国，是一位伟大的女子短跑家和超级明星。

科赫11岁那年，在学校的“体育日”中参加赛跑，居然战胜了所有的男孩子，显示出田径运动的天赋。4年后，正式开始专业的田径训练，主攻200米和400米两个项目。1979年6月10日科赫在前东德的卡尔·马克思城打破了女子200米的世界纪录。1980年，她在第22届奥运会上夺得女子400米金牌。1983年，在第1届世界田径锦标赛上，科赫获得3枚金牌和1枚银牌，在她的运动生涯中，16次创造世界纪录，14次破室内世界纪录，成为半个世纪以来在径赛中创造世界纪录最多的运动员。

伊芙林·阿什福德

伊芙林·阿什福德，1957年生于美国，被人们称之为“黑色闪电”。

阿什福德在上小学时，虽然有短跑天赋，但因她身材瘦小，所以一直没有引起老师的重视。进入大学后，阿什福德接受了正规的训练，教练普埃特·康诺利对她采用超量训练法，要求极其严格。阿什福德的技术特点是步频快、加速快、动作协调有力。1976年，19岁的阿什福德在第21届奥运会上获100米第5名。1979年和1981年两次夺得世界杯女子100米和200米冠军。1983年和1984年两次创造女子百米世界纪录。1984 年获第 23 届奥运会 100 米、4×100 米接力两枚金牌。1988 年她获第 24 届奥运会 4×100 米接力金牌和 100 米跑银牌。1992 年，阿什福德在第 25 届奥运会上再夺 4×100 米接力跑金牌。

格里菲斯·乔伊纳

格里菲斯·乔伊纳,1959 年出生于美国，是一位伟大的女子短跑运动员,被称为 20 世纪“世界第一女飞人”。

格里菲斯从小就特别喜爱短跑。1984 年格里菲斯在第 23 届奥运会上获女子 200 米银牌。同年她还首次突破 100 米“11 秒大关”。1987 年她获得第 2 届世界田径锦标赛上获得一个亚军和一个接力冠军。1988 年,她先在美国奥运会选拔赛上创造了女子 100 米世界纪录。接着在第 24 届奥运会上勇夺 3 枚金牌和 1 枚银牌,并刷新了女子 200 米的世界纪录,被人们称为“世界第一女飞人”。

格里菲斯外形出众,多才多艺,出过诗集,拍过电影,因此被新闻界称为“田径黑美人”。

第二章

障碍跑

第一节 障碍跑运动的起源与发展

一、障碍跑概述

男子在竞赛项目中需要跑越一定的障碍物。它对运动员的运动素质要求比较高，不仅要求运动员具有长跑的耐力和技术，还要掌握跨越障碍和水池的本领。正式比赛项目只有3000米障碍一项,全程共跨越35次障碍,其中有7次跨带水池的障碍。途中障碍设置方法有两种:一种每圈长390米,跑7圈,起点至第一圈起点270米,第一圈起点至第一障碍10米,第二障碍至第五障碍78米,第五障碍至终点68米。另一种每圈长410米跑7圈,起点至第一圈起点130米,第一圈起点至第一障碍10米,第二障碍至第五障碍82米,第五障碍至终点72米。越过障碍栏架的方法有两种:一种是直接跨栏法,近似400米栏的动作,起跨点约距栏架1.5~1.8米,起跨角略大,身体重心腾起稍高。另一种方法是踏上跳下法,用有力腿蹬地起跳后，前伸的摆动腿屈膝以脚跟踏上横木后沿，随之身体前移,待重心移过障碍架后,支撑腿也转为脚尖蹬横木使身体向前落下,用起跨腿落地。

跨过水池障碍的方法也采用踏上跳下法。

二、障碍跑的起源

障碍跑起源于英国,最初,它的赛场设在野外,跨越的障碍是树枝、河沟,各障碍间的距离也长短不一。19 世纪中叶开始,赛场趋于正规,障碍跑开始在跑道上进行。有的研究报告指出,19 世纪时障碍跑的距离不统一,具有很大的随意性。

第 2 届奥运会出现 2500 米和 4000 米两个项目的障碍跑。从第 3 届奥运会起将障碍跑的距离确定为 3000 米，全程必须跨越 35 次障碍，其中包括 7 次水池。400 米的跑道可摆放 5 个障碍架。

3000 米障碍跑是长跑与跨越障碍相结合的运动项目，对运动员的综合运动素质要求很高，不仅要有顽强的意志力，而且还要求掌握正确的跨越障碍和水池的技术。从事这项运动，可以发展耐力，以及培养运动员不怕困难的品质。

1864 年，障碍跑第一次出现在牛津大学。几十年后，在第 2 届奥运会上，将其列为正式比赛项目。接下来的几届奥运会障碍跑比赛的距离并不固定，直到第 7 届奥运会才固定为 3000 米。

三、障碍跑的发展

田径竞技中的障碍跑是中距离跑与跨越障碍技术相结合的径赛项目。国际田联制定的田径竞赛规则规定，障碍跑的标准距离包括两个，即 2000 米和 3000，但目前在国际大型田径赛会上，只有成人男子 3000 米障碍跑项目开展得比较好。

最初，障碍跑中的障碍物有壕沟、灌木林等。19 世纪中期以后，该项目逐渐受到全世界的关注。但长时期来，障碍跑项目比赛的场地、距离、障碍物种类和设置都很不规范，也没有固定、统一的竞赛规则。

第7届奥运会上,障碍跑的距离固定为3000米。1954年8月23日,匈牙利运动员山·罗日纽伊创造的8分49秒6的成绩,被国际田联批准承认为第一个3000米障碍跑的世界纪录。20世纪50年代至60年代,该项目的世界纪录一直为欧洲运动员所有,直到1968年奥运会上,肯尼亚运动员在这个项目上表现出色。自此,非洲运动员在这个项目上占有了一定的优势,成绩比较突出的有:阿比沃特、卡里乌基、本·吉普乔、保尔·巴马塞等。

四、障碍跑在我国

我国将障碍跑列入正式比赛项目的时间是1956年,第一个全国纪录由北京体育学院田秀东创造。障碍跑在我国起步比较晚,参与人数相对于很多项目来说,也不够多,因此它还有更多的发展空间。

第二节 障碍跑运动的训练

在3000米障碍跑中,熟练掌握跨越障碍栏架和水池的技术非常重要。

因此,在日常的训练中,提高平跑能力应作为重点。

一、3000米障碍跑的技术训练

该项目的技术训练主要由两部分组成,即平跑技术训练、跨越障碍栏架和水池的技术训练。在平跑技术训练中,不仅应使运动员掌握合理和省力的中长跑技术,还应培养运动员的速度感和节奏感。这方面在中长跑的技术训练中已做详细论述,此处不再赘述。下面着重阐述跨越障碍栏架和水池的技术训练。

跨越障碍栏架和水池技术训练的任务是：使运动员掌握和不断完善跨越障碍栏架和水池的技术，并逐渐达到熟练和自动化。运动员在跨越障碍栏架和水池时,应尽可能做到减少跨越障碍栏架和水池的速度损失,使跑速不下降,而且应尽量减少体力的消耗。另外,还应注意培养运动员的目测判断能力和应变能力,使运动员不论在任何复杂条件下,均能用任何一条腿任意起跨越过障碍栏架和水池。

跨越障碍栏架和水池的技术训练通常可采用以下手段：

通过跨栏跑和跳远腾空步的一些专业性练习,掌握、改进和提高跨越障碍栏架和水池的关键环节技术。

通过跨越 0.914 米高的栏架或障碍栏架的练习，掌握、改进和提高跨越障碍栏架的技术。

将一个约 0.914 米高的跳箱放在沙坑旁，沙坑代替水池，并画上 3.66 米的标志线。通过运动员先跑 10~15 米踏上跳箱，再由跳箱跨向沙坑 3.66 米标志线的练习,来掌握、改进和提高跨越水池的技术。

通过用中速跑在 200 米内跨越距离不等的 3~4 个 0.914 米高的栏架的练习，培养运动员的目测判断和及时调整步伐跨越障碍的能力。

通过在 3000 米障碍跑场地上跑一圈跨过 5 个障碍的分段跑练习，进一步把握、改进和提高跨越障碍栏架和水池技术,培养平跑与跨越障碍结合能力和专项的速度感与节奏感。3000 米障碍跑的技术训练,在准备期和比赛期均应安排。在准备期以掌握、改进和提高单个跨越障碍栏架和水池技术为主，后期可与平跑相结合，在 3000 米障碍跑的场地上掌握连续跨越多个障碍的技术。在比赛期以掌握、改进和提高在 3000 米障碍跑场地上连续跨越多个障碍的技术为主，并培养运动员具有良好的专项速度感和节奏感。

二、3000 米障碍跑的素质训练

3000 米障碍跑的素质训练与中长跑和跨栏跑项目有很多相似之处,主要应突出耐力、速度、力量等专项素质的训练。

耐力素质训练

3000 米障碍跑的耐力训练包括一般耐力训练和专项耐力训练两种。

一般耐力训练

一般耐力训练主要是为了增强内脏器官功能，提高跑的能力和人体有氧代谢的能力，为专项耐力打下坚实的基础。发展一般耐力主要通过时间长、强度不大的持续跑练习，跑时心率控制在 150 次 / 分左右，速度约 1 千米 / 4 分，跑的距离由每次跑 5000 米左右逐渐增加到每次跑 15000 米左右。

专项耐力训练

专项耐力是 3000 米障碍跑运动员最重要最关键的身体素质，它对提高 3000 米障碍跑的运动成绩至关重要。发展专项耐力，除了采用中长跑运动员训练经常采用的强度较大的重复跑、间歇跑以及“法特莱克”跑等以外，还可以在

3000 米障碍场地上做 1 ~ 3 圈的重复跑和间歇跑来发展 3000 米障碍跑运动员的专项耐力。

3000 米障碍跑的耐力训练，在全年训练的准备期，应以发展一般耐力为主，进入春季训练阶段，应逐渐增加专项耐力训练的比重。在比赛期，则主要应抓好发展专项耐力的训练。

速度素质训练

速度素质同样应成为 3000 米障碍跑运动员的专项身体素质，假如一个 3000 米障碍跑运动员的 100 米平跑成绩仅为 13 秒左右，那么他的 3000 米障碍跑专项就很难达到理想的好成绩。因此，要十分重视 3000 米障碍跑运动员的速度素质训练。

3000 米障碍跑运动员所需要的速度，主要是平跑的位移速度。可以采用发展短跑运动员位移速度所采用的重复跑进行练习，其特点是跑的距离短，跑的速度快，每次跑之间的间歇时间按短跑练习时的基本要求。发展速度素质的训练，要安排在精力较充沛的情况下进行，一次训练课中的速度训练，通常安排在准备活动之后进行。

3000 米障碍跑的速度训练，主要安排在全年训练的准备期进行。在比赛期，虽然由于专项训练内容的增加而速度训练有所减少，但仍然需要注意保持一定的发展速度的训练量。

力量素质训练

3000米障碍跑运动员所需的力量有两种，一种是跨越障碍栏架和水池所需的快速力量；另一种是保持3000米距离持续跑所需要的力量耐力。发展快速力量主要采用短跑、跨栏运动员发展快速力量所采用的各种练习，如大强度的单足跳、跨步跳、蛙跳、跳深以及大重量的挺举、抓举、负重蹲跳起等练习。发展力量耐力主要采用强度较小、持续时间较长的小跳、跨步跳以及负轻重量的跳、举杠铃和持哑铃摆臂等。3000米障碍跑的力量训练，主要安排在全年训练的准备期进行。在力量训练中所采用的运动负荷，应根据不同运动员的力量基础、承受负荷的能力而定。

三、3000米障碍跑赛前训练与比赛

3000米障碍跑的赛前训练与比赛,与中长距离跑项目有很多相似之处,下面再简要阐述其主要特点。

3000米障碍跑赛前训练的任务是使运动员达到最高的训练水平并进入比赛状态。为此,要加强专项耐力的训练,完善跨越障碍栏架和水池的技术,进一步培养速度感和形成适合个人特点的跑的节奏,精通3000米障碍跑的比赛战术,以及加强参加比赛所需的心理品质培养等。

安排和调整好运动负荷,在3000米障碍跑赛前训练中至关重要。此期间运动负荷安排的特点是负荷量不断下降而负荷强度不断增加。负荷量下降主要是发展一般耐力跑的量下降,强度不大的中速跑在此期间只作为保持一般耐力水平和休息调整的手段采用。强度增加则主要体现在提高专项耐力的训练上,强度很大的间歇跑和重复跑,是3000米障碍跑赛前训练的主要内容。

在赛前两周左右,应进入赛前调整。此期间应进一步减少负荷量,并根据参赛运动员的情况制定自己的战术方案。在赛前5~6天进行一次大强度的训练后,应进入积极性的休息并熟悉比赛场地,以便使运动员以充沛的体力和跃跃欲试的心理状态投入到比赛中去。

四、障碍跑训练方案

教学目的:通过障碍跑训练增强训练者的奔跑、跳跃、攀越、支撑、平衡等基本技能,提高力量、速度、技巧、耐力、灵敏等身体素质,培养顽强的拼搏精神。

训练内容:身体素质训练包括了力量、速度、耐力、灵敏、柔韧。

通过单个障碍动作。

100 米障碍全程跑。

说明:100 米障碍跑作为介绍项目,最后进行测试,以便制订评分标准。

第一个训练内容：身体素质训练

教学目的：提高身体素质和运动素质，比如速度、耐力、柔韧性等。

训练方法：采用所有的学习者集体训练的方式。100 米障碍跑，对技术和身体素质的要求非常高，单个障碍在训练期间身体素质训练应占每课时的一半。

训练内容各任课教师根据训练者身体素质的情况，具体安排。

第二个训练内容：通过障碍的动作

教学目的：使训练者学会通过障碍的动作及训练方法。

教学内容：根据我校的实际情况，障碍跑往返 100 米设 12 个障碍物。障碍物包括：矮墙、高架平梯、独木桥、高墙、高架链梯等。

通过单个障碍的动作

跳跃矮墙

方法之一：一只手和一只脚支撑跳跃。跑至距离矮墙约 1 米的地方，一只脚蹬地，完成起跳动作，跃上矮墙。与此同时，起跳腿的同侧手支撑于矮墙上缘，另一腿向侧上方摆，并以前脚掌支撑于矮墙上缘，身体的重心主要集中于支撑臂上。随着起跳腿迅速上提收于胯下，并越过矮墙着地。这时，支撑手推墙，支撑腿前摆，触地，继续向前跑。

方法之二：踏蹬跳跃矮墙。跑至矮墙前约1米处，一只脚蹬地，完成起跳动作，身体向前上方跃起，另一只脚的前脚掌蹬踏矮墙上缘，上半身向前倾，控制身体重心，使之降低，蹬地脚快速向上提起，并越过矮墙，触地，另一脚蹬离矮墙，继续向前跑进。

高板跳台。由攀上高板和跳下高低跳台组成。

攀上高板

方法之一：挂臂式攀上。运动员跑向高板，在距其约50厘米处，一只脚蹬向地面，完成起跳动作，身体向上跃起，与脚同侧的手向前伸出，并攀住高板上缘远端，另一只手撑于高板后上缘，随即另一腿屈膝上摆，用脚后跟或小腿挂在高板上缘，身体借手臂和腿的力量而翻上高板面，接着一只

手和异侧脚撑起身体，起跳腿快速上提踏于板面上。

方法之二：立臂撑上。运动员跑至高板，在距其约 40 厘米处，两只脚发力，蹬向地面，完成起跳动作，使身体向上跃起。同时，双臂或双手挂撑在高板上缘，借身体向上的惯性和两臂撑力，将身体撑上高板。随着一腿屈膝从体侧提起，踏上高板，此时的状态变为一只手和一只脚支撑着身体的重量。

跳下高台和低台。练习者的一只手和异侧腿撑起身体，上半身呈前倾状态，一条腿向前下迈步，脚掌踏在高台中部，另一腿向前下迈步，脚掌踏于低台中部，控制身体重心，当重心移过支撑点时，踏于高台的腿立刻前迈并着地缓冲。与此同时，运动员的上半身向前倾，踏于低台的脚完成向前迈步跑进的动作。

高架平梯

运动员跑至平梯前约 30 厘米处，完成向上跳跃的动作，双手抓住平梯的第一节，在惯性的作用下，双手交替向前，通过高架平梯。

独木桥

运动员跑到斜板前约 30 厘米处，一只脚进行蹬地，接着，身体向前上方跃起，另一只脚以前脚掌踏蹬斜板中上部，蹬地脚快速踏上桥面。通过时，运动员的上半身微微向前倾，控制好身体的重心，使之降低，眼睛向前看，双腿稍屈，双臂自然张开，身体放松且保持平衡。来到桥端时，一

只脚向前下方进行摆动，触地，另一脚从桥端或两侧下桥，向前方跑进。

攀越高墙

臂撑攀越。运动员跑向高墙，约距离高墙 1 米处，一只脚发力，完成跳起动作，另一腿屈膝上抬，以前脚掌向前下猛蹬墙的中部，借向上的冲力两手攀住高墙上缘，使身体撑上高墙。与此同时，起跳腿的膝部弯曲，并向上抬起，挂于高墙上缘，身体快速向上翻，这时与起跳相对一侧的手进行换握，同侧臂发力，推墙，身体转向跑进方向，前脚触地，完成缓冲，后脚快速向前方迈出，继续跑进。

一只手和一只脚完成支撑动作，攀越，向高墙跑去，当距离高墙约 1 米时，一只脚发力，起跳，另一条腿的膝部弯曲，向上抬之前，脚掌向前下方发力，猛蹬墙中部，身体随之向前上方跃起，双手攀撑于高墙上缘，起跳腿的膝部弯曲，并向上摆动，身体被支撑于高墙上缘。蹬墙腿的膝部进行弯曲，并上提收于支撑腿胯下，越过高墙，向前方伸出，手部发力，推高墙，身体从下跳下，落地时，双腿前后分开，膝部弯曲，进行缓冲，后腿向前迈进，继续跑进。

匍匐通过底桩网

运动员跑向网，并在距其一米半处向前跨一步，与此同时，膝部和腰弯曲，上半身向前下俯冲两臂前伸，手掌着地，借两脚蹬力钻入网内。前进时，两只手和两只脚触地，以右手扒、左脚蹬和左手扒、右脚蹬的合力交替爬行，出网时，双臂将上半身撑起，一只脚立刻向前迈，继续跑进。

高架链梯

运动员向链梯跑，将手臂伸出，抓住链梯的高端，然后脚部向上方蹬动，开始向上爬，完成动作时，右腿进行蹬地，左手向上爬，而后，左腿再蹬，右手向上爬，运动员爬到链梯的上面后，再从另一侧向下爬，在靠近地面时，向下跳并缓冲，接着，继续跑进。

穿越障碍物

身体向前跑至障碍物处，采取侧身穿越，胳膊屈臂护于胸前，左右穿梭。

单杠卷身上

运动员跑向单杠，在距其约 20 厘米处，向上跳起，两只手紧紧握住单杠，利用惯性，屈臂上拉身体，与此同时，双腿向上完成摆动动作，身体上卷重心过杠后，屈臂收腹下跳，屈膝缓冲，继续前跑。

跨越洞孔

运动员跑向洞孔，在距离其约 30 厘米处，左腿的膝部进行弯曲，支撑身体，右腿上举前穿，身体向前方，腰部弯曲，头探出，腹部向右大腿贴近，右臂向前方伸出，使右脚、头部和双臂穿过洞孔，右脚触及地面以后，左脚立刻向上提起，并通过洞孔，继续前跑。

第三节　中国运动员在障碍跑运动比赛中取得的成绩

孙日鹏,1974年出生于辽宁,身高1.79米。运动项目为田径3000米障碍。1987年进入大连市体育学校进行专业的训练,后入选省田径队,训练专项为3000米障碍跑。1990年第3届亚洲青年田径锦标赛3000米障碍跑夺得金牌。1991年第2届城运会3000米障碍跑夺得金牌。1993年第7届全运会3000米障碍跑夺得金牌。1994年第12届亚运会3000米障碍跑夺得金牌。1997年获第8届全运会3000米障碍跑金牌,并打破了世界纪录。

第三章

接力跑

第一节 接力跑运动的起源与发展

一、接力跑运动的起源

接力跑在田径运动中是唯一依靠集体的力量获得比赛成绩的项目。该项目以队为单位,每队 4 人,且每个成员跑动的距离相等。接力跑的起源有很多种说法,有的认为起源于古代奥运会祭祀仪式中的火炬传递,有的认为起源于非洲的“搬运木料”游戏,还有人说它是从邮驿演变过来的。

在许多国际体育赛事中,接力跑的项目包括男、女 4×100 米和 4×400 米。与此同时,被国际社会承认的项目还有男、女 4×200 米、4×800 米和男子 4×1500 米、异程接力、迎面接力等。1908 年,男子 4×400 米接力项目首次被列为奥运会比赛项目。在接下来的奥运会中,又增加了男子 4×100 米、女子 4×100 米和 4×400 米。

二、接力跑运动的发展

19世纪末，接力跑渐渐被人们认识和接受，当时的比赛规则是接棒人在20米接力区内等候，接过跑进队员手中的接力棒。到了20世纪后期，接力跑的一些规则被改进，规定沿接力区向后，增加10米，作为预跑线，接棒队员可以在10米的预跑段区域内任选一处开始起跑，但是，传棒和接棒的过程，仍必须在20米接力区内完成。

在第5届奥运会上，男子4×100米接力被首次列为比赛项目，第一个冠军诞生于英国。1920年，在第7届奥运会上，美国队出色的表现，赢得了裁判和观众的一致好评，同时，该队创造的42.2秒的成绩被承认为第一个正式世界纪录。

女子接力跑最早出现于第9届奥运会，比赛项目为4×100米，在众多参与的国家队中，加拿大队的运动员配合默契，发挥出色，最终获得了该项目的冠军；1936年柏林奥运会上德国队犹如一匹黑马，勇夺该项目冠军，这一成绩也被载入奥运史册，成为第一个世界纪录。女子4×400米接力项目出现得更晚些。据史料记载，女子4×400米接力跑的第一个世界纪录是由原苏联莫斯科队1969年创造的。直到1972年，该项目才第一次出现在奥运会赛场，在这次奥运会上，东德队力压群雄获得冠军。

第二节　接力跑运动的技术

以 4×100 米接力跑为例

接力跑的起跑

通常情况下，运动员以右手持棒，对于持棒的要求并不固定，可根据运动员的自身情况而定，以舒适为宜。除握棒手指外的其他手指均撑于起跑线后的跑道上。持棒方法有三种，一是运动员用中指、无名指和小指握棒；二是运动员用食指握棒；三是运动员用中指和无名指握棒。

持棒起跑

接力赛中的第一棒运动员以蹲踞式起跑，预备起跑时，接力棒必须离开地面，起跑技术与短跑基本相同。

接棒人起跑

接力赛中跑第二棒、第三棒和第四棒的运动员，采用半蹲踞式的起跑。

接棒人在未接到棒时,需站于预跑区正确的位置等候,注意力高度集中。

第二棒和第四棒接棒人在准确接棒时, 应站于跑道的外侧,准备姿势是右腿位于前方,右手稳稳撑地,身体重心集中于右脚上,头部向左转动,注视队友的跑进以及起动标志线。

完成第三棒的运动员需站于跑道内侧,左侧腿位于前方,左手稳稳撑于地面,身体重心集中于左脚,头部向右侧转动,注意力集中,注视队友的跑进以及起动标志线。

传、接棒的方法

下压式

接棒的运动员，手臂向后方伸出，与躯干形成一定的角度,该角度控制在55度左右。

接棒人的手腕向内旋转,掌心朝上,五指呈放松状态,自然张开,虎口朝后。

传棒人将棒的前部由上向下传到接棒人的手中。

采用这种方式进行传接棒能够使每一棒次的接棒都能握住棒的一端,不用换手或倒棒。所以,在许多大赛上,人们都能看到下压式传接棒。但有人却认为,下压式传接棒存在很多不足,他们指出,运动员掌心朝向上向后伸出的手臂抬起一定的高度,这种姿势本身就存在一定的难度,使运动员处于不舒服的状态,它会引起上半身向前倾,从而大大降低了启动的速度和传、接棒效果;若接棒运动员的手臂抬起的较高,那么身体就很容易失去稳定性,不利于传、接棒;传棒人一旦手臂前伸,就会降低跑速,对接棒人也产生了一定的负面影响。

挑式

接棒人的手臂向后方伸出,呈自然放松状态,手臂与躯干形成一定的角度,该角度控制在45度左右。

接棒人的掌心朝向后方,五指自然分开,虎口朝下。

传棒人将棒由下向前上方送入接棒人的手中。采用此种方式进行传接棒,可降低接棒人预备姿势的难度。当然,它也存在不足,那就是接棒人握于棒的中间位置,不利于下一棒的传递,容易造成掉棒以及影响跑速。为了避免这一现象,运动员需在跑进的过程中进行换握棒手或倒棒。

混合的传接棒方法。既然下压式和上挑式都存在一定的优点和不足,那么,综合它们的优点,取长避短后,就形成了混合式传接棒方式。4×100 米接力跑多采用上挑式和下压式混合的传、接棒方法。

第一棒运动员用右手持棒起跑,沿弯道的内侧跑进。传棒给下一个队员时,采用上挑式。

第二棒运动员用左手接棒,沿着跑道外侧跑进。传棒给下一个队员时,采用下压式。

第三棒运动员用右手接棒,沿弯道内侧跑进,传棒给下一个队员时,采用上挑式。

无论采用何种方式进行传接棒,在动作的过程中,都应注意以下几个问题:

传、接棒时,队员之间要形成一定的默契,这就要求在日常的训练中,要反复进行沟通,多练习,才能使传接动作更精确而快速。

在传、接棒过程中,第一和第三棒的队员需沿弯道内侧跑进,用右手将棒传给第二和第四队员的左手。

第二棒队员沿着跑道外侧跑进, 用左手将棒传给第三棒队员的右手。

为了保证跑速,运动员在接棒时最好不看向接力棒。

传接棒的时机

在 4×100 米的接力赛中，运动员需在 20 米的接力区内完成传、接棒的动作。传接的最佳时机是两个队员都处于高速跑进状态。通常情况下，传接棒时多发生在接力区前端大约 4.5 米的地方，这时传棒队员依然处于高速跑阶段，而接棒队员也完成了加速跑动作，开始高速跑。

标志线位于预跑线之后。标志线是接棒人开始起跑的标志。它的确定与传棒人的跑速、接棒人的跑速和传接棒技术的熟练程度密切相关。

另外，传、接棒的最佳时机也受到交棒时两名队员之间的距离的影响，这一距离也被称为获益距离，如果两名队员配合默契，那么能产生 2 米左右的获益距离。在 4×100 米接力跑中，三个接力区能产生 6 米左右的获益距离，可见，它对于最终的比赛成绩是十分重要的。

一个接力区传、接棒技术全过程的各个阶段

一个传、接棒的过程是从传棒队员跑进标志线开始，接棒队员起动加速起跑，到两人在接力区后半段，完成传、接棒动作为止。它可分为预跑阶段、相对稳定高速阶段和传、接棒阶段，其中以传、接棒阶段最为重要。

预跑阶段：从传棒队员跑到起动标志线起到接棒队员开始起跑止。

任务

传棒队员保持高速度跑进标志线;

接棒队员判断准确,快速起动。

技术特点

传棒队员右手持棒沿弯道内侧或直道外侧跑进;

接棒队员站在跑道外侧或内侧,做半蹲踞式起跑姿势,目视传棒队员和起动标志线。

相对稳定高速阶段。从接棒队员加速起,到传棒队距接棒队员 2~3 米处止。

任务

传棒队员继续保持高速度跑进。接棒队员起动后,迅速加速,尽快达到高速度;

在接力区后半段 14～16 米处,传、接棒队员两人相距 2～3 米时,达到相对稳定的高速度跑进。

技术特点

传棒队员沿跑道内侧或外侧快速跑进，保持高速度逐渐与接棒队员靠近。

接棒队员起动后,上体前倾,积极蹬摆,最大限度地加快跑速。

传、接棒阶段,自传棒队员与接棒队员相距 2～3 米起,至两名队员完成传、接棒动作为止。

任务

快速、安全、精确地完成传、接棒动作。

技术特点

传棒队员保持高速跑进,并准确及时地发出信号,将棒安全、顺利地在接力区内传给接棒队员手中;

接棒队员保持已发挥出的高速度跑进，听到信号迅速向后伸臂接棒,伸臂动作要稳,手形正确。

4×100 米接力各棒次运动员的安排原则

第一棒队员持棒跑 107 米左右，第一棒在接力跑中十分关键,所以要安排起跑技术好并善于跑弯道的队员。

第二棒队员持棒跑 127 米左右，这时，接力跑进入稳定期,应安排传接棒技术熟练的运动员,与此同时,运动员还应该有较好的速度耐力。

第三棒队员持棒跑 127 米左右，同时要安排传接棒技术熟练的运动员,并善于跑弯道。

第四棒队员持棒跑 120 米,这是比赛中的最后一棒,运动员要具有一定的冲刺能力,通常情况下,这一棒被安排为短跑成绩最好,并拥有良好的心理素质的队员。

接力跑起跑技术动作

持棒起跑:第一棒运动员以右手持棒,采用蹲踞式起跑,在准备动作中,接力棒不得触及地面。起跑技术与短跑基本相同,根据自身情况,可有三种持棒方法,即右手的食指握住棒的后部,其他手指撑于地面;右手的中指、无名指握住棒的后部,其他手指撑于地面;右手的中指、无名指和小指握住棒的后部,其他手指撑于地面。

接棒人起跑:接棒人站在接力区后端线或者预跑线内,选定起跑位置,两脚前后开立,两腿的膝部弯曲,上体前倾。接棒人应站在跑道外侧,左腿在前,右手撑地保持平衡,身体重心稍偏右边，头部左转，目视传棒人的跑进和自己起动的标志线。当传棒人员跑到标志线时，接棒人员便迅速起跑。

4×100 米接力跑起跑：由于接力跑免去了三个起跑和疾跑阶段，两名队员是在跑动中完成传接棒，因此为使接力成绩优异，必须要求他们在高速中进行。但 20 米接力区使接棒队员难以达到较高跑速。故此，接棒队员可在接棒前 10 米开始预跑，但传接棒任务仍需在 20 米接力区内完成。如果接棒人过早地完成传接棒任务，说明其未能充分利用这段距离，而是在不高速下接棒，这势必影响接力跑成绩。但是，如果接棒人充分发挥了跑速而在规定的接棒区外接棒，虽然达到了高速中传接棒的目的，但却因此犯规以至前功尽弃。因此，如何能使传接棒运动员均在较高速度下完成传接捧，又能充分利用规则给予的合法起跑距离，是 4×100 米接力跑中传接棒技术的又一关键。一般来说，最佳接棒点应在离接力区前沿 3 米处，规则规定必须在预定的 20 米接力区内完成接棒任务。第二、第三、第四棒运动员可从接力区内 10 米以内的地方起跑。运动员虽手持接力棒跑完全程，如棒掉落必须由掉棒的运动员拾起。

第三节　接力跑运动的训练

接力跑的训练方法

接力跑的训练基本与短跑相同,除传、接棒另有技能训练外,其他的训练安排均按短跑训练的安排。

接力跑的训练是短跑训练的一部分，接力跑的运动员基本都是短跑运动员,有时队员不足可从其他项目队员补充,最好都是短跑运动员,更有利于短跑训练,同时完成接力跑的训练任务。

接力跑训练有两个重点内容,一是跑速,二是传、接棒技术。每名队员单跑的速度是提高接力跑成绩的基础,要花大力气去提高。熟练的传、接棒技术,可以使 4×100 米接力跑的成绩比 4 名队员 100 米成绩的总和提高 2.5 至 3.0 秒;4×400 米接力跑可提高 4 秒左右。因此,在短跑训练中,要把提高跑速的训练和传、接棒技术的训练结合起来,既能完成短跑的训练负荷,又能改进传、接棒的技术。

在进行若干次 100 米跑训练时，可将其中 2~3 次 100 米跑改为 4×100 米接力跑，训练负荷未变，又改进了传、接棒技术，还能激发运动员训练的热情。

在进行加速跑、行进跑和起跑的训练时，也可在最后几次加上传、接棒的动作。

在短跑训练过程中，应有计划地在训练课中专门进行接力跑的训练，也可安排在训练课结束之前进行。要注意经常进行全程接力跑，这样才能使传、接棒动作自动化，才能较准确的测定标志线，并在反复实践中进行校正。

接力队的队员应当相对稳定，通过经常训练，才能使传、接棒动作达到高度的准确性。

接力跑训练的基本内容与方法

提高接力跑队员的绝对速度能力的训练。

接力跑队员的持棒训练,培养队员持棒跑的习惯。可采用持棒加速跑 60 米;持棒行进间跑 30 米;持棒起跑 30 米;在持棒高速度跑中完成传、接棒动作。

训练提示

注意持棒摆臂的动作,防止棒触及身体影响跑速和掉棒;

注意提高持棒高速跑的能力,防止因持棒而降低了跑速。

2 人或 4 人成组做快速传、接棒练习,两组或多组在竞争中进行传、接棒练习,2×50 米或 4×50 米。

训练提示

要求队员一定要发挥出高速度,在高速度中传、接棒。

不断校正标志线的距离,并且加大传、接棒时两名队员间的距离。

各棒次配合的练习

前两棒队员的传、接棒练习。以枪声为令,枪响后,第一棒队员迅速将棒传给第二棒队员,完成 2×100 米接力跑。

前三棒队员的传、接棒练习。要求同上,完成 3×100 米接力跑。

4×50 米或 4×100 米接力跑。

经常参加 4×100 米接力跑测验和比赛。

训练指示

在各棒次队员未确定时，应让不同的队员进行不同棒次的接力跑，以便确定各棒次的人选。当各棒次确定后，这种 2~3 个棒次的接力跑训练的目的，是改进传、接棒技术。

两个棒次接力跑训练，既要进行一、二棒次的接力跑。也要进行二、三棒次和三、四棒次的接力跑，提高各棒次传、接棒技术的准确性。

在进行几组 4×50 米或 4×100 米接力跑时，为增加竞赛的气氛，应使各组队员的力量较为平均。这样接力队的队员就要分到不同组别中,不管怎样分法,都应注意能提高接力队队员的传、接棒技术。如把一、二棒队员分在一组,将三、四棒队员分在另一组。

提高接力跑运动员的速度感觉。可以采取接棒人在传棒人前 50 米慢跑,回头看传棒人或接棒人做好起跑姿势,根据传棒人的跑速,确定自己快速起跑的时机,并在距接棒人起跑后 27 米处两人靠近,达到传、接棒的距离。从前向后看传棒的跑速较为困难,但这种速度感觉对接力跑运动员是十分重要的。

4×400 米接力跑的训练。可在中速跑中练习传、接棒技术;结合 400 米跑的能力训练,进行 2~4 人在 200~400 米反复跑中的传、接棒技术的练习;经常参加 4×400 米接力跑的测验和比赛,通过比赛总结经验,不断完善传、接棒技术。

4×100 米接力跑和 4×400 米接力跑均属短跑的一部分,其锻炼方法和短跑写在一起,通过接力跑的方法进行锻炼,更能引起锻炼者的兴趣并提高锻炼效果。

第四节 接力跑运动的比赛及欣赏

接力跑比赛规则

接力跑项目是田径比赛中的径赛项目之一。当有两队或以上的接力跑成绩相同,那么可根据实际情况,或进行重赛,或同时进入下一赛段。若这种情况发生于决赛,那么,总裁判有权决定是否重赛,在不需重赛的前提下,则维持赛果;除第一名外,其他名次若出现成绩相同者,毋须重赛。

接力木棒

在 4×100 米接力跑中, 各队员的跑动是在分道进行,接棒者在接棒区前 10 米内起跑。

在 4×400 米接力跑中,第一棒的运动员整个跑程都在分道,第二棒的运动员在第一弯道时,是分道跑,跑至抢道线后,可不分道跑。第一棒与第二棒进行传递时,必须在指定的线道内进行,剩下的传接棒地点,裁判员会根据有关规定,让其第三及第四棒的队友在接棒范围内,由内至外排列等候接棒。不管是哪一棒的运动员,都不允许在接棒区外接棒起跑。

在接力跑的过程中,接力棒始终在接力运动员手中,直至比赛结束。若在中途出现掉棒现象,那么从谁手中掉落就应由谁拾回,拾棒应在不影响其他运动员比赛的前提下进行。在整个传、接棒的动作中,裁判应以接力棒的位置确定“接棒区内”,而不是根据参赛者的身体或四肢的位置。传棒结束后,运动员若主观故意越出跑道影响其他运动员比赛,那么,该运动员所在队将被取消比赛成绩。

起跑规则

通常情况下,接力跑分为两种,即 4×100 米接力比赛和 4×400 米接力比赛。参加比赛的队伍由 4 人组成。根据规定,各队员在完成接力时,应在 20 米长的接力区内进行。但在进行 4×100 米接力赛时,可以将传、接棒区域外延至预跑区内。参加比赛的 4 名运动员中,通常将第一棒安排为各项运动素质都比较优秀的运动员,这样安排主要是为了先发制人,在比赛的初期就占据领先地位,一个好的开端,势必大大鼓舞人心,使接下来的三名队员充满自信心和战斗力。尤其对于第二棒的运动员来说,更有利于技术水平的发挥,第二棒和第三棒运动员,要求有较好的传接棒技术且专项耐力较高,第四棒运动员则应是全队中实力最强的一个,是四个人中短跑成绩最好的一个。

第五节 接力跑运动的注意事项

接棒人起跑过早，使传棒人无法传棒

产生原因：起跑的标志线距离接力区有一定的距离，对传棒队员的跑速没有一个正确的认识；接棒人在接棒时，精神紧张过度，在队友还未进入标志线内就开始起跑。

纠正方法：缩短起跑标志线和接力区的距离，在日常的训练中，提高对跑速的估算能力；接棒人起跑前要精力集中，注视传棒人跑的动作，当传棒人踏上标志线时立即起跑；经常在高速跑的情况下，练习传、接棒动作。

传棒人传棒后超过接棒人

产生原因：接棒人起跑太晚；低估了传棒人的速度，标志线距接力区太近；接棒人反应太慢，看到传棒人踏上标志线，起动太慢。

纠正方法：延长起跑标志线和接力区之间的距离；提高接

棒人的反应速度,或把接棒人反应慢的时间,计算在标志线确定的距离内,其他同上一错误动作的纠正方法。

接棒人接棒时回头看,影响跑速

产生原因:练习传、接棒技术次数少;接棒人信心不足,精神过于紧张。

纠正方法:在较慢的跑速中反复练习传、接棒技术,目光始终向前,反复练习,消除紧张状态。

接棒人或传棒人没有按应跑的跑道一侧跑进,给传、接造成困难。

产生原因:不知道自己应在跑道哪侧跑,没有形成各棒次在跑道内侧或外侧跑进传、接棒的习惯。

纠正方法：教师要进一步讲解各棒次队员应在跑道内侧或外侧跑的路线和传、接棒技术，给队员建立正确的概念，反复练习。

传棒人前伸传棒手臂过早，或接棒人后伸手臂过早。影响跑的速度发挥

产生原因：传、接棒两人配合不默契，传、接棒技术不熟练。传棒人担心不能及时赶上接棒人；接棒人担心不能及时接到棒。

纠正方法：讲清正确传、接棒技术的重要性；反复练习传、接棒技术；消除紧张心理。

掉棒

产生原因：传、接棒时过于紧张；接棒人还没有做好接棒动作，传棒人就传棒了；接棒人起跑过早，传、接棒时两人距离远，勉强传棒；手持棒的部位不正确。

纠正方法：速度不要提得过高，在中速跑中完成传、接棒，熟练掌握传与接的动作技术要领；在传与接的过程中，传棒人的责任更大，必须握紧接力棒，直至接棒人稳稳地接住棒，方可松手；正确掌握传、接棒时手部的姿势和动作，尤其是摆臂动作。

接力跑对运动员的身体素质和运动素质的提高都非常有益，与此同时，它还能培养运动员团结协作与集体主义精神。

接力跑由四人配合完成,每个运动员在传棒或接棒时,都要充分发挥手和眼睛的作用。运动员可根据自身的特点,以及日常训练中队员的配合默契度选择传、接球方式。无论是上挑式还是下压式,都有各自的长处和不足,世间之法没有最完美的,只有最适合的,所以运动员只要掌握好最适合自己和比赛的方法,就会发挥出正常水平,取得理想的成绩。采用下压式传接棒方法练习时,应培养运动员双手掌握传接棒的技术,即左手和右手都会传与接。选择参加接力比赛的队员时,必须对每个队员的身体素质和运动素质有一个全面的了解,包括运动员的起跑技术、弯道跑技术、冲刺跑技术和传接棒技术等,按着队员的不同特长,将其安排在最佳棒次上。

第六节 接力跑运动世界最好成绩

迈克尔·约翰逊，生于 1967 年 9 月 13 日，故乡在美国加利福尼亚州。是美国历史上颇具有传奇色彩的一名运动员，他曾经四次夺得 400 米短跑以及三次 4×400 接力赛的世界冠军。1991 年、1995 年 200 米和 1996 年奥运会 200 米、400 米冠军，之后，他在 2000 年的奥运会上再次获得 400 米、4×400 米冠军；1992 年奥运会 4×400 接力金牌。同时，他还是男子 200 米、400 米、4×400 米接力以及室内 400 米短跑竞赛的世界纪录保持者。

个人简历

1967 年，约翰逊出生于加利福尼亚州的达拉斯地区，他的父亲是名卡车司机，母亲是名教师。这个拥有 1.85 米身高的健壮加州小子在高中时代就展现出了他惊人的体育潜力，1988 年，经过一段时间训练的他首次参加美国田径锦标赛就一举获得了男子 200 米、400 米跑两项冠军，这奠定了他向世界大赛发起冲击的决心和自信。三年后，也就是 1991 年，在东京举行的第 3 届世界田径锦标赛上，初次站在国际赛场上的约翰逊顺利获得了男子 200 米短跑项目的冠军，1993 年，他又在德国取得了第 4 届世界田径锦标赛的男子 400 米冠军。强大的自身能力和优异的心理素质将他变为了一把在田径短跑战场上披荆斩棘无坚不摧的利剑，但是这仅仅是他征程的起点而已。1995 年 2 月 10 日，约翰逊在美国内华达州举行的室内田径赛上，以 44.97 秒的成绩打破 45.02 秒的室内男子 400 米跑世界纪录，从而开始了他的另一段征程——冲击世界纪录的征程。

如果说天才运动员的出现在历史上已经是十分罕见的事情的话，那么这份天才与成功同时出现在一个人的身上则只能被视为是天意了，在 1996 年的美国奥运会田径预选赛上，约翰逊再次以 19.66 秒的成绩成功打破了男子 200 米项目被保持了将近二十年之久的世界纪录，这一表现甚至惊动了国际田联和国际奥委会。为了见证他在同一届奥运会上连续刷新成绩的一幕，人们破例把 400 米和 200 米半决赛之间的时间延长到了原先的 3 倍以上，而约翰逊的表现也没有让大家失望，亚特兰大奥运会的 200 米世界纪录和 200 米、400 米两枚金牌被他顺利收入了囊中，现场观众们齐呼这位伟大运动员的名字,为他欢呼不已。

1999 年在塞维利亚举行的一次比赛中，已经是国际赛场常客的约翰逊再次抓住了名留青史的机会,以 43.18 秒的成绩在时隔十余年之后让美国运动员再次荣登了 400 米世界纪录的榜顶,力压原来 43.29 秒记录 0.11 秒之多。

2000 年悉尼奥运会上获得 400 米冠军(43.84 秒)和 4×400 米冠军（最后一棒）；在南非 200 米跑出了 19.71 秒的成绩,400 米 43.9 秒并且创造 30.85 秒的 300 米世界最好成绩；获得美国奥运会选拔赛 400 米冠军(43.68 秒),但是在 200 米决赛中受伤，没有跑完全程；在 7 月 22 日奥运会选拔赛 200 米预赛中跑出了 19.91 秒的好成绩；在全年世界排名中名列 400 米第一。

第四章

田径运动杂史

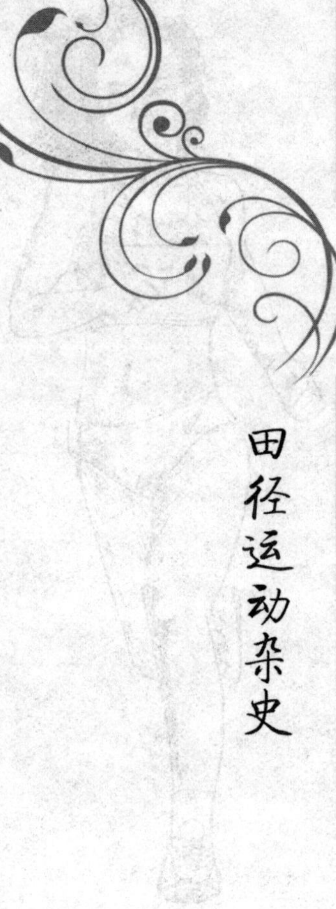

第一节　田径运动史话

早在公元前3500年出现的古埃及壁画当中就已经出现了描绘田径运动场景的内容,这可以证明,人类开始进行类似的竞赛游戏的年代可以一直追溯到形成部落文明的时期。

公元前776年，古希腊历史上第1届古代奥林匹克运动会召开，古代奥运会在形式规则以及比赛项目上与现代奥运会当中的许多部分都是相同的,尤其是作为主要运动项目、今天被划归到了田径范围内的各种赛跑、竞走、跳高、标枪以及铁饼等比赛，在整个古代运动会历史当中出现的频率和受重视的程度极高。

公元前490年,传说在这一年,希腊士兵菲利皮迪斯为了将希腊军队打败波斯军队的喜讯报告给家乡的人们而从马拉松城一直奔跑到雅典城,经历了近40公里的跋涉,当跑到雅典时，菲利皮迪斯只来得及说出了这个消息，就精疲力竭而死。为了纪念他,后人创立了马拉松跑比赛,它也成为了田径运动当中最具有代表性的一个长跑项目。

公元 394 年，古代奥运会在征服者罗马人的禁令之下彻底成为了历史。直到 1896 年,由法国人皮埃尔·德·顾拜旦和同伴们一同推动举办的第 1 届现代奥林匹克运动会，相对于古代奥运会是围绕祭祀活动和停火而设立，现代奥运会中具有了更多科学和理性的成分，并正式确立了所有运动形式当中受众面最为广泛的田径为奥运会的第一运动。

1964 年，全自动的电子计时牌以其微小的误差成为了对名次判断要求极高的现代田径赛场上的标准配置，这标志着田径比赛由此进入了精确时代。

1968 年，美国人吉姆·海因斯成为了人类历史上首位在 100 米短跑项目上将时间缩短到 10 秒的人。同年,迪克·福斯贝里革命性地将背越式跳高引入了田径比赛当中，国际大赛也正是在这一年首次使用了合成塑胶田径跑道。

1983 年,在芬兰首都赫尔辛基,世界第 1 届田径专业锦标赛成功举办,由此开启了田径领域一扇新的大门,将更多的人吸引到其中。

孕育出奥运这一具有特殊文化意义的概念的古希腊,可以说是整个欧洲文明的摇篮。最初的奥林匹克运动会就是以祭祀的名义进行的一种和平联谊活动,在同等的信仰背景下,各个城邦之间签订了《神圣休战条约》,条约规定,奥林匹亚为神圣的无战争区,奥运会举行期间,来自不同地区的运动代表和他们背后的势力都要放弃对彼此的敌意和成见，共同在宙

斯神面前展示自己的勇敢与矫健。这一闪耀着人性光辉的规定奠定了奥运会非政治性,和平、快乐的基调。

在奥运会开幕前,人们要集中在奥林匹亚点燃圣火,由几名运动员高举火炬,奔向希腊各城邦,用自己的脚步传递停火开赛的和平纶音。在奥运会召开的日子里,人们在和平、友爱的旗帜下,无忧无虑地汇聚一堂,为信仰、也为场下代表各个地区的运动健儿欢呼祈祷。形成了一个古希腊文明当中四年一度特殊的节庆活动。在最初的六届古代奥运会上,冠军获得者的最终奖品是一头肥壮的羊。自第 7 届起增加了具有里程碑意义的授花冠仪式,这种花冠是用橄榄树的嫩枝编成的,叶子青翠,枝条柔软。古希腊人认为,橄榄树是雅典的守护者——智慧女神雅典娜所赐予的一种祝福之树,象征着和平、吉祥与幸福。

希腊古奥运会和现代奥运会的周期相同,每四年一次,共举行了 293 届,绵延 1170 年。在第 78 届古代奥运会上,竞技项目增加到了空前的 16 项,赛期同步增加至 5 天。奥运会实际上已经成为了一项集合了祭祀与民间文化活动的超级盛会,自此之后,奥运会属于信仰的部分逐渐减少,而属于社会生活的元素则逐渐增加,在其后的发展过程中,奥运会的名气也随着历史的积累而变得越来越大,远在欧洲和亚洲的一些地区的人也慕名来到这里参观欣赏。

以古代奥运会为代表的一部分希腊文化内容对于现代体育竞技和社会形态来说有着众多不可替代的重要启蒙作用,不仅是在表面的形式上,在文化内涵的方面也有着一些精神气质被传承至今,成为了现代西方各国的一种抽象财富。反过来,由此也成就了古希腊文明作为西方社会文化根源的地位,加上现代奥运之父顾拜旦引用奥林匹克运动会创造现代奥运会的创举,使现代西方文明围绕奥林匹亚这一古希腊胜地的精神向往长盛不衰。在 2004 年,雅典奥运会的圣火曾经特意前往古奥林匹亚遗址所在地点燃并提取了火种,这无疑是现代社会的人们对这片曾经诞生过辉煌古代竞技文化的土地的一种致敬。

第二节　现代奥运会上第一个女子冠军

女子在20世纪以前的历史上在世界各地的地位并不均等，即便是到了20世纪之后，刚刚出现在世界上的女性运动员在体坛也同样受到了很多的偏见和歧视对待。然而，第2届现代奥运会于1900年在法国首都巴黎举行，女子网球比赛却成为了一个正式项目，众多女性选手因此得到了和男性同胞一样的参赛机会，美国选手夏洛特·库珀当中一举夺冠，成为世界上第一个获得奥运会冠军的妇女。在此之后，她又和自己的一位美国男性同胞搭档取得了男女混合双打冠军，成为了当时举世皆知的一位体坛“巾帼英雄”。

在当时，由于传统观念的束缚，国际奥委会在1900年的巴黎奥运会举办之前一度争论过是否应当将女性列入奥运会出场选手的范畴。但主办方法国采取了十分开明的态度，力排众议公开邀请了6名女子网球运动员向同期在巴黎举办的世博会筹委会体育部报到，参加女子单打和混双比赛。这一举措不仅在世界舆论界掀起了波澜，也激起了各国女性运动员们争雄赛场的信心,英、美等国积极响应法国的决定,也各自派出了自己的女子体育代表团参加了网球和高尔夫球项目的角逐。

第三节 百年奥运女选手参赛之路 曲曲折折迎来公平对待

顾拜旦先生被称之为现代奥运之父，但是他和当时的许多人一样,对于女性的态度非常轻视。顾拜旦在青壮年时代一直寻找着古代奥运会的踪迹,一方面是因为冒险精神的感召,一方面也是因为他对正统和古典观念的情有独钟。受到希腊远古神话和欧洲古典思想的影响，顾拜旦坚持将奥运会视为是男性的专属领域，这种观点和古代奥运会禁止女性参观和参加比赛的法则几乎如出一辙。他认为,奥运会应当是一个在审美角度上专门“展示男性勇毅健硕的舞台”,女性参与到其中不仅是一种自不量力，同时也使他心中的这种概念受到了挑战。

顾拜旦无疑是自信而又刚愎的一位活动家，但是历史和他开了一个大玩笑，尽管他一手促成了现代奥运会的诞生并为它添上了一重又一重的光环，但是即便是由他担任主席的国际奥委会仍然无法阻挡女性社会地位崛起和女性竞争意识的觉醒。尽管顾拜旦本人与许多和他持相同观点的人极力反对，但巴黎奥运会还是以包容平等的超然态度和更加广阔的眼界邀请了英国、美国和波希米亚以及东道主法国的共 11 位女性选手参加,女性运动员涉及的项目主要集中在网球、高尔夫、板球这三项比赛。虽说这并未得到国际奥委会正式认可,却打破了古代奥运会和 1985 年第 1 届现代奥运会不许女子参加的禁令,开创了女子走向奥运赛场的先例。

不过,即使如此,顽固的顾拜旦也没有改变他的看法,对于女性运动员,他始终保持着一种居高临下的看待方式。在他看来,女子的身体素质不仅无法与男子相比,其精神气质和毅力也不符合以舍弃一切为代价的纯粹进取心去追求“更高更快更强”这一目标的奥林匹克精神。在宣传自己观点的时候,顾拜旦大量引述了古代奥林匹克运动会对于女性在赛场上的种种禁令,以体现自己的“有理有据”。但与此同时他的另外一种说法却使潜藏于其内心中传统道德观的影响显露无遗:顾拜旦坦诚，他担心女子进入到这个仅限男子的圈子里面来与男选手同台竞技，会使年轻的男运动员在感官和心态上受到影响,滋生出不应当出现在赛场上的私人情感内容,导致比赛失去了最基本的公平和纯洁。他说:“女子参加比赛是不可行、不严肃、笨拙的,我可以毫不犹豫地说,女子是不适合奥林匹克运动的。”

应该说，顾拜旦和支持他这番言论的卫道士们还是起到了一定作用的,在他们的活动和宣传之下,第 3 届奥运会上允

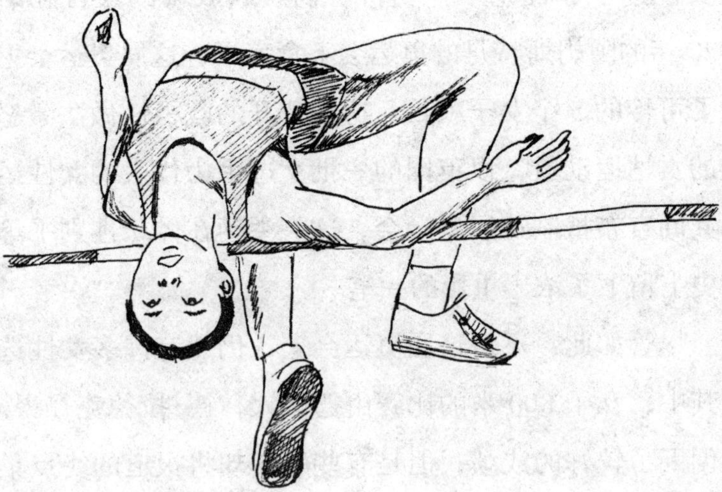

许女子参加的项目仅剩下射箭这一项而已。到了1912年的第5届奥运会上，情况才稍有好转，使用短袖或无袖泳装的女子运动员可以参加游泳比赛，但是通向奥运会核心内容——田径项目的大门仍然被对女性态度严厉的国际奥委会官员们把持着。

随着女权运动在20世纪初逐渐变得频繁，在奥运领域对于女性正当权力的争取也逐渐走入了人们的视野，在1922年，法国人艾莉丝·米莉安特私人组织了一次女性奥林匹克运动竞赛，这一活动虽然只持续了一天，但是响应者颇多。4年后，瑞典再次举办了这一活动，赢得了更多人的参与和赞同。这些活动使国际田联注意到了女性运动员在田径事业上的意义，在经过商议之后，他们公开表示可以在最近一届的奥运会上为女性运动员提供10个或更多的可参与项目。然而,这一让女性选手和性别平等支持者们欢欣鼓舞的豪言壮语却在1928年的阿姆斯特丹的奥运会上食言了，这届奥运会上只出现了可怜的5个女子项目。这种公开的歧视性做法激怒了各国的女性运动员，以英国的一批女选手为代表的女性运动员们共同宣布抵制这届奥运会，这一举动在体坛性别平等的抗争史上留下了浓墨重彩的一笔。

尽管如此，不过这届奥运会上，仍然有许多女性选手参与其中，女子800米的比赛由德国人林德·拉德克夺得冠军，并创下了较好的成绩，但是有些媒体却将报道的终点集中在了赛后有些女选手因为疲劳等原因摔倒在地的事情上。这勾

起了许多和顾拜旦持相同观点的人的胃口，使他们觉得女性不适宜参与奥运这一说法获得了更加有力的证据。由于支持和反对女性运动员登上奥运赛场的两种观点一直相持不下，因此在 1929 年，国际奥委会就此事进行了一次公开投票，以确定在 1932 年的奥运会上是否要取消女子运动项目，但最终，支持女性继续参加奥运会并在更多项目上参赛的人占据了多数。自此之后，国际奥委会和田联才逐渐改善了女性在奥运和国际田径比赛当中的待遇，可是实际上这种改善的效果并不非常令人满意，最为显著的例子，就是直到 1960 年，女子运动员才被正式允许参加 800 米的比赛。尽管在此期间女性运动员一直在奥运会上快速建立起属于自己的一片天地，诸如 1932 年圣路易斯安娜奥运会取得 80 米栏和女子标枪项目双料冠军的女英雄米卓瑞德·迪德里克森等女运动员层出不穷，但是这并没有对早期现代奥运歧视女性的情况造成较大的影响。

不过,无论如何,历史的发展趋势是无法因个别人或时期的偏见而逆转，女性选手在奥运会大家庭当中所占有的比例逐次上升,在 1996 年亚特兰大奥运会上,所有参加比赛的代表队中有 26 个队是没有女性队员的,然而到了仅一届之隔的悉尼奥运会上,199 个参赛队中没有女性队员的代表队只剩下了 9 个，参赛的女性选手在总人数当中的比例首次超过了三分之一,能够选参的奥运项目也达到了空前的 131 项之多,而就在这届奥运会上，女子举重也首次被列为正式项目成为了奥运竞技的又一大亮点，在古希腊以赫拉克勒斯这位大力神所代表的雄性专属运动举重和其他男女并列拥有比赛资格的项目一样,由于女性的加入而少去了一分单调,增添了点点细腻。

第四节　中国古代教育中的体育活动

我国的历史源远流长，呈现出多元化的特点，多民族地区文化系统在其形成过程当中都有着独特的元素，不过仍然有一些显著的共同点，其中最主要的一个方面，就是对健康和强壮体魄的主动追求和探索，因此在不同时期的不同地区也出现了不同形态和方式的锻炼活动。最早有史料可查的古代体育锻炼活动可以追溯到奴隶时代出现前的时期。而这其中，对于青年一代的教育则是必不可少的一环。

中国古代实际上并没有现代这般纯粹的竞技体育概念，中国古代十分讲究文化与实用的结合，古代院校当中令学生进行的一些技能、技巧的训练，主要以能够应用到战斗、狩猎和自卫以及其他生产生活方面的能力为主，最典型的包括了骑射、长短兵器搏击对打以及推举重物等，这可以说是古代学校体育教习的雏形。

据史料记载，早在夏朝的时候，我国就已经诞生了功能上与学校相似的场所,当时称为“校”,殷商时称为“序”,周代则称为“库”。有趣的事,当时人们对于身体锻炼的两个重要动机和目的与古希腊时期组织奥运的原因颇为相似，那就是祭祀和战争,这也是人们在这些“学校”里学习的最重要的事物。宗教祭祖知识,以音乐和舞蹈为主,而这些也成为了后来诞生的各种礼仪的最原始形态。有关于战争的训练内容则相对更加灵活而繁杂,包括骑乘牲畜、驾驭车辆、使用兵器以及实战模拟等多项内容。由于当时生产水平和自然资源储量在各地并不均等,由于饥饿和物资争夺等原因引起的战争频频发生,各个地区和族群间各自将战争的技能融入到对普通民众的基础教育当中,对实用性的追求可见一斑。

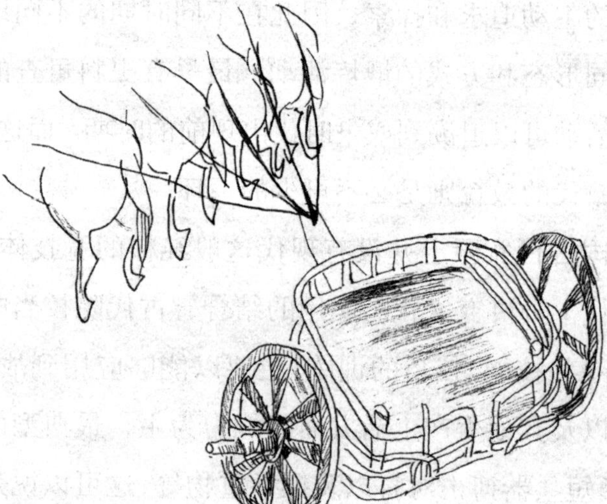

到了周代，随着文化的发展，属于精神层面和纯理性知识层面的内容开始增多，主要表现为“六艺”，即“礼、乐、射、御、书、数”，其中射和御基本涵盖了当时所涉及的所有体育锻炼相关的教育内容。值得一提的是，当时的大规模作战中各诸侯国都大量使用战车，具有机动能力强、进退速度快、武器容纳量大的特点，因此传统步兵的作战技能在当时反而变为了次要的军事教育内容。在这两者当中的射主要是指射箭和投掷梭镖、飞斧等兵器的技巧，在陆上和水中分别安置有“射庐”、“宣射”和“辟雍”、“伴宫”等不同性质和状态的模拟标靶或射击场。其教育开展的范围从周朝的直辖范围到各个诸侯掌控的地区，技术要求也十分严格细致。而御则主要是指驾驭车马的方法，对于各种路况和马匹调度的技术细节也同样给出了多种专门的训练方式和标准。这些基本技术都是适应车战需要，依据射箭、驾车的基本规律而提出的具体要求。值得注意的是，在这一时期的学校教育中，文化与作战技巧教学形成了一定的结合，最为典型的产物就是“射礼”。射礼是周代统治者围绕射箭这项运动进行的一种社会道德教育活动，根据场合、规模和品级分为“大射”、“宾射”、“燕射”及“乡射”这几个大类。这种射礼更加着重于“礼”和“社会”的成分，摒弃了战争的内容，使之成为了一种较为仪式化的产物，加上完善的规则和流程，使之在后来逐渐演变成为了民间流行的一种射箭竞技运动。

在其后的战国时期，随着社会的进步和分工的发展，教育领域文和武的内容已经不再并行教授，而后的汉代、两晋南北朝等时期，儒家思想盛行一时，过于理性和追求安稳的社会风气促成了更加严重的重文轻武倾向，军事与体育锻炼被视为是一种粗俗下等的文化内容。这种情况直接导致了后来长时间内社会主要阶层人士的体育教育缺失。在唐代早期由于战乱频发而使占据着垄断地位的文化教育受到了影响，短期造成了战斗技巧和武艺等技能占据主导地位的情况，但是随着唐代的建立，社会状态逐渐转入安定，国家治理系统对战斗人才的需求开始被对知识阶层的需求所大幅度替代，体育锻炼和军事技能的学习再次进入了被压制的时期。

宋代以后，由于民族矛盾激化，战事不断，刺激了社会对军事技能的需要，习武又被社会重视起来。宋代时为了振兴武学和军事能力，专门开设了一批进行作战和骑射教育的机构。而到了明代，早期统治者朱元璋和朱棣父子都是杰出军事将领，因此在立国之初就将武学和文化摆放到了同样重要的地位上，形成了一套完整的考评人才的机制。在明代时兴办的学校中，除最著名的中央直属“国子学”之外，地方也营建了大量的府、州、县学，各个级别的学校都专门设立一片供学生们修习武艺和军事作战技能的空间和一大批相关的设施。此外，明代还设置了专门用于培训军事人才的武学。武学相对于前面所说的各种学堂，走的是以武为主、以文为辅的教学路线，在基本的战场骑射、长兵短打之外，还要学习多种军事理论和个人搏击作战技能，毕业后要经历国家的统一考核，凭成绩前往相应的机构或部门参加工作。

到了清代，统治者在自身重视军事骑射传统外，大量继承了明代遗留下来的具有积极意义的教育理念和系统，文武教育仍然采取了均衡发展的方向。这一时期，文化教育的对象也要进行一定的骑射训练，客观上促进了体育锻炼和骑射技能在民间的推广。以清代初期著名的教育家颜元为例，他本人就兼具文武之长，主持“漳南书院”的教育工作以来大力推动文武结合的教学结构，将课程分为“文事”与“武备”等若干类。同时效法明代的地方学校配置，在书院当中开辟了专门的习射运动场，对骑术、兵刃、武术、举重及舞蹈等都有所涉猎。为了增强这些知识在学子未来人生和事业上的实用价值，同时也进行深入的研究，力求达到“文武兼备”且“学以致用”的境界。可以说，这个时期的教育系统才真正在旧时期围绕“六艺”建立起来的教育理念基础上形成了均衡发展的概念，对于我国的传统教育和本土民间体育发展具有十分重大的意义。

第五节 中国古代体育团体组织出现与管理

我国古代初期的体育活动是人们自发进行的，并没有统一且规范的模式。在商周时期，人们将自发性的体育活动以一种有礼仪，有规模的比赛形式开展起来，而“射礼”活动，也就是射箭比赛也在这一时期兴起。到了隋唐时期，体育活动开始以团体组织的形式出现。这些团体大都是由有统治地位的人组建的，在管理上也是按照官府礼仪治理的。据记载，唐代出现的“月灯阁球会”就是一种体育组织团体。每年放榜之后的两三日，月灯阁就会举办马球赛会，以此庆祝进士及第，这在历史上也是很少看见的一种庆祝形式。另外，在每年的寒食节时期，少府监下属的中尚署还会组织“献球”活动，蹴鞠、击鞠等都是活动的主要看点之一，这也是当时官办团体组织的一种。

据有关史册记载，早在东魏北齐时期，皇宫就有“角抵队”的建制，但没有形成固定的模式。到了唐代，人们组建了以供娱乐所用的“相扑朋”组织。但凡能进入到相扑朋的，均是有着高水准的角抵人员。此时，唐代已经有专门管理进行相扑活动的制度以及管理人员。

宋代时期，官办的体育组织已经形成了一定的规模。一个体育组织中有专门的管理者，按照管理者头衔的不同分成几个管理部门。体育团体进行的每项活动都是为了满足统治者的娱乐需求。两宋时期，尤其到了南宋时期，城镇的发展带动了民间娱乐活动的兴起，一些以取乐为目的的杂耍、武艺等体育组织活动在此期间得到了很大的发展。这些团体组织为了扩大自己的影响力，以“社”的团体形式出现，尤其是由蹴球艺

人组织的齐云社,也称圆社,他们向社会招募一些爱好蹋球的艺人,并向他们收取一定的费用,以保证社里的各项正常开支。这种组织对于后期的宋代足球技术的发展以及资料的传播起到了一定的作用。

宋代体育的“社”、“团”组织,可以看成是某种意义上的体育行会。从这些组织承办体育项目到训练以及表演的过程中可以看出,它们在当时社会中的地位以及影响力。体育社团除了满足人们的娱乐需求,还对各种体育活动制定了统一的规定,以实行有计划、有步骤、有规范的体育活动。同时,对入社人员的标准、技术都提出了明确的要求。无论体育活动采取了何种规范的方式进行发展,其发展的方向始终围绕的是以满足人们的娱乐需求,尤其是处于统治地位的人的休闲、娱乐需求,在这一方面并不符合现代体育运动的要求,但对于特定的历史时期,其存在的价值也是无可厚非的。

经历过朝代更迭的体育团体组织形式并没有因此消亡,在元朝取代宋朝之后,不少官办体育团体也开始涌现。其中的“勇校署”就是当时成立的一个较大的体育团体组织,而一年一度举行的贵由赤长跑比赛在当时也是最为热门的运动项目。贵由赤是由官府承办的,为了增加运动的娱乐性,参加者可来自民间、军队或宫中,这使该项运动具有了社会性质,从某种意义上而言,它是古代体育史上最著名的官办体育团体组织活动。

继元代之后,体育团体组织又迎来了它在明清时期的发

展。此时的体育团体组织也是分为民办以及官办两类。在官办的团体组织中以管理摔跤的“善扑营”较为著名。民间自发的体育团体组织主要是走会，它也向社会进行招募，以扩大组织队伍。在走会中，依据每个人情况的不同，分为了专门进行表演的人员以及后勤工作人员两类。走会是一种民间综合娱乐组织，不收取表演费用，通过热心人士的赞助维持正常开支，表演中的钢叉、木棍等武术类以及杠子、石担、石锁等类似近代体育的项目。此外，还有一些民众喜闻乐见的表演节目，如杂技、舞蹈等。由于走会的规模大，表演内容精彩，较易接受，所以，发展的速度很快，在我国很多地方都曾出现过民会组织。直至近代，这种走会形式依然有着立足之地。

第六节　中国古代体育的活动场地与器材

早期的体育运动是以一种娱乐的方式存在着，与现代体育有着本质区别。随着社会的发展,物质资料的丰富,体育运动已不能完全满足人们的娱乐需求。新的体育形式在社会趋势的催生下,迎来了崭新的发展模式。我国史前的体育活动,包括竞技形式在内的运动,与人们的生产、生活以及军事、宗教等方面紧密地交织在一起。为此,一些体育项目的场地和器材是混合使用的。当史前的人们进行投掷、跳跃、射箭等活动

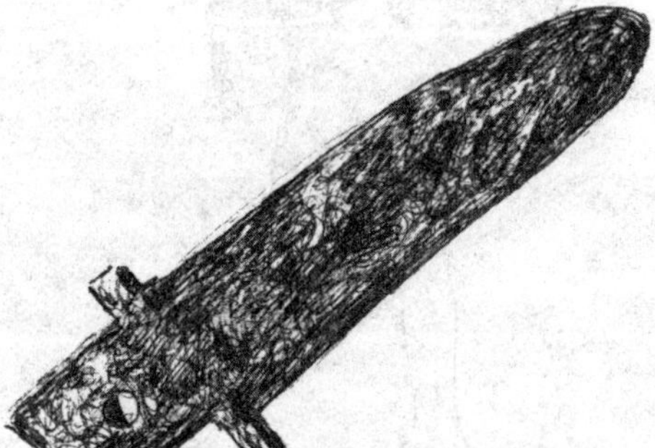

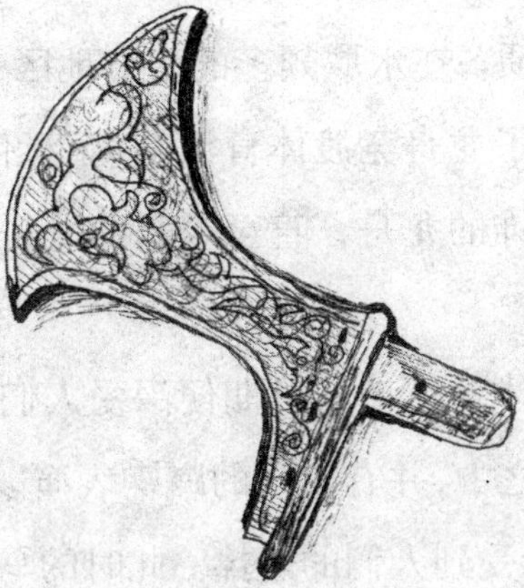

时，有意识地用这些现有的工具进行体能上的训练时，这些简单的生活工具也就成为了最初的活动器材。在原始社会后期，随着人类社会生活的进步，少量的专用器材逐渐出现了。

到商、周时期，青铜器武器逐渐出现，这为古代武艺的发展提供了条件。在使用的过程中，有的充当军队战斗武器，有的则专属娱乐器械，或者两者兼具。在青铜兵器被广泛应用的同时，人们也从中体会到哪种武器更适合娱乐，哪种武器能帮助士兵战胜对手等。在青铜器大量出现的时期，各诸侯国之间纷争不断，人们为了捍卫自己的统治区域，用武器维护自己的统治地位。为了增强战斗实力，各诸侯国崇尚习武，并颁布了一系列尚武的法令，以致愈来愈多的人开始研习武艺、兵器以及战术。

商周时期的体育活动没有设立专门的运动场地，一般都会就地利用。秦汉以后，古代体育的活动场地、器材有了一定的发展，专门用于体育运动的器材也多了起来。如汉代蹴鞠所用的鞠是用皮革缝制成球状，之后在从封口处填充进兽类的羽毛等轻巧的物质。在水域颇多的南方地区,水上的交通工具木舟在后来形成了龙舟竞渡体育活动,至汉代,出现了专门用于竞渡的龙首装饰的龙舟，直至今日的龙舟竞渡依然采用此种形制的龙舟。

蹴鞠在古代体育活动的早期便深受人们的喜爱，我国的蹴鞠兴起于宫廷之中,并有专门的蹴鞠表演以及比赛。到了汉代,马球活动逐渐受到人们的追捧。此时的马球活动已经有了专门的比赛场地,同时也颇具规模。

角抵同样是汉代人喜爱的一种体育活动。此项运动除了在民间开展之外，军队也将其作为一类重要的竞技项目。当时,角抵比赛或表演可在专门的场地进行,这种角抵台类似于现在的擂台。至隋唐时期，体育器材以及场地有了很大的改进。器材种类的增加提供给人们更多的选择空间,也使得体育活动有了更为广阔的发展空间。同时,越来越多的体育场地的修建也为体育活动提供了良好的条件。当时的球场建筑很是讲究,三面建以矮墙,一面修筑亭台楼阁,以供观赏之用。

体育器械的制造至宋代达到高峰,此时的宋代,工商业发展较快,繁荣的经济带动了人们的消费欲望。

繁荣的街道,已经有出售球杖、弹弓等体育器械的店铺,这些器械做工很是考究。同时,用于专门研究体育运动的书籍也相继出现。在这些著作中,详尽地描述了当时流行体育器械的规格、形状以及制作材料等，从中反映出了体育器械的使

用、制作已基本正规化。

夏、辽、金、元时期的北方少数民族，为了弘扬本民族的运动特点，也专门修建了用于骑射、摔跤等活动的场地以及制作了一些运动器材。例如，辽、金、元的统治者们规定在“拜天”典礼上要进行击球比赛，金人还制作了射礼用的木兔靶子。

明清时期，体育运动的器材以及活动场地已基本定型。在武术器械上，已基本具备了现代武术器械的类型和形式。可以说，这些定型时期的体育器材和场地体制为我国现代体育运动的发展提供了良好的条件。

第七节 早期奥林匹克活动在中国

西方体育是随着西方文化一同涌进我国的，如同西方文化一样，早期的西方体育与中国传统体育之间的摩擦不断，在经历过冲突之后，两者又进行了融合直至最后的接纳。其实，当时人们已经意识到中国传统的体育方式以及价值等已不再适应时代的发展，而西方体育所具有的优势正好填充了中国体育的不足之处，这也是为什么西方体育能被当时的国人所接受的主要原因。

与古希腊体育相比，中国古代体育并没有像奥林匹克这样大型的，具有一定纪念意义，但这并不能说明中国古代的体育缺乏历史背景，只是中国体育采取了不同的方式而已。在武术、养生、击剑等方面，中国的体育活动一直保留着它们的独特之处，直至后来受西方文化的冲击，进行了一定程度的改进。辛亥革命成功后，体育文化和奥林匹克相继被国人了解，并对西方的体育项目进行了研究、学习。

对于西方体育在亚洲的传播，经历了多舛、漫长的旅程。在有识之士的努力下，中国体育最终与西方体育达到了融合。1876 年成立于上海的第一个青年会中有许多体育干事，这些人中绝大多数来自美国。在青年会的指导下，体育活动以及相应的体育课程被搬进了他们所教授学校中的课堂上，随后又出现在了由政府承办的学校中，这大概就是中国早期的学校体育。青年会帮助学校建立了体育场地以及场地设施，并分派专业的体育专家进驻学校对学生进行指导。1924 年，青年会选派首批中国人远赴美国的马萨诸塞洲的一所体育学校学习体育，这批选派的学员为西方体育在中国的普及做出了贡献。

随着体育在中国的普及，具有区域特色的体育活动也相继出现。1910 年在南京首次举行了全国性运动会。这个由 6 个区组成的全国性运动会取得了很大的成功,可为盛况空前。前来观看比赛的人数每天就可达到四万多，第 1 届全国运动会主要在青年会和五大城市举行。

第 1 届全国运动会的成功举办得益于美国青年会体育干事伊克思纳的努力。1910 年,芝加哥青年会派驻了一名体育干事布朗。在布朗的召集下成立了业余体育协会。1911 年,布朗代表业余体育协会出访了中国。在布朗的倡导和提议下,亚洲远东奥林匹克委员会成立。第 1 届远东奥林匹克运动会在亚洲地区引起了不小的轰动,一些国家对此表示了支持与赞许,同时为其提供了强有力的支持。在亚洲远东体协的努力下,1913 年第 1 届远东运动会成功举办。在此前的一年,国际奥林匹克委员会对远东体协给予了认可,并承认其存在形式,同时国际奥林匹克主席顾拜旦也给予了肯定态度。在第 1 届远东运动会举行期间，国际奥林匹克委员会还派出了代表团协助远东运动会的举办。起初，远东运动会叫远东奥林匹克运动会,后来在奥林匹克委员会的要求下改为远东运动会。

远东运动会和远东体育协会组织的比赛，类似于奥林匹克运动举行的地区性比赛,并已经得到了国际的认同。两者都为亚洲体育运动起到了积极的推动作用。中国运动员首次参加远东运动会是在 1913 年。这次盛会可谓是一次成功的盛会,它使得奥林匹克文明成功进驻到亚洲地区,这也预示着它将在世界留下自己的足迹。

在奥林匹克组委会的协助下以及亚洲国家积极的参与

下，第1届远东运动会圆满落幕。此次运动会的开幕式、闭幕式采用了奥运会举办形式。中国代表团参与了除接棒比赛外的所有项目，这支年轻的队伍获得了五项全能第一、第二以及跳远第一、跳高第一的骄人成绩。

运动会从1913年举行第一届开始，到1935年为止，共举办了十届，其中有三届是在中国上海举办的。中国政府以及各界人士对承办远东运动会表现出了极大的热忱，从上海举办第2届远东运动会上就可以看出，我国对体育运动的重视以及关注。为了将远东运动会举办的别具一格，人们献计献策，同时踊跃筹措资金。经过多方努力，第2届远东运动会顺利地在上海虹口体育场举行，此次，中国共有350名运动员参加比赛，观看的人数超过了10万人。这是一场盛况空前的盛宴，人

们在这场盛宴中尽情地释放着自己的运动激情，怀揣着激情与梦想抵达自己理想的终点。最初远东运动会计划每两年举办一次。在第 9 届远东运动会结束之后改为了三年举行一次，之后又做了调整，以四年举行一次的形式凸显出具有奥运会特点的比赛。

中国参与远东运动会已显示出了中国人在体育项目上的实力，从奥林匹克精神和文化在亚洲国家开始传播之后，中国开始积极参与和参加国际体育事务，并与国际奥委会建立了良好的关系。在上海举办的第 2 届远东运动会期间，上海组委会收到了国际奥委会发来的贺电，并邀请中国参加 1916 年举行的奥委会，但因世界大战的原因，1916 年的奥委会和国际奥委会大会不得不被迫取消。之后，第 5 届远东运动会也选择在中国的上海举行，此届运动较第一次承办的更为出色，无论从比赛场地，场地设施，参加的人数以及相应的配套服务等都有了极大的改善。

谈及中国奥运史上具有代表性的人物，马上便会想到王正廷、孔祥熙、董守义。他们分别在 1922 年、1936 年和 1948 年当选为国际奥委会委员。

王正廷早年留学美国，获得了博士学位，1911 年当选为国民议会副主席。在他居住在南京期间，曾工作于南京青年会。不久之后，便开始以外交官的身份与各国进行沟通。他曾是巴黎和平议会中国代表团的成员，1936~1938 年五年间，担任中国驻美国大使。此时，他并没有将全部的热情投入到体育事宜上，只是将参与体育事务作为了一项业余活动，但他却得到了社会地位和国际知名度，由此可见，他的体育活动与他的政治生涯是分不开的。之后，王正廷积极参与体育事务，并为体育运动在中国的发展以及传播做出了突出贡献。此时，他已经是国际体育事业上的知名人士，并且在政治上也进行着频繁的活动，与青年会保持良好关系，成功当选为中国第一个国际奥委会委员。

1922 年，国际奥委会希望在中国选出一位代表担任国际奥委会的成员，除了远东运动会在亚洲刚刚兴起的原因之外，其中也包含了国际奥委会希望能够在远东地区得到更多关于运动发展前景的信息，并使奥运会在这片对他们来说尚显得有些神秘的地区得到推广和发展。这一时期，远东运动会组织工作主要由当时与国际奥委会比较密切往来的青年会来担任，两方的经办人经过会谈之后确认了这位中国代表出现的重要性,不仅是因为中国在亚洲是具有一定代表性的大国,也是因为中国在文化上和周边各个国家之间有着直接或间接的传承和类同性。因此,向中国传播奥林匹克文化无疑是对中国在国际体育领域的地位和国际奥委会在亚洲地区的活动都是十分有利的。

王正廷当选委员之后开始忠实地履行自己的职责,1924年，我国历史上首个全国业余体育联合会在王正廷的推动下顺利成立,在该协会于南京召开的第一次会议上,王正廷当选

为联合会名誉主席，该组织是第一个完全由中国人自己组织和建立起来的体育组织。联合会的执委会由 15 人组成,同样全部为中国人。在 1931 年,这个联合会更名为中国奥委会并得到了国际奥委会的正式承认，这个机构的建立直接使中国拥有了和世界体育界尤其是奥运界进行对话的机会和平台，在我国的体育历史上具有里程碑式的意义。

在 1936 年柏林奥运会顺利召开后,中国出现了第二位的国际奥委会委员,他就是孔祥熙。不过需要说明的是,孔祥熙能够出任这个位置在一定程度上是因为同为耶鲁大学同学的王正廷的推荐,尽管他本人对于体育的兴趣并不浓厚,但是他背后优越的财力和政治影响力无疑对于中国的体育事业发展具有非常积极的意义。董守义则是在 1947 年第三个当选为国际奥委会委员的中国人,在新中国成立前,他们也是我国最为主要且具有一定官方代表性身份的体育活动家。1948 年,伦敦奥运会，孔祥熙以奥委会委员的身份为没有出赛费用的中国体育代表团提供了一批资金，为国家和世界体育事业做出了贡献。尽管他未能满足当时的奥林匹克宪章中对于委员会成员一些义务的规定，但因为之前在任期间为中国体育事业提供的物质帮助，孔祥熙的国际奥林匹克委员的资格破格得到了保留,一直到 1955 年他离开自己的岗位退休为止。

1947 年,第三位的中国籍国际奥委会委员董守义出现了，根据当时未经修改的奥林匹克宪章规定，一个国家在国际奥委会的成员可以达到三人。因此,王正廷经过综合考虑之后，将董守义作为新的奥委会成员人选推荐给了国际奥委会。将他作为这一重任的主要人选，最主要的原因在于董守义的身份，这位 1895 年出生并曾经留学美国一所体育学院的青年体育活动家十分熟悉体育事业的现状，同时也是一位年轻有为的知识分子。早在 1945 年 9 月在重庆召开的中国体育联合会大会上，王正廷就曾经指出非常有必要将这样一位年轻而对国家体育发展非常关心的人引入到体育事业当中来。在王正廷的推荐下，董守义非常顺利地当选为了国际奥林匹克委员会委员。

虽然我国的国际奥委会成员资格取得时间较早，但是从 1928 年开始，经历 1932 年、1936 年直到 1948 年，中国在奥运会上所取得的成就和参与的深度却十分有限。1928 年，中国只对奥运会派遣了一位名叫宋儒海的特使，以观察员的身份参观了阿姆斯特丹举行的第 9 届奥运会。1932 年时，我国第一次将一名运动员送上了奥运会的舞台，他就是中国早期田径体育名人——刘长春。

刘长春在洛杉矶奥运会上分别参加了 100 米和 200 米的田径比赛，尽管并没有取得名次，但是他的出现却使人们意识到了中国这个长期徘徊在国际体育事业之外的大国存在。刘长春原本是一位大学体育系的学生，参加国际比赛一直是他的梦想。在 1932 年 7 月 1 日，在当时的东北大学体育系毕业典礼上，张学良将军亲口宣布了刘长春、于希渭两位运动员与教练宋君复三个人将代表中国参加在洛杉矶举办的奥运会。

自从刘长春在东北大学学习以来，张学良将军就对这位年轻的运动选手给予了关注，每个月为他提供一定的资助，就是希望他能坚持将自己的体育之路走下去。刘长春本人也十分刻苦努力，每天都进行很长时间的训练，在1929年由中国、德国、日本等国家举办的多国间体育竞赛上，刘长春以自己的优秀表现博得了在场观众的关注，也使自己的名字在国内一举打响。张学良将军也认识到了他的成长，为了让这块璞玉得到更好的雕琢，他特意为刘长春以每月800块大洋的价钱从德国请来了一位教练，按照国际标准对这位中国难得的运动健将进行训练。

刘长春、于希渭代表中国参加1932年奥运会的时候由于一些特殊原因没有能够得到官方的资助，张学良将军私人提

供了8000块银元,为他们解决了前往美国的旅费问题,但是在最后,于希渭因故未能成行,在他和张学良的殷切嘱托下,刘长春以唯一一位中国籍运动员的身份漂洋过海,踏上了洛杉矶奥运会的舞台。尽管最终在多种原因的影响之下,刘长春并没有如他自己和大家所愿那样取得出众的成绩,但他的出赛和表现,使人们认识到了中国这个国家对于体育成就潜在的渴望和为之付出的不懈努力。

1936年,第11届奥运会在柏林举行,中国方面这一次事先做了大量相应的准备工作。在奥运会举办前一年,在一些民间组织的协助下,青岛成立了我国第一个体育训练基地,同时聘请了一名专业的德国教练。在临近奥运会前的两个月,训练场地被转移到了环境清幽的清华大学。在1936年6月的奥运选拔赛结束后,中国奥运代表团的成员名单最终被既定为包括运动员和教练员、助理人员在内的96人和另外11人的武术表演队组成。在此之外,在官方和民间奥运组织的协商下,还派出了一个由34位体育教师和民间活动家、社会人士所组成的奥运观摩团,由王正廷担任这只观摩团的总领队。代表团的总教练由马约翰担任。

然而令人遗憾的是,在各国高手云集一堂的第11届奥运会上,中国只有一位名叫符保卢的运动员通过了撑竿跳的预选赛,上一届奥运会的中国选手刘长春在这次代表队当中也再次以成员的身份前往了德国参加奥运。但是根据他的回忆,当时严峻的现实令他感到难以乐观,代表团虽然规模庞大,但是其组合却十分混乱，许多参赛选手都是抱着一种前去游玩凑趣的心态加入进来的，有些项目甚至在临出发前的几天才被确定是不是要参加。由此来看，这支代表团在德国预选赛上遭遇的几乎全军覆灭的情况并不算是一种意外或偶然。而唯一有幸通过预选的符保卢，在正式比赛当中也很快遭到淘汰，并没有能进入决赛。中国体育进军奥运的尝试又一次以遗憾告终。

1948 年，年纪已然不轻的王正廷再次出山带领中国队参加在伦敦举行的第 14 届奥运会，代表队的总干事由董守义担任。这也是第二次世界大战之后首次举行奥林匹克运动会。总计 48 人组成的中国代表团较之上一次精简了很多，但是在实

际项目的参与情况上却改善了不少,总计 33 名运动员一共在田径、篮球、足球、游泳和自行车五个项目上出场参赛,虽然很令人失望地仍然没有获得任何一块奖牌，但是这次参加奥运会的经历却坚定了人们对于未来参与奥运更大的决心。由于资金匮乏,在比赛结束后,代表团才发现回归的路费已经不够了，后来王正廷告知了孔祥熙，由孔祥熙为他们电汇了 3000 美元,为中国代表团解决了回国的难题。

综上所述，中国近代奥林匹克发展史可谓是对一种精神的追求史,在 20 世纪初兴起的奥林匹克文化和现代体育模式及概念都极大地影响了当时的中国体育教育情况，加上国际和国内的相关组织与个人所起到的积极推动作用，使当时的中国用一种前所未有的积极态度加入到奥林匹克运动当中来。现代体育和奥运会文化迎合了中国当时的历史条件的需要,现代体育具有中国传统体育无法比拟的优势,发起远东运动会和参与国际奥林匹克事务，对现代体育在中国的传播起了决定性的作用。现代体育首先被中国的学校所接受和引进,以奥林匹克运动为代表的体育模式首先吸引了中国的青年。现代体育有其严谨的组织模式，这正是中国传统体育模式所欠缺的,所以现代体育容易形成它的规模,而最终演变成了中国现代体育模式。

当代运动与艺术潮流

TIANJING YUNDONG ZHINAN

田径运动指南

下

夏　宇/编著

随着田径运动科学的不断发展

田径理论与方法均有所创新

提供最新最全的田径运动理论知识体系

是目前田径运动必读教材

吉林出版集团有限责任公司·全国百佳图书出版单位

图书在版编目(CIP)数据

田径运动指南 / 夏宇, 周学华, 顾志宏编著
. -- 长春 : 吉林出版集团有限责任公司, 2015.1
(当代运动与艺术潮流)
ISBN 978-7-5534-6770-2

Ⅰ. ①田… Ⅱ. ①夏… ②周… ③顾… Ⅲ. ①田径运动 – 基本知识 Ⅳ. ①G82

中国版本图书馆 CIP 数据核字(2014)第 309724 号

当代运动与艺术潮流. 田径运动指南

著　　者 / 夏　宇 周学华 顾志宏
责任编辑 / 孟迎红
责任校对 / 张西琳
文稿统筹 / 圣泽文化
开　　本 / 160 mm × 230 mm 1/16
字　　数 / 110 千字
印　　张 / 42
印　　数 / 1-3000 册
版　　次 / 2015 年 01 月第 1 版
印　　次 / 2020 年 05 月第 2 次印刷

出　　版 / 吉林出版集团有限责任公司 (长春市人民大街 4646 号)
发　　行 / 吉林音像出版社有限责任公司
地　　址 / 长春市绿园区泰来街 1825 号
电　　话 / 0431-86012905
印　　刷 / 三河市嵩川印刷有限公司

ISBN 978-7-5534-6770-2　　　　定价/84.00元 (全三册)

前　言

休闲体育是:“人类着力建造的美丽的精神家园。”是指在余暇时间里用各种方法、各种手段进行锻炼，开展多种形式，多样内容的身体娱乐，并把它作为一种现代文明社会的交往方式和交际手段，休闲体育的发展是伴随着现代社会发展而出现和开展的，它与竞技体育最显着的区别在于:竞技体育主要是同人类自身的极限挑战，所以时常会以参与者身体健康作为代价。而休闲体育活动则主要在于改善参与者的身心健康。

休闲体育教育是一种面向社会全体公民的多方向、自由的、个性化的生活发展教育，带有较为鲜明的城市生活的公共性。

健康是人类生存与发展永恒的主题，休闲体育作为人类积极维护自身健康的活动，运动中，强烈刺激着人的神经系统和感觉器官，增强了体质，促进人们身体健康，休闲体育是让人们在自由的时间里，自主选择某项体育运动，以满足自我充实、放松、愉悦的需要。

休闲体育文化把追求健康第一和人的全身心发展放在首位，表现更多的人性化，个性化特性，越来越符合现代人类价值观，满足人类自身需要，回归人的本质，促进人的全面发展，把体育的功能发挥到极致，也是体育运动必然走向休闲化的内在动因。

积极倡导和开展科学、文明、内容健康和积极向上的休闲体育活动，有利于人们独立自由地享受休闲乐趣，弱化消极的欲望，以愉悦的心态实现精神世界的平衡。

在现代社会中，休闲体育将成为人们主要锻炼身体的一种休闲的自由，是每个生命个体都能感受到的，与之融合在一起的具体的自由，是思想的自由，也是行动的自由，是人能自主决定，自我控制的自由，是人摆脱各种外在限制与约束后而获得的一种全身心地放松、随意、自在的生存体验与生活状态，休闲体育是提高我们自身的素质，促进人与自然的和谐，人与人的和谐，人与社会的和谐。在现代休闲体育运动中弘扬优秀的传统文化、民族精神和人类最后的终极意义上的追求。

编　者

2015 年 7 月

目 录

田径运动指南(下)

TIAN JING YUN DONG ZHI NAN（XIA）

第一章

田径运动概述

第一节 田径运动的起源与发展

田径运动是人类体育运动当中最为基本和古老的项目类型,包括男女走、跑、跳跃、投掷四十多个单项,以及由一些单独项目共同组成的全能运动。在田径运动当中,计时性的比赛被称为是“径赛”,以各种赛跑和竞走项目为代表。而诸如链球、标枪和跳远跳高等一系列以高度和远度计算成绩的项目则称为“田赛”,这是田径运动一词的由来。

田径运动的发展来源于人类最早期社会生活当中对于体能的追求,一些生存手段在历史发展过程当中形成了人类必备的技能,它们被掌握的熟练程度直接决定着在当时社会环境当中人的能力和地位,因此带有彼此竞争意识的现代田径运动雏形逐渐以对一些诸如奔跑、跳跃、投掷、搬运等基本生活技能进行练习的面貌出现,到了后来,随着社会开化程度和生产力水平的提高,这些原始生存技能对于人的重要性相应地逐渐下降,这些运动的练习属性渐渐消去,娱乐和强化身体素质的属性不断增加。在此之后,信仰和社会审美的因素也被逐渐加入到其中来,从这个时期开始,运动渐渐变为了一种文化象征性高于实用性的社会行为，也由此催生了运动会这种带有表演性质的群体活动。

公元前 776 年，在古希腊奥林匹克村举行了第 1 届古代奥运会,作为在生活和生产当中最基本的技能,奔跑成为了它的唯一的竞赛项目，这一次奥运会奠定了田径比赛在运动会上的主导地位。在其后的历史上,奥运会以四年一届的节奏一直坚持举行，围绕田径本身特点而诞生的其他运动数量也不断增加,渐渐形成了一个系统的家族,这一过程直到古代奥运

会在公元394年被彻底废止为止。到了近代,奥运这个词汇才重新在法国人顾拜旦和他的伙伴们努力下重新具有了意义,1896年,第1届现代奥运会在雅典举办,为了体现奥运的体育竞赛特色,同时也是作为向古代奥运会致敬的举措之一,在这届奥运会上,以属于田径类的走、跑、跳跃、投掷等项目占据了主流,由此开启了田径在现代奥运会上重现辉煌的大门。

从技术角度和视觉角度上来讲，四年一届的奥运会陆地项目当中,田径无疑是竞争最为激烈和残酷的一个类型。它以最为简单直观的方式考验着参与者的精神、体能、技巧和毅力,选手之间的差别即便只有短短的一厘米,也能成为区分出强者与弱者的绝对界限。因此严格来讲,奥运会级别的田径比赛已经不是未经专业训练的普通人可以胜任的竞赛了，刻苦的自我锻炼和科学的训练方式以及高度规范化和针对性极强的培养方向这三大要素可谓缺一不可。即便只是普通的民间运动会,在比赛前的相当一段时间里,参赛的选手也要将身心进行细致调整，以达到能够在比赛当中正常发挥出体能的状态。

之所以会出现这样的情况，一方面当然与现代人日常生活当中所运用的技能和古代时期大不相同有关，但更加主要的因素则与田径成绩的发展和项目细分是分不开的。进入到了二十世纪以来,借助数次科技革命的推动,使世界人民生活的平均水平和平均身体素质得到了较大幅度的提升，由此也带来了在各个级别比赛场上记录的不断刷新，这不仅提高了

观众们的胃口,也从客观上提升了运动员训练的强度与目标。而为了能够让更多人参与到运动会当中来，运动会在田径概念内的项目种类也日渐增多，这带来了更加精确细致的项目划分,也给运动员的培养与锻炼方向提供了更明确地指引,使田径运动在客观上一直向着专业化和精确化的方向发展着。

我国的田径运动和世界其他拥有古代文明的地区一样,从很早的时候就已经出现了。早在春秋战国时期,我国的民间就已经出现了典型的田径运动类游戏,如长跑(利趾者)、投掷(投石)、跳高(拔距)和跳远(距跃)等活动都在古代文献当中有所记载。而现代的田径运动规则是在十九世纪末期,由外国人带到中国,后来才逐渐从教会开办的学校扩展至各级国立、私立的学校,成为了一种新的通用规范。到新中国成立后,田

径运动作为一种无需器材、简单自由同时又具有较好的体能锻炼效果的运动形式很快得到了普及，因此平均技术水平提高的速度一度非常之快。加上从 1953 年起,几乎每年国家都会举行规模较大的田径运动会，参赛选手的选拔遍及全国各地，在客观上增强了各个地区培养运动员的积极性和技术标准的提升,因此从上世纪六十年代开始,我国的田径技术水平和成绩与国际平均水平之间的差距很快就拉近了。到了 1956 年时,我国就曾经出现在女子跳高领域打破世界纪录的事例。在之后的时间里，我国的田径成绩在国际赛事和国际记录上几经沉浮和盛衰,在二十一世纪初开始再次进入疲软期,但仍然不乏如刘翔等一批较为优秀的运动员出现,由此可见,我国在田径运动领域中其实还是很具有潜力的。

第二节　田径运动项目介绍

田径运动在正式比赛规则当中分径赛项目、田赛两大类项目,在后期还形成了两者当中部分项目结合而成的全能赛,其具体规定细则经国际权威运动组织逐年进行修改，田赛和径赛下辖项目总计达到近四十项。在具体的定义上,径赛是指不同距离的竞走、赛跑、跨栏跑、障碍跑、接力跑等计时竞速等项目,由于主要是在规划好的路径上进行比赛,因此被称为径赛。而田赛则是指那些以跳跃、投掷等等用高度和距离来计算成绩和名次的项目，由于通常使用的是近似自然环境的人造场地,因此被称之为田赛。而全能项目顾名思义,是若干田赛和径赛项目的结合产物，它根据不同种类的比赛项目组合成为不同级别的全能径赛，计分方式是根据田径全能项目评分表,把各项的成绩换算为分数,然后加在一起评定成绩的。在本书当中,重点介绍的是少年组的跨栏跑、竞走、马拉松以及全能项目。

一、少年组的全能内容

1.少年男子甲组五项全能：跳远、200 米、铁饼、标枪、1500 米

2.少年男子乙组三项全能：100 米、推铅球、跳高

3.少年女子甲组五项全能：100 米栏、推铅球、跳高、跳远、800 米

4.少年女子乙组三项全能：100 米、推铅球、跳高

5.少年组投掷项目标准：

少年男子甲组铅球（6 千克）、铁饼（1.5 千克）、标枪（700 克）

少年男子乙组铅球（5 千克）、铁饼（1 千克）、标枪（600 克）

少年女子甲组铅球（4 千克）、铁饼（1 千克）、标枪（600 克）

少年女子乙组铅球（3 千克）

二、跨栏跑内容

成人组跨栏跑运动主要包括:100 米跨栏跑、110 米跨栏跑、400 米跨栏跑。

三、竞走内容

成人组竞走运动主要包括:20000 米竞走(田径场)、20 公里竞走、50 公里竞走(公路)、5000 米竞走(田径场)、10 公里竞走(公路)。

四、马拉松跑内容

成人组马拉松跑的距离为:42195 米或 42193 米。

第二章

田径比赛全能运动

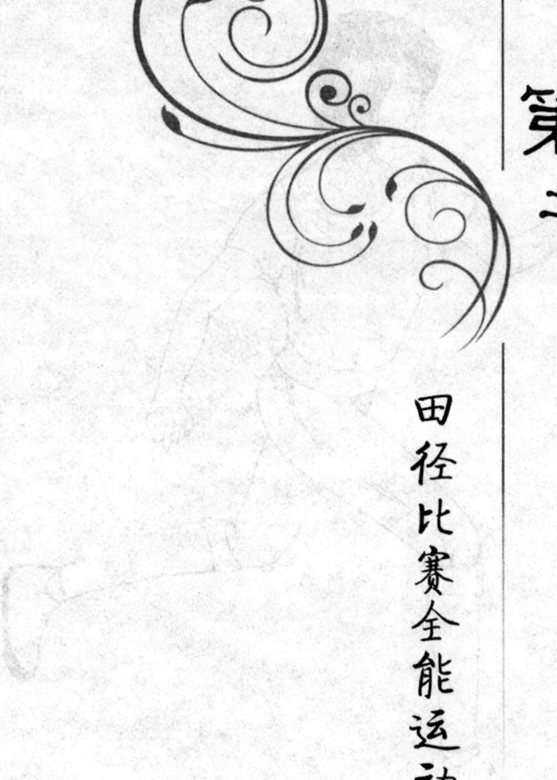

第一节 田径比赛全能运动的历史沿革

一、田径比赛全能运动的组成

田径全能项目是由跑、跳、投等多个不同内容的单项比赛项目以一定顺序组成的综合比赛项目，在成绩上与这些项目单独进行比赛的成绩各自独立计算。

全能比赛是一种对人体能力有着较高要求的项目，它是在规定日期内，将一系列不同方式和不同体能侧重点的运动项目集中在一起按照一定的次序完成。根据国际田联规定，在奥运会及各种同等级别的比赛上正式的田径全能比赛项目分为男子十项、女子七项两个比赛制式。而在少年组的配置则相对更多样一些，男性选手分别为甲组七项全能和乙组三项全能，女性选手则为甲组五项全能和乙组三项全能。

二、田径赛男子现代全能运动

现代全能运动起源于1880年,是美国人最先发明了这种运动项目,在最初仅允许男子参与。在项目上,运动的种类总计十项,共包括了100码跑、880码竞走、跳远、铅球、链球、无器械跳高、撑杆跳高、120码跨栏、掷重物(56磅)和1英里跑。并要求参赛的选手必须在一天内完成所有的项目。其强度基本已经和现代的男子十项全能项目相差不远了。

1904年，第3届现代奥运会第一次将十项全能比赛列入到了正式项目当中,一位英国运动员以6036分拿到了这个比赛的第一块金牌。此后,十项全能经过了一定的修改,在1912年奥运会上改为了100米短跑、跳远、铅球、跳高、400米短跑、110米栏、铁饼、撑杆跳高、标枪、1500米跑的组合。它们也成为了男子十项全能固定的比赛项目并沿用至今。不过,在当时由于出现的时间还不是很长,加上挑战的强度和难度极高,因此在当时这些项目总共分三天举行，到了后来才改为要求在两天内完成。

十项全能从1922年起正式形成了一套属于自己的世界纪录,虽然项目上始终采用的是同一套配置,但是其计分规则却经历了多次的变动,在1920年、1934年、1950年、1962年和1986年,共制定了五种不同的计分法。到了1972年随着科技

的进步，人们开始正式采用电动计时，达到了对这种在细节上要求较高的比赛更加细致的评判标准。1986 年的计分法最终成为了一直沿用至今的计分方式。

1932 年 ~1934 年，十项全能成绩通常很难超过 7000 的分额。这一时期，在这个项目上比较杰出的选手主要以美国的奥斯本和芬兰的于尔耶莱为代表。到了 1936 年 ~1960 年，选手的成绩已经有些达到了 7000 分以上。1936 年由美国的选手创下的 7254 分记录，1952 年和 1960 年这个项目的世界纪录分数分别被刷新为 7592 分和 7981 分。在这一时期，在体育界站稳脚跟的苏联开始展示出自己的潜力，与美国选手呈分庭抗礼之势。1961 年 ~1980 年，十项全能的成绩记录突破了 8000 分。而到了二十世纪末二十一世纪初，这个成绩已经逐渐刷新到了接近 8700 分，隐约有向 9000 分发起挑战的趋势，然而在这种背景下，带来的却并不是世界全体人民体能上的增强，而是体育事业上极少数优秀的专业运动员和民间人士能力上更加显著的两极分化，在未来如果想让十项全能这种代表了人类竞技体育最高水平项目更具有代表性，那么能否带动民间广大群众共同参与其中并使大家都能够为之受益，将会成为最重要的一个判断标准。

三、田径赛现代女子全能运动

现代女子全能运动开展较晚,在项目设置和规范的级别、内容、比赛程序、评分方法上变动很大。女子全能由于在先天体能上的差距而晚于男子十项全能很久,1934 年出现了首个女子五项全能冠军,但是具体的规范并没有能够在这次比赛后建立起来,到了 1951 年,女子五项全能比赛的改革和规范化才重新进入人们的视野,其赛制经过了一些修改,最主要的改变体现在比赛的时间由此开始变为了两天,1961 年,女子五项全能比赛的程序也被进行了重新的制定。到了 1981 年,国际田联才正式决定将女子全能增加到七项全能,女子全能项目至此才完成了她艰难的确立旅程。

尽管在历史长度上无法与男性的全能竞赛相比,但是女子全能项目发展却相当迅速,记录的刷新速度与男性的全能竞赛几乎同步发展,大量的优秀运动员在其中涌现出来。1981 年 ~1983 年,东德选手诺伊贝特曾经多次将世界纪录打破,成为了世界体坛女子运动员群体当中最为人们所称道的一例。

四、中国的田径赛全能运动的开展

中国的全能项目出现的年代很早，最初一次举行全能竞赛是在1914年。到了解放后，全能运动因为得到国家的大力支持而得到了较快的发展。1956年，我国男子十项全能的最好记录是5135分，到了1971年，首次出现了超过7000分的记录。到了上世纪末期，我国的男子项目接近7500分，女子项目也实现了6000分的突破，但是距离世界最高水平还有不少需要进行追赶的空间。

五、田径赛五项全能运动的历史沿革

在公元前776年，首届古代奥运会的比赛项目只有跑赛这一项而已,这种单调的局面很快就引起了人们的不满,因此对赛制和项目的改革不断出现，到了第18届古代奥运会时，项目上已经变为了赛跑、跳远、掷铁饼、投标枪和角力这五大项目。但是似乎是因为考虑到较多的项目无法衡量运动员的真实实力,因此经过思考,主办者们提出了将这几个项目综合起来的方法,由此诞生的一个新项目就是五项全能。

当时的五项全能运动内容非常简单，就是由奥运会已经采纳的五个单项竞赛项目组合而成，由于是对人员的综合能力考验最严格的一项，因此也成为了在整个古希腊奥运历史上最受人瞩目的一个项目。

和现代的全能项目采取较为公平的计分制不同的是,在比较崇尚强者和勇毅的古代奥运会上，五项运动的成绩在最终评价时所占据的成绩是不均等的,在当时,五项全能运动以角力竞技作为最终项目,这无疑增强了比赛的严酷性,也正是因为这个原因,角力的成绩重要性要远高于其他几项。故而在当时赛场的规定是，即使有一位选手其他四个项目都能力压群雄,但只要在角力这一项目上成绩落后,冠军也不可能属于他。正是由于这种观念和规定的作用,使其他的几个项目在后

来逐渐演变为了最后一项的淘汰赛，只留下两个人完成在角力赛场上的最终角逐,决定获胜者。

原本在古希腊，能够有资格参加奥运会的人就并不是非常多，而能够在奥运会最为严酷的五项全能项目上进行比赛的人更是屈指可数，这给比赛带来了一种悲壮的英雄主义情节,当时人们普遍认为角力竞技是“对抗”和“竞赛”的最佳体现。因此,一个五项运动的全能优胜者,不仅要具有出色的生活和运动技能，也要有顽强的对抗精神和永不言败的斗士情操,只有这样的人,才是最符合人们心目中英雄形象的。这种情结在今天的文化环境和体育规范下已经大大地减淡了,但是相对地,经过对规则和项目的科学化改良,让更多的人能够参与到其中并体会这种求强求胜的精神，不能不说也是一种文化和思想上的进步。

第二节　现代田径项目全能运动的意义

无论五项全能还是十项全能，从现代田径运动这个宏观的角度出发,它们都是现代各种运动的基础。跑、跳、投掷这几种活动的方式基本都来源于古代到今天的生产生活技能,有些来源于劳动,有些则来源于狩猎、作战等活动当中,也是人类最基本的能力。现有规范确立的田径运动就是将这些技能简单地单独提取出来在一种标准下进行单个人员的水平对比。也正是由于这一点,进行田径运动的锻炼和竞赛能够有助于增强人的体能和单项技能的熟练度，但从这一点来考虑的话，长时间进行单独种类运动技能的训练难免导致在能力上的偏向。而全能运动则避免了这种可能。

无论从国际运动的角度还是从平时生活中民间业余运动的角度来看，田径运动无疑是现代社会应用和普及最为广泛的一个运动类型,它受场地和器械限制非常小,易于发挥,同时具有项目较多,锻炼形式多样的特点,不受人数、年龄、性

别、季节气候条件约束，并有较强的锻炼效果。全能运动更是将多种田径运动综合在了一起，以一定的顺序进行组合的全能运动可以对人体的上下肢和躯干等各个部位形成更加全面的锻炼和强化。同时，全能项目也能促进身体血液循环的改善，增强机体的免疫和造血功能，使体质较弱和亚健康状态的人群的身体状况得到改善，可谓是一举多得。

第三节　田径赛中少年组全能项目内容简介

一、全能运动投掷项目简介

全能运动当中的投掷项目由推铅球、标枪、铁饼等组成，其规则和比赛方式与普通的单项竞赛当中所采用的完全一致。奥运会的全能投掷项目比赛共六轮，标枪是所有投掷项目中唯一允许以助跑来进行投放的。项目记录成绩的方式也都一样，前三轮比赛中，每名运动员在比赛中的最好成绩被记为正式成绩。三轮过后，每项前 8 名转入决赛圈，按照前三轮成绩的高低排名决定比赛的出场次序。

在终局的时候，前两名运动员如果出现最好成绩打平的情况，裁判员就需要对照双方的第二高的成绩，再次平手的话则比较第三高的成绩，以此类推。如果三级成绩都完全一致的话，两名运动员可计为是并列第一。不过有的时候规则规定双方必须决出胜负，则平手的运动员就需要单独进行比赛以决出胜负。在所有的投掷项目上,如果出现分数就将这一距离四舍五入到离测量距离最小的厘米数，以此作为标准数据来进行记录。

投掷比赛的单次投出时间限制一般是一分钟。如果规定的时间已过去大半，则应当进行投掷的运动员没有积极完成的动作，裁判可以根据运动员在场上的表现来进行判断其是否在投掷时进行“无理”的拖延,如果判断确认,则对运动员处以减去一次投掷机会的处罚。但如果是在时间完全用尽之前投出,则该次的成绩可以不受判罚影响继续保留。如果参赛者中途放弃正在进行的投掷准备，并打算重新开始自己的投掷动作是可以的，但前提是运动员没有将投掷物投出或者把脚

踏出投掷圈、跑道以外。投掷过程中如果遇到一些意外阻碍，裁判应当根据情况判断阻碍的性质，以及是否给予第二次投掷机会。参赛者在裁判许可的情况下可以暂时离开场地,但需要由裁判或其指定的人员陪伴才行。比赛进行的过程中,运动员除了经过裁判组允许的医疗检查之外，不可以接受任何外来的帮助,也不能与赛场外的人交谈或者通讯。在正式比赛的场合，标枪项目的运动员投掷完成后不可转身背对已投出的标枪。而铁饼和铅球运动员完成动作后需要从投掷圈后面退出,否则皆为犯规。

标枪运动

标枪运动的起源与发展

远古时代,获取生活资料的手段非常原始,其效率也十分低下,出于对食物的需求,人类开始尝试使用在自身肢体所不能及的范围内进行捕猎，标枪就是出于这种目的诞生的猎捕用具之一。标枪是一种介于矛和箭之间的轻武器,其中一端或双端呈尖锐光滑的椎刺状,可以单双手进行投掷,也可以手持进行刺杀和搏斗，其诞生年代比需要进行精密加工并适应空气动力学的箭矢要早很多。在奴隶社会,“标枪”成为部落间战争的一种武器，可以借助其较大的重量和贯穿力实现远距离杀伤的目的。因此在早期社会,投标枪的准确性和距离成为了一种衡量社会成员能力和地位的标准。

标枪竞技的历史颇为悠久，在世界各地的古代文明当中都有着这种竞技运动的记录。后来随着社会分工的明确化和生产生活重心的转变才逐渐没落，成为了一种专供锻炼身体的体育运动。根据资料记载，古希腊人在奥运会开始之前于民间就已经开始了非祭祀性的标枪投掷竞赛游戏。公元十九世纪末，近代掷标枪运动在北欧地区重新出现，并因为其独到的运动方式和乐趣而受到了世界上不少地方的人们的喜爱。在发展到今天的这段时间里，标枪运动经历了许多的修改和规范，具体的历史阶段大致可分为以下三个时期。

技术自由发展与趋于统一时期（十九世纪末至二十世纪三十年代）

早期阶段的掷标枪技术很不统一，比赛时可以用不同方法进行投掷。划定的动作范围一般是在一块 2.5×2m 的场地上,在进行的过程中出现的投掷方法五花八门,多数人为了效果而使用双手投掷标枪,其中一种单手擎枪中部,一手用手指托住枪尾,然后身体不动,尽量将枪身拉向身后,然后利用手指和手臂的双重力量掷出标枪；有些运动员则选用以两手抓住枪尾将标枪抡甩出去的动作进行投掷。但无论如何,基本都是以原地投掷为主，直到后来规则普遍取消了对身体移动的限制，瑞典人首先采用了先进行助跑再用身体扭转的力量投出标枪的办法，这种最大幅度运用身体位移来助推标枪投掷的方法使其在比赛中取得了超过其他人很多的良好成绩。此后,各国运动员开始纷纷效仿这种投掷方法,使之成为了一种国际通行的做法。

1906 年，在世界各地相继举办了多次的标枪竞技比赛之后,第一次国际级别的掷标枪比赛在雅典举行,这向人们展示了标枪重新回到奥运会门墙的可能。果然,在 1908 年,第 4 届现代奥运会首次将男子掷标枪设置为了正式的比赛项目,有趣的是,这次的比赛将标枪投掷方法分为了“古典式”和“自由式”两种姿势,然而成绩却进行同样的记录。1912 年,第 5 届现代奥运会掷标枪比赛同样分为了两种形式，只不过差别在于一种是单臂掷枪,另一种是左右手分别掷枪而已,最终要按成

绩总和来评定名次。足见当时标枪运动在规则和方式管理上的混乱,直到第 5 届奥运会后,单臂投掷才被宣布为是正式的比赛方式。

女子标枪项目开展的时间较晚,到了 1916 年时,女子掷标枪比赛才登上了奥林匹克舞台,当时枪身的重量被固定在 800 克,而后为了更好地体现成绩并为更多的人创造参赛的机会,从 1926 年起这个数值被改为了 600 克。自 1932 年的第 10 届奥运会将女子标枪正式列入比赛项目当中的时候起,到了 1952 年时,女子掷标枪的世界纪录已经提升到了 53.41 米,成绩提升速度几乎达到了同时期男子标枪的程度。这种飞速的提升与标枪运动的管理人士和参与者们不断就规范和技术进行研发改进有着直接的关系,在此期间,瑞典和芬兰这两个最早开始推广标枪运动的国家对掷标枪技术的改革推进起到了重要的作用。

瑞典人最先推出了一套新的肩上举枪助跑姿态,改变了一直以来人们所使用的效率不高的低位手提枪助跑。随后,芬兰人在此基础上进一步对助跑进行了简化和规范,从而加快了投掷步速度,同时也使投掷的动作和身体奔跑的节奏能够有机融合,将髋和躯干的力量最大限度地集中到标枪的投掷过程当中来。这套标准后来也成为了国际通用的标枪投掷方法。但此后随着二战的到来,世界的体育发展进程受到了极大的影响,标枪的后继改革和成绩的提升也进入了一个停滞时期。

技术逐渐成熟与完善时期(1953 年 ~ 1985 年)

在二战结束之后,一切的事物都迎来了新生,标枪运动也由此进入了发展的快车道。1953 年,美国运动员赫尔德根据气动效应原理制作了一种新型的滑翔标枪，这种标枪的前端较重后端较轻,比之旧式的标枪更适合在空中远距离滑行,这一创举使得其运动成绩得到迅速提高,80 米距离的成绩就是利用这种标枪成功打破的,但是为了公平起见,从 1961 年起,国际田联对标枪的形制进行了统一规范，杜绝了私制标枪的出现。

在硬件上受到的限制使人们不得不将改革的目光转向了技巧,1956 年,西班牙运动员克多拉开创性地将标枪用肩下位

横向甩投出手的方式投出，这种最大限度利用离心力和惯性增强标枪出手初速的方法一举投出了 112 米的超级成绩。不过，由于这种投掷方法使投掷方向的可控性大大降低，容易引发危险，因此在后来被明令禁止再次在比赛中使用，这一惊人的成绩也没有得到国际田联承认。不过这件事情却成功地启发了标枪运动员们，助跑和转体的方式对于最终投掷距离的影响被人们重新重视了起来。越来越多的人开始在比赛中活用躯干和腰胯的力量补充肩臂肌肉发力的不足，使成绩的提升再次来到了一个新的境界。

1964 年，塑胶助跑道问世，带来了更加理想的踏步回馈感受和摩擦力效果，对于提高标枪出手速度等方面起到了很大的帮助。不过与此同时，由于塑胶涂层本身有一定弹性存在，原本应用于硬地上的助跑和投掷步操控上也不得不随之而进行改革，主流的跳跃式投掷步开始逐渐由此变为了动态较为稳定的匀步投掷，以便使标枪出手时的操控性得到加强。

随着标枪运动的不断发展和国际田联对标枪规格的改进，二十世纪五十年代末，金属标枪成为了新一代的标准用具，此后不久，铝合金标枪又取代了前者成为了六十年代的主流，这种标枪的重心适中，刚性较好，在空中可以制造出更好的飞行轨迹。不过在这一时期，助跑速度和最后用力速度仍然被视为掷标枪成绩提升的关键。人们在这方面提出了很多的理论和设想，为了提高效果，助跑的距离也被尽可能地不断加长，同时将上身的各个部位尤其是持枪一侧的手臂尽量调整到一个最适合的状态，以此来保证在投掷时能够最大限度地享受到助跑和扭腰提供的力量。5步和6步投掷步技术就是在此阶段相继产生的，它们被研发出来的主要的目的是在保持助跑速度的同时将动作幅度最大化，而同时也有强化节奏的作用，这可以帮助选手在比赛中更加明确地找好动作施放的时间点。

在这一时期，女子掷标枪项目的进展受男子项目的影响同样处于革新的热潮当中，为了弥补女子项目在先天体质和出手速度上的差距，女子标枪运动员由这一时期开始有针对性地增强对上肢和腰部肌肉力量的训练，这种训练方式几乎一直延续到二十世纪末期，可见当时对于标枪项目技术上的探索力度之大。

在上世纪五十年代末，男子和女子标枪项目的世界纪录分别为86.04米和57.49米，但在上述改革成果不断涌现的作用下，这两个成绩到了六十年代末分别已经达到了92.70米和62.40米。经过之后的不断攀升，1984年时，当时民主德国选手霍恩在一举创下了104.80米的成绩，同属于一国的女选手费尔克则将女子世界纪录同样提高到了75.40米。这两个成绩成为了90年代标枪运动当中的两座高峰。值得一提的是，在国际体育界围绕标枪进行一系列探索的同时，中国掷标枪运动发展的脚步也同样没有停歇，二十世纪六十年代在亚洲我国的标枪运动曾经占据着领导地位。1980年和1985年我国的男女标枪项目甚至还分别创造过89.14米和64.18

米的亚洲纪录。

技术稳定发展与创新时期(1986 年至今)

1986 年起,由于男子项目开始使用新型标枪的缘故,投掷的方式和技巧上出现了很多的改变。枪型的改变使重心更加接近枪头的方向，同时更粗的尾部也使标枪在空中滑行的距离较之之前的标枪类型有一定的减弱，这一系列改变意味着标枪的成绩进入了对选手臂力和出手速度更为重视的时期。在二十世纪末期，女子标枪也经历了一次在性质和方向上与男子标枪相差不大的改革,自此,男女标枪项目的技术理论再次被刷新,对老选手形成了较大的挑战,但同时,也对后来出现的新选手们提供了一片更加适合他们展示自己能力的空间。

尽管这些改革措施颠覆了不少人在细节上的习惯性技法,不过由于科技的进步,包括标枪在内的各种运动在精确到数字化的分析和研究之后很快就能够根据新规定和标枪规格制定出符合其要求的训练方式，这一点让新规定发布之后人们适应它们的时间明显缩短,也显著促进了运动成绩的提高。截止到目前,男、女标枪的世界纪录 98.48 米和 69.48 米,而中国的男女标枪最高记录分别为 84.29 米和 63.92 米。距离在规则改革之前运动员所取得的最高成绩已经相距不远。

随着技术的深入发展，标枪运动员的技术风格在这一时期开始出现了显著的差异，根据最后用力方式的特征可以将之基本囊括在两个大类当中：一种是主要利用助跑带来的动能加速而在最后投掷时动作较小的速度型选手，另一种则是以速度相对较慢而跨步幅度和身体扭转幅度较大为特点的力量型选手。根据当前投掷技术发展的主要方向来看,在未来应当探索的是如何能够进一步提高助跑速度和体态，并让步伐变得更均匀细密来减小震动对平衡的破坏，在最后枪体出手的时候以更加适合的体姿搭配角度来进行投射，以此来最大限度地挖掘人体的潜能,先找好适合所有人的基本技法,再在此基础上通过细节的完善来各自提高。

器材特点

标枪虽然远观浑然一体，不过实际上是由三个部分所组成的，即枪身、枪头和握柄。枪身是一条实心金属杆，中央粗而两端细。枪头是一块锋利的金属锥状。握柄包裹的位置恰好处在枪身的重心处。男子标枪大约 2.6 ~ 2.7 米长，至少 800 克重；女子标枪大约 2.2 ~ 2.3 米长，至少 600 克重。少年男子甲组 700 克；少年男子乙组 600 克；少年女子甲组 600 克。

比赛场地

标枪场地共由跑道和投掷着陆区两大部分组成，其中跑道宽度约 4.8 米，长度约 30 米。在跑道尽头有固定的一段投掷范围，使用两条绳子规划出来，两绳之间的夹角为 29 度。着陆区通常都是以煤渣、草坪或者其他能留下明显痕迹的物质形成的平坦扇形场地。每一个扇区由 5 厘米宽的白线分开。在助跑的跑道两边有两条边界线，边界线的顶端是一个金属或者木质的弧形，投掷者必须在弧形后面将标枪投出。

铅球

推铅球运动的起源与发展

推铅球从名字上就能够看出与其他运动在器材重量上明显的不同，也从侧面印证了这项运动是以力量为基础的一种竞技项目。具体运动方式表现为在设置好的投掷场地内单手持重物（铅球）托举在同侧锁骨上方，在许可限度内运用一定幅度的身体位移来制造初始速度，并在适当的时机用托举臂将其尽可能掷远的投掷运动项目。

掷铅球运动的诞生年代最早可以追溯到公元十四世纪以前,在当时,包括现在英伦一带在内的一些欧洲地区的普通居民们就已经开始流行一种抛掷石块竞比距离的运动了。到了1340年,欧洲出现了炮兵,士兵们用充当弹丸的实心铁球相互抛掷锻炼体力来适应在作战时进行的弹药搬运工作。由于这种游戏具有一定的健身效果和乐趣，后来逐渐被各个地区广泛采用作为一种锻炼的方法，并在后来根据人们的需求逐渐经历了铅制、铁制或铁壳内灌铅的各种形制,这在一定程度上使这种抛掷游戏的器材产生了地区性的区别，这种混乱的情况一直持续了数百年之久才逐渐形成了统一的趋势。

推铅球比赛场地在最初的时候和短跑预备动作阶段基本一致,都是在一条类似停止线的直线后面进行的,后来为了限制运动员的活动范围，将进行投掷的动作区域规定在一块尺寸固定的方形场地当中,再后来经过改进规则,将这块场地改成了半径标准为2.135米的圆圈状区域,运动员就要在其中进行比赛。

男子推铅球出现在田径领域的年代较早，但是正式作为一种竞技项目却是源于1896年的第1届现代奥运会,美国运动员加利特创造的11.22米成绩成为了世界上首个铅球投掷的世界纪录。相对于男子项目,女子推铅球项目出现的年代更晚,在1948年第14届奥运会上才初次出现,第一个世界纪录是由德国运动员奥斯德·迈耶尔创造的13.75米成绩。相比于其他项目，推铅球的特殊性从其世界纪录的成绩上就可以看出来，在许多竞技项目纷纷以稳定而均匀的态势刷新着记录的时候，铅球的成绩却往往呈现出要么长时间不见超越，要么大幅超越原纪录的两极分化形态，这主要是由铅球对于运动员先天能力和体能上较高的要求所决定的。

推铅球这种竞技运动的历史颇为悠久，这一点也决定了它在技术与规则的发展过程上也比其他的项目要经历更多的

曲折。仅以铅球运动在世界形成规模到目前为止,诞生了三种具有代表性的技术类型:第一种是因美国运动员奥布莱恩的运用而出名的背向滑步推法;第二种是由苏联运动员巴雷什尼科夫演绎的旋转推法;第三种则是由德国运动员蒂默曼和拜尔等人最先使用的背向滑步“短—长步”推法。

长久的发展历史不仅给推铅球运动带来了厚重的历史积累,也带来了风格和技巧形式过多、没有统一规范的弊病,当时间进入二十世纪以后,跨过竞技运动会开始出现,这种问题的严重性才被人们所认识到。为了能够适应更多地区的更多人进行运用,制定一套通用型的铅球运动技术标准和规范需要经历比其他运动更多的考虑和研究。因此直到 1908 年,现代推铅球运动的技术原则才具有了一个与当今我们所采用标准相似的雏形。在二十世纪初,许多运动的技巧和标准都还处于一个被不断探索和改革的阶段,推铅球也不例外。在 1908 年,美国运动员罗斯首先将侧向滑步推铅球技术应用到比赛当中来,并一举创造了 15.14 米的世界纪录,这个成绩也在客观上推动了这种技术动作的普及。在此之前由于铅球运动流派过多而使得其技术动作也呈现五花八门的状态,技术规范也根本无从谈起。自此之后,美国运动员福克斯又于 1940 年展示了半背向滑步推铅球技术,以 17.95 米的成绩刷新了前人的记录,同时也引领了新一波的技术潮流。

之后近 10 年的时间里,铅球界诞生的新成绩都没有能够打破记录。这种沉闷的场面到了 1953 年终于被美国运动员奥布莱恩利用背向滑步推法所打破,并一举创造了 18.04 米的新世界纪录。奥布莱恩堪称现代推铅球技术的奠基人,极具天分的他对于现代铅球界形成了重要的方向引导作用。到 1959 年,奥布莱恩利用自己发明的技术将其保持的世界纪录提高到了 19.30 米,更加稳固地奠定了这种技术作为一段时期内推铅球主要技巧的地位。在他之后,隆哥与马特森两位选手沿用了奥布莱恩的技术,并利用自身的优势在成绩上先后成功达到了 20.68 米与 21.78 米。

不能不说,美国运动员在铅球的发展史上扮演了重要的角色,奥布莱恩之后,铅球界经过一段时间的沉寂,又被同为美国出身的费尔巴赫以背向滑步加大转体的推铅球技术创造的成绩所震动,他的成绩突破了马特森创造的 21.78 米记录,将世界最高成绩刷新到了 21.82 米。之后,同样为美国人的奥特菲尔特在 1974 年利用旋转推铅球技术将这个记录再次提升了 1.04 米,但由于某些原因,当时的国际业余田径联合会没有将这一成绩作为生效记录进行登记。不过,他也并不是采用旋转推铅球技术的第一人,世界上首位以这种技术创造了世界纪录的人其实应该是前苏联运动员巴雷什尼科夫,他的成绩是 22 米。由此可见,在二十世纪七十年代和八十年代当中,国际铅球运动的主要发展趋势始终保持着一种积极学习消极创新的状态,人们主要以跟随其他成功运动员所开创的成功技法进行练习为主。不过在后来,这种方式发生了较大的改变,由于对选手个人条件在比赛中对成绩产生的影响上认识日渐深刻，以往效仿和照搬成功案例经验也逐渐转变为了根据个人具体状况进行选择性技巧搭配，以此来组织起一套对单一运动员更加有效的技术规格的方式。

世界推铅球技术的发展史上，男性在舆论关注的角度上始终占据着主导性的地位。相对来说，女子推铅球运动的发展比较低调，同时，对比美国在男子铅球领域的杰出表现，前苏联运动员在同一时期的女子铅球上作出了更多的贡献。上世纪五十年代的济宾娜创造的 17.50 米的成绩和六十年代普雷斯与七十年代的奇卓娃分别创造的 18.14 米和 21 米的成绩分别代表了当时女子铅球的最高水平记录，其中最具有代表性的当属利索夫斯卡娅，她在 80 年代创造了至今仍然无人打破的 22.63 米的世界纪录。

在我国，推铅球是引进年代比较早的一例运动项目，这项运动由于场地范围小，器材需求低，同时和我国传统的抛掷重石的锻炼方式有一些相似之处，因此一直以来都是不少人喜爱的一种运动。在 1932 年，我国引进了铅球运动，并在引进之初就已经采用了与世界相同标准的铅球。中国男子推铅球首例全国最高成绩是由一位辽宁运动员刘仁秀创造的，推掷距离为 12.24 米。经过直到今天为止的长久发展，目前我国男子铅球的最高成绩已经在第十二次全国运动会上刷新到了 20.12 米。而女子铅球也由最初的 10.97 米刷新到了现在的 21.76 米，从上世纪八十年代开始，我国的女子铅球在国际赛事上的表现已经胜过了同期的男子铅球。

器材特点

铅球是一个很重很圆表面光滑的金属球。在成年男子比赛中,铅球直径必须在 110~130 毫米之间,成年女子比赛中则在 95~110 毫米之间。

比赛场地

投掷圈

铅球和铁饼一样，有着一个动作区域，由于其形状呈圆形,因此名为投掷圈。这个圆形的动作区域直径标准为 2.135 米，圈内地面以水泥或坚硬整固的土层等具有较高摩擦力和稳定性的材质制成,其高度还应当略低于周围地表。在整个铅

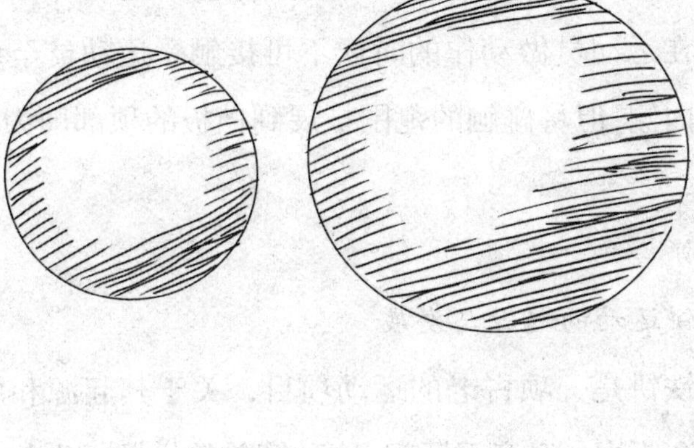

球投掷圈的正前方,需要设置一个 1.21 到 1.23 米之间长度的挡板,主要用来防止运动员因为惯性等作用滑出场地外。

着陆区

铁饼、标枪、铅球等抛投性质的竞赛项目都设有相应的着陆区,主要为了增强器材落点的可观测性。铅球的着陆区主要用煤渣、草坪或者其他能留下显著痕迹的平坦地面形成。每一个扇区由 5 厘米宽的白线进行区分。在铅球、链球和铁饼比赛中,着陆区的扇面角度是 40 度,而标枪比赛是 29度。

比赛规则

在铅球比赛中，运动员的所有动作都应当在投掷圈内进行,圈内外有显著的界限。一般来说,投掷圈外围有一道金属边框,上方会画上一层醒目的白色反光漆,这道界限及其以外的区域在运动员做动作的时候不可接触。运动员至多可以碰挡板的内侧,但将碰触的范围扩展到挡板的顶部即为犯规。

铁饼

铁饼运动的起源与发展

掷铁饼是一项古老的运动项目，关于其起源和出行的说法有多个版本。但毫无疑问,这种简单的投掷行为与人类早期的生产和狩猎活动是密不可分的,这种利用石块、硬木和动物头骨等结实耐用的材料经过简单加工后制成的一些能够重复使用且具有一定可控性和滑翔性能的抛投器械，可以代替容易损坏的竹木梭镖等器材来帮助人们获取高处的水果和攻击远处的野兽。而其作为一种竞技游戏出现的时间则大约是在公元前十二世纪左右，到了公元前八世纪的时期，投掷石片进行距离比赛的游戏方式已经在古希腊和埃及变得十分盛行。在后来，随着社会制度的改变，城邦制开始在古希腊的地区形成，竞赛开始从单纯的游戏变得具有了荣誉色彩，也推动了这种运动在器材和规则上的正规化进程。在公元前 708 年，古希腊奥运会五项比赛中就出现了掷铁饼项目，但在当时，投掷的方式仅限于利用自身腰身和脊柱回转的幅度来制造离心力辅助手臂将铁饼挥甩出去的立定投掷而已。希腊雕塑家米隆的雕塑“投掷者”的姿势，就是古代掷铁饼者投掷前的预备姿势。

近代掷铁饼始于十九世纪末，在民间作为一种运动游戏形式出现。1896 年，第 1 届现代奥运会迎来了铁饼项目的回归，尽管在成绩上远不如现在的比赛来的耀眼和突出，但是仍然在形式上奠定了这个竞赛项目的正当性和权威性。进入二十世纪以来，伴随着现代奥林匹克运动的不断发展，掷铁饼的技术与规则也发生了一系列的演变，主要经历了自由式、侧向转身、跳跃旋转、起跑式旋转、低腾空和连贯旋转等多种投掷方式的流行之后才形成了现在通用的模式，即采取双脚分开站立，同时将重心压低并以较大幅度、较快速度的背向旋转方式投出。纵观 100 多年来掷铁饼技术的发展演变过程，大致可分为三个阶段。

继承发展阶段(1896 年 ~ 1950 年)

在现代奥运会诞生后,铁饼虽然回到了竞技场上来,但是其规则和投掷方式却并没有一个很细致的规定, 投掷者们基本采用的都是比较简单直观的双腿立定、只限上半身旋转的“古希腊式”和以个人任意方式投掷德尔“自由式”两大类型。1896 年美国运动员列加特采用“自由式”的方法一举掷出了 29.15 米的成绩, 以超出其他对手很多的成绩拿到了冠军,人

们在这件事情上注意到，除了这个选手一直使用重量超出正式器材数倍的铁饼进行训练之外，在投掷前尽量扭转身体以提供更大出手初速的举动是让铁饼滑翔距离增加的一大关键所在。因此进入了二十世纪的时候，带有事先侧身扭转蓄力准备动作的铁饼投掷方式取代了古老的立定投掷。具体表现为投掷人身体先向右后侧扭转，以左脚掌为第一轴进行旋转，双脚经过交替踏地辅助身体旋转达到一周至两周之后，利用制造的离心力和臂力将铁饼甩出。

尽管"侧向转身"的技术拥有着较大的输出力度，但是由于双脚交替仍然会对身体旋转制造离心力的过程产生一定的减慢和阻碍，因此在上世纪三十年代，一种"跳跃旋转"的技术出现了，这种方式投掷铁饼可以达到更高的旋转速度和出手力度，可谓是后来诞生的技术动作形成了较大启发的一种。使用这种技术的人当中最著名的当属意大利运动员阿·康索里尼，他凭借对这种投掷方式的完美发挥连续三次打破世界纪录，并在后来的1948年奥运会上拿下了铁饼项目的冠军，为旋转掷铁饼技术的发展做出了很大的贡献。

在这一时期，可谓是人们第一次以专业的目光来看待和研究铁饼运动的阶段，具有很强的尝试和探索的意味。不过似乎也正是因为这个原因，奥运会对于女子参与铁饼竞赛的态度比其他的运动要严厉许多，直到1928年的第9届奥运会上才出现了专属的女子铁饼项目。

逐步成熟阶段(1951 年～1980 年)

进入上世纪的五十年代,铁饼运动出现了“起跑式旋转”技术。其动作要领是利用身体大幅度前倾带动重心偏移,同时快速蹬地制造旋转的速度和幅度。美国的铁饼运动员弋迪恩曾经于 1953 年以这种方式创造了 59.28 米的世界纪录，尽管成绩惊人,不过仍然可以看出在上世纪六十年代初,人们在追求铁饼成绩的时候仍然围绕着出手角速度和离心力效果这两方面进行研究，和当时同步处于发展过程当中的铅球等项目有一定的交集。到了六十年代晚期,人们才发现了这种表象下存在的重点，那就是铁饼在掷出前的加速过程中对于连续性和加速稳定性的保持,只有对这两点实现高水平的保证,才能最大限度地发挥出运动员本身的能力,确保投掷出其最佳的成绩。在这种理论基础上诞生的,就是所谓“低腾空旋转”技术。

这种技术强调旋转过程中始终保持重心降低并使右腿在旋转开始前最大限度地向左位移来制造初速。其代表人物是美国运动员西尔维斯特,在 1961 年的一次比赛上他利用这种技术突破了当时被视为是铁饼界一大障碍的 60 米成绩,并荣登世界纪录的顶点。之后威尔金斯、施密特等运动员都是以他的技术特点为基础进行研究和改进，才最终逐步形成了后期通行于世界的宽站立、大幅度、低腾空、快速度的铁饼运动技术标准。同期出现的还有一种强调右腿前摆来改善旋转效果并同样重视平稳加速的“连贯旋转”,1966 年,一名捷克斯洛伐克选手利用这种技巧以 66.07 米的成绩创造了新的世界纪录。这两种掷铁饼技术的出现，基本奠定了二十世纪八十年代到现在的铁饼选手的主要技巧和训练的方向。

稳定保持阶段(1981 年至今)

在近二十年来的体育界，宽站立、大幅度、低腾空的背向旋转技术已经成为了当前铁饼运动最为常用的一种方式，它的实用性和可行性经过了大量的实例验证和后续完善，适用于多数人在这项运动上发挥自己的技术。有些运动员曾尝试过完全摒弃或替换这种技术的关键元素，以一种全新的投掷方式来实现更远的投掷距离，但其中绝大多数并不能显著提高掷铁饼的成绩，因而难以突破其现有的主导技术形式。不过其中更加主要的原因则还是在于人类体能和动作技巧研发这两者的进步速度无法突破进化的限制，现在许多运动都已经出现了在最高成绩突破上难以显著超越的瓶颈，其中的主要原因就在于在相同的标准下，对于人体能力和技巧的挖掘已经到了一定的限度，在实现更具有革命性的改良之前，只能在一些次要细节上追求完善，铁饼等绝大程度上依靠运动员本身能力的传统项目更是如此。

近年来，尽管从表面上来看，铁饼运动的形态和内容与最初的阶段相比没有非常大的改变，但实际上，对于铁饼本身和比赛的方式、规则，以及选手的技巧和培养方式的修改一直都没有停止过。在现代科技革命大背景下，众多的科学理论开始走入到了运动领域,为提高成绩而服务。科技的加入使铁饼运动在多个方面获得了更加合理的规划和设计,不仅在规则、比赛制度和器械的规格上形成了较大的改善，在运动员个人方面,也将各种训练和操作细节进行了调整和改进,实现了在新时期背景下成绩的有效提升。

铁饼的材料和规格

铁饼的标准材质是一块以特定木材制作的圆盘，外侧包裹有一圈金属边框,表面光滑,中央并不凸起,呈标准的平盘状。男子比赛使用的标准铁饼重量一般在 2.005 到 2.025 千克之间，直径约在 21.8 ~ 22.1 厘米之间。女子铁饼重约 1.005 ~ 1.025 千克,直径 18 ~ 18.2 厘米。少年男子甲组重 1.5 千克;少年男子乙组铁饼重 1 千克;少年女子甲组铁饼重 1 千克。

投掷区

这里是铁饼比赛的主要动作场地，具体形态是一个直径标准为 2.5 米的圆形场地。投掷滑翔的范围是从这个圆形的圆心以 40 度夹角拉出并向外延伸的两条直线当中的范围,投掷飞出后落在这个范围内的铁饼的距离被视为是有效成绩。在投掷区的周边除了供铁饼飞出的扇区开口之外都围有钢铁护网,垂直看起来呈 C 型,开口一般正对前方的整个场地。

着陆区

铁饼的着陆区都是由煤渣、草坪等能留下印记的物质构成的平坦区域。每一个扇区由 5 厘米宽的白线分开。着陆区的扇面角度是 40 度。投掷时的规则基本与铅球相似，在做动作的时候不能接触到投掷区外的地方，也不能踏上圆形的边界，投掷时要保证沿着扇区的方向滑翔，横向飞出扇区延伸的范围之外视为无成绩。

二、全能运动径赛项目简介

全能运动由于汇集了运动会当中较多的传统项目，而与这些项目的单项比赛又是区别进行的,加上具有强度大,要求高,对抗激烈的特点,因此也有“奥运会中的小奥运会”之称。在不同规格的全能比赛当中,径赛都占据了一定的比例。少年组全能竞赛当中跑步类内容主要分为:100 米、200 米、800 米、1500 米跑和 100 米跨栏跑等种类。

短跑及中距离跑

少年组的 100 米、200 米、800 米、1500 米跑是典型的短跑和中距离跑类型,它们也是全能竞赛当中径赛的主要内容。

跑步运动的起源

奔跑是人类的基本技能之一，早期的人类利用这种技能进行追捕或逃避,当这种运动走入现代奥林匹克殿堂后,人们看待它的眼光也随之而变得高了起来，更高更快更强的标准使奔跑逐渐变为了一种象征着荣耀的技能。

目前在世界上最为杰出的赛跑运动员往往诞生于非洲地区,这些地区的人民,为了生活上的需要,大部分都善于长途步行和奔跑,加上具有较为优良运动天赋的身体特质,历史上

非洲的运动选手都有着特殊的本事。自二十世纪以来,非洲更是涌现出了相当一批优秀赛跑选手。1960 年,来自埃塞俄比亚的选手阿贝贝·比基拉在第 17 届奥运会的马拉松赛事中为全场乃至全世界观众进行了一次精彩的演绎,他居然赤着双脚,以超过一同出发的选手一倍以上的平均速度遥遥领先杀奔终点,在之后 1964 年的东京奥运会上,阿贝贝又一次夺得了马拉松比赛的冠军。让人们见识到了这位来自非洲的赛跑选手的超凡潜力。

我国作为一个拥有五千多年历史的文明古国, 在古代就已经开始出现了有目的的长跑竞赛活动,不过在当时,体育锻炼的概念虽然已经产生,但是始终是一种次要的需求,最早的

赛跑主要是服务于军事目的。早在春秋时代的吴国,就曾经在军中培养和选拔具有较强奔跑能力的“利趾者”。由于牲畜的稀有和对作战实力的重视，我国古代军事斗争当中步兵在相当长时间内都是最为主要的军种，这也在客观上将古代军队进攻和转移的机动能力限制在人的平均步行能力范围内,这一点,与兵贵神速的指导思想其实是相悖的。因此为了弥补这一点，只能从增强战士步行能力并选拔擅长远程跋涉的人员入手，军事家孙武在指导吴国的军人进行训练时就曾经要求他们在负重状态下一次性完成三百里的行军，目的就是为了检验和锻炼他们的行动能力。由此可见,长跑等运动在古代就已经被人们所重视了。

在近代的中国，中长跑作为一种运动项目出现几乎从二十世纪初就已经开始了,在 1910 年的旧中国全国运动会上曾经出现了根据西方规则进行的赛跑项目。一般来说,男、女子 800 米跑及 1500 米跑在国际概念上属于中距离跑,而非短跑,但在我国传统认识当中，这个距离的比赛却是基本被列为短跑范畴的。

规则限制

参加各种规格的短跑比赛的运动员对于跑道的划分和归属要有清晰的认识，整场比赛从开始到结束都必须在自己的跑道里奔跑,不能串转到旁边的其他跑道上。而 800 米、1500 米由于距离较长的缘故，起跑后到达一定的距离后可以根据

跑道上给出的标记离开自己的跑道进行较为自由的奔跑。通常来讲,大型比赛的小组赛过程中,中短跑第一轮的跑道都是随机给出的,而决出了最初的名次之后,跑道的选择将依据运动员在上一轮的比赛成绩而定。在惯例上,正式的比赛都会在名词出现后将较为靠前的运动员安排在跑道的中央位置。

起跑

在国际赛事中，起跑阶段无论对于观众还是选手本身来说都是十分重要的,因此从很久以前开始,起跑的标准就被不断地完善着,所有400米或以下的径赛项目,都必须采用蹲踞式起跑及使用起跑器。起跑信号分为三个阶段,第一和第二阶段分别为“就位”(各就各位)和“预备”,第三阶段为发令枪发射。参赛者在听到后应马上完成有关动作,任何参赛者不能在合理时间内完成有关动作,则属起跑犯规,而在发布信号前就做了相关动作也是不可以的。在第一信号发布后如果有人以声音或动作扰乱他人,会被视为起跑犯规。在发令枪响前如果有起跑动作出现,则同属起跑犯规。单次警告,发现第二次将取消资格，不过在男子十项全能及女子七项全能比赛上并没有这种规定。而400米以上的竞赛项目上口令只分为两个阶段,在发令枪响前,唯一的口令就是“各就位”,当所有参赛者均准备妥当后,便可鸣枪开始比赛。

发令员的发令枪一响意味着赛跑的正式开始，由于枪声的发出非常短促，每一次的声响时间长度也比人声的口令更加均匀,给运动员造成听觉感受误差的可能性也更小。但是其副作用就是人容易因为过度紧张而产生印象式幻听，造成对于枪声过于注意而混淆了幻觉和真实发令,继而导致抢跑。在十项全能和七项全能规定三次犯规才取消资格,这也是为了照顾参加比赛的选手而对抢跑进行的从宽处理。相对来说，全能项目当中的径赛在这方面的严格程度要低于同内容的单项径赛。

获胜标准

在赛跑项目当中，胜者取第一个用身体触到终点线的运动员。如果两位运动员在赛道上一同抵达终点线,在现代的规则当中如果记录仪确认两人接触重点线的时间差在千分之一秒以下,则两人可以同时进入下一轮。如果没有相关设备或无法进行判断，则根据其他标准进行判断由哪位运动员进入下一轮,如果这种情况是在决赛当中发生的,则裁判有权要求两名运动员单独重新比赛一次，再次发生同时撞线的情况则可计为并列冠军。比赛所使用的环形跑道呈椭圆形,长度标准一般为 400 米。田径场地的半径有 36 米、36.50 米、37.898 米等多个种类,其中以 36.50 米为最佳。跑道的内侧边沿设置有 5 厘米高的边线,每条跑道分隔线之间的间距为 1.2 到 1.25 米。赛跑按逆时针方向进行，环形跑道从内向外依次是第 1 至 8 号跑道。同时,值得一提的是,由于田径比赛的赛道处于露天状态,因此存在风速助力的问题。径赛项目进行中如果当时场地顺风风速超过 2 米 / 秒(7.2 公里 / 秒),则成绩被承认,但是创造的新成绩不能被作为世界纪录采纳。

跨栏跑

少年组的全能运动标准跨栏跑比赛距离为:100 米栏。

跨栏跑的起源

跨栏跑最初产生于十六世纪的英国，发达的畜牧业催生出了众多的职业牧羊人。在草场上,有大量的栅栏被作为牧区和羊圈的分隔之用，当时的年轻牧羊人为了排解放牧生活的

无趣和苦闷，将不用双手辅助连续跳跃这些围栏当作一种游戏，这种游戏因为强调技巧而在器材上又简单易行而在牧羊人当中很快就得到了推广。后来的人们将这种运动进行了改良,安排固定数量的木栏以均匀间隔埋放在一处平地上,然后由人边奔跑边跨越来竞比完成这段路程的速度。1890 年,随着这种运动的流行和参与人数的增加，其内容也得到了进一步的发展进化。为了公平起见,栏的高度、数量、宽度和赛道长度都被统一地确立了下来。栏架也开始由笨重的木制变为可拆分的轻质组合材料,到了 1935 年,出现了近似现代比赛当中所采用的“⊥”形栏架,并且对栏架的规格进行了进一步的细化和标准化改造，使之更加符合大众运动的便利化和亲民化趋势。

跨栏跑技术的发展史具体可以分为以下的几个阶段,第一个阶段的标志是跨栏步进入标准化，以及跨栏的各种设施开始改革。在最开始因为使用的栏架比较初级,且尺寸较高较厚,运动员的跨栏方式与跑步的结合程度也比较低,往往是在距离栏身较近的地方才开始起跳，迫使起跨的腿抬到较高的位置,然后后腿几乎以朝向正前的方向跨过栏架,下栏后停顿再跑,因此在当时,这种运动的名称是“跳栏”。而到了第二个阶段,才出现了如今天这样的连贯式跨栏技巧,后侧腿横向抬起内收,被称为折刀式跨法,这种方法缩短了过栏腾空时间,也加快了过栏的速度和跑——跨之间衔接的流畅度。第三个阶段则是以上世纪七十年代以后赛场设施改革完成、塑胶跑道出现为标志的，在这一时期出现了更加充分运用跑道弹性

和应力的“综合型”过栏技术，以低、平、短、快的方式将跨栏时上半身姿态的改变减少到最小。将跨栏步的技术进一步向“跑栏”的方向发展。

栏架的材质在现代基本都已经采用空心金属管、条和其他结实且具有一定弹性的轻质材料制作，为的是保证结实可靠，另一方面也不会在比赛出现意外时伤及运动员的身体。整个结构一般应当由底座和两到三条立柱以及用于固定的横木组成，正式比赛当中对于该器械的重心和稳定性有一定的要求。栏架高度可按不同项目进行调整，不过同时也要调整重心以符合相应的要求标准。栏架的底座最长为 0.70 米，总重量应当大于 10 公斤。少年组和成年组的栏架高度各不相同，横木应用醒目的两种对比色进行涂刷。所有跨栏跑项目均为分道跑，运动员应自始至终在自己的分道内进行比赛。

赛跑规则

和其他的赛跑类径赛项目一样，跨栏跑决赛的参赛者冠军优胜条件以躯干接触终点线为准。如果有同步抵达者应当由裁判员进行判断孰为胜者，如果无法判断的话，应当视情况进行重赛以确定名次，如果再次同时完成，则可计为并列冠军。各参赛者必须在自己的线道内完成比赛，如果跨越别道的栏架或跨越栏架不成功者无成绩，裁判在赛场上判定有故意阻碍和推挡旁边选手，以及跨越别人跑道上栏架的人将被取消资格。

跳跃类

跳跃类项目运动员的唯一目标就是跳得最高或最远。历史上第一个被记录的跳远纪录由公元前656年的一位斯巴达人所创,成绩为7.05米。这个成绩到了多届现代奥运会举办之后才被人打破。

中国古代亦有“越高超远”,亦即是跳高和跳远的记载,不过主要都是作为军事训练的内容。春秋战国时期,不少兵书都提出要选用“越高超远”、“轻足善走”的人来进行有效的战斗。战国以后,跳跃仍然是军事训练的重要环节,如《后汉书》就有记载名将甘延寿能“超越羽林亭楼”,堪称是古代的跳高能手。在正式的比赛当中,少年组全能项目里的跳跃内容主要有跳高和跳远两项。

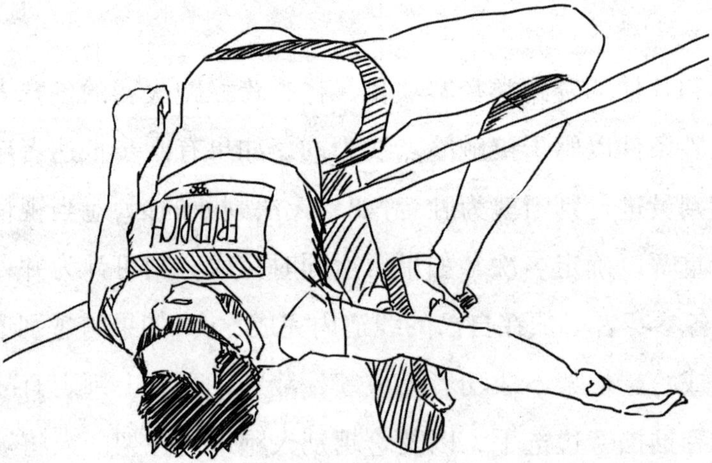

跳高

从体育界的角度来看来看，现代跳高比赛发源于 1840 年的英国。相对于其他的田径项目，跳高的规则制定年代较早，在十九世纪七十年代时，就已经出现了诸如单脚起跳和试跳三次的规则，可以说制定规则的人眼光是比较长远的。在 1896 年的第 1 届奥运会上，跳高比赛因为其较为成熟的规则与符合奥运会对于人类体能竞赛的概念而被成功列入了比赛项目的名单当中，在这届比赛上，优胜者为美国选手克拉克，成绩为 1.81 米。

体育运动之所以令人着迷，其中一个原因就是它们是一种让参与者了解自己和突破自己的途径，现代跳高运动发展的过程同时也是人们对于一个个新的跳跃高度的挑战史，新的方法和对于人体力量运用的认识成为了成绩之外的又一大重要收获。英国的一位运动员在 1876 年最先以跨越式跳高法跳过了 1.83 米。而到了 1887 年，一位美国选手使用另外一种技术跳出了 1.93 米的成绩，这个记录在第一节现代奥运会举办前最高刷新到了 1.97 米，并一直没有被以公众承认的方式打破。到了 1912 年，美国选手大胆地采用了一种名为“西方滚”的跳跃技术，跳出了 2.01 米的成绩。当大名鼎鼎的背越式跳高出现之后，2.24 米的成绩随之诞生。到目前为止，还没有比背越式跳高更新的跳高形式出现。

虽然第一次女子跳高比赛早在 1895 年就已经于美国举行，不过正式被列入到奥运会项目当中却是 1928 年的事情了。中国的跳高事业起步相对比较晚,在1910年的时候,跳高才进入了我国全国运动会的项目名单，不过由于我国跳高运动员优秀的潜质,使我国在这个项目上进步速度极快,在全亚洲甚至世界范围内都曾经有突出表现，无论男子跳高还是女子跳高都曾经多次打破过世界跳高纪录，成为了我国又一项后发居上的体育项目。

器材特点

跳高架的结构十分简单，形态如同我们生活当中常见的单杠或单杆式晾衣架。不过上方的横杆是可以进行高度调整的,以适应不同运动员对于跳高高度的需求。可以使用结构坚固的各种类型的跳高架或立柱。不过，无论什么形制的跳高架,有精确刻度并可进行高度调节的立杆都是必需的,跳高架可调整的高度上限应当达到国际比赛的标准，至少应超过横杆实际提升高度10厘米。两立柱之间的距离一般控制在4.00~4.04米之间。

跳高架使用的横杆应当由玻璃纤维、金属或另外某些具有一定弹性且足够结实、能够保持顺直平整的材料制成,横杆的中央部分为圆柱形，两侧为了增强固定效果而具有一定的明显棱角。横杆全长为4米到4.05米之间,与立柱间距相当。最大重量2千克。横杆圆形部分直径30毫米,其尺寸误差应在1毫米以内。横杆两端的直径约35毫米左右，长度一般为20厘米。质地坚硬而平滑。需要注意的是,在正式比赛当中使用的横杆两端不能使用任何能增大与横杆托之间摩擦力的装饰或辅助配件。横杆自重大,下垂幅度只能允许达到2厘米,如果出现问题或超出标准,则应当马上进行更换。

横杆托是杆架的组合部件之一，用于在立杆上方承载水平防止的横杆,呈长方形,宽4厘米,长6厘米,与立杆形成垂直,水平向两道立杆内侧伸出。在进行跳跃前,要保证横杆托已经得到了固定并且朝向对面立柱，在受到碰撞时应当向正前方或正后方掉落以免造成伤害，不能自行对横杆和托之间进行固定。横杆放置在托上之后两端与立柱之间至少应有1厘米的空隙。另外,如果没有得到比赛裁判的允许,在比赛过程中不得移动跳高架或立柱。

比赛场地

跳高需要助跑，正式比赛的助跑道的长度应在15～25米之间,国际比赛中应在20米以上,以25米为上限。

助跑道和起跳区的走向要和横杆尽量保持垂直，彼此之间存在的倾斜角度不能大于一定数值，且起跳位置的地面应保持平整,落地区域的大小不能小于5×3米。另外,立杆和落地区之间应当保持10厘米左右的间隙，以避免着陆区的保护物在人体落下的冲击中发生移动导致立杆位置受到牵连影响。

为有助于助跑和起跳，运动员可以在助跑区和起跳区使用两个以内的标志物，但这些东西都需要组委会和裁判批准并检验过。如果大赛官方未提供此类标志物,运动员可以使用能留下明显标记但是不能被轻易擦去且不能对自己或他人的跳跃和奔跑形成影响的事物。

获胜条件

每名运动员可以有三次试跳的机会，在这三次的成绩中取最好的一次试跳成绩，而排名落后的选手如果在试跳当中有与第一名选手相同的成绩,也应当取用该例最好成绩。

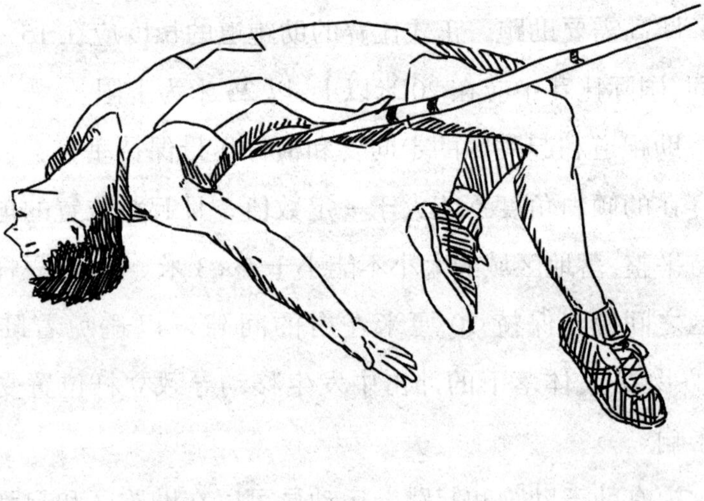

跳远

跳远和赛跑一样，都是非常古老的民间运动。在公元前708年的古代奥运会上已经成为了正式的体育项目，在奥运比赛项目当中可谓有着不俗的“资历”。不过在当时，比赛的形式与现在有着不小的区别，比如运动员需要在身上涂抹油脂增加肌肉和躯体的美观性，并手捧石块或金属等重物进行跳远，在评判分数的时候不仅要考评距离，也要对比各人的姿态优美与否。后来，它也成为了古代五项全能当中的一个项目，而在现代，跳远已经普及到了世界各地，成为了当前社会各个层级的学校必然涉及的体育项目之一。它具有着锻炼人手脚协调能力、肌肉爆发力的作用，同时经常进行这种运动的相关锻炼还有着改善身体内循环的益处。

由助跑、起跳、腾空、落地构成的现代跳远运动最早出现于英国，美国和法国是最先将这种运动引入的国家，而这也形成了现代跳远运动的主要内容。目前经过人们总结，最为常用的跳远方式主要为简单的蹲踞式跳远、易于掌握身体运动节奏的走步式跳远和效果较好但是费力较大的挺身式跳远三大类。

1896年的第1届现代奥运会便已经有跳远比赛，成绩只有6.35米。1968年，奥运会在空气稀薄的墨西哥城举行，美国选手鲍勃在其中一跃跳出了8.90米的世界纪录，并保持了达23年之久，而且很多人甚至认为这距离已是人类跳远的极限。直至1991年，这个纪录才被另一名美国选手麦克·鲍威尔以

8.95 米的成绩所打破。女子跳远登上奥运会是在 1948 年,诞生的首个冠军是一位西班牙选手,最终成绩为 5.695 米。

三级跳远由单脚跳、跨步跳和跳跃组成,与古老的立定式跳远相比来说是个非常年轻的项目。同样在 1896 年,三级跳远成为了奥运会正式比赛项目,并赢得了人们的喜爱,顺利地作为一项大众运动类型一直延续至今。最初的三级跳远在技术研究上的深度远不如历经多年发展的传统跳远，人们对其的认知程度很浅显，在三步大跨中有许多可以用于运力的位置都是后来逐渐被挖掘出来的，这个探索的过程贯穿了几乎整个二十世纪前半部分,经过积累,人们渐渐认识到了三步跨跳幅度和力度均匀性在身体加速上所具有的特殊意义。以后各国运动员曾努力使三级跳远向着三跳紧密衔接没有停顿的方向发展，巴西的一名运动员在这种指导思想下于上世纪六十年代创造了 16.56 米的新成绩。不过这个成绩很快就被波兰运动员以 17 米的成绩超过,他所使用的技术的最大特点是充分将三跳进行组合运用，前两跳重在使身体腾空的预备幅度增大，第三跳则适当加大力度使最终跳起形成的抛物线轨迹顶端变高,总跨越距离也因此得以延长。

近些年来,三级跳远的技术和成绩发展较快,作为一个后出现的项目，三级跳比经验丰富的传统跳远具有更大的挖掘潜力是不争的事实。因此无论在男子还是女子三级跳项目上,都呈现出了比其他项目更加密集和快速的世界成绩刷新频率,女子三级跳远运动进步尤为神速,我国的女子跳远运动员也曾经在这个项目上创造过世界纪录。虽然在近年来并没有能够冲攀高峰，但是随着人才储备量的提升和人员身体平均素质的提高,可以挖掘的潜力仍然非常可观。

从技术上来讲，三级跳远是经过助跑后利用三次跨步式跳跃增强身体跨越的高度和惯性速度，以此来实现更远的跳跃距离。由于三次蹬地跳跃的时候身体的重量集中于单腿,因此这项运动对于下肢形成的压力非常大,因此对于爆发力、韧性和身体的姿态调控能力有较高的要求，在日常生活中如果经常以正确方式练习这种运动的话，也可以相应地增强个人身体的这三种素质。

比赛场地

跳远比赛必备的设施主要包括了助跑道、起跳板、起跳显示板和落地区等。助跑道长度在 40 到 45 米之间,用 5 厘米宽的白线标明,相对于落地区要尽量保持垂直,角度上不能超过一定的误差度。落地区通常使用沙坑进行缓冲，坑长 6 到 9 米,宽度在 3 米以内,下限不低于 2.75 米。三级跳远起跳板的大小与传统跳远形式一致，落地区远端与其之间的距离应大于等于 21 米。不过这个规定仅限于国际大型赛事,其他不同制式的比赛可以在保证安全的条件下酌情进行更改。

跳远比赛规则

在比赛开始前，小组赛的初跳应抽签决定运动员的试跳顺序。如果参加该次比赛的运动员人数超过8位,按照国际大型比赛惯例应每人给予3次试跳机会，当比赛人数只有8人或少于8人时,每人均可试跳6次。在裁判员宣布比赛开始之后,入场的运动员就不能再继续使用场内的主跑道进行练习,如果不听从指令将被处以惩罚。

试跳的过程当中，如果身体还处于助跑阶段或者已经在起跳点跳离地面的过程中，身体某部位触及到了起跳线外侧的地面或物品应当被视为犯规。另外,从起跳板两端外侧的起

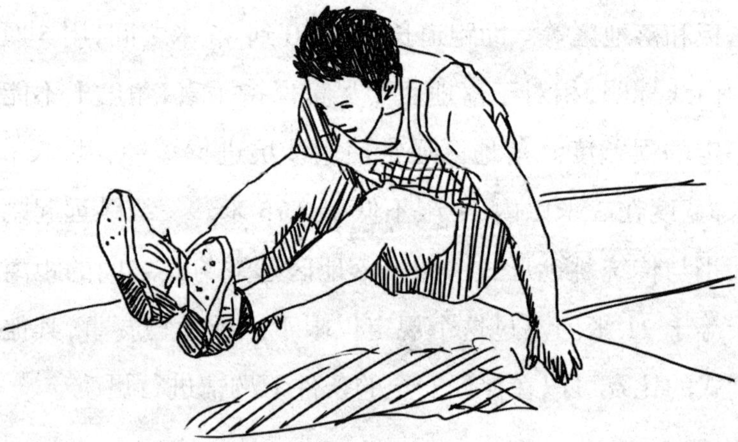

跳延长线处前后方起跳、在落地时身体先接触到了落地区以外的地方且该接触点比在落地区内的第一落点要更接近起跳点、在完成试跳延跳来的方向走出落地区、采用任何空翻姿势都被视为违规行为。不过,运动员在助跑未抵达起跳位时如果跑出跑道线不算违规。

测量成绩要以运动员最先接触地面的位置为准，每位运动员的三次试跳中最好的一道成绩将被作为记录成绩，如果在最终决赛中总成绩落后的选手有和领先选手等同的成绩，也同样将之计为最后的决定成绩。

助跑道

助跑道的长度之前已经提到,在 40 到 45 米之间,宽度则在 1.22 至 1.25 米左右,通常正规比赛需要使用 5 厘米宽的白线标出助跑道。左右最大倾斜度不超过 1∶100,趴在跑进方向总的倾斜度不得超过 1∶1000。在起跳区内,可以设置由大会方提供的标志物，也可以在主办者没有提供的情况下自行布置,但不能使用对跳跃起步高度有影响或容易抹去的标志物。

起跳板

起跳板是起跳的标志,一部分埋入地下,表面应当与助跑道的部分保持平齐状态,以方便运动员踩踏起跳。这块板靠近落地区的一侧边缘被称为起跳线，紧靠起跳线前应放置一块橡皮泥显示板，以便于裁判员通过上面是否存在印记来观察和判断运动员是否有越线的行为。无论什么样层级的比赛,起跳板距离落地区远端的距离都应当保持在 10 米以上,和近端之间的距离则应该在 1 米到 3 米之间。起跳板的形状一般为长方形,由于要经历多次大强度大力度的踩踏和蹬击,因此在材料上需要采用结实而坚硬的物质制作, 且在厚度上要达到 10 厘米,长度一般为 1.21 到 1.22 米,宽度 20 厘米,因为宽度涉及犯规判定的观测,因此标准情况下误差不能超过 2 毫米。

橡皮泥显示板:应用木料或其他适宜的材料制成,质地坚硬,长度与起跳板保持一致,宽度为 10 厘米,尺寸误差同样不能超过 2 毫米。安放位置在起跳板和落地区之间,在其高度上应超出起跳板 7 毫米。显示板应向助跑道方向呈 30 度的倾斜,同时,全部的装置必须保持牢固,足以承受运动员起跳脚的全部力量,在其表面有固定深度的橡皮泥层,已达到显示运动员脚位并增强摩擦力的作用。

落地区

落地区宽度应当在 2.75 米与 3 米之间。跑道在正常情况下应当正对准落地区的中央部分, 以此保证运动员在奔跑过程当中不会因为这种偏差而对助跑加速造成影响。落地区内应填充湿沙, 沙面应在每次跳跃后清理至与起跳板齐平的状态。

第四节 少年组全能运动项目有关运动内容的比赛规则

一、全能运动田赛有关规则简介

成人全能运动田赛项目的各项规则和少年组的规则是通用的。在田赛的各项比赛中遇到参加人数较多时可以使用预赛的方式进行淘汰选拔，根据结果和限定的人数淘汰其中位居第八名之后的运动员。所有田赛项目,无论跳跃还是投掷项目一般都可以有3次的试跳和试投机会，运动员需要根据裁判给出的信号在规定时间内完成动作，有犯规者或违反者被视为该次试跳(投)失败无成绩,如再无故拖延,运动员将被取消参赛资格,但之前已经被承认的成绩仍然生效。在成绩的判定上,除了铁饼、标枪、链球这三项因为具体落地状态不稳定可能会造成一定的落地误差而固定用2厘米作为最小计量单位之外,其他项目的最小计量单位均为1厘米。

掷标枪项目

参赛人员超过8人时举行初赛,试投机会每人3次,选取其中成绩最好的8人进入决赛,成绩相同者可同时进入,不受8人数量的限制。在决赛过程中,每名运动员仍有3次试投机会。进入决赛时,运动员试投的先后次序取初赛名次的反向顺序,成绩最好的会被安排到最后,成绩较差的运动员会最先上场。如参赛选手只有8人或8人以下,可以每人获得6次试投机会。

运动员在初赛及决赛试投中最好的一次成绩将会被计为最终成绩,运动员在投掷完成或投掷过程中不能触及界线,标

枪的落点也必须在扇形区范围内才行，如投出扇区或身体跨越到界外则被判为犯规无成绩。在无犯规的前提下，投掷距离最远的运动员将成为冠军。成绩相同时，取他们所有成绩当中第二高的，再次相同则取第三高成绩，六次成绩以此类推。如果最终仍保持相同，则单独对两人再进行一次比赛，如果依然相等，则作为并列冠军处理。

跳高比赛规则

与前者不同，跳高比赛的运动员试跳顺序都是由抽签来具体决定的。比赛开始前，主裁判应向运动员宣布起跳高度和每轮比赛后杆位提高的幅度。通常来讲根据正式比赛的管理，如果不是已经在比赛中产生了经大赛官方承认的冠军，否则每轮比赛后横杆将以 2 厘米以上的速率提升，横杆升高的幅度一经确定不得随意增大。

一旦裁判员宣布比赛开始，非指定次序进行试跳的运动员必须离开比赛区域，不能再进行试跳和助跑练习。在起跳时，运动员必须使用单脚。如果在试跳后因运动员自身原因导致横杆跌落，或在越过横杆之前，运动员身体的任何部位触及立柱之间，横杆延长线垂直面以外的地面或落地区者被视为该次试跳失败。运动员选择符合主裁判事先宣布的横杆升高标准倍数的任何一个高度开始试跳，也可以决定在某个高度是否进行试跳。除了名次相等时进行的加赛之外，任何时候只要三次试跳失败即可判为出局。

根据国际惯例，场上允许运动员在一个高度上进行试跳不成功时于二三次同高度免跳的请求，受理之后运动员不许再在该高度进行试跳。横杆升高时必须进行测量方可供运动员试跳,如果自上一次测量纪录高度后,横杆又被触及,在后继的纪录高度的试跳之前,裁判员必须再次测量横杆高度。在设置横杆时要谨慎，以保证在正常比赛中横杆的状态可以保持正常。

掷铁饼比赛规则

比赛参与者总数超过 8 名将先进行初赛，初赛与决赛相同,每位运动员有 3 次试投机会,在初赛完成后,前 8 名的选手可以进入到决赛当中,如有成绩相同者可同步进入。决赛出场的次序取初赛成绩排名的反次序,即成绩排居末位先投,排居前位后投。如果参赛人数最初即为 8 人以内,则可以每人试投 6 次,取最好成绩作为最后成绩。

与其他的投掷项目相同，铁饼投出后的落点必须位于扇区以内,铁饼落地触碰到扇区边线者视为无效成绩。运动员在投掷后,必须从场地的后半圆离开,如果从前方离开,或者在投掷过程中身体对投掷圈界限外的地面或事物发生了接触,都被视为犯规。成绩的量度上,通常取铁饼落地后的第一接触点到投掷区之间的距离，但测量范围不包括投掷区边线以内的地方。以达成距离最远的选手作为冠军,如果有选手成绩相等,则对比其第二好的成绩,再相等则对比第三好的成绩,以此类推。如果成绩始终相同，就要进行加赛来确定最终的优胜者。

铅球比赛规则

比赛人数达8名以上，会先进行初赛，每人有3次试投机会，完成初赛后，便选择成绩最好的8名运动员进入决赛，成绩与这8位选手相同者同样可以进入决赛。决赛中同样每人有3次试投机会，决赛出场的次序取初赛成绩排名的反次序，即成绩排居末位先投，排居前位后投。如果参赛人数最初即为8人以内，则可以每人试投6次，取最好成绩作为最后成绩。

运动员在投掷区内进行投掷的时候，脚部前端可以触碰顶趾板的内侧,但不能踏及到其上方或跨越趾板。而且在投掷后,运动员必须从后半圆离开投掷区,否则将被视为犯规。在多人竞赛阶段单人投掷时间为 1 分钟，进行至最后阶段的时候可以调整至 2 分钟，在晋升一位选手的时候可以延长到 5 分钟。从铅球的第一触地点起到趾板内壁为止的距离就是选手的成绩。距离最远的人可以获得冠军。如果有选手成绩相等,则对比其第二好的成绩,再相等则对比第三好的成绩,以此类推。如果成绩始终相同,就要进行加赛来确定最终的优胜者。

二、全能运动径赛有关规则

成人全能竞赛当中的径赛规则和少年组全能竞赛规则为通用规则。径赛是田径运动两大分支之一，是在特定的道路场地上进行跑和行走的运动的统称。在奥运会上通常设有100米、200米、400米、800米、1500米、女子3000米(该项目在第25届奥运会上被改为5000米)、5000米、10000米、马拉松、3000米障碍赛(男子)、100米栏(女子)、110米栏(男子)、400米栏、10公里竞走(女子)、20公里竞走、50公里竞走(男子)、4×100米接力、4×400米接力等等赛事。全能运动根据级别的不同而包含了其中一部分的运动项目，而对于少年组全能运动来说，其中径赛的内容只有100米、100米栏、110米栏、200米、800米、1500米这几种。

全能项目当中的径赛决赛人数要求与田赛相同，不过由于性质的不同和同场竞技的特点，在决赛之前可进行的径赛赛程共有预赛、次赛、复赛三种，直到筛选出最后的8人参加决赛，决赛的成绩将成为他们的唯一成绩。根据惯例，径赛必须沿逆时针方向跑进。各个运动员所属的跑道标位将由抽签决定。分道跑项目和接力跑在最初起跑时必须使用起跑器，不过其他各项目并不使用，而是采用传统的“各就位”、“预备”和鸣枪所组成的3阶段发令，一部分径赛项目只使用“各就位”

和鸣枪的两阶段发令模式。

在起跑时因抢跑等原因犯规达到累计两次以上，选手就可以被取消比赛资格。在赛跑过程中被裁判确认有对身边其他运动员构成故意推挤、碰撞行为的运动员和受到非不可抗力因素偏离自己分道并在比赛中接受赛场许可以外的帮助行为者累计达到两次将被取消比赛资格。最终抵达的选手不能使用躯干以外的任何部位碰触终点线，以最先碰触到终点线的人为冠军。并以接触到终点线的瞬间到其起跑开始的瞬间之间经历的时间作为记录。

径赛一共有跑道比赛 23 项,公路赛有 5 项。中长跑以下距离的跑道比赛都将在露天状态下的奥运会场举行，而公路赛则要在举办城市专门划定的街道系统当中完成，公路赛主要包括了男子和女子不同赛程的竞走、马拉松等项目，虽然比赛主要区域在场外城市当中，不过比赛的终点固定设在举办奥运会的运动场上。

跑道径赛及其相关规则

在现代奥运会上，为了体现公平享有径赛权的原则，男女选手的比赛项目基本相同，这一点也同样体现在奥运会的径赛项目当中。男子跑道赛跑包括了100米、200米、400米、800米、1500米、5000米、10000米跑等纯跑赛和110米跨栏、400米跨栏比赛、3000米障碍赛、4×100米接力赛、4×400米接力赛等内容。相对来说，女子比赛中除了不设障碍赛和将110米跨栏改为了100米跨栏之外，和男子项目完全一致。

奥运径赛比赛首先会根据参与者数量进行分组，每组取得前两名的运动员可以进入下一轮，视具体人数，小组第三名有些时候也可以获得晋级的机会。预赛采用交叉排序法排定分组的结果，根据这种原则，可以将成绩靠前的选手平均分配到各个分组当中去，以便增加优秀运动员在决赛中出现的机会。这个成绩是取自各位运动员在上赛季最佳的成绩来进行排比对照的，在之后的各轮比赛中，就改为将前一轮的赛跑成绩作为根据使用。相同国家的运动员同场多会被分配到不同的竞赛组当中。

在包括110米跨栏与其他所有短跑项目在内的径赛中，运动员必须全程都在属于自己的跑道里进行比赛。而800米赛跑则是从起跑开始一直到通过设置在赛道上的分离线都需要在固定赛道奔跑,通过分离标志以后,选手就可以离开自己的跑道了。一般在小组赛之后的各轮比赛中由于已经产生了初始成绩,因此会将成绩较好的运动员分配到中央的道位上,比如8赛道赛场上的3、4、5、6号跑道，它们应由排名前4位的运动员分别占据。第1、2、7、8道则由后4名占据。发令员要监视运动员们的起跑姿势,依次发布“各就各位”和“预备”的口令,最后击发发令枪。如果有运动员存在抢跑行为,则发令员需要当众判定犯规是否成立,如果成立,则犯规的运动员再一次出现抢跑的行为就会被取消参赛资格。不过在全能项目中,这个犯规的上限被扩展到3次。

径赛的结束非常直观，在同场竞技的所有参赛选手中第一个用身体碰触到终点线的运动员就是这场比赛的冠军。在非决赛的各轮当中，两位同步撞线的运动员彼此之间经过回放判定以后其时间差小于千分之一秒时，则两人可以同时进入到下一轮比赛当中。在无法判断时间差的情况下,应当用抽签的方式来决定应该由谁来进入下一轮比赛。而如果在决赛中发生这种情况,裁判有权力为两个人安排一场单独的比赛来决定最终胜负,如果仍然得出平手的结果,则两人可并列冠军。

另外要注意的是在短跑或跨栏比赛中，露天场地内如果场地内顺风(从运动员后方或侧后方刮来的风)的速度超过了一定的水平,则产生的成绩不能被作为世界纪录使用,但在比赛中仍然生效。

计时标准

在正式比赛当中，计时的方法分为手动和电子自动计时两个种类，手计时由大会指定的计时员进行计取，两者的判定同样有效。在跑道上举行的径赛项目，手计时得出的成绩在精度上应当至少达到十分之一秒的水平。部分或全部在场外举行的径赛项目，手计时成绩精确度也应当判读到整秒，在按停同时如果指针停在两个刻度正中间，则取较差判断。计时的起点应该是发令枪出现击发火光的瞬间开始，直至运动员躯干上的任何部位接触到终点标线及其位置所在的垂直平面为止。使用 1/100 秒的秒表或人工操作的数字式电子秒表，当百

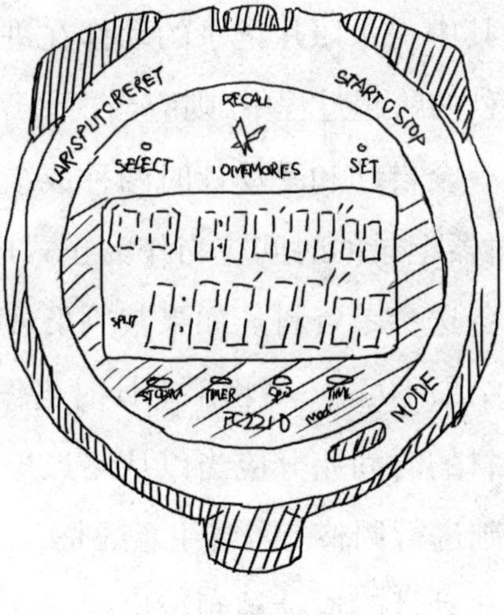

分位秒不为零时,应进位至较差的1/10秒,如10.11秒应进位成10.2秒。

全自动计时相对于手动来说更加精确，也更适用于大型赛事的判定,根据规定,国内一、二、三类比赛及以上级别的赛事,径赛计时均应使用全自动计时装置。其精度和稳定性必须经过相关部门的审核与检验,确认后才可以投入使用,全自动计时装置必须从发令员的枪或经批准的类似装置启动时自动开始计时。同时,标准规定,一套合乎规格的自动计时设备从每次发令枪响到此计时系统开始记录之间所存在的延误时长应该是稳定的,并应小于1/1000秒。在运动员抵达终点时同步进行记录和对照的还有一台摄影机，放置在终点线的横向延长线上,拍摄的方向与终点线始终保持在同一垂直面上。其胶片上必须能够精确到选手撞线前到撞线后每个百分之一秒钟的进程变化状态，以便能够从照片和回放影片上判读出时间和名次。如果其中一张照片记录的动作在进行判断时恰好在两个百分之一秒的跨越过程中,则应当视为靠前的一个节点。

在同时拥有全自动和手动计时两种成绩记录方式的场合下,全自动计时器记录的时间应当作为正式成绩被记录,而以手动计时作为备选参考资料。如果裁判员或裁判组正式宣布该仪器的工作结果不可靠,再将手动计时当作标准成绩。如有可能，计时器材的时间差分应当以从终点摄影胶片上获得的时间间隔为基础进行调整。需要注意的是,在大型比赛中如果有一组选手的自动计时成绩被判定出现了误差，则该组应使

用手动计时的成绩进行记录，而其余各组仍以全自动计时成绩作为正式成绩公布。

跑道与分道

一个奥运会标准的场地跑道全长应为 400 米，通常由两段长度相等的平行直线跑道和两段半径一致的弯道所组成。同时按照规范，跑道内侧应当有一条凸起的内沿，其高度和宽度至少都要达到 5 厘米。该条边沿应当始终保持与各条跑道分道线和跑道外延呈平行状态，如果因为一些场内比赛而移动了内沿，需要及时进行标注和调整才行。在一些没有凸沿的小型赛事场地或草地赛道上，应当用同为 5 厘米宽的醒目白色线条进行划定，为了防止人员误越，应当在内线上设置小旗，为了安全起见，旗杆要朝圈内倾斜，与地面成 60 度角。小旗规格约 25 × 20 厘米，旗杆长 45 厘米最为适宜。

起点与终点

场地内的起点与终点通常使用白线进行标示，在赛场上，运动员赛跑的距离标准长度一般由起跑线的后沿到终点线的前沿为止。需要注意的是，在国际比赛上，发令员都是使用本国语言发令的，3 阶段的前两段口令“各就各位”、“预备”皆为如此，运动员需要根据其次序进行判定，在运动员完成预备动作之后，发令员才能正式以鸣枪或其他发令器材发出起跑信号。而在 400 米以上的各个项目中，起跑时只使用“各就位”口令,在所有运动员稳定时鸣枪或启动经批准的发令器材。起跑时运动员不得单手或双手触地。

运动员做好姿势还未得到起跑信号前，如果发令员对已进行的起跑准备不满意，他有权力命令所有运动员离开起跑位,并由助理发令员将人员带到指定位置集合。在口令已经发出后,运动员应当对口令进行即刻反应,如果在这个阶段对于口令的响应拖延超过一定的时间,运动员将被视为起跑犯规。而下达“各就各位”口令后,如果运动员使用声音或肢体接触的方式干扰其他运动员的准备状态，则同样会被处以犯规判定,其处理方式和抢跑一样,第一次出现给予警告,第二次(全能径赛当中为第三次)出现犯规情况时将取消其比赛资格。

当发令员或者其他的召回发令员当中有任何一位认为各人的起跑存在条件不公平等问题，可以鸣枪召回已经跑出起跑线的运动员。400 米及 400 米以下各个项目的起跑必须使用起跑器。其他项目的起跑不得使用起跑器。在跑道上安放起跑器时，起跑器的任何部分不得触及起跑线或延伸至另外的分道。在国际级别的重大比赛中,运动员必须要使用经过大会官方指定和审验过的比赛器械,尤其是起跑器。在一些比赛当中使用的起跑器有专门的传感装置并与找回发令员和发令员的耳机相连接,如果有发令过程中未发现的抢跑行为,这些传感装置可以发现并将之转换为警告信号发送到发令员耳机当中来。

在正式的计程比赛中，发令员需要在比赛时间结束前 1

分钟以内发枪，以此来提醒场上的裁判员和运动员目前的时间。在计时主裁判的指挥下,发令员还会在比赛结束时再次发枪,枪响的瞬间即为比赛终止,相关裁判员会在此时对枪响前运动员最后一次接触赛道的点位进行标记，其计算过程应当以米为最小单位,不足 1 米的余量不计入其中。比赛开始前，应为每名运动员至少指派一名终点裁判员以便标出该运动员完成的比赛距离。

第五节 少年组全能项目有关运动内容的基本动作要领

一、短跑运动的基本要领

短跑运动及项目

短距离赛跑通常被我们简称为“短跑”,是田径运动中最为激烈同时也是对抗性最强的一个项目类型。在正式的比赛中可以被称为短跑的项目有 60 米、100 米、200 米和 400 米跑。少年组的全能运动短跑包括 100 米、200 米、400 米等。短跑的运动强度极大,对于身体的各项指标要求也比其他的运动项目更高,比赛选手的精神高度紧张,也因此而更容易受到外界干扰,继而对成绩产生影响。短跑比赛采用分道跑方式,蹲踞式起跑是其唯一规范的起跑方式。一般来讲,跨步距离的长度和双腿交替蹬地的频率是影响速度最主要的原因,而在此之上,无论什么长度背景下的短跑项目,都有着起跑阶段、中途阶段和终点前冲刺阶段奔跑状态的差别。

技术演变过程

短跑毫无疑问是一项十分古老的运动项目，从最早以民间游戏的形式出现的时间已不可考。但用自身双腿进行奔跑所带来的快乐和速度感会令任何年代的人都为之着迷，它也因此成为了长久以来被各个年龄段的人们所喜爱的运动和竞技游戏种类。而在此过程中，人们有意识和无意识地对其进行了各种改进，使之变得可以更大限度地发挥人体的潜能，使奔跑的速度更快。在二十世纪初，最为流行的短跑技术是“踏步式”跑法，以较小的步伐搭配前倾程度较高的身体姿态，借助重心偏移带来的牵引力使身体保持一个快步奔跑的趋势，但是这种被动性较强的方式没过多久就被芬兰人所创造的“摆支式”跑步技术所替代。该技术的特点主要为用脚跟着地，并加大抬腿和跨步的范围，可以更多地发挥腿部力量来进行奔跑。但是这种方式也有其弊病，较大的下压力增大了身体的阻力，也容易破坏前进步伐和身体律动的频率，对于速度的发挥影响不小。现代短跑的技术集中总结了之前一个时期多种跑法的经验教训，特点表现为积极快速后蹬，大幅度伸展髋关节，前脚掌积极落地，蹬摆配合协调，形成持续绵密而幅度合理的奔跑节奏，这是现代短跑运动的主要理论依据。

五花八门的起跑姿势

和步法相同，现代短跑的起跑方式和技术也是经过多年的研究之后形成的产物。在古希腊奥运会上，当时的运动员进行赛跑时，有人用一只手抓住旁边作为围栏的绳子借助反作用力站立起跑，有的运动员则在身后埋放石块，借助蹬踏露出地面的石头来增强奔跑的初速度，尽管方式不同，但目的和原理基本上是相似的。

在十八世纪末，赛跑开始有了一定的规范性，代入其中的社会契约元素更大程度地限制了人们的跑法。为了公平起见，在没有提出特殊要求或许可的情况下，运动员都是正常姿态站在起点上，由裁判员发出“跑”的口令后，比赛就开始了。不过在这个时期人们对于起跑方式探索的热情并未彻底降温，

他们开始将目光转向了更加依靠选手自身力量而非外力帮助的角度。这一时期西方出现的几种新颖的跑法曾流行一时，不过最终人们确定，这些办法并不能十分有效地提高赛跑的成绩。

十九世纪九十年代，美国的一位运动员率先在比赛中创造性地使用了“蹲踞式”起跑的方法，这种方法将外力和自身多处关节筋腱提供的物理张力非常合宜地进行了结合，实现了较好的赛跑成绩，不过在当时，美国在体育界的影响力尚没有今天这样显赫，因此这种具有跨时代意义的起跑方式没有能够得到推广。1896 年首届现代奥运会进行 100 米决赛时，场上的 5 名运动员使用的是 5 种完全不同的起跑姿势，可见在这方面当时的情况是较为混乱的。

1929 年，美国选手辛普逊利用自制的起跑器进行了试跑，用 9 秒 4 跑完 100 码（约 91.5 公尺 /91.5 米），但因为器械太过显眼，便没有被当时对赛跑持保守态度的国际运动界所接受。不过这件事情也给人们带来了启发。许多的短跑运动员都开始使用在跑道上挖出拥有可供踏脚斜面的起跑坑。当时美国著名黑人运动员欧文斯一举跑出 10 秒 3 的好成绩，就是利用起跑穴起跑的。对于凸出地面的独立器械是否应当用于赛跑的争议一直持续到 1938 年，经过国际运动组织的确认，起跑器的合理性才终于得到了正名。经过发展，现在短跑比赛所使用的起跑器在形态上更符合人体工学，形态设计也更加精巧合理。

记录成绩的方法

短跑比赛因为赛程短，因此相对来说对于时间的规范要求也更加严格，场上的计时通常都是以手动计时和电动计时两种方式互为对照和备份的方式进行的。人工计时世界纪录从1900年诞生起一直延续到二十世纪七十年代中期,精度只能达到十分之一秒。不过在当时,这已经是机械工业制品和人体反应所能达到的最高成果了,也正是因为这种原因,在这期间的比赛用时至多只能精确到小数点后一位而已。从六十年代末期,全自动计时系统开始在比赛中投入使用,以极快的速度在七十年代晚期就成为了绝大多数正规大型赛事的标准配置,记录成绩的单位精确到了百分之一秒,这种方法在精度上比人工计时法高了10倍。而现在的大型田径比赛,使用的一般是经过改良和全自动计时同样可精确到百分之一秒的人工计时和自动计时共同记录比赛成绩的方式。

场地和器械

起跑时所用的起跑器底座一般都使用较硬且稳固的材料制作,两条踏板可进行一定幅度的前后移动,并且可以调整平面的朝向角度。目前的起跑器分为联体和分体式两种,正常比赛中使用的绝大多数起跑器都是连体式的。如果是在大型赛事当中的话，短跑运动员将和其他径赛类比赛共用标准400米田径场跑道。跑道的宽度为1.22米,标准情况下共有8条,各道之间使用5厘米宽的分隔标线进行区分。跑道的左右倾斜度不超过 1∶100,在跑进方向的倾斜度不超过 1∶1000。赛道的质地一般由火山石碎末、煤渣或者塑胶涂层组成。

练习短跑的方法

专门性练习是中长跑训练中改进技术的辅助性练习,是提高中长跑训练质量的重要手段。在训练中应有针对性的采用,可有效地发展身体素质,掌握正确的技术和改正错误动作。

短跑重点训练方法

高抬腿跑——这种方式可以增强抬腿肌群力量,同时使关节灵活度增加并在一定程度上拉伸腿部的韧带。具体方法为原地或支撑高抬腿跑,高抬腿行走情况下连续行进的范围不要大于 40 米,向前移动速度不可过快,这是因为频率较快的高抬腿对于人体站立重心的影响较大,而且容易使下半身多个肌肉和筋腱部位产生疲劳,过长的行走距离还容易造成伤害。当身体经过高抬腿跑充分拉伸之后,再以自然而连贯的方式转为正常跑或加速跑,这一阶段奔跑的距离应在 40 到 60 米左右,尽量保证一气呵成。

后蹬跑——后蹬是人在低姿态起跑之后所必然经历的动作阶段,可以通过这种奔跑练习来充分体会蹬、摆的技术,增强跑动中后蹬时从腰至脚的力量传导。具体方法表现为原地单脚跳和两腿交换跳,在下蹬时髋以下各个关节要求充分伸直,以此来习惯和规范蹬地姿势。

加速跑——在比赛中,尤其是短跑比赛,人体所经历从静态到动态的转变速度极快,为了使身体在最短时间内能够产生足够的速度,日常状态下加速跑的联系是必不可少的。事实上,具体来讲加速跑是一个姿态调整的过程,在起跑后的加速跑,要求上体逐渐抬起,双脚交替运行的节奏逐渐从绵密、紧凑、快速和集中用力转变为均匀、开放和全身用力。除了从起跑状态转入加速跑之外,还可以进行慢跑接加速跑、小步跑接加速跑、高抬腿跑接加速跑等多种转型练习方式,使身体尽快适应运动状态骤变带来的各种反应。

几种短跑能力的练习

第一，快速跑中放松能力的练习

在快速跑的过程中，能否将跑动置于轻松的状态中，取决于身体的柔韧性、协调性以及关节的灵活性等，这些都是构成放松能力的基本要素。为了增强身体的柔韧性以及协调性，我们不妨多练习艺术体操、体操等肢体动作，它们能帮助人体放松，进而找到快速跑动中的放松能力。

练习快速跑动中的放松能力，注重的不仅是肌肉上的放松，同时也要关注神经系统的放松。在练习中保持身心的放松可增加快跑的放松感，有助于成绩的提高。经过多次的测验，人们更加证实了拥有放松的心情对于快跑中放松能力的提高很有帮助，从而更能提高成绩，这已经是一个不争的事实。

经过放松的大步、加速后的惯性跑以及其他跑的专门训练，尤其是加速跑后的不减速惯性跑，都能有效提高运动员快速跑的能力。

自己在跑动中是否处于放松状态当中，从面部表情以及颈、肩等关节的活动中就可看出。注重这些部位的放松对于培养自身自我调整能力是很有帮助的。

第二，短跑能力的练习

短跑运动是身体在短时间做出快速地反应，在身体各部位的配合下，双脚交替向前奔跑，以较短的时间完成比赛。那么，想要在比赛中取得优异成绩，就需在平时训练中多做以下方面的训练。

改善身体的柔韧性,可多做压腿、摆腿、踢腿动作。而快速高抬腿以及原地双腿的跨栏跑摆动腿练习，对提高主动肌的力量、速度有很大的帮助。伸展髋和原地转髋练习、侧向前后交叉步练习等对短跑能力的提升都有很好的辅助作用。所以,平时要对技术、力量、速度进行反复练习。

第三,退让性工作能力的练习

通过大量的跳深练习和下坡跑练习对提高主动肌退让性工作能力有很大帮助。缩短跑动中脚蹬离地面的时间,可有效提高成绩。

第四,蹬摆协调配合能力

手扶肋木的模仿练习、弓箭步走、拉胶皮带跑。

第五,腿部力量练习

对于腿部力量上的练习可多做一些负重或跳跃活动,如跨步跳、台阶上交换腿向上跳等。同时,各种有难度的跑动练习也能起到增强腿部力量的作用。

第六,提高步频的练习方法

悬垂在单杆上或支撑在双杆上做快频率摆腿练习。

快速跑下台阶练习

高速情况下,缩短步长的练习。要求加速跑速度达到最大后,不减速,而做减小步幅的惯性跑。

超速情况下,限制步长的练习。主要有牵引跑或下坡跑练习。

利用节拍器,使运动员按节奏跑,努力保持步频。

第七,短跑时易产生错误及纠正方法

坐着跑

在后蹬动作尚未完成后就急着进行摆腿动作就会形成坐着跑姿势。上体向前倾斜的幅度过大,致使髋关节向后移的动作加大,而腰、腹肌力量不足,髋关节的柔韧性差,致使后蹬时髋关节不能充分带动大腿向前移动,继而产生坐着跑姿势。此外,支撑腿的力量不足,腿部的摆动速度不够也是造成此种姿势的原因之一。

在后蹬时,要注意划分髋、膝、踝三关节用力的先后顺序,以及尽量将动作做得饱满,这样可避免坐着跑姿势的产生。摆动腿在向前摆动要充分借助同侧髋向前传送的力量,加强腰、腹肌和支撑腿力量上的练习。后蹬时,身体重心移动的轨迹基本不变,以快速移向髋关节,做高抬腿动作以提升跑动速度。

摆动腿前摆太低

在后蹬动作完成后，大小腿没有充分借助后蹬力形成弹性起跳,致使抬腿动作慢,造成摆动腿前摆太低,而屈大腿肌群不能为摆动腿提供足够的力量，伸肌群也不能充分地使肌肉伸展,在跑动的过程中,上体前倾的幅度过大都不利于摆动腿向上抬起。

后蹬结束后,要将小腿尽量向大腿处靠近,以达到两者的折叠，在平时练习时就应反复进行大小腿折叠前摆的练习以及一些辅助性练习。大腿力量和关节柔韧性练习可提高摆动腿前摆的高度。

支撑腿与摆动腿配合不协调,动作脱节无力。造成此种现象的原因主要是支撑腿蹬伸时,膝、踝关节的用力时机不当,以及支撑腿的蹬伸和摆动腿摆动不积极所致。解决的方法是提高支撑腿与摆动腿配合的灵活度。在练习中要多做一些快

速跨步跳运动。注意后蹬腿的蹬地要有力,同时摆动腿在髋关节的积极前送下做到高抬腿,快速摆动。做弓箭步走练习可帮助运动员掌握后蹬腿的蹬地时机以及摆动腿向前摆动幅度的大小。跑动出现阻力的情况下,可加大蹬伸的力量以及摆动的幅度,在两者紧密地配合下完成整个跑动。

起跑和起跑后加速跑易犯错误及纠正方法

抢跑

产生抢跑的主要原因是运动员心存侥幸，在发令枪未响起前就按自行估测的时间起跑。在做“预备”动作时,将身体重心过分前移可造成抢跑。运动员在比赛时,由于过分紧张,无法控制情绪时,身体会因紧张而提前做出动作,这也是造成抢跑的主要原因。

想要避免在比赛中出现抢跑现象,须对起跑的“预备”姿势进行调整。在平常练习中,需养成听发令枪响后再起跑的习惯。培养良好的心理素质,多参加一些比赛,养成好的习惯可有效解决抢跑的产生。

两腿蹬离起跑器力量不足

当进行起跑“预备”姿势时,将臀部过高地上抬或过低地下降都不能充分地提供两腿离地起跑所需的力量。同时，双脚没有向起跑器施压或双腿的力量不等时,都可能造成此种现象。

解决的方法是对“预备”姿势进行适当地调整,双脚掌蹬紧起跑器,双腿做积极地摆动以对抗起跑后的阻力,加强腿部力量上的训练。

起跑后加速跑时上体抬起过早

起跑后,迈出第一步的步长距过大,后摆臂动作速度慢,腰部、腿部所提供的力量不足,同时下肢与摆臂动作不协调都可能引发此种现象。

在平时训练中,注重起跑后加速跑的动作要领,对腿部力量上的训练要不间断地进行。可用胶皮带动牵引物的方式模

拟跑动时的阻力，也可选择倾斜的路面做由下坡向上跑练习。用斜杆控制身体前倾的角度的方法可避免上体在加速跑后过早地抬起。

100 米的基本运动要领

径赛中 400 米以下的项目通常采用蹲踞式起跑，所以，对于短跑运动员来说，掌握蹲踞式起跑法和对起跑器的使用都是至关重要的。据有关资料记载，古代奥运会中运动员是通过脚踏露出地面三分之一的石块完成起跑的，这种石块也可以被看作是起跑器的雏形。18 世纪末，在短跑比赛中，运动员多是站在起点，由裁判员喊一声“跑”后便出发，它被视为站立式起跑的雏形。之后，还出现了“分手起跑法”，“双方同意起跑法”等。到了 19 世纪中叶，发令枪出现了，起跑方式也有了进一步的改良。比如一手触地面的“半蹲踞式”起跑，而后演变为“蹲踞式”起跑。历史上对蹲踞式起跑第一人的记载是一个名为舍里尔的运动员。蹲踞式起跑第一次出现在国际体育大会是在第 1 届现代奥运会上，100 米短跑决赛中，来自美国的运动员特布克采用了与众不同的起跑方式，他先在地上挖了两个坑，而后双手扶地，两腿前后分开，高抬臀部准备起跑。由于其他运动员都采用站立式，所以，他的行为引起了观众的哄笑，更有人戏称它为“发疯的”的起跑姿势。事实证明，特布克独特的起跑方式是成功的，他最终夺取了 100 米冠军。从此，蹲踞式起跑技术逐渐被推广。另外，在第 11 届奥运会上,起跑器被正式采用。

起跑器对提高运动员的短跑成绩至关重要，运动员在使用它时,两脚能够获得更为牢固的支撑,容易发力,这就为起跑后的加速跑创造了有利的条件。起跑器的安装方法有两种,即普通式和拉长式,通常情况下,运动员多采用普通式安装。其方法是:前起跑器安装在起跑线后一脚半的位置,后起跑器距离前起跑器一脚半,前、后起跑器的支撑面与地面形成一定的角度,角度控制在42度左右和75度左右。对于前、后起跑器中轴线间隔的距离在有关规定中也有严格的要求。

另一种跑器的安装采用的是“拉长式”安装法,即前起跑器在起跑线后约两脚长的位置，后起跑器距离前起跑器约为一脚长,前、后起跑器的支撑面与地面形成一定的角度,角度控制在42度左右和75度左右。无论是普通式还是拉长式的起跑器安装法,都各有特点,运动员需根据个人的实际需要选择不同的起步器安装方法。若前、后起跑器的距离长,那么,蹬起的时间间隔就会相应变长,但后起跑器上的蹬力却很大,运动员可以快速获得较大的步幅；若前后起跑器的距离短,那么,蹬起的时间就比较短,虽然后起跑器上的蹬力变小,但对前10米的速率增长非常有利。

起跑过程由三部分组成,即“各就位”、“预备”、“鸣枪”。

“各就位”:运动员双手撑于地面,双臂呈伸直状态,两手之间的距离略宽于肩,双脚紧贴起跑器,身体其他部位保持适宜的放松姿势。

“预备”：运动员在听到裁员发出预备口令后，做提臀动作，其高度略高于肩，肩部微微向前移，控制好身体重心，前膝角约90度，后膝角约135度。脚掌紧靠在起跑器上。

“鸣枪”：运动员集中注意力，当听到发令枪响后，双手迅速离地，屈臂，有力地进行前后摆动，双脚发力，蹬离起跑器，前腿快速蹬直髋、膝、踝三关节，上半身呈前倾状态，且前倾角度较大。用最短的时间，迅速进入加速跑阶段。

短跑项目包括60米、100米、200米、400米等，跑速高是短跑项目的最大特点之一，短跑被人们称为极限强度竞技项目。在其发展史上，有两名非常闪耀的短跑明星，即卡尔·刘易斯和格·乔伊娜，他们被誉为男女飞人，曾代表着一个时代的世界短跑技术发展的主要潮流，其技术特点是步频与步幅放松，跑姿协调，让世人领略到了高超的短跑技术。短跑技术掌握的程度直接影响到运动员的最终成绩，它主要包括后蹬与摆腿的协调配合，着地缓冲身体重心的迅速过渡，以及全程跑中的协调放松能力。现分述如下：

起跑和起跑后的加速跑

短跑是极限强度竞技项目，跑程短、跑速高是它的两大特点，在整个过程中，每一个环节都为发挥最高跑速而服务。起跑的目的是使身体迅速摆脱静止状态，获取最大起动初速度。一个成功的起跑，可以为接下来的加速跑提供有利条件。

起跑后的加速跑是使运动员快速进入高跑速状态的环

节,它从后腿蹬离起跑器完成第一步开始,终止于途中跑。加速跑的目的是使运动员快速获得最高跑速。在加速的过程中,要求运动员的两只手臂做快速摆动动作,身体大幅度向前倾,双腿蹬地有力,而后,上半身抬起,速度均匀增加,双脚的触地点渐成一条直线。

直道途中跑

起跑后的加速跑结束后便进入途中跑环节，它通常由两至三步的惯性跑开始,途中跑是短跑全程中距离最长、速度最快的一段,所以,能否在这一段跑程中占据有利位置,对比赛

结果非常重要。途中跑要求运动员尽可能保持最高速度跑。直道途中跑技术是脸朝向前方，注视终点，身体保持正直状态，或者略向前倾，上、下肢动作配合协调，且摆动幅度大，频率快，动作向前实效性好。

摆动腿向前方摆动时，要以髋发力为原则，大腿与小腿呈自然折叠状态，根据自身实际情况，动作幅度以大为宜，大腿向前上方摆的高度应与上半身呈垂直关系。摆动腿的大腿为主要发力点，做积极下压动作，注意控制重心平稳，脚部着地点位置适宜，且足跟与地面留有一定的距离，着地时，注意后膝、踝关节缓冲。运动员在完成后蹬运动时，需加快蹬伸的速度和方向，使踝关节能够充分发力。

运动员在进行摆臂时，以肩关节为轴，做前后摆动，摆动时，速度以快为宜，幅度以大为宜。

弯道跑

200 米和 400 米跑中，运动员需进行弯道跑，由于这两个项目中有一半以上的跑程都在弯道上，所以，要求运动员必须熟练掌握弯道跑技术。进入弯道后，人体做圆周运动，保持向心力。运动员的身体应向左倾斜，右侧肩部高于左侧肩部，与此同时，右侧手臂的摆动幅度要大于左侧手臂的摆动幅度，双臂向前摆动时略向内，向后摆动时略向外，双脚着地点也有不同，右脚用前掌内侧着地，左脚用前外侧着地。

短距离跑的每个环节都是为保持高跑速而服务，运动员在弯道起跑时，若想快速获得加速跑，就需要有一段直线路程，解决这一问题的办法就是将起跑器安装在弯道分道的右侧,并使起跑器对准弯道的切点。

终点冲刺跑

冲刺跑是短跑比赛的最后一个环节,运动员临近终点时,为了做好冲刺准备,要有一段终点冲刺跑,要求运动员竭尽全力,以顽强的毅力冲向终点。在短跑比赛中,运动员的实力和成绩常常出现非常接近的现象,这就使得冲刺跑异常关键。冲刺跑时,运动员要使摆臂速度达到最高,同时,上半身向前倾,控制重心平稳,在距终点一步时,上半身快速前倾,以胸部或肩部压线。

二、推铅球的基本运动要领

推铅球技术

推铅球技术由六部分组成，包括握、持球、滑步等。在这六个组成部分中，滑步和最后用力衔接技术是推铅球技术的重要环节。它们在整个技术中起到承上启下的作用，可帮助铅球获得最佳运动速度。

滑步：推铅球需要的运动速度由滑步来完成，它能使身体得到最后的用力姿势，对提高推铅球的远度极为重要，所以，运动员在日常的训练中需将重点放在对滑步技能的掌握上。

滑步的主要技术是左腿的摆动和右腿的蹬地结合技术。

其动作要点是：运动员的左腿呈挺直状态，并向后进行摆动，膝部弯曲，回收，向右腿靠拢，与此同时，臀部向投掷方向移动，右腿完成蹬伸动作，在这一过程中，注意动作要完成得标准。而后，滑步开始。运动员左腿向后摆动的高度需进行严格控制，在收右腿时，以脚跟为支点边收边向内扣转脚并落在圆心附近，运动员要保持动作的连贯性，整个滑步中，重心低且平稳，动作速度快且幅度大，上半身呈扭紧状。

滑步技术的关键环节是左脚触地动作，该动作以快为宜。肩轴与髋轴成“十”字扭紧状态，为最后的发力做好准备。

最后用力：在这一环节中，运动员要快速发力，将全部力量作用于铅球,使铅球获得最大的出手初速度。最后用力并非等到滑步结束后才开始,而应在左脚着地前进行,做到滑步后不停顿地、迅速地转入最后用力阶段。

最后用力并不是将力量毫无规律的爆发出来,它要遵循一定的顺序发力。最先发力的部位是右髋,接着右侧腿一边蹬地一边转推动髋向前移动,之后右腿转蹬,左腿配合右腿,进行支撑,此时,右髋部向前送出,运动员的上半身充分展开,肩轴与髋轴呈扭紧状态,随后,右体继续向前转动,双腿完成爆发式蹬伸动作,右肩制动挺右胸,鞭打拨球完成推球动作。

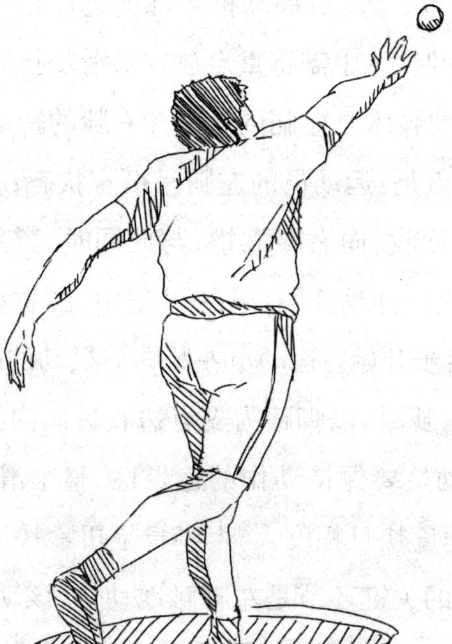

作用与特点

推铅球是一项对动作技巧和力量素质要求非常高的体育项目之一,也是用力推掷重物的典型运动项目。它能够有效的锻炼人体上肢、下肢与腰腹部肌肉,尤其对提高肩带力量有非常大的促进作用。推球的远度除与技术有关外,还取决于运动员的动作协调性。

推铅球需要肌肉爆发力,良好的肌肉爆发力是将球推得更远的重要条件之一。除此之外,球体的行进路线也决定着推铅球最终的成绩,实践证明,铅球在符合斜抛物体运动的规律时,才可取得更好的成绩。

技术结构

握球和持球

运动员在握球时,手指切忌僵直,需呈自然分开状态,铅球置于食指、中指和无名指的指根上,注意掌心与球体留有一定的空隙,拇指和小指分别扶于球的两侧,对球体起到加固作用的同时,还可以对推球的方向进行有效的控制。握好球以后,将球放在右肩锁骨窝处并紧贴颈部,掌心向前,肘关节稍低于肩部,该姿势可对球进行更好的控制,有助于滑步时保持球的稳固。另外,还能减轻投掷臂的负担,为接下来进行的滑步及最后用力做好充分的准备。

原地推铅球

运动员正确持球后，身体左侧与投掷方向保持一致，双脚呈左右开立状态，两脚间的距离比肩微宽，左脚尖指向斜前方并与右脚弓在一直线上；左手臂微屈于头前，球的垂线与右脚外侧不在同一条直线上，这一姿势不仅对加长用力距离非常有利，而且还可以使左侧肌肉充分拉紧。推球时，发力点从右腿与髋关节开始，右脚快速配合，向地面做有力蹬踏，脚跟提起，右膝内转，右髋边转动边向前送，上半身向左侧抬起，向推铅球方向贴近。当身体的左侧与地面形成垂直状态时，左侧肩部停止动作，右腿迅速伸直，整个身体转向投掷方向，胸部挺直，头抬起，右肩向前方发力，右侧手臂快速伸直将球推出，此时，应注意推球的方向，通常情况下，以向前上方约 40 度角推

出为宜。球在离开手的一瞬间,腕部发力,手指用力拨球。与此同时,左腿向上蹬直,为铅球的远推助力。球出手后,右脚迅速与左脚交换,左腿后举,身体重心迅速下降,保持身体平稳。

侧向滑步推铅球

滑步前的预备姿势与原地推球预备姿势相同。动作由左腿预摆开始,预摆的方向与投掷方向一致,预摆次数为一到两次。保持重心平稳,当左腿回摆时,右腿弯曲,同时,将重心降低。左腿的发力点集中于大腿,以大腿带动小腿,向投掷方向用力摆出,右腿蹬地,注意控制重心的变化,使之沿投掷方向向前快速移动。在右腿蹬直以后,小腿立刻回收,向投掷圈中心处滑进,在左脚触地的同时,马上进入最后用力环节,切记保持动作的连贯性,最后用力的方式与原地推铅球相同。

影响成绩的因素

任何一个体育竞技项目都有其专项技术, 运动员全面掌握专项技术是取得优异成绩的前提之一。在学习推铅球的技术动作中,除了与教练认真学习外,还要进行长期而刻苦的练习,从而掌握推铅球的技术规格和用力顺序。

力量因素是提高推铅球成绩的另一个重要前提, 也是影响推铅球成绩的主要因素。正确掌握用力顺序及用力方法将作为日常训练的重点,推铅球需要的力量包括下肢力量、腰部力量、腹部力量等。

练习法

技术练习

运动员原地站稳,身体呈自然放松状态,进行正面推铅球练习。学习正确的握球、持球和推球方法,在推球的过程中,感受全身各部位用力的变化,练习次数可控制在10次至20次之间。

运动员原地站稳,身体呈自然放松状态,进行侧向推铅球练习。为了节省体力,初学者可先进行徒手模仿练习,切记每个动作都要按标准完成,练习次数至少为10次。

运动员原地站稳,身体呈自然放松状态,进行轻器械练习,即持实心球或重量较小的铅球做原地推铅球练习,练习次数至少为15次。

运动员原地站稳,身体呈自然放松状态,进行完整技术练习,要求运动员在投掷圈内按规则要求完成动作,练习次数可控制在10次至20次之间。

力量练习

俯卧撑臂屈伸或双杠臂屈伸,练习此动作时,以快为宜。建议每组练习10次,做3组至4组,组与组之间做短暂休息。

运动员的两只手用力,在墙壁上做推高练习,在此过程中,体会上肢用力的变化。每组练习10次,做5组至6组,组与组之间做短暂休息。

哑铃练习:运动员手持哑铃,双臂做屈、伸、举等动作,动作方向上没有严格规定，哑铃的重量可在 3 千克以上,7 千克以下,每组动作可做 30 次至 40 次。

实心球练习:运动员用单手进行推、抛实心球,该动作也可由双手来完成,每组动作可做 20 次左右。

练习注意事项

注意安全。运动员在进行推铅球练习时,必须认真听从教师的指挥,熟悉场地情况。铅球具有一定的重量,运动员手持铅球时,切记防止其滑落。另外,铅球在飞行过程中具有一定的速度,运动员必须严格按教练要求完成推球动作,避免对他人造成伤害。

力量领先。运动员在学习推铅球前,必须先提高自身的力量素质,它是推铅球的重要前提之一。在进行力量练习时,以爆发力为主。

运动员在练习中需遵循两个重要的原则,一是技术,二是力量,二者缺一不可。在进行技术练习时,注意体会身体各部分力量的变化,同时,可结合不同技术环节的特点有针对性地进行力量训练。

了解规则。掌握推铅球比赛的相关规则和动作要领,运动员在训练之初,就要在正规的投掷圈内进行,以培养执行规则的意识和习惯。

三、跳高的基本运动要领

基本要领

跳高运动从出现至今,已走过一百多年的历史,它在所有的田径项目中,是变革较大、技术发展较快的项目之一。先后经历跨越式、剪式、滚式、俯卧式、背越式,五次重大技术变革,在跳高发展的历史中,不断有优秀的运动员涌现,比如1993年,古巴运动员索托马约尔以背越式跳出2.45米的成绩。目前,大多数运动员多采用背越式跳高技术。

跳高的技术特点

跳高项目的特点是助跑节奏与起跳速度快,过杆动作较简单、自然。

对跳高的成绩起决定作用的因素之一是助跑速度,运动员通过助跑获得一定的水平速度,并将之转入到起跳中去,从而加大起跳时的垂直速度,使运动员完成更高的腾空。跳高技术经过多次技术变革,形成了今天的背越式跳高。实践证明,背越式中的各技术环节都比较接近自然动作,而且,具有较强的连贯性和协调性,对运动员发挥速度优势十分有利。

背越式跳高助跑的最后几步对起跳效果至关重要,多采用弧线跑进,运动员若想克服惯性离心力,就要使身体向内倾斜,加速跑能够使身体的内倾增大。同时,还要控制跑进的半径,半径以小为宜,另外,运动员需控制重心稳定,并使之降低。

在弧线助跑结束起跳之前,运动员的身体已侧对横杆,为起跳后转成背对横杆做好了准备。

弧线助跑可以增加向横杆方向转动的角动量,它无需偏心推力就能获得杆上旋转的动力,使支撑反作用力能完全通过身体重心,由于它能够合理的运用人体的能力,所以,起跳效果更为理想。

背越式跳高的过杆技术,是根据补偿运动原理,使旋转和相向运动有机结合在一起而进行的。

四、掷标枪的基本要领

标枪握法

拇指和中指握法

运动员将拇指和中指握于标枪握把线圈上沿，枪体斜放于掌心，食指呈弯曲状，斜放在枪杆上，无名指和小指自然地握在线圈上。

拇指和中指握法是一种较为普遍的标枪握法，采用此种握法的运动员中不乏众多成绩突出的优秀选手。该方法的特点是：能够充分利用运动员的中指长度，使之发挥更大的作用，同时，投掷臂的用力半径也得到了明显的提高，有利于完成标枪出手动作。

拇指和食指握法

运动员将拇指和食指握于枪把线圈上沿，枪体斜放于掌心,其他手指按顺序握在线圈上。

该握法主要利用食指和拇指的作用。由于食指短于中指，且枪与前臂形成的夹角大于上一种握法,所以,不利于增加投掷半径。同时,运动员对标枪角度的控制也比较困难,所以,采用此种握法的运动员并不多。

食指和中指握法

运动员将食指和中指握于枪把线圈上沿，枪体斜放于掌心,其他手指按顺序握在线圈上。

该握法曾有运动员采用过,但到目前为止,几乎已无人再使用,它最大的不足就是握枪不够牢固。特别是对于初学者来说,该握法容易造成食指和拇指同时拨枪的现象,从而影响标枪的自转速度。

无论采用哪一种标枪的握法,其目的只有一个,那就是将标枪投掷得更远,所以,运动员需根据自身的特点及习惯,采用相应的握枪方法。另外,握枪需符合如下技术要求:

有利于运动员完成助跑和投掷，使运动员能够更好地控制器械;

有利于运动员利用投掷臂的长度和手腕手指力量;

有利于运动员运动环节的放松,包括肩、手腕、手指等。

持枪法

肩上持枪

肩上持枪是目前普遍运用的方法,采用该方法时,运动员将标枪持于右肩之上,持枪的部位和枪姿没有严格规定,可根据个人不同的特点和习惯。

肩下持枪

与肩上持枪相反,肩下持枪是将枪置于肩下,枪体斜靠于腋下,运动员以该持枪姿势助跑,在标枪被掷出的前几步时,投掷臂抬起,由于存在一些不足,目前,该方法的采用率并不高。

平肩持枪法

平肩持枪在一定程度上对助跑和动作会造成一定的影响,所以,采用该方法持枪的运动员更为少见。在平肩持枪的过程中,运动员把枪事先引至身后,枪的高度与肩同,身体侧向投掷方向,完成向前助跑的动作,在标枪被掷出的前几步,慢慢加大超越,而后投掷。

标枪投掷

加速:加速由助跑来完成,运动员可根据自身的实际情况控制助跑距离,整个助跑又分为两阶段,即预跑阶段和投掷步阶段。通常情况下,预跑阶段控制在6步到8步;投掷步阶段在最后五步中完成。

投掷准备:投掷前的最后一步非常关键,运动员的左脚迅速向前摆动,右脚完成蹬送髋动作,胸部挺起,转动肩部,翻肘成满弓,将标枪掷出。

用力顺序:运动员的胸部肌肉带动上臂动作;握枪手臂的前臂向目的地的前上方用力挥出; 手腕和手指完成鞭打与扣腕动作;运动员控制重心平稳,注意标枪的投掷方向,通常情况下,使枪与地面形成 30 度至 38 度的夹角。

跟进动作:运动员保持身体平衡;右脚与左脚交替跑进,完成缓冲,制动;目送器械。

五、跳远的基本运动要领

走步式跳远法

在跳远的历史上,有一位被世人熟知的著名运动员,他就是来自于美国的鲍勃·比蒙,他在第19届奥运会的跳远比赛中,跳出了令世人惊赞的8.90米的优异成绩,这一成绩不仅打破了原世界纪录,而且跳远的距离远远超出了原世界纪录的55厘米。有人把比蒙的这一跳称为"跳进21世纪",的确,该成绩在相当长一段时间里无法被人超越。直到1991年,才被另一位美国运动员改写。这两名杰出的运动员所采用的跳远技术皆为走步式。

走步式跳远技术特点

走步式跳远技术特点是能确保助跑与起跳紧密结合,又能最大限度地限制身体的前旋,保持身体的平衡,为取得最合理的落地姿势创造条件。世界优秀运动员大都采用走步式,从技术上分析最重要的还是助跑速度和助跑节奏,最大限度地提高助跑速度的利用率。八十年代提出"最大可控速度"的新理论,把"可控速度"提高到99%,并使之与快速起跳相结合,才能创造优异的成绩。

走步式跳远的要领

助跑技术

对于助跑距离并没有严格规定，根据性别划分，男子大约在 32 米以上，45 米以下，女子大约在 30 米以上，40 米以下。助跑时，要求运动员的跑速要快，身体动作协调，重心位置偏上，助跑进入最后几步时，要求运动员的跑速达到最高，且跑动节奏快，起跳位置需与身体重心投影点接近。

起跳技术

运动员上板时，摆动腿的动作要积极而准确，在蹬伸送髋屈膝带髋前摆至水平时，必须快速停止摆动，与此同时，双臂配合摆动，起跳腿立刻进行蹬伸，提肩拔腰，头部向上顶，当起跳腿动作结束时，运动员的髋部、膝部和踝部应处于蹬直状态，双臂的摆动幅度至与肩平。

腾空技术

运动员在采用走步式跳远时，腾空步有两种方式，即二步半和三步半。起跳后，摆动腿的动作是一边下落一边进行有力的摆动，同时，起跳腿快速进行屈膝前摆，发力点集中于大腿，以大腿带动小腿，要求摆动幅度以大为宜，迅速形成一个自然的交换步动作。换步以后，第二次起跳时，起跳腿位于摆动腿之前。在空中完成自然交换步动作，而后脚步触地，这一过程被称为两步半。而空中完成两次换步动作的叫三步半起步式。

运动员在采用走步式跳远技术时，上下肢动作必须协调配合,尤其是摆臂动作,需注意控制节奏和幅度。在身体腾空后进行下落的过程中,前臂上举,与两条腿一并前伸,双臂由后经体侧向前摆出。

落地技术

落地前,运动员的身体呈团身姿势,或者两条腿的膝部弯曲并高抬,在落地的瞬间,腿部挺伸,脚触沙,屈膝进行缓冲,髋部向前移动,保持身体重心前移,双臂迅速向前摆动,身体移过落地点。

六、掷铁饼的基本动作要领

铁饼握法

运动员的拇指和手掌平贴于铁饼侧面，其余四指自然分开扣住铁饼的边缘。对于手指的分开程度没有标准规定，运动员可根据自身手掌大小和力量等实际情况进行适度调整，以握球后舒适为宜。

预备姿势

运动员背对投掷方向，两条腿自然开立，距离与肩宽同，膝部呈微微弯曲的状态，进行投掷的手臂自然下垂在身体的侧面。

预摆

运动员身体放松，进入预备姿势后，手臂先左右自然摆动几次，这种摆动动作即为预摆。预摆的目的是顺利进入旋转节奏。以运动员右手投掷为例，在预摆中，运动员应注意控制身体重心，当铁饼到达身体后方时，身体向左侧扭转，同时，投掷臂经身体前方向左侧进行摆动，当铁饼摆动到身体前方时，手臂做向上翻转动作，与此同时，右侧肩部向前倾，重心随之发生变化，移至左腿。当左右往返摆臂时，上半身必须进行充分的扭转。

旋转

由最后一次预摆顺势将左手臂的手肘张开到与地面保持水平状态，在向左转的同时，使重心保持在偏低的位置，而后，从上体开始，逐渐将重心移至左脚，完成转身动作。在这一过程中，运动员需注意腰部的旋转动作要优先于上半身，且以扭转的形态旋转，与此同时，快速将右膝与右脚朝旋转的内侧，脚拇指在投掷圈的中央着地。此时，脚部动作要求以快为宜，左脚迅速跟进右脚的着地动作。这时，运动员的上下体处于扭转状态，右手的铁饼处于上体后方。

投掷

运动员在旋转动作结束以后，就要进入到最后的发力环节，所以，旋转后的姿势非常重要，若姿势不正确，那么必将严重影响到最后的成绩。若要形成正确的姿势，就要在右脚落地之后继续不停地转动，左脚着地后立刻发力，进入到最后用力环节。

运动员的右脚在转动的同时进行蹬伸，蹬伸的方向与投掷的方向保持一致，持铁饼的投掷臂随之进行大弧度的运动。此时，左腿的作用是支撑重心，身体右侧以左侧为轴进行转动，形成了一个以胸带动臂向前鞭打的甩臂动作。接着，左腿快速向上进行蹬伸，左侧肩部完成制动，这是一个比较复杂的身体动作,需要上、下肢,身体的左右两侧协调配合,目的是让全身各部位所发出的力都集中于铁饼上,增大投掷力量,同时,还可以使运动员的身体处于较高的位置,为最后的投掷动作提供一个良好的角度。铁饼离手的瞬间,应由右手的小指到食指依次拨饼,使铁饼能沿着顺时针方向转动。

缓冲

铁饼被投掷以后,运动员必须要进行身体的缓冲动作,以避免犯规或摔倒。在缓冲动作中,运动员两腿应及时交换,身体重心始终处于较低的位置,依惯性再向左侧进行转体,保持身体平衡。

第六节　少年组全能运动的比赛及欣赏

一、少年组全能运动项目的比赛注意事项

各单位要加强组织领导,严格组织纪律,协助大会搞好各项准备工作,组织好运动员和观众准时参加比赛。

若对裁判或其他与大会相关的事项存有疑义，可通过领队向大会提出。

每一项比赛的相关事宜和比赛结果,都会有相应的公告,需注意听广播或看大会公告屏。

观看比赛时,各单位观众在大会指定区域进行,不经允许不得擅自进入场内。

参加比赛的运动员要佩戴大会规定的号码，不按规定做的运动员,将取消成绩。

参加比赛的运动员，按大会相关规定提前到检录处进行检录,按时不到者,将被视为弃权;检录结束后,由工作人员带

运动员进入比赛场地,赛后回原单位参观。

大会的工作人员必须佩戴大会规定的标志;各负其责,工作严肃、公正、准确。

二、少年组全能运动项目比赛的安全及纪律要求

参加大会的人员提高安全意识，各个代表队根据自身的实际情况制定周密的安全工作方案，成为一个既保证自身安全又对他人的安全负责的队伍。

各代表队需加强安全意识,制定有效的安全防范措施。尤其是领队,在比赛的过程中需对运动员、后勤工作人员等进行及时的安全教育,比如交通安全、饮食安全等。

参加比赛的各代表队运动员需进行人身意外险的投保。

在比赛期间,未经大会允许,任何人或团队都不得擅自离校,非运动员严禁进入运动场地。

各领队要根据实际情况,灵活安排后勤保卫人员的工作。

参加大会的人员熟悉大会须知和比赛纪律,有团队精神,服从安排,共同维护秩序。

对于不按上述要求行事者,大会将追究有关人员责任。

三、少年组全能运动项目比赛的体育道德风尚奖评定一般要求

参与大会的运动员必须严格遵守相关守则。

参与大会的所有人员必须遵守赛场纪律，参赛运动员做到尊重对手、裁判和观众。

运动员需认真对待每一场比赛，发扬体育精神，做到胜不骄、败不馁。

参与大会的全体人员要讲文明礼貌、爱护公共环境和卫生。

有集体主义和团队精神，人与人之间，团队与团队之间做到互相帮助。

四、少年组全能运动项目的比赛裁判员的一般要求

热爱体育事业,掌握专业技能,全心全意为体育事业服务。

听从大会安排,有责任心,严格遵守大会各项纪律,衣着正规、整洁,精神饱满。

严格执行比赛规则和裁判法,积极参加实践,对参与比赛的各代表队的技术特点有一个全面的掌握,在实践中提高裁判水平。

认真履行裁判职责,秉承公正、公开、公平的准则,正确引导比赛。

注重职业道德,在工作过程中,不得以任何理由和借口徇私情。

裁判员之间及时交流和沟通,互相尊重,增强团结。

五、少年组全能运动项目的比赛田径运动员守则

对体育事业充满热情和关心。

尊敬师长、友爱队友，对大会发表的各项通知和安排，进行密切关注，并无条件服从，严格遵守大会各项纪律和规章制度。

提高技术水平，刻苦训练，打好比赛。

比赛中，发扬体育精神，不仅要赛出水平，还要赛出风格。对裁判、对手及观众都要给予尊重。

讲文明礼貌、具有公德心，友爱互助。

有集体荣誉感、爱护公共环境，为大会做一些力所能及的工作。

运动员之间要相互学习，增进友谊，共同提高。

遵守比赛时间。

第七节 我国全能运动健儿在比赛中取得的优异成绩

一、中国田径协会简介

中国田径协会是具有独立法人资格的全国性群众体育社会团体，同时也是中国奥林匹克委员会官方认可的全国田径运动规则的管理和解释机构。

就成立宗旨而言，将全国范围内的包括业余和专业人士在内的所有田径参与者团结在一起，以达到可以有效调动一切积极因素，达到使我国民间田径竞技体育事业和教育得到全面而科学的发展,增强人民体质和体育方面的了解,并促进我国与世界各地各国的体育团体和个人之间的交流学习与合作的目的。

中国田径协会成立于 1954 年,自成立以来,在协会全体成员的共同努力下,不仅快速推动了我国田径运动的发展,而且对促进田径运动技术水平的提高做了大量的工作，并取得了显著成效。

二、中国著名田径运动员简介

郑凤荣

1957年,我国著名运动员郑凤荣,以其优异的"剪式"跳高技术,创造了女子跳高1.77米的世界纪录;1979年,倪志钦用流行的"俯卧式"创造了2.29米的男子跳高世界纪录;1983年,优秀跳高运动员朱建华,用典型的速度型"背越式"技术,在不到一年的时间里,分别以2.37米、2.38米和2.39米的优异成绩,三破男子跳高世界纪录,振动了世界田坛,被称为"世界奇观",让我们炎黄子孙引以为豪。

李梅菊

李梅菊,1981年出生于河北,是我国著名的铅球运动员。

1995年,李梅菊正式开始进行专业的铅球训练,经过刻苦的努力,他在之后的世界少年冠军和首届世界青年运动会夺得冠军,被誉为女子铅球的希望之星。

奥运会报名项目:女子铅球。

运动经历:

1993年,入选县体校,三年后,进入河北省体工大队,后入选国家队。

主要成绩:

2000 年,参加了亚洲青年田径锦标赛,荣获女子铅球冠军;

2000 年,参加了世界青年田径锦标赛,荣获女子铅球亚军;

2001 年,参加了世界青年田径锦标赛,荣获女子铅球亚军;

2001 年,参加了全国田径锦标赛,荣获女子铅球第三名;

2001 年,参加了第 9 届全国运动会,荣获女子铅球冠军;

2002 年,参加了全国田径锦标赛,荣获女子铅球冠军;

2002 年,参加了亚运会,荣获女子铅球冠军;

2003 年,参加了亚洲田径锦标赛,荣获女子铅球冠军。

2006 年,参加了多哈亚运会,荣获女子铅球亚军。

2007 年,参加了在大阪举行的世界锦标赛,荣获第六名的好成绩。

2008 年,参加了第 12 届世界室内田径锦标赛,表现出色,荣获女子铅球季军。

2009 年,参加了第 11 届全运会,荣获铅球项目银牌。

2012 年,参加了全国室内田径锦标赛,在南京站获得铅球项目亚军。

齐海峰

齐海峰，男，1983 年出生于辽宁，我国著名的田径十项全能运动员。其特点是作风硬朗。其中跑和跳的项目相对突出。

主要成绩：

2001 年，参加全国田径锦标赛，荣获十项全能冠军。

2001 年，参加第 9 届全国运动会，荣获十项全能冠军。

2002 年，参加全国田径锦标赛，荣获十项全能冠军。

2002 年，参加釜山亚运会，荣获十项全能冠军。

2003 年，参加全国田径锦标赛，荣获十项全能冠军。

2003 年，参加世界田径级别随队男子十项全能第七名。

2004 年，参加全国田径锦标赛，荣获男子十项全能冠军。

2005 年，参加国际田联十项全能挑战赛，表现出色，荣获第四名。

2009 年，参加第 11 届全国运动会，荣获十项全能冠军。

梁丽丽

梁丽丽,女,1983 年出生于山东,是优秀的田径女子标枪运动员。

1994 年,梁丽丽开始进行专业的标枪训练,3 年后,她以出色的表现跃居亚洲一流标枪运动员行列。

主要成绩:

2001 年,参加第 9 届运动会,荣获女子标枪第三名;

2001 年,参加全国田径锦标赛,荣获女子标枪冠军;

2002 年,参加全国青年田径锦标赛,荣获女子标枪冠军;

2002 年,参加全国田径锦标赛,荣获女子标枪冠军。

陈奇

陈奇,男,1982 年生于上海,是我国优秀的男子标枪运动员。

1995 年,陈奇开始进行正规的田径训练,2002 年正式入选国家集训队。

主要成绩:

2002 年,参加全国田径冠军赛,荣获男子标枪冠军;

2002 年,参加全国田径大奖赛,在济南站表现出色,荣获男子标枪冠军;

2003 年,参加全国田径锦标赛,荣获男子标枪亚军;

2004 年,参加全国田径锦标赛,荣获男子标枪冠军;

2006 年,参加世界杯,荣获标枪项目第四名。

第八节　世界著名田径运动员简介

鲍勃·比蒙

著名美国黑人运动员，鲍勃·比蒙在 1968 年 10 月 18 日于墨西哥举行的第 19 届奥运会跳远比赛中，以 8.90 米的优异成绩，创造了男子跳远世界纪录。把原世界纪录一下子提高了 55 厘米，真是奇迹，有人把比蒙的这一跳誉为“跳进 21 世纪”，他的纪录一直保持了 23 年之久，直到 1991 年，美国出现了另一匹黑马鲍维尔，最终以 8.95 米的成绩将这一纪录改写。

杰西·欧文斯

来自美国的黑人运动员杰西·欧文斯是一名非常出色的田径运动员。很多人说 1935 年是属于杰西·欧文斯的一年，因为，他在运动场上曾用短短 70 多分钟的时间 5 次刷新世界纪录，另有一项平世界纪录。这一战果被人们称为体育史上的神话。他首先在短跑比赛中平了世界纪录，15 分钟后，参加跳远比赛，以 8.13 米的成绩刷新世界纪录，接着，他又参加了 220 码短跑，打破世界纪录，而后在 200 米跑中打破世界纪录，最后，于 220 码跨栏和 220 码跑中再创奇迹。

22 岁时，欧文斯参加第 11 届奥运会，表现依然出色，勇夺 4 枚金牌。

欧文斯的事迹曾引起世界轰动，他为促进世界田径运动的发展作出了杰出的贡献，其出色的体育才华征服了无数人，而他的名字也随着一次次惊世的佳绩载入史册。

马基·雅尔维宁

在美丽的芬兰首都赫尔辛基,有一个非常醒目的纪念碑,人们在此驻足欣赏,纪念碑高耸入云,高 72.71 米,为什么是这样一个高度呢?原来它是芬兰杰出的标枪运动员马基·雅尔维宁曾经获得的成绩。该成绩在第 11 届奥运会上创造了世界纪录。它不仅是马基·雅尔维宁的荣誉,更加是芬兰的光荣,所以人们在设计和建造纪念碑时采用了这一高度。

除了这座纪念碑外,芬兰还有一座著名的雕像碑,雕像人物是芬兰著名的田径运动员帕沃·鲁米。他曾在第 8 届现代奥运会上表现突出,连续获得 5 枚金牌,帕沃·鲁米共参加三次奥运会,奖牌总数达 17 枚,其中金牌 9 枚。芬兰政府为了表彰他的卓越功绩,特修造了该纪念碑,将他跑步时的雄姿塑于其上。

迈克尔·约翰逊

看过迈克尔·约翰逊跑姿的人都会记忆深刻，因为他的跑姿真可谓另类，上身挺直、脖子高高扬起，很多人称他的跑姿难看无比，但同时，又为他取得的成绩啧啧赞叹。而对于迈克尔·约翰逊本人来说，无论是舆论的褒或贬，都不影响他对体育事业的一丝不苟与执着追求。自 1989 年之后的 10 年里，男子 400 米冠军就几乎一直被他包揽。

1996 年亚特兰大奥运会上，迈克尔·约翰逊以超凡的战绩再一次令世人惊叹，在男子 200 米和 400 米中，他表现出色，力压群雄，摘取了这两个项目的金牌。在 1999 年的世界锦标赛上，约翰逊创造出新的 400 米世界纪录，沉寂了 11 年的世界纪录终于被打破。随后他又夺走 4×400 米接力赛金牌。悉尼奥运会上，他卫冕 400 米冠军，并带领美国短跑队在 1600 米接力中夺冠。

迈克尔·约翰逊是个好奇心重且充满梦想的人，同时，他也是一个言必行，行必果的人。一旦确立了目标，他就会坚持不懈地努力去实现，脚踏实地，一步一个脚印，将理想变为现实。退役以后，曾有人采访他，问他成功的诀窍是什么，迈克尔·约翰逊的回答很简单，那就是勤奋。

在他刚刚步入体坛的时候，就表现出了异于常人的体育才华，他的出色表现得到了越来越多人的称赞。在 1996 年亚特兰大奥运会上，他参加了 200 米和 400 米比赛，为了能够让他发挥出最佳水平，大会决定将 400 米和 200 米半决赛之间的间隙从原来的50分钟改为4小时,为他提供了充分的休息和恢复时间,为其创造奇迹提供最大的方便。在200米决赛中,现场的数万名观众齐声高呼着他的名字,迈克尔·约翰逊果然不负众望,勇夺200米和400米两枚金牌。

也许人生之路从未有坦途,拥抱荣誉之后,迈克尔·约翰逊因为在一次比赛中的不佳表现而进入到了事业上的低谷。随之而来的伤病更加使这件昔日的英雄困扰不断。从此,他的名字渐渐淡出人们的视野。然而正如一句欧洲谚语所说的那样"国王不会永远低下他那高贵的头颅",高傲的迈克尔·约翰逊在1999年,终于又散发出了他的光芒。

1999年,在第7届世界田径锦标赛上,他参加了男子400米短跑项目,半决赛后,迈克尔·约翰逊暗下决心,一定要在决赛时战胜另外7名对手。全情的投入,再加上刻苦的训练,终于让他梦想成真,决赛中,约翰逊以43.18秒的成绩创造出了新的世界纪录,全场观众再一次为他欢呼呐喊。

第三章

跨栏跑

第一节 跨栏跑运动的历史沿革

跨栏跑源自于一个非常有趣的行为，大约在公元十七世纪，英国正处于畜牧业非常发达的时期，很多牧羊人聚在一起放羊，时间久了，人们便开始做些有趣的事情，越过羊圈，互相追逐嬉戏成为他们最喜欢的游戏之一。渐渐地，此游戏受到了越来越多人的喜爱，节日到来，很多英国人就会举行跳羊圈比赛，比谁跳得多，跳得快。随着时间的推移，羊圈发展成栅栏，这就是最为原始的跨栏比赛。

1837 年，英国的一所大学举行了世界上首次跨栏跑比赛，给人留下了深刻的印象，从此后，该项运动逐步推广到英国的其他大学。

1864 年，英国把跨栏跑列为正式田径比赛项目，并制定了相应的比赛规则，比如跨栏跑的跑程、栏架高度，以及栏间距离等。

十九世纪末期，跨栏跑比赛正式进入国际赛场。

跨栏跑项目经过了一个多世纪的发展,无论是跑程、栏架高度,还是比赛规则和跨栏技术,都发生了许多变化。最初跨栏跑比赛的距离只有 100 米,整个跑程中有 8 个栏,栏高为 1 米。

在 1900 年举办的第 2 届奥运会上,将跨栏跑的跑程改为 110 米,栏高增至 106.7 厘米。另外,在本届奥运会上,男子 400 米跨栏跑第一次被列为比赛项目,栏高设定为 76.2 厘米,栏距为 35 米。该项目的第一个世界冠军被来自美国的运动员摘取,成绩为 57 秒 6。1904 年第 3 届奥运会将栏高改为 91.1 厘米。到了 1956 年,美国运动员以 49 秒 2 的成绩摘取金牌,并创造了新的世界纪录。1973 年,女子 400 米跨栏跑被正式列为国际比赛项目。

到了第 3 届奥运会,400 米栏的栏高改为 91.4 厘米。

首次女子跨栏跑出现在第 10 届奥运会上, 设立女子 80 米栏,全程设 8 个栏,栏间距为 8 米,栏高 76.2 厘米。之后,女子 80 米栏发展为 100 米栏,全程增至 10 个栏,栏间距为 8.50 米,栏高 84 厘米。

时至 1987 年,国际相关部门又增设了室内男、女 60 米栏和 50 米栏。这两个项目的专项技术对跨栏跑栏架结构和竞赛规则的演变起到了重要的推动作用。

第二节 跨栏跑的基本运动要领

基本特点

跨栏跑的特点是：跑速快，在跑动的过程中连续跨越栏架。该项目对发展运动员的速度、灵敏性、柔韧性等身体素质非常有利。另外，它还能够提高运动员身体各部分动作的协调性和节奏感。在训练的过程中，使人逐渐培养出顽强的意志品质。

在跨栏跑中，无论是对栏架的数量还是栏架之间的距离都有严格的规定，它是田径运动中技术比较复杂、节奏性比较强、锻炼价值比较高的项目。跨栏跑是短跑项目，所以，也可以被称为强度极限运动项目，跑动时，在保证高跑速的前提下，还要顺利完成跨越栏架动作。运动员在跨栏跑时，上、下肢动作需协调、自然，脚步幅度大且频率快。虽然跨栏跑有不同的距离，而且根据项目不同，栏架的高度以及栏间距也有差别，但是跨越栏架的技术是基本相同的。

动作要领

跨栏跑的完整技术包括五部分，第一部分是从起跑到跨第一个栏架前,第二部分是在第一个栏架前的加速跑,第三部分是运动员跨越栏技术和栏间跑技术，第四部分是下最后一栏的冲刺跑阶段,第五部分是全程跑技术。在这五部分中,过栏技术相对于其他部分更为关键。过栏技术可分为三个阶段,第一个阶段是起跨,第二个阶段是腾空过栏,第三个阶段是下栏着地。

合理的过栏技术应符合以下要求

运动员在完成起跨动作时，能够得到比较大的水平速度，身体重心腾起角不超过15度；

运动员在跨过栏架后，水平速度有所下降，但下降的幅度不大，过栏与栏间跑的动作保持连贯性；

运动员在完成起跨动作和下栏动作时，身体必须有较短的支撑姿势，这样做的目的是减少身体波动的幅度；

运动员在过栏时，身体每个关节的动作要力求积极，保持平衡，既要保持一定的动作幅度，还要能发挥出较高的动作速度。

起跑技术

跨栏跑运动员需要掌握的技术结构与短跑运动员基本相同，除此之外，跨栏跑中的起跑至跨越第一个栏架技术是提高成绩的基本保证。

运动员需要改进起跑至第一栏步点，不准跑的过程中有拉大步或者捣小步的情况出现，究其原因如下：

运动员在起跑时，动作不协调，身体过于紧张，起跑后，几步过小，后几步被迫拉大步，迅速进入加速跑阶段。

在加速跑时，运动员没有控制好身好的重心，尤其是使重心抬起过早，步长增加过大，导致到达栏前不得不捣小步。

加速跑时，跑进得不够稳定，加速方式正确，起跨腿踏上起跨点的位置出现偏差。

对于以上错误动作的纠正方法

根据个人的实际情况,进行准确的预算,确定起跑至第一栏加速跑步数。

注意掌握跨栏跑的加速动作与短跑加速跑的区别, 在日常的训练中,反复练习,注意动作要领,固定步数,控制步点的准确性。

运动员在进行弯道栏起跑加速跑时,脚部动作不标准,双脚落点与跑进方向线发生严重偏离,同时,在跨越栏架时,出现身体扭转向外抛出的错误动作。分析原因如下:

运动员需检查起跑器的安装位置,在日常的训练中,加强弯道加速跑练习。

运动员的摆动腿在完成过栏动作时,摆动路线不正确,出现向右偏的现象,起跨腿蹬地的方向和力量存在严重失误,向前提拉速度不快且幅度不够大。

运动员在跨越栏架时,双臂配合摆动不协调,身体内侧幅度不够。

错误动作的纠正方法

在日常的学习中,加强对弯道栏加速跑的练习,以及对过栏技术的掌握,在进行过栏训练时,注意身体主动向左倾斜,加强对摆动腿的控制,在完成下栏动作时,保证摆动腿向左侧用力。当起跨腿开始进行提拉动作时,大腿与小腿的动作需协调配合,充分折叠收紧,向身体中线摆动,幅度以大为宜。特别

是起跨腿膝关节提起至身体中线是至关重要的。

学习并熟练掌握弯道起跑器的安装方法，加强起跑训练，特别是对弯道蹲踞式起跑加速跑技术的学习，在实践上牢牢掌握动作要领，以及身体各部分关节的发力变化，尤其需要注意的是在加速跑中利用身体倾斜的向心力顺利的跨过第一栏。

运动员可以先在起跑至起跨点之间设定一条直线，起跑后，尽量将双脚的落点靠近这条直线，结合加快跑速后的身体向内倾斜，反复练习。在这一过程中，认真感受弯道加速跑的动作特点，以及身体各部位关节的力量变化，根据实际需要，还可以用白灰划一条正确的跑进线，双脚踏于其上进行加速跑练习。

第三节　跨栏跑运动的比赛

项目分类

奥运会正式比赛项目为男子 110 米栏和 400 米栏；女子为 100 米栏和 400 米栏。

成绩标准

运动员若想在跨栏跑中取得优异成绩，提高平跑速度至关重要。除此之外,掌握跨栏技术,以及跑、跨两者协调配合的能力也会对最终的比赛成绩产生重要影响。

在跨栏比赛中,运动员若在跑进的过程中撞翻了栏架,将不被视为犯规,但是,若运动员故意用手推倒或恶意踢倒栏架,以及出现故意阻挡其他运动员的跑进行为,则被视为犯规。

场地器材

对于跨栏架的材质，没有特别严格的规定，根据实际需要，它可以用金属制成，也可以由其他适宜材料制成。栏架顶端的横木是木质材料，颜色为黑白相间。对于栏架的高度，根据不同的项目，可按规定进行调整，栏架底设有重量调节器。

第四节 跨栏跑运动的注意事项

改革历史

跨栏跑在发展的最初阶段,栏架是埋在地下的栅栏,运动员要从这些栅栏上跳过去完成比赛,所以,那时的跨栏跑更像是跳栏跳。后来，该项目进行不断的改进，栏架底座改为呈“X”形,类似锯木头用的支架,这种形式的栏架对于运动员来说具有一定的危险性。到了20世纪初,发展成为单个的,底座呈“⊥”形的栏架。1935年,又将其改为底座呈“L”形的栏架,并一直沿用至今,这种栏架的好处是能够轻易翻倒,对运动员没有危险性。

个人安全

训练时要注意安全,特别是要保护运动员的踝关节,避免其受伤,具体做法是:

在训练的过程中,注意保持前脚掌着地,控制好重心,使之处于偏上的位置。

运动员在完成提拉起跨腿动作时,提与拉需同时进行。

提拉起跨腿在身体前呈高抬状。

运动员在过栏时,除了要注意双腿的剪绞动作外,还要使上、下肢的动作更具协调性。

训练要点

训练运动员的平跑速度

在日常训练中,加强短跑训练,在进行平跑训练时,运动员应注意两点,一是重心高,二是频率快。练习方法有:短距离跑,跑程可控制在50米左右;练习下坡跑,坡度可控制在50度左右;进行高抬腿跑,根据个人实际情况,频率以快为宜。

结合专项特点的手段,发展运动员的专项速度

只拥有高跑速还不足以在跨栏跑中取得优异成绩,对跨栏技术的掌握同样重要,二者缺一不可,只有将两者有效的结合起来,合理运用,才能取得理想的成绩。在日常训练中,可以进行降低难度的跨栏跑、变换栏间节奏的跨栏跑、变换栏高的跨栏跑等训练。

专项技术训练

跨栏技术的核心是跨栏步,强化摆动腿和起跨腿动作训练至关重要。摆动腿的作用从进入攻栏摆动开始,一直到落地结束,在这一过程中,腿部摆动动作需充分积极,落地以快为宜。

保持频率

体育训练是一个循序渐进的过程，它需要运动员坚定的决心与持之以恒的精神。只有通过长期的刻苦练习，才能不断积累经验，最终在跨栏跑项目中取得理想的成绩。另外，由于运动员的心理素质对其运动技能的发挥有非常大的影响，所以，在训练中，运动员需自查不足，并找出解决问题的方法，以此增强自信心，同时，要经常组织对抗赛，从中体会成功与失败的感觉，正确评估实力，克服心理障碍。

第五节　我国跨栏跑运动健儿在比赛中取得的优异成绩

刘翔,男,1983 年出生于上海,身高 1.88 米,是我国优秀的 110 米跨栏运动员。

2000 年,在世界青年锦标赛上,刘翔代表中国参加了男子 110 米栏比赛,并荣获第 4 名的好成绩;2001 年的全运会、东亚运动会、世界大学生运动会上,刘翔均获得男子 110 米栏冠军;2002 年,在瑞士洛桑国际田联一级大奖赛上,他以 13 秒 12 的成绩打破男子 110 米栏亚洲纪录;2002 年,在第 14 届亚运会上,刘翔获得男子 110 米栏冠军;2003 年,刘翔参加世锦赛,在男子 110 米栏项目上取得了优异的成绩,为中国代表团赢得两枚奖牌。2004 年,在雅典奥运会中,刘翔以 12 秒 91 的成绩打破奥运会纪录,并追平世界纪录,获得该项目冠军。2006 年,在瑞士洛桑超级大奖赛上,他再创佳绩,以 12 秒 88 的成绩打破 110 米栏项目的世界纪录。

楼大鹏，男，浙江宁波人。从小热爱运动，在上大学期间，就已经开始进行专业训练，并成为一名优秀的跨栏选手。1956年，他在男子200米项目中，创造了低栏的全国纪录；时隔两年，在首届全国大学生田径运动会上，他再次打破该项目的全国纪录。大学毕业后，楼大鹏就任于北京钢铁学院体育教研室任教，后调国家体委工作，历任国际司副处长、训练竞赛三司副司长、中国田径协会副主席、主席等职。从上个世纪八十年代以后，他先后担任亚洲田径联合会副主席并兼任竞走和技术委员会主任，国际田联理事，亚洲单项体育联合会总会副主席等。曾获国际田联元老奖章和国家体委颁发的国家体育运动荣誉奖章。

第六节　当前跨栏跑运动的国内、洲际、世界纪录及保持者

全国纪录

1993 年北京第 7 届全运会田径赛

张瑜　12.64　100 米栏

1993 年北京第 7 届全运会田径赛

韩青　53.96　400 米栏

2004 年雅典第 28 届奥运会田径赛

刘翔　12.91　110 米栏

1998 年北京全国田径锦标赛

谈春华　49.25　400 米栏

世界记录演变历程

在雅典举办的第1届奥运会上，男子100米跨栏跑作为参赛项目出现在了奥运会场上,此时的跨栏高度为1米。由于当时的跨栏技术尚不成熟,所以,运动员取得的成绩并不是很理想,最好的成绩只有17秒6。在随后的发展中,同其他的体育项目一样,跨栏跑也经历了一系列的改革,最终形成了我们现在所看到的跨栏技术。美国的跨栏技术是最早实现创新的,在19世纪末的时候,美国运动员率先采用并完善了直线前跨和单臂前导技术,为后来的跨栏技术奠定了基础。此种技术帮助美国运动员在1900年奥运会男子110米和200米跨栏项目上赢得了最终的胜利。

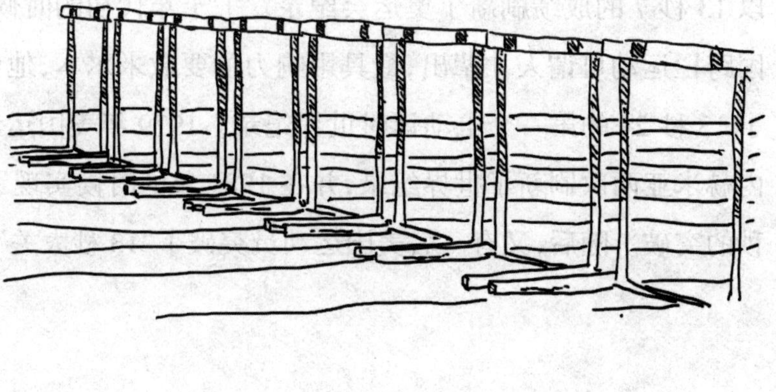

1907 年,美国运动员采用上体半屈的跨栏技术,以 15 秒的成绩在奥运会上摘得了金牌，并创造了 110 米跨栏首个世界纪录。1916 年,过栏姿势有所创新,上体触及过栏腿的姿势在跨栏比赛中被广泛应用。随后,加拿大运动员又研究出了过栏时双臂前导技术,并取得了突破性的成绩。此种技术经过一段时间的消化后,逐渐被人们接受并采用,在 1936 年的时候,美国运动员在原有技术的基础上又进行了创新，他将过栏摆腿的幅度增大,尽量向上摆腿,这对过栏落地第一步储蓄了较大的弹力。1936 年的奥运会上，他运用此种技术在比赛中获胜,之后又创造了 13 秒 7 的世界纪录。

时间进入到四十年代后期，人们在跨栏技术上的探索又有了新的突破。跨栏技术在美国又有了新的进展,由美国优秀跨栏运动员迪拉德创下的“特别突出起跨腿式”跨栏技术,一直影响着后来的跨栏运动员。在 1952 年举行的奥运会上,他以 13 秒 7 的成绩刷新了奥运会纪录。七十年代初的时候,美国跨栏运动可谓人才辈出,最具影响力的要数米尔本,他创下了 13 秒 24 的第一个电动计时世界纪录。1979 年美国运动员内赫米亚两次刷新了世界纪录,并在 1981 年的时候实现了 13 秒的突破。随后,又有一名美国运动员突破了“13 秒大关”。

优秀运动员

雷纳尔多·内赫米亚是美国优秀跨栏运动员，成功突破了男子 110 米栏“13 秒大关”。

内赫米亚出生于美国新泽西州纽瓦克，开始从事的是短跑运动，后来改为专攻高栏。他的优点在于速度快、过栏快、栏间跑节奏好。观看他跨栏会有一种跑栏的感觉。1979 年，20 岁的内赫米亚在美国举办的跨栏比赛中，以 13 秒 16 的成绩创下了世界纪录，时隔不到一个月，他又将比赛成绩提高到了 13 秒。1981 年，在瑞士举行的男子 110 米栏比赛中，内赫米亚以 12 秒 93 的成绩创下了新的世界纪录，成为首位突破“13 秒大

关”的运动员。从 1978 年到 1982 年期间,他先后共 11 次创下室内跨栏世界最好成绩。后他加入美国职业橄榄球赛,失去了比赛资格,后经他多方争取,才获得了业余选手参赛的资格。

摩西被人称为田径场上的“常胜将军”。在近 20 年的世界田径史上,他在 400 米栏上叱咤风云。从 1976 年以 47 秒 64 的成绩创下新的世界纪录之后,他在该项目上一直独占鳌头。在他参加的 122 次比赛中,无一例外,都获得了比赛的最后胜利。

他先后四次代表美国队出征奥运会,并不负众望,将四枚金牌收入囊中。由于先天身体条件良好,并且在速度以及爆发力上具有优势,使他在 400 米栏项目上占据着霸主的位置,而他的 400 米栏技术堪称世界最先进技术的代表。

400 米栏的栏架较低,栏间距为 35 米,要向成功跨越需掌握好栏间跑步数和节奏。由于栏间距离是固定的,所以,运动员须调整自己的步长以适应栏间距。进行 400 米栏可采用相同节奏或混合节奏进行跨越。拥有“常胜将军”之称的摩西采用的是 13 步相同节奏进行跨栏跑的。他的速度以及上栏动作配合得十分协调,这也使得他的整个动作看起来流畅、自然。

第四章

竞走

第一节 竞走运动的历史沿革

运动起源

竞走兴起于英国。1867 年的时候,英国举行了首届竞走比赛,这也是世界上最早的正式比赛。随后,竞走逐渐传向欧洲其他国家。到 1908 年的时候，它被列为了奥运会正式比赛项目。

1870 年，英国运动员以 2 小时 47 分 55 秒的成绩完成了 20 英里场地竞走比赛,创下了世界纪录。在 19 世纪末的时候，欧洲其他国家也相继举办了竞走比赛。最具规模的要数 1893 年举行的由德国柏林到奥地利维也纳，全长 578 公里的竞走比赛。

在第 4 届奥运会上，进行了男子 3500 公尺和 10 英里两个项目的竞走比赛,来自英国的乔治·拉尔纳一人收获了两枚金牌。在 1912 年第 5 届斯德歌尔摩奥运会上,设立了 10 公里竞走比赛，随后又增设了 50 公里竞走比赛。在 1956 年第 16

届墨尔本奥运会上，男子20公里竞走又被列为了正式比赛项目。

1980年，女子竞走比赛开始以世界性质的比赛在各国开展起来。随后，女子竞走比赛以较快的速度向前发展着，并在1992年举行的奥运会上，女子10公里竞走比赛成为了正式参赛项目。现在，在很多重大的国际赛事中都设有女子竞走比赛。

我国竞走现状

我国运动员曾在竞走项目上收获 2 枚奥运会金牌和 1 枚世锦赛金牌，但首先在欧洲国家兴起的竞走并未为我国田径项目争得太多的荣誉，自王丽萍在 2000 年悉尼奥运会上赢得金牌之后，我国的竞走项目曾一度处在低迷状态当中。

相较于其他运动项目，竞走算是一项较为特殊的运动。它是在日常行走基础上发展起来的，运动员不仅要快速地完成规定距离，同时所用的技术要得当，否则将被视为违规而遭到淘汰。我国初期竞走运动一度处于尴尬的境地。原因是我国运动员在参加竞走比赛中经常会遭到裁判罚下，尤其是在 2003 年的时候，这种局面出现的频率达到了最高。在我国 8 名运动员参加的 3 个竞走项目中，只剩下 3 名运动员在没有技术错误的情况下完成了比赛，其余的全部被罚下。此届奥运会我国竞走运动员最好的排名是第 13 位，惨淡的局面也为我国体育代表团敲响了警钟，在追求成绩的同时，技术也是关键。意识到这一点之后，我国竞走训练开始转变训练方向，积极地改变训练内容，将侧重点放在了提升与完善技术上。

在我国将竞走技术看成训练的重点之后，运动员遭到罚下的次数明显降低，并在比赛中逐渐显露出优势。在 2004 年雅典奥运会上，我国选派的 9 名竞走运动员在比赛中无一人被罚下，但成绩较欧洲国家选手仍相距甚远，最好成绩是由虞朝鸿创下的男子 50 公里比赛的第四名。中国的竞走仍存在很大的发展空间，怎样用规范的技术创造出佳绩成为了中国竞走不断追求的目标。

虽然我国的竞走曾一度陷入到怪圈当中，在国际重大比赛中成绩平平,而在国内以及世界杯、挑战赛之类的比赛中却大出风头，但这样的情况随着技术以及训练方法的转变而得到了改观。近年来,我国运动员逐渐在男子 20 公里竞走比赛中显现出了不凡实力,同时该项目也成为了我国的优势项目。在 2012 年伦敦奥运会上，我国竞走小将陈定获得了男子 20 公里竞走比赛的冠军,他以 1 小时 18 分 46 秒破奥运会纪录,为中国代表团再赢一金。

其实，我国竞走选手的临场发挥一直是困扰成绩提升的关键点。在平时训练表现出色的运动员往往在比赛中不能发挥出正常水平,最终无缘奖牌。虽然训练技术一再地改善,但取得的成效甚微。我国竞走技术是建立在自己运动员实际身体条件基础上研究得出的,所以,具有一定的实效性。相信,在不久之后,我国的竞走事业也会迎来新的发展高潮,对于这一点,我们都坚信不疑。

第二节　竞走运动的比赛规则

竞走时,运动员的支撑腿必须伸直,在单脚支撑过渡到双脚上时,要与地面保持接触,不得出现腾空状态。

运动员需按照竞走的技术规则进行比赛，否则将被裁判罚下比赛。竞走时,运动员要始终保持与地点有接触点,也就是双脚或任意的一只脚不能脱离地面。从前进脚落地的一刻起腿部必须保持垂直,膝盖不能弯曲。

比赛场地会分设 9 名裁判在各个线路上监督参赛者是否有违规动作。在没有技术检测的情况下,他们只能使用裸眼进行监督。当裁判在监督的过程中发现运动员有犯规征兆时,马上提醒他存在的问题。提醒的方式一般采用在道路两边向犯规者出示白色标志，运动员看到白色标志就会下意识地对自己的错误进行纠正,此时裁判员在做出指示后,要告知主裁判出示白牌的原因。当一名运动员先后三次被警告,那么,该名运动员将被取消比赛资格。

比赛时，出现运动员故意推撞或者阻碍他人比赛的行为都属犯规,将被罚出比赛。跑道径赛中运动员自愿离开跑道的不可以继续比赛。在进行 5000 米长距离比赛时,运动员可接受供应点提供的饮料以及海绵,除此距离外的比赛,运动员不得接受任何帮助或建议，否则将以违反比赛规则被取消比赛资格。

第三节 竞走运动的基本运动要领

基本方式

竞走需双脚自然摆动，且步幅宽大，变换的频率快，身体在双腿向前迈动的过程中摆动的幅度较小。在双脚不断交换的过程中，身体可快速地向前移动，实效性高。竞走的动作要保持自然、协调，而且掌握好走动的节奏感，这样可节省体力，高效地完成整个规定路段距离。

技术特色

按照一般的步速，每小时我们可以行走约5公里左右的路程，而竞走要较普通的步速快得多，约是普通步速的一倍以上。竞走规则中要求运动员在竞走时保持支撑腿的垂直，膝盖不能弯曲，从单脚支撑过渡到双脚支撑。在摆动腿后脚跟落地之前，支撑腿的脚尖不得离开地面，以保证双脚支撑，避免出现腾空现象，这也是竞走与跑的最主要的不同之处。

竞走的快慢与双脚交换的频率以及步长有关。竞走每分钟迈出的步子大约是普通走的两倍，一名优秀的竞走运动员每分钟的步子可达到200步以上。当然,普通走的步长也是无法与竞走相比较的，一名身材高大的运动员迈出的竞走步长可达120厘米左右。

竞走不仅在步长与速度上较普通走有优势,同时,在时间上也是普通走不能比拟的。普通走迈出一步所需的时间竞走几乎已经完成了两步。竞走的步长和步频是相互制约的。步长加大,就会相应地降低步频,当然步频加大,就会相应地缩短步长,形成了相互制约关系。在保证一定步长的同时,提高双腿的交换频率，对于提高比赛成绩能起到很好的作用。如果过分地加大步长，不仅会给肌肉造成负担，增加肌肉的紧绷感，同时也会耗费过多的体力，很快便将身体带入疲劳状态中，在步频无法提升的同时，影响了比赛的成绩。加快步频是通过腿部肌肉的力量以及中枢神经系统做出反应后以达到提升速度，存在较大的潜在能量，只要正确地激发，很容易便可达到理想效果。

竞走中的单脚支撑和双脚支撑存在着一定的差异，在时间上，单脚支撑要较双脚支撑的时间长得多。如果想要提升竞走的速度，必须缩短单脚支撑和双脚支撑的时间，尤其是缩短双脚支撑的时间。

在普通走步的基础上发展起来的竞走，与走步还有所不同。竞走要求的步频快，步幅大，其突出特点是垂直转动的幅度较大，支撑腿需保持垂直状态，后蹬要迅速有力。

第四节　竞走运动的比赛

场上规则

运动员在比赛沿途出现违规迹象之前，裁判会在赛道旁向其出示白牌以示警告,并通告给主裁判。但该名裁判不能第二次对此名运动员相同的犯规行为予以第二次警告。裁判员取消某一竞走运动员参赛资格的提议是严重警告。无论比赛进入到哪一阶段,如果运动员出现腾空或支撑腿弯曲的状况,裁判应立即向该名运动员给予严重警告。若一名运动员收到3名不同裁判员的严重警告时,他将被罚下比赛场地。竞走运动员在违规罚下比赛场地后,要立即离开跑道,以免影响其他参赛者进行比赛。公路竞走时,被取消资格的运动员应立即除下号码布,并离开比赛路线。

场地要求

在超过10公里竞走距离后，要在比赛中设立饮料站。饮料站起点开始以均匀的距离分布在赛道旁。此外，应根据天气情况变化可在两个饮料站中间设置一个或多个只供应水的饮水站。饮料可由组委会提供或运动员自备，自备饮料放在运动员指定的饮料站，由组委会派员监管。

注意事项

竞走过程中，单脚支撑与双脚支撑进行交替，两腿做不间断周期性运动，属田径项目中的耐力项目。竞走要求动作自然、协调、平稳，而且步调节奏快，双脚不能同时离地，支撑腿膝盖不能弯曲，特别是支撑腿在垂直步位时必须伸直。

第五节　我国竞走运动健儿在比赛中取得的优异成绩

我国竞走成绩

竞走运动于十九世纪末二十世纪初的时候开始在我国兴起，并在之后的发展中逐渐成为了我国田径项目中的优势项目之一。自二十世纪八十年代初,一直引领着亚洲竞走运动的发展。在世界杯竞走比赛中,我国选手多次获得个人以及团体冠军,涌现了大批优秀运动员。在1992年巴塞罗那奥运会上,陈跃玲在竞走项目上收录了一枚金牌，她的成功预示着我国在奥运会田径运动上实现了金牌零的突破。在之后的悉尼奥运会上,王丽萍又将一枚金牌收入囊中,而我国的竞走项目也正朝着世界级水平发展。

2003年的全国竞走锦标赛,我国田径运动员朱红军在20公里竞走比赛中击败了所有的参赛选手，赢得了比赛的最终胜利。此次,他不仅创下了6年来我国男子竞走选手在该项目上的最好成绩,同时还领走了首次设立的1千克黄金大奖。在

2004 年的雅典奥运会上，他位列比赛的第 6 名。而在 2005 年国际田联竞走挑战赛上，他以优异的成绩刷新了亚洲纪录，取得比赛的第二名。

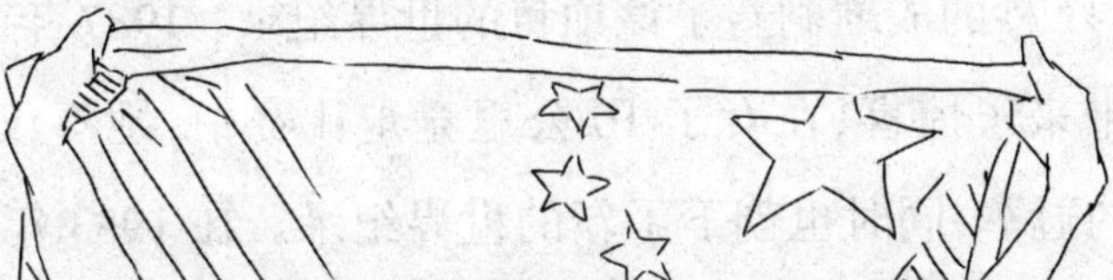

我国竞走运动员

徐永久是辽宁省大连市金县人,在1980年的时候入选省田径队。1981年她在全国竞走比赛中,以26分24秒9的成绩创下了女子5公里的新纪录。两年之后,她在全国运动会女子10公里竞走比赛中,以优异的成绩击败了对手,获得了冠军。同年,她与队友在第3届世界杯比赛中通力合作,取得了女子10公里竞走团体比赛的冠军。1984年,她风采依旧,在女子5公里竞走比赛中,以稳定的发挥赢得了比赛的最终胜利,并以21分41秒的成绩刷新了该项目的世界纪录。1987年,她又为我们带来了惊喜,在女子10公里竞走比赛中,她不仅赢得了比赛的冠军,同时也创下了新的世界纪录。在1983年和1984年的时候,由于她在田径中取得的优异成绩,被评为田径“十佳”之一。在建国40周年之际,她再次被评为全国40名杰出运动员之一,同时国家体委也向这名为我国田径事业做出突出贡献的运动员颁发的“体育运动荣誉奖章”。

于和平是吉林省人,在1978年的时候接受专业的竞走训练。在1983年挪威举行的第3届世界杯竞走比赛中,她与同伴通力合作,赢得了女子10公里竞走比赛的团体冠军。1983年,她被评为全国田径十佳之一。1984年,国家体委向其颁发了“体育运动荣誉奖章”。

辽宁铁岭的阎红在竞走项目上也取得了优异的成绩,是我国田径运动中优秀的运动员。1983年,第5届全国运动会在上海隆重开幕,女子5公里竞走比赛中,阎红以优异的成绩赢得了比赛的冠军。次年，她在挪威国际竞走邀请赛中，创下了21分40秒3的女子5公里世界纪录，一周后，在丹麦国际竞走公开赛上又创下了45分39秒5的女子10公里世界纪录。1985年举行的世界杯竞走比赛中，她是竞走比赛中最具竞争力的选手之一。最终她不负众望，以优异的成绩摘得了女子10公里竞走比赛的金牌。1987年的第2届世界田径锦标赛上，她以44分42秒的成绩获得了女子10公里竞走比赛的季军。1989年世界杯竞走赛中，经过她与队友的顽强拼搏，最终赢得了比赛的银牌。她曾先后三次被评为全国田径“十佳”之一，并获得了全国田径优秀团体奖，国家体委颁发的“体育运动荣誉奖章”。

关平是山东青岛市人，1981年进入山东省田径队练习竞走项目。在1983年举行的第3届世界杯竞走比赛中，与队员紧密配合，赢得了女子10公里团体比赛的冠军，个人在比赛中排名第6位。1984年的丹麦国际竞走比赛充分证明了她在竞走项目上的实力，以21分57秒的成绩刷新了女子5公里竞走的世界纪录。次年的第4届世界杯竞走比赛中，中国选手蝉联了女子10公里团体冠军，关平获得了个人10公里比赛的第二名。同年，在全国春季马拉松竞走比赛中，她创下了女子10公里竞走比赛的最好成绩。在1986年第10届亚运会上，她又摘得了女子10公里竞走比赛的金牌。同年，她刷新了女子5公里和10公里竞走比赛的世界纪录。她曾三次被评为全国田径“十佳”之一，并三次获得国家体委颁发的“体育运动

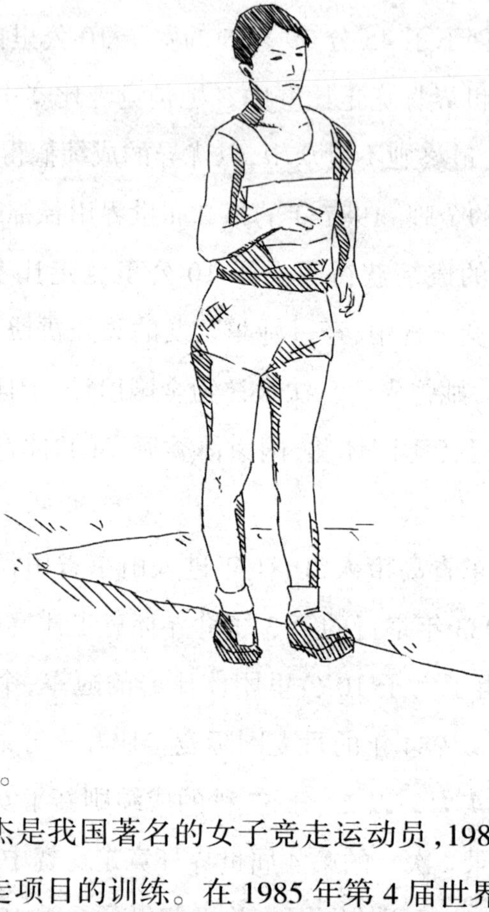

荣誉奖章”。

李素杰是我国著名的女子竞走运动员,1983 年的时候开始进行竞走项目的训练。在 1985 年第 4 届世界杯竞走赛上,她参加了女子 10 公里竞走团体项目,并在比赛中与队员通力合作,赢得了团体比赛的最终胜利。1986 年,全国春季竞走赛的女子 10 公里竞走比赛中,她以 45 分 37 秒 7 的成绩创下了比赛的最好成绩。同年。她刷新了在燕舞杯北京国际田径邀请赛上 5000 米场地竞走的世界纪录,10 月,又创下了女子 10公里竞走新的世界纪录。因她在竞走比赛上取得的优异成绩,在

1988 的时候,她被评为全国田径“十佳”和“国家优秀田径选手”。国际田联向其颁发了“金星奖”作为表彰,同时她也是“体育运动荣誉奖章”的获得者。

高克莲是陕西人。最早练习的是中长跑,后改为竞走。在经过专业、系统的训练后,一年后她就在全国冠军赛上取得了第四名的成绩。1999 年被选入国家集训队进行练习。为了尽快提高自己的成绩，高克莲在进队之后选择跟在男队员的后面学习技术动作,这导致她的技术动作走样。

1999 年的下半年,高克莲基本没有太大的进步,而且还走向了技术误区。此后,她在教练的指导下逐渐走出误区,并在实力派选手淡出我国竞走项目时，以一颗新星的姿态出现在比赛中。在 2001 年九运会女子 20 公里上,她排名第四。随后的 2002 年亚洲田径锦标赛上,她实现了突破,赢得了女子 20 公里竞走比赛的冠军。同年,在釜山亚运会上,她获得了女子 20 公里竞走比赛的第二名。2003 年的全国竞走锦标赛,她是成人女子 10 公里竞走项目的金牌得主。

第六节　当前竞走运动的国内、洲际、世界纪录及保持者

世界纪录

1870 年，英国的托马斯在伦敦以 2 小时 47 分 55 秒创造了第一个 20 英里场地竞走的世界纪录。

1908 年，第 4 届奥运会开始设男子 3500 公尺和 10 英里两个比赛项目，英国选手乔治·拉尔纳个人夺得两枚金牌。1912 年,第 5 届奥运会中,设立 10 公里竞走项目,加拿大选手乔·古尔丁以 46 分 18 秒 4 的成绩荣获冠军。

1932 年,第 10 届洛杉矶奥运会,首次设立 50 公里竞走比赛,英国选手托塔尔以 4 小时 50 分 10 秒的成绩获得金牌。

1956 年,第 16 届奥运会,男子 20 公里竞走项目,冠军为前苏联史匹林获得,成绩为 1 小时 31 分 27.4 秒。

1989 年亚洲田径锦标赛中,女子 10 公里竞走比赛,中国选手陈跃玲获得冠军,成绩为 48 分 59 秒 68。

第 11 届亚洲运动会，第二次列 10 公里竞走为正式比赛

项目，冠军仍被陈跃玲夺得，成绩为 44 分 47 秒 00。

2004 年，雅典奥运会男子 50 公里竞走比赛中，中国选手虞朝鸿以 3 小时 44 分 45 秒获得第 4 名。波兰老将科尔泽尼奥夫斯基夺得金牌，实现了奥运竞走比赛的“三连冠”。

2005 年世锦赛，佩雷兹获男子 20 公里的冠军，俄罗斯的伊万诺娃获女子 20 公里冠军。

亚洲女子竞走纪录(截至 2000.04.03)

1999 年 5 月 1 日，在曼谷，王妍 10 公里竞走记录是 41：16

1995 年 5 月 1 日，在北京，刘宏宇 20 公里竞走记录 1：27：30

中国男子竞走纪录

1994.04.07 全国竞走锦标赛,卜令堂 20000 米竞走,时间是 1:18:03.3

1990.10.24 全国竞走邀请赛,赵泳胜 50000 米竞走,时间是 4:02:51.4

1997.04.19 国际田联世界杯竞走赛,黎则文 20 公里竞走,时间是 1:18:32

1995.04.30 国际田联世界杯竞走赛,赵泳胜 50 公里竞走,时间是 3:41:20

1992.10.04 全国大学生运动会, 谭明军 10000 米竞走,时间是 40:11.15

中国女子竞走纪录

1990.03.03 全国竞走锦标赛,金冰洁 5000 米竞走,时间是 20:37.7

1994.04.07 全国竞走锦标赛,高红苗 10000 米竞走,时间是 41:37.9

1992.07.15 全国竞走邀请赛,宋丽娟 5 公里竞走,时间是 21:39

1993.09.08 全国运动会田径赛, 李春秀 10 公里竞走时间是 41:48

第五章

马拉松

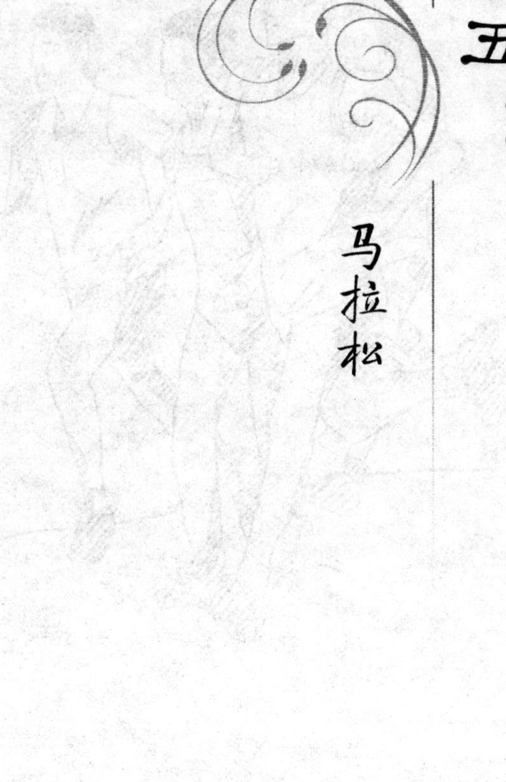

第一节 马拉松运动的历史沿革

马拉松起初是希腊的一个小镇，在公元前 49 年的时候，希腊人和波斯人在这里进行了一场激烈的战斗，战争以希腊的胜利而告终。为了将这一胜利的消息第一时间传递到希腊的首都雅典，一名叫菲力比斯的战士承担了传递消息的任务。他从马拉松出发一直跑到雅典。当他把消息送达雅典的时候已经筋疲力尽，最终因体力消耗过多而死去。后来人们为了纪念这位战士，在 1896 年举行的第 1 届奥运会上，举行了从马拉松跑到雅典的比赛。当时马拉松的距离是 40 公里 200 米，后经过精确的测量得出了 42 公里 195 米的距离，而马拉松距离也由此被正式确定下来。随着马拉松比赛在奥运会上的展开，它也被列为了奥运会正式参赛项目。历届的马拉松没有世界纪录，只有世界最好成绩。

第二节　马拉松运动的比赛规则

赛程赛制

马拉松公路赛男、女运动员跑道的标准距离分别为 15 公里和 20 公里，而半程马拉松的距离则为 25 公里和 30 公里，同时还设有 100 公里、公路接力赛跑等。进行马拉松公路赛时,选择的跑道长度最后为 5000 米,且路线呈环形。各段设置的间歇点之间的距离相等,均为 5 公里,只是在最后时可能有所缩短。在青年组进行公路接力赛跑时,应将比赛距离设为半程马拉松,各段距离间隔相等,均为 5 公里,在最后阶段设为 6.098 公里。

马拉松公路赛应在公路上进行的。如果所选的比赛公路交通繁忙或环境不适宜比赛,那么,可将赛跑路线设在路旁的自行车道或人行道上,并设标志物作以提示,但不得通过路旁草地等柔软地段。比赛的起点以及终点均可设在田径场地内。

在比赛之前测量公路赛路线的长度，是在规定的比赛赛道上，测量者从比赛的起点出发，沿着运动员所能跑过的路线的最短距离算起。测量的长度以公里为单位，同时要保证测量的误差不能超过全程距离的 0.1%，也就是 0.042 米的距离。确定测量的长度之后，要向运动员显示赛程的距离。为了使测量的结果更为准确，可采用“经过标定的自行车测量法”进行测量。在测量时加注一个“防止路线缩短系数”，可避免在以后的测量出现路线长度不足时使用。比赛中选用临时性设备时，如锥形物、栅栏等以标明部分路线的界限，那么，在测量之前或测量时就应对如何使用标志物有所规划，并在测量报告中附有此类设置的成文规定。

举行公路接力赛跑时，在规定路线上应用一条5厘米宽的横线标出每段距离的标记和起点线。同时在各段起点线的前后10米处同样用一条5厘米宽的横线标出接力区的位置，这样就限定了运动员的接力范围，只有在接力区完成交接程序才算有效。

比赛的组织者要对参赛选手的安全作出周密的考量。如果情况允许，可在进行公路比赛时禁止此段路线上机动车辆的通行。比赛过程中,应有医务人员在比赛现场。这些医务人员需组委会指派,同时要有可清晰识别佩戴标识,以辨明人员的身份。医务人员在比赛中对某一运动员进行的现场医务检查不应被视为是对运动员的帮助。当医务人员在比赛的中途勒令某运动员退出比赛时,该名运动员应立即执行。

各项赛跑的起点和终点应备有饮水和其他适当饮料。10公里以下的项目比赛应根据当时的天气情况，适当地设置饮用水以及饮品的供应点。而10公里或10公里以上的项目应从起点开始每隔约5公里的距离设置一个供应站点，站点内提供饮料以及饮用水。同时在两个饮料站中间也可增设供应站点,此站点提供的是饮用水。站点提供的饮料可由大会提供准备或由运动员自备，自备饮料应放在运动员指定的供应站点内。站点的饮料要放置在便于运动员拿取的位置上,或经批准由专人将饮料拿到供应站点外的地方供运动员取用。由运动员提供的饮料,自该运动员或其代表上交之时起,应始终处于组委会指派人员的监督之下。

在进行马拉松接力比赛时，应将接力区的范围控制在50米左右。运动员须在接力区完成所有的交接过程，才能算为有效接力。运动员在比赛之前应在带挎上一条长约180~200厘米，宽约10米的“带”。在进入到接力区域中后，可将肩上斜背至异侧腋下的“带”取下拿在手中，当然，其他的经批准的传接器材和方法也同样可以在比赛中使用。

接“带”运动员须在裁判的指令下，按照接力的先后顺利站在相应的接力区域内，接力位置以从左至右排列。一旦传“带”运动员跑进准备接力区，接“带”运动员不得擅自窜改排列顺序。传接“带”必须在接力区内完成，以“带”为准。在接力区内完成交完“带”的运动员，须从接力区右侧退出比赛路线，以免影响其他跑道上选手的跑动。

比赛结束后，团体比赛名次以及个人在团体比赛中分段距离的个人成绩都需被记录下来。如果比赛中出现队员违规现象，那么，该名运动员的比赛资格将被取消，情节严重的则取消全队的录取资格。但该队跑完各段距离的其他运动员的个人成绩仍然有效。

比赛规定

参加马拉松比赛的运动员在起跑后可进行切线跑，因其是不分线道起跑,所以不算违规。当运动员想要赶超前面的对手时,最好选择从外圈超越,这样可避免内圈超越时与前面运动员发生碰撞，如果后面赶超过来的运动员与前面的运动员发生了此类事件,那么,后上来的运动员将被取消参赛资格。当出现一名运动员被同起跑的选手赶超过一圈后，须让出内线的跑道。

马拉松比赛相较于其他的田径比赛，在跑道上自由活动的空间较大,而且它只是将比赛的起点以及终点设在室内,除此之外,都是在比较宽阔的路面上进行的。由于比赛的距离较长,对运动员的身体素质要求较高,同时,在跑动过程中,要运用合理的技术,才能保证比赛的顺利完成。

第三节 马拉松运动的基本运动要领

马拉松跑的技术与长跑中运用的技术大致相同。但由于它的距离较长，并且是在地形不一的公路上进行的，因此还存在自己独有的特色。

运动员在跑动时，要将上体稍微向前倾斜或保持直立状态。作用在地面上的后蹬力量较小，大腿做向上摆动的幅度较小。从外形上看，蹬地后小腿向上摆的动作比长跑小些。运动员在向前跑动时，跨出的步子不应过大，尽量使落脚点靠近身体重心的投影点处。脚在落地时，可选择全脚掌着地，也可先用脚的外侧着地，然后再过渡到全脚掌。着地时应柔和而有弹性，腿应很好的弯屈、缓冲。双臂协同两腿摆动，摆动的幅度不应过大。在加速跑、终点冲刺和上坡跑时，双腿以及双臂要积极地进行摆动，提升跑动速度。两腿的跨度以及摆动频率与运动员的身高、体重以及训练水平有关，跑动时要根据自身实际情况对路线进行合理规划。根据途中地形的不同选用适宜的跑动步调,以保证比较均匀的速度完成比赛。跑动时注意调整呼吸的节奏,以适宜的深度进行呼气。

当从斜坡向上跑时,上体要向前倾斜,缩短两脚之间的跨度,加快换步的频率,双臂配合双腿做积极摆动,用前脚掌落地。顺着较陡斜坡往下跑时,可加大双脚之间的跨度,利用全脚掌或脚跟着地。在跑动的过程中,应将身体稍向后稍仰。在向下牵引力的作用下,要控制跑动的速度。

在马拉松跑的过程中,要保持动作的协调性,同时,尽量减少体力的消耗,做到均匀的跑动。在地形起伏的公路上注意改变跑的动作。由于马拉松是长距离跑动,所以在跑动的过程中注意技术的运用以及体力的消耗, 保证动作的节奏感以及协调性。在平时训练中,运动员要注重体会技术动作,并进行反复练习,以求得成绩上的提高。

第四节 马拉松运动的注意事项

脚部保护

参加马拉松跑锻炼时，穿着的鞋、跑动的姿势、练习的场地等直接关系着训练的效果，而运动员脚上的伤痛对其造成的影响可能更大一些，所以长跑锻炼要对脚进行保护。那么，如何对马拉松运动员的脚进行保护呢？在实际训练中注意以下几点的训练就可有效地对脚进行保护。

训练时，尽量选择松软的场地进行跑动，不宜在坚硬的水泥地面上做跑步练习。选择沿坡向上跑时，要增大前脚掌的受力，上体稍微向前倾斜，缩短两脚之间的跨度，加强后蹬力。在从稍陡的坡上下来的时候，要将身体微向后仰，用脚跟先着地，然后再由全脚掌支撑身体重量，注意控制下降速度，以免因跑动过快，时身体失去平衡而发生危险。

不要选择硬底鞋，尽量穿底子较软较厚的鞋，有助于对脚的保护。如果选择的路线是柏油马路，那么，准备一双垫有厚海绵垫的胶鞋是十分必要的。在跑动中,脚底承受了来自地面的反作用力,如果“跑鞋”过硬的话,无法有效地降低作用力对脚底的冲击,从而造成脚部上的伤害。而垫有厚海绵垫的胶鞋就可将来自地面的反作用力尽最大可能地消耗掉,从而降低了地面反作用力对脚底的冲击力,降低了脚损伤的可能性。当跑动的路线上有坑洼等不平的地段,富有弹性的海绵可减轻脚底的不适感,即使踩到坚硬的石子等也不会感到太过疼痛。一双合适的跑鞋对于马拉松跑的训练是很关键的,为此,在训练时要注意鞋的舒适度,保护好双脚。

除了注重对双脚的保护外,跑动姿势的科学性对提高比赛成绩也是尤为关键的。跑动落脚时,要避免后脚跟先着地,应该用前脚掌先着地,这样可充分发挥脚弓的弹性,减少地面对脚的冲击力,降低了向前跑动的阻力。在跑动不是特别激烈的地段,要尽量舒展腿的后蹬力,利用好缓冲力量减少体力的消耗,这样可使跑动看起来轻松、自然,同时还能减轻脚的负担,避免伤痛。

跑步时,鞋带不宜系得过紧,否则会影响脚部的血液循环。平常可多用热水泡脚,这样可增强脚步关节韧带的弹性以及柔韧性,同时也能较少脚部伤痛的发生。对脚部的保护需从多方面入手,在平常的练习以及生活中都要对其引起重视,这样才能避免脚部伤害的发生。

呼吸技巧

马拉松跑是一个长距离跑项目，需要运动员有足够的耐力以及良好的身体素质。长跑时,因为肌肉活动剧烈,需要的氧气增多,所以要加大呼吸的频率,因此，掌握正确的呼吸节奏对于促进体内的气体交换和血液循环是很有帮助的，同时也避免了身体过早出现劳累现象而难以完成比赛。

如何在进行长距离跑动的过程中,保持呼吸的畅通呢？只单一的用鼻或口呼吸并不能完全满足长距离跑动体内氧气的需求量。采用口鼻并用呼吸法,可有效解决跑动过程中体内对氧气的需求。

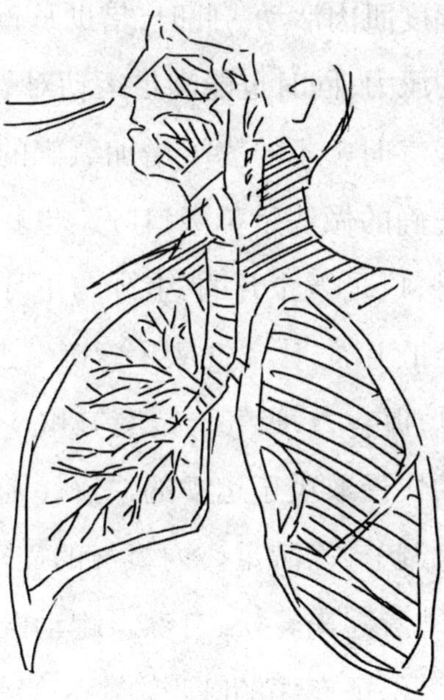

一般来说,在开始起跑阶段或跑动频率较慢时,尤其是在冬天寒冷的气候条件下进行长跑练习时,应该用鼻呼吸。因为鼻腔血管可将吸进的空气温度提高,鼻粘膜分泌的液体增加了空气的湿度,鼻毛和鼻粘膜的分泌液还能阻隔细菌、灰尘进入到呼吸道,对呼吸道形成了保护。此时,选择用口呼吸,虽然增加了氧气的摄入量,但冷空气进入到气管和咽喉部位,很容易引起咳嗽、腹痛等病症,不利于身心的健康。同时,用口吸进的空气在没有经过过滤后就直接由咽喉进入到体内,含有细菌以及尘埃的气体很容易引起身体不适,并造成身体疾病的产生。

不过,在加速跑以及跑动一段距离后,单从鼻子吸进的氧气很难满足大幅度肌肉活动。此时,借助从口中吸进的氧气可减轻鼻子吸气的压力,同时也能满足运动对氧气的需求量。

口鼻并用吸气时,不要为了增加氧气的摄入量而刻意将口张得很大,正确的做法是鼻吸口呼,也就是只用口向外呼气。进行口呼时,口是微张开的,上牙与下牙轻微地咬合在一起,舌尖上卷,轻抵上颚,让空气从牙缝挤出去。呼吸要均匀而有节奏,呼气要短促有力,吸气要缓慢匀和。

呼吸节奏的快慢取决于运动的快慢。随着跑动的幅度对呼吸进行适当地调节,以满足体内氧气的需求量,维持正常的跑动动作,使跑动看起来轻松、自然。跑动两步或三步配合一次呼气或吸气,可保证有序的呼吸节奏。当然,在加速以及冲刺阶段,要随着步伐的加快增加呼吸的深度和节奏。

马拉松长跑对提高身体素质能起到很好的辅助作用，是一项有益的体育项目，但要注重技巧的运用，否则会使身体感到疲倦，反而增加了身体负担。因此，在长跑前一定要做好准备活动，注重调解呼吸的节奏都是很有必要的。

长跑前做适当的热身运动，可使肌肉放松，不至于在跑动的过程中因肌肉的紧张造成拉伤。由于跑步对膝关节压力较大，因此要加强膝关节的热身。

对于有氧代谢运动，人体的各器官都参与了运动的循环工作，尤其是呼吸系统，更是保证体内氧气摄入的关键。为此，在跑步的过程中，要随着跑动节奏适当地调节呼吸频率，以保证肌肉运动对氧气的需求。通常情况下，采用四步一呼吸方法可满足跑动过程中人体对氧气的需求，在不增加肺部的压力的同时，要尽量始终保持这一节奏。在呼吸方式上，以鼻呼、口鼻混合吸较好。

在马拉松长跑起跑时，由于氧气的供应暂时还不能适应身体的运动，此时，人会感觉胸闷、腿沉、气喘等现象，尤其是锻炼少的人此种感觉更为强烈，但这是正常的。如果情况严重，应马上停止运动，在步行一段距离后，待不适感有所缓解后，再进行跑动。

长跑结束后也要进行一段距离的漫步。马拉松长跑后不要马上停下休息。跑步后，人体各部分都得到了充分地运动，此时，应经过一段距离的漫步后将身体慢慢放松下来，直至全身彻底放松后，再进行其他部位的活动，如腰、腹、腿等的活动。

掌握跑步时呼吸节奏的调整对于整个跑动过程是尤为关键的一个环节,有助于体力的节省以及成绩的提高。

初学者在刚进行马拉松长跑练习时，会无意识地进入到憋气,喘粗气跑。造成此种现象的原因是由于训练者自身的紧张,导致呼吸不畅,胸部和肌肉紧张,直接引起心肺等胸腔内的脏器受到压迫,从而形成憋气,喘粗气跑步。由于憋气、喘粗气,肌肉得不到放松,体内组织间的交换受到了限制,尤其是在氧气供应不足的情况下,肌肉中的乳酸浓度快速提高,使身体提前进入到疲劳状态中,影响了训练的效果。另外,肌肉的紧张使动作的准确性、连贯性以及奔跑速度都受到了制约。

训练者在跑动的过程中不能随着步调调整呼吸的频率,影响练习效果。步调与呼吸的不协调导致练习处于尴尬的境地,练习者本身感到十分吃力,而指导者也不能马上对错误进行有效地纠正。进行有节奏的训练,掌握呼气的节奏是十分必要的。通常在训练中使用的呼气方法有两种,一种是跑动一步进行呼气或吸气,另一种是跑动两步进行呼气或吸气。呼吸的节奏须与步调紧密地配合,对于初学者而言,很难完全地掌握好呼吸的节奏,而且吸气的深度以及呼气都达不到理想状态,奔跑时出现吸气快,动作慢,喘粗气,奔跑节奏感不强等都是很常见的问题。为此,初学者要对呼吸节奏以及跑动步调进行反复练习,以克服自己在跑步时出现喘粗气、憋气跑的现象。

当然,对于处在初级练习阶段的练习者,要求完全符合步调与呼吸一致是相当困难的。所以，不妨降低训练要求，只要在跑动过程中保持呼吸的自然就可以了，而在随后的训练中可逐渐提升训练要求。过于强调呼吸与步子的配合，可能导致练习者进行刻意地呼吸动作，从而使身体僵硬，整个动作看起来做作、不协调，此时根本谈不上呼吸与步子的紧密配合或呼吸的柔和细长。所以，在初期练习阶段须向训练者强调呼吸的自然，并帮助其消除紧张感，保持身体放松，在此基础上再强化呼吸与步子的配合。

当训练者逐渐掌握长跑技术动作后，对呼吸与步调的配合就应有更高的要求。呼吸与步子的紧密配合，可使训练者跑动姿势更为流畅、轻松，有助于比赛成绩的提高。同时，缩短了“极点”出现的时间，降低了“极点”带来的反应。马拉松长跑的成绩与“极点”有着紧密的联系，而呼吸节奏的好坏对其也会产生重要的影响。注重呼吸与步子的配合，克服“极点”产生的反应是马拉松练习中首要的两个环节。

把握节奏

初学者对于长跑中出现的疲劳以及极点现象往往不能给予正确的判断,以致影响训练效果,甚至危及自身健康。

在准备活动结束之后进行长跑,有时人也会感到双腿沉重,跑动吃力,呼吸节奏不稳等现象。如果身体没有疾病,那么,很可能是前阶段进行的长跑超出了身体的承受能力,使得再次进行长跑仍感到疲劳。如果此时仍选择拼命地奔跑,会使身体的疲劳感累积到一起,从而出现急躁,行动滞后,思维混乱等现象,影响正常的生活、工作秩序。

为了避免此种现象的发生,就要在跑动中注意自身的身体变化。凡出现持续性口渴,肌肉、关节等部位疼痛,并且在剧烈活动中疼痛感加剧时,就应停止活动。同样,在跑动后经过一整晚的休息,第二天仍感到疲劳,或入睡困难、沉睡不醒都是身体过于疲劳的信号灯。当身体出现上述症状后,应停止长跑活动,进行适当的休息,待身体以及精神都处于良好状态下再继续活动。如果选择置之不理,那么,很有可能发生意外。

初学者在进行长跑练习时,有时会出现胸闷气喘、心率加快、四肢无力等不同程度的难受感,这些不适症状就是“极点”。之所以会产生“极点”主要是由于身体各器官机能暂时失调所致。当人进行剧烈运动时,身体内部器官并不能随着运动速度的加剧而马上做出反应,滞后的器官机能很难满足氧气的需求以及机体交换所需的营养物质,从而导致体内酸性物质堆积,降低了心肺以及其他器官机能的正常运行。突破“极点”的方法就是运动员需坚持进行跑动，这样可突破内脏器官活动的惰性，从而提高供氧量，降低血乳酸浓度，使身体能够在良好状态下进行加速跑动。

在身体健康状况良好的情况下出现“极点”是正常的生理现象，对机体没有不良影响，只要坚持跑动一段距离后便可将不适感消除。

克服和防止“极点”需要注意以下几点：首先，要在长跑前将准备活动做好，这样可激发中枢神经系统的兴奋性，使身体机能活动活跃，为长跑做好体力和精神准备。其次，要加深呼吸的深度，促使呼吸双循环系统的机能提高，从而为身体提供足够的氧气，降低“极点”出现后身体的不适感。同时，要保证协调、自然的长跑动作，出现“极点”后减小步幅以及双脚交换的频率，做深度、柔长的呼吸，突破“极点”也就不再那么困难了。

业余马拉松运动原则

非专业人士进行马拉松长跑时，要提前进行身体检查，以便掌握适合自己的训练强度以及训练项目。由于马拉松是长距离的耐力跑，对身体素质要求较高，保证身体各器官的正常运行才能完成马拉松项目的训练。如果训练者患有心血管疾病，在训练时需要有专人在旁看护，以免意外情况的发生。

在运动的过程中需注重身体营养的补充。长距离跑的马拉松对身体内的物质需求很高，因此要及时地补充运动消耗掉的营养物质，同时也要注意水分的摄入量。糖是身体能量供应的主要来源之一，所以，在运动中要适当地补充糖分，这对于保持体力是很有帮助的。

值得注意的是，非专业人士进行马拉松跑练习时，也要做到科学、有序，依据个人身体情况合理地安排训练强度。如果在训练或比赛中出现身体不适状况，应马上停止剧烈运动进行一段距离的缓冲走动，待身体恢复正常后再继续跑。

禁忌

为了避免在训练中出现意外状况，有潜藏疾病者，尤其是患有心血管疾病的人不宜进行马拉松运动。

有些人平常很少进行体育锻炼，一时心血来潮而选择运动量很大的马拉松活动，长期处于无运动量的身体很难承受如此大的运动量，对身体造成的负荷可能导致身心紧张，出现一系列不适症状，严重者可造成猝死或者某些运动伤害。

尤其是年龄偏大的人在进行马拉松运动时，更应关注自身的健康状况，以免产生不必要的危害。患有老年高血压和糖尿病以及进行轻微活动后伴有胸闷、头晕等不适症状的人都不适宜进行马拉松长跑。

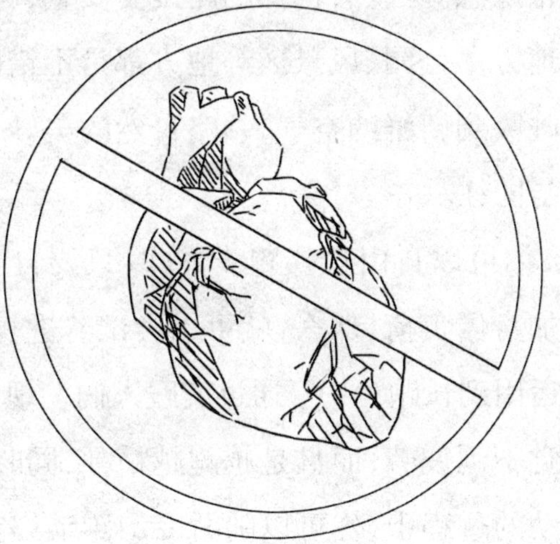

心态调整

马拉松长跑可帮助人们改善体质,增强机体免疫力。人们不需要在特定的场地就可以活动。只要时间允许,环境允许以及身体条件良好就可以在大街小巷中进行长跑活动。它无须昂贵的器材,只要一双舒适的跑步鞋就可以。在不妨碍交通的情况下，你可以肆意的跑动。虽然长跑能给人体带来很多好处,但除专业人士外,长期坚持长跑的人却为数不多。这主要是因为长跑耗费的时间以及体力较多，而且只单纯地进行跑动,难免有些枯燥。对此,我们不妨进行一些其他的辅助活动以调剂长跑的枯燥感。

总是沿着一个路线跑,领略的风景毕竟有限,所以,长跑时我们不妨时常改变跑步的路线,这样就可丰富我们的视野,减少途中的枯燥感。当然,选择的路线要安全,尽量不要选择人烟稀少的地方。公园、风景区等地方都是不错的选择,在这些地方你能呼吸到新鲜的空气,领略自然的美妙,使我们对生活充满激情与向往。

跑步时,你可以自由选择跑步方式,只要自己感觉舒适,并且不会增加身体负荷,那么,就可以尝试着进行。有人将气功的吐纳法运用到长跑当中。通过实践人们发现,这种气功跑不仅使人感觉不到疲劳,而且是越跑越精神,同时也不会感到口干。在跑动的过程中,你可以随时变幻跑动姿势,不妨试试倒着跑、斜插入跑或绕着树八字跑等,这不仅能减少途中的枯燥,同时也有助于改善身体的协调性。

招呼几个志同道合的朋友，选择沿途多风景的地方进行长跑,也能减少长跑途中的枯燥感。即使你中途有放弃跑步的想法，当看到热情洋溢的同伴，你内心的情怀也会被激发出来。同朋友一道锻炼身体,不仅能身体得到改善,同时有助于情感的交流,此时的长跑俨然成为了一件乐事。

如果你是一位体力充沛的人,那么,试试追车跑吧！在一辆公共汽车或一辆自行车的后面跑，将它们看成自己超越的目标。前面的车潜意识里激发了你体内的活动因子,使你实现了自我突破。

我们可以将自己每天跑动的距离进行累积，当有一天您意识到自己长跑的距离相当于某两个地区的距离时，你就可以很自豪地说我已经徒步跑到了这里。虽然这并非真正意义上的到达,但是却也能为你的长跑旅途增加一份乐趣。

你可以把平常认真做某一件事情的态度用到长跑当中，您会发现时间流逝的很快,而且也不会感到疲劳。跑步时在脑海中回想一些愉快的经历,没有解决的疑难问题等,都能帮你解决长跑途中的枯燥。

其实,保持愉悦的心情,带着领略风景的情感,在长跑中细细品味一下生活,不失为一个美的享受。

赛中保健

跑步时身体出现不适症状，就需马上进行有针对性的调节,必要时要停止跑动。当跑动时出现腹部疼痛,这主要是由正式运动前,未做好准备活动引起的。身体进行激烈运动时,心脏由于惰性大,不能提供肌肉运动所需的氧气,致使呼吸肌紊乱。在饭后、饮水后马上进行活动,由于肠系膜受到过分牵拉,也可能引起腹部疼痛。所以,在锻炼前做好准备活动,开始跑动时要降低跑动速度，跑动过程中注意调节呼吸节奏以及呼吸深度,都可避免腹部疼痛。当发生腹部疼痛时,除了减速慢行,调节呼吸之外,还可用手按压腹部,以减缓疼痛感。

跑动中扭伤脚踝也是经常发生的事情。因滑倒或绊倒致使脚踝受伤后,要针对伤情的严重程度进行治疗。如果是轻微的扭伤,再上过跌倒损伤的外用药后,修养一段时间就可恢复训练,但如果伤及到骨头,就需到医院就诊,按医生的诊断进行治疗,静养的时间会更长一些。

刚开始跑步的人，在跑步结束后的第二天会感到腿部酸痛,这属于正常现象。只要在身体放松后涂擦缓解药膏按摩,就可以解除不适感,坚持跑一段时间后,症状就可缓解甚至消失。当然,过度的训练也可引起腿部的酸痛感,此时应将跑步的距离缩短,如果情况严重,可暂时停止跑动练习,待情况缓解后再进行跑。为什么跑动会带来肌肉酸痛感呢?这是因为肌肉在收缩产生能量的同时，促使了肌肉进行了一系列有机物质的转化,可形成三磷酸腺苷、磷酸肌酸等。如果运动量过大,血液循环跟不上，供氧量不足，使得血液中的乳酸堆积，此时，神经系统在受到刺激后便会引起疼痛。在结束跑步活动后，泡泡热水脚，做做足底按摩，可以舒缓腿部的经脉，减缓跑动时出现的肌肉酸痛感。

当手或脚肌肉神经紧绷，不能自由活动时，此时，只能强行用力掰开抽筋的手脚，直至症状消失不见。肌肉痉挛时，会带给人强烈的疼痛感。在天气很冷的季节常出现此种现象。为此，在冬天进行长跑练习时，要做好手脚的保暖工作，以免造成肌肉痉挛，进而引起其他身体不适感。

长跑一般采用的是口鼻并用呼吸法，如果呼吸不均，没有用鼻呼吸，致使冷空气进入胸腔导致肺血管收缩，可引起胸痛。而长时间挺胸跑动也可造成此种症状的发生。所以，在运动中要用鼻呼吸。

长跑中出现的身体不适症状一般都是可以提前预防的，在做好准备活动后，注意呼吸与步子的协调，做好自身的保护等，都可减少不适症状的发生。

第五节　我国马拉松运动健儿在比赛中取得的优异成绩

赛会成绩

2004 年奥运会女子马拉松中国田径队力争取得好成绩，张淑晶、李贺兰和周春秀分列第 12 名、第 22 名和第 33 名。张淑晶曾获得 2003 年汉城马拉松赛马拉松冠军,个人最好成绩为 2 小时 23 分 18 秒,但是她在比赛中仅跑出了 2 小时 34 分 34 秒，距离第一名日本选手野口 2 小时 26 分 20 秒有不小的差距。

李贺兰是 2003 年北京国际公路接力赛冠军队成员之一，个人最好成绩是 2 小时 29 分多。周春秀的个人最好成绩为 2 小时 23 分 23 秒,在 2004 年她获得了厦门国际马拉松赛女子组冠军。

优秀运动员

孙英杰，性别：女，籍贯：辽宁沈阳，生日：1979.1.19，身高：1.64米，体重：52千克。

田径中长跑运动员

2000年北京国际马拉松赛亚军，波士顿马拉松赛第八名；

2001年北京国际马拉松赛第十一名；

2002年波士顿马拉松赛第4名，亚运会5000米、10000米冠军；

2002年釜山亚运会5000米冠军、10000米冠军；

2003年世界田径锦标赛10000米第三；

2003年北京国际马拉松冠军；

2004年北京国际马拉松冠军；

2005年北京国际马拉松赛暨十运会女子马拉松冠军。

第六节　当前马拉松运动的国内、洲际、世界纪录及保持者

保罗·特加特

在2003年柏林马拉松赛中，来自肯尼亚的保罗·特加特以2小时04分55秒的成绩首次突破了2小时5分的大关，一举夺得了男子马拉松比赛的冠军，创下了该项目世界最好成绩。

2003年9月，特加特倡导设立一项专属基金，该基金用于培养马拉松长跑新生运动员。他在马拉松长跑项目上创造过辉煌的成绩，曾先后5次获得世界越野赛冠军，两次获国际马拉松比赛冠军。

阿贝贝

阿贝贝，性别：男，国籍：埃塞俄比亚，生日：1978.4.23，身高：1.74米，体重：62公斤。

阿贝贝的长跑在最后的冲刺阶段，表现出了惊人的爆发

力。经过长距离跑后,他还能保持充沛的体力进行冲刺是十分难得的，将他的后程跑看成是短跑的最后冲刺阶段也是不为过的。从 2002 年开始,他在马拉松长跑项目中逐渐显现出锋芒,连续夺得福冈和伦敦马拉松比赛的金牌。在 2003 年的春季,更是包揽了世界越野锦标赛长短距离两项比赛的冠军。他的出现为埃塞俄比亚马拉松长跑项目注入了新的能量。

少年时期，贫穷的阿贝贝不得不每天跑 12 公里上学,到上高中的时候,生活依然没有改善的他还是跑着去上学,不同的是距离又增加了一倍，长期跑步为他日后进行马拉松项目训练打下了坚实的基础。

当时,埃塞俄比亚已经有许多著名的长跑运动员,这对少年时期的阿贝贝产生了不小的影响。他将这些在长跑项目中取得辉煌成绩的运动员看成了英雄，并立志要成为像他们一样的运动员。后来,他终于有机会进行长跑项目上的训练,并在以后的比赛中证明了自己的运动天赋。他曾在许多比赛中取得优异成绩,下面就是他的成绩一览表:

1999 年洛杉矶马拉松第四名(2:13:59)

1999 年世界锦标赛马拉松第十一名(2:16:42)

1999 年福冈马拉松冠军(2:07:54)

2000 年波士顿马拉松亚军(与冠军拉加特持平 2:09:47)

2000 年奥运会冠军(2:10:11)

2000 年福冈马拉松第 5 名(2:09:45)

2001 年波士顿马拉松第 16 名(2:17:04)

2001 年埃德蒙顿世锦赛马拉松冠军(2:12:42)与比沃特只差 1 秒

2002 年福冈马拉松赛冠军(2:09:13)

2003 年伦敦马拉松冠军(2:07:56)

恩德雷巴(CatherineNdereba)

恩德雷巴,性别:女,国籍:肯尼亚,生日:1972.7.21,身高:1.57 米,体重:44 公斤。

个人最好成绩:

5 公里 15 分 07 秒(1998)

10 公里 31 分 02 秒(2001)

15 公里 48 分 06 秒(2001)

半程马拉松 1 小时 7 分 54 秒(2001)

全程马拉松 2 小时 18 分 47 秒(2001)

主要成就:

1996 年、1998 年、1999 年被《赛跑时讯》杂志评选为最佳年度公路跑选手;

1996 年、1998 年、1999 年、2000 年和 2001 年被《赛跑世界》杂志评选为世界排名第一的公路跑选手;

1999 年分别以 5 公里 15:09,15 公里 48:52,12 公里 38:37 的成绩取得当时世界最好成绩;

1996 年荣膺美国田径协会世界公路跑排名榜第二;

1999 年国际田联世界半程马拉松锦标赛季军;

2000 年芝加哥马拉松冠军，取得 2:21:33 的当年世界最好成绩；

2000 年、2001 年波士顿马拉松冠军；

2001 年芝加哥马拉松冠军，以 2:18:47 的成绩创造当时世界最好成绩。

格布雷西拉西耶(Gebrselassie)

格布雷西拉西耶,性别:男,国籍:埃塞俄比亚,生日:1973.4.18,身高:1.64 米,体重:55 公斤。

1993 年斯图加特世锦赛男子万米冠军,5000 米亚军；

1995 年哥德堡世锦赛男子万米冠军(27:12.95)；

1996 年亚特兰大奥运会男子万米冠军；

1999 年塞维利亚世锦赛男子万米冠军(27:57.27)；

1999 年雅典室内世锦赛男子万米冠军；

2000 年悉尼奥运会男子万米冠军；

2001 年塞维利亚世锦赛男子万米第三名；

2002 年以 27 分 01 秒的成绩打破男子 10 公里公路赛世界纪录；

2003 年伯明翰世界室内田径赛男子 3000 米冠军。

自 1993 年以来连续四次夺得世锦赛万米冠军,并且保持不败。在 1994 年 ~ 2000 年期间,15 次创造万米室内外世界纪录。是自亨利·罗诺 1978 年以来首位同时握有 5000 米和万米世界纪录的选手。还是第一位 5000 米跑进 13 分、万米跑进 27

分的选手。1999 年以他的生平拍摄了《忍耐》一片。2000 年悉尼奥运会转入马拉松比赛。

1995 年当选美国《田径》杂志年度最佳田径运动员,中国体育报年度世界体育十佳运动员。

1998 年荣膺第 18 届杰西 – 欧文斯奖,当选国际田联年度最佳男运动员。

2001 年被国际奥委会授予奥林匹克勋章。

卡努奇

卡努奇,性别:男,出生地:摩洛哥梅克内斯,国籍:美国,生日:1971.12.22,高:1.65 米,体重:57 公斤。

个人成就:

马拉松男子世界最好成绩保持者

马拉松美国纪录保持者

4 次芝加哥马拉松冠军

2002 年伦敦马拉松冠军

主要成就:

1997 年芝加哥马拉松赛冠军(2:07:10);

1998 年芝加哥马拉松赛亚军(2:07:19);

1999 年芝加哥马拉松赛冠军(2:05:42),并创造世界最好成绩;

2000 年芝加哥马拉松赛夺冠并刷新全美纪录;

2000 年伦敦马拉松第三名(2:08:36);

2002 年伦敦马拉松赛冠军并创下新的世界最好成绩(2:05:38);

2002 年第四次获得芝加哥马拉松赛冠军(2:05:56)。

基普拉加特

基普拉加特,国籍:荷兰,性别:女,生日:1974.5.1。

基普拉加特在 2003 年 7 月 31 日加入荷兰国籍，她是荷兰目前最优秀的女子中长跑选手,女子 20 公里跑的世界纪录保持者,她在女子公路跑方面排名世界第 10 位。

历史战绩:

1997 年洛杉矶马拉松赛冠军;

1998 年洛杉矶马拉松赛冠军;

1999 年阿姆斯特丹马拉松赛冠军;

2003 年世界田径锦标赛 10000 米第四名；纽约马拉松赛第三名;纽约小型马拉松赛冠军;

2004 年格拉斯哥公路赛 10 公里冠军;圣胡安世界最佳选手赛 10 公里冠军。

特加特(PaulTergat)

特加特,性别:男,国籍:肯尼亚,生日:1969.6.17,身高:1.82 米,体重:62 公斤。

个人最好成绩:

3000 米 7:28:70

5000 米 12:49:87

10000 米 26:27:85

半程马拉松 59:06

全程马拉松 2:05:48

主要成绩:

1995 年世界越野锦标赛个人、团体冠军;

1995 年世界田径锦标赛男子 10000 米跑第三名(27:14:70);

1996 年世界越野锦标赛个人、团体冠军;

1996 年米兰半程马拉松赛创造 58 分 51 秒的世界最好成绩;

1996 年奥运会男子 10000 米亚军(27:25:62);

1997 年世界田径锦标赛男子 10000 米跑亚军(27:25:62);

1997 年布鲁塞尔田径大奖赛打破 10000 米世界纪录(26:27:85);

1998 年米兰半程马拉松赛创造世界最好成绩(59:17);

1999 年世界田径锦标赛 10000 米跑冠军(27:58:56);

1999 年巴勒莫世界半程马拉松冠军(1:1:50);

2000 年奥运会 10000 米亚军(27:18:29);

2001 年芝加哥马拉松亚军(2:08:56),伦敦马拉松亚军(2:08:15);

2002 年芝加哥马拉松第四名(2:06:18),伦敦马拉松亚军(2:05:48)。